Михаэль Лайтман

Создание Мировой Души

серия
НАУКА КАББАЛА

Михаэль Лайтман является крупнейшим ученым-каббалистом нашего времени, учеником великого каббалиста 20 века Баруха Ашлага.

Работы Михаэля Лайтмана, профессора онтологии и теории познания, доктора философии, биокибернетика, автора 30-томной серии «Наука каббала», переведены на 22 языка мира (www.kab1.com).

Каббалистическое учение в изложении Михаэля Лайтмана, основанное на трудах самых выдающихся в истории человечества каббалистов и собственных практических исследованиях, приобрело огромную международную популярность. Более 150 отделений школы М.Лайтмана работают по всему миру.

Сотни людей, собравшиеся на Осеннем каббалистическом конгрессе 2003 года, поставили себе одну цель — подняться в высшие миры, преодолеть многотысячелетний барьер, отделяющий человечество от бесконечного и совершенного духовного пространства, отделяющий его от Творца. Они собрались вместе, потому что знают, что в одиночку этот барьер преодолеть невозможно. И они приехали сюда, чтобы начать создавать единую Мировую душу и передать свой опыт всему человечеству.

Десять дней приехавшие из 25 стран мира ученики занимались со своим учителем — ученым-каббалистом Михаэлем Лайтманом. Его лекции, уроки и беседы, проведенные на конгрессе с первыми создателями Мировой души — были обработаны ими и собраны в книгу, которую вы держите в руках.

ISBN 978-1-77228-163-7
Laitman Kabbalah
Publishers 2023

ОГЛАВЛЕНИЕ

К читателю 4
Язык каббалы 6
Создание мировой души 7
    Приступаем к штурму! 9
    Нет иного, кроме Него 23
    Место встречи с Творцом — в душах людей 36
    Цель — найти среди нас Творца 50
    О статьях Бааль Сулама 77
    Скрытие и раскрытие Творца. Урок 1 81
    Махсом, добро пожаловать! 107
    Скрытие и раскрытие Творца. Урок 2 142
    Дарование Торы. Урок 1 182
    Методика восхождения на уровень Творца 207
    Дарование Торы. Урок 2 235
    Недозревший плод 253
    Дарование Торы. Урок 3 266
    Вопросы по организации группы 292
    Вперед и вверх! 325
    Как подняться на ступень «Жизнь» 357
    Ночь Ошана Раба 390
    Врата намерений 403
    Книга Зоар 414
    Поручительство. Урок 1 419
    Поручительство. Урок 2 451
    Поручительство. Урок 3 480
От издателя 505

К ЧИТАТЕЛЮ

Известно, что каббала является тайным учением. Именно ее сокрытие послужило поводом для возникновения вокруг каббалы множества легенд, фальсификаций, профанаций, слухов, невежественных рассуждений и выводов. Лишь в конце XX столетия получено разрешение на открытие знаний науки каббалы всем и даже на распространение их по всему миру.

И потому в начале этой книги я вынужден в этом обращении к читателю сорвать вековые наслоения мифов с древней общечеловеческой науки каббала.

Наука каббала никак не связана с религией. То есть связана в той же самой степени, что, скажем, физика, химия, математика, но не более. Каббала — не религия, и это легко обнаружить хотя бы из того факта, что никто из религиозных людей не знает ее и не понимает в ней ни одного слова.

Глубочайшие знания основ мироздания, его законов, методику познания мира, достижение цели творения каббала скрывала, в первую очередь, от религиозных масс. Ибо ждала времени, когда разовьется основная часть человечества до такого уровня, что сможет принять каббалистические знания и правильно использовать их. Каббала — это наука управления судьбой, это знание, которое передано всему человечеству, для всех народов земли.

Каббала — это наука о скрытом от глаз человека, от наших пяти органов чувств. Она оперирует только духовными понятиями, т.е. тем, что происходит неощутимо для наших пяти чувств, что находится вне их, как мы говорим, в высшем мире. Но названия каббалистических обозначений и терминов взяты каббалой из нашего земного языка. Это значит, что хотя предметом изучения науки каббала являются высшие, духовные миры, но объяснения, выводы исследователь-каббалист выражает названиями, словами нашего мира.

К читателю

Знакомые слова обманывают человека, представляя ему якобы земную картину, хотя каббала описывает происходящее в высшем мире. Использование знакомых слов-понятий приводит к недоразумениям, неправильным представлениям, неверным измышлениям, фантазиям. Поэтому сама же каббала запрещает представлять себе какую-либо связь между названиями, взятыми из нашего мира, и их духовными корнями. Это является самой грубой ошибкой в каббале.

И потому каббала была запрещена столько лет, вплоть до нашего времени: развитие человека было недостаточным для того, чтобы он не представлял себе всяких духов, ведьм, ангелов и прочую чертовщину там, где говорится совершенно о другом.

Только с девяностых годов XX века разрешено и рекомендуется распространение науки каббала. Почему? Потому что люди уже более не связаны с религией, стали выше примитивных представлений о силах природы как о человекоподобных существах, русалках, кентаврах и пр. Люди готовы представить себе высший мир как мир сил, энергий, силовых полей, мир выше материи. Вот этим-то миром сил, мыслей и оперирует наука каббала.

С пожеланием успеха в открытии Высшего мира,
Михаэль Лайтман

ЯЗЫК КАББАЛЫ*

Когда необходимо описать высший мир, неощущаемое пространство, каббалисты используют для описания слова нашего мира. Потому что в высшем мире нет названий. Но поскольку оттуда, как из корня ветви, нисходят силы, рождающие в нашем мире объекты и действия, то для отображения корней, объектов и сил высшего мира, применяются названия ветвей, их следствий, объектов и действий нашего мира. Такой язык называется «язык ветвей». На нем написаны Пятикнижие, Пророки, Святые писания — вся Библия и многие другие книги. Все они описывают высший мир, а не историю еврейского народа, как может показаться из буквального понимания текста.

Все святые книги говорят о законах высшего мира. Законы высшего мира называются Заповедями. Их всего 613. В мере выполнения этих законов, человек входит в ощущение высшего мира, ощущение вечности и совершенства, достигает уровня Творца. Выполнение достигается использованием высшей силы, называемой высшим светом или Торой. Все книги говорят о обретении веры, под этим в каббале подразумевается не существование в потемках, а именно явное ощущение Творца.

Желающему войти в ощущение высшего мира ни в коем случае нельзя понимать тексты буквально, а только пользуясь языком ветвей. Иначе он останется в своем понимании на уровне этого мира.

Принятые у религиозных евреев ритуалы, в обиходе также называются заповедями и описываются тем же языком, что и духовные действия и процессы. Ритуалы были введены в народ для оформления границ поведения, позволявших сохранять народ в изгнании.

Кроме истинной, духовной трактовки понятия Заповедь, начинающему необходима адаптация к духовной интерпретации слов: поцелуй, гой, объятие, Израиль, беременность, иудей, роды, изгнание, народы мира, освобождение, половой акт, вскармливание и пр. Время постепенно рождает в человеке новые определения и сквозь них начинает ощущаться высший, вечный мир.

---

* см. также: «Учение Десяти Сфирот», Вступление.

Создание мировой души

октябрь 2003 года

ПРИСТУПАЕМ К ШТУРМУ!

5 октября 2003 года

С этого дня мы вступаем в двухнедельный период с особым распорядком. Мы постараемся не выходить из власти духовного (решут а-Кдуша), т.е. все время пребывать в намерении, в мысли, в действии, когда все устремлено к одной Цели. Пусть все горит, нам ни до чего нет дела, мир управится и без нас. Как он управляется сейчас, так будет управляться и далее. Мы в течение этих двух недель обязаны вложить действительно все свои силы в одно направление, не отклоняясь и не распыляясь ни на какие другие мысли.

Разумеется, нам придется выполнять множество различных действий: готовить еду, организовывать уроки, семинары, встречи — делать все необходимое. Однако мысль должна быть одна: мы делаем это ради сплочения группы, потому что сплочение группы приносит исправляющий свет, дающий нам способность достичь отдачи. А отдачей называется уподобление Творцу. Согласно уподоблению Творцу, человек входит в совершенство и вечность.

Таким образом, нужно единение общества, когда каждый думает в направлении одной Цели, когда никто не сверлит дыру в корпусе лодки, нанося вред всем, причем ущерб возвращается к нему в несколько раз сильнее вреда, который он причиняет всем, и даже более того, включая все возможные недополученные из-за него хорошие результаты. Такой человек прямо-таки сжигает себя. Поэтому нам придется просто напомнить каждому, что «мир судится по большинству его и индивидуум судится по большинству его», что тот, кто делает ошибку, отклоняется, грешит —

поистине совершает нарушение, склоняя весь мир к чаше задолженности, обвинения в противовес чаше оправдания и заслуг. Тогда вред наносится всем, а о нем самом уж и говорить нечего.

Нельзя забывать об этом. Таков закон, заложенный в природе. Нам не помогут слова о том, что мы имели в виду другое и вовсе не хотели ничего дурного. Вы знаете: закон есть закон, часы тикают и измеряют, вышли вы из власти духовного, или нет. Если не вышли, если были во власти духовного, тогда действует другой датчик, замеряющий, сколько вы внутри владений духвоного приложили потуг, сил, порыва, чтобы пребывать в направлении на Цель.

Владения духовного — это ограниченный промежуток, и нужно постоянно замечать, насколько точно вы внутри него устремлены на верную Цель, которую все время хотите выявлять, сколько порыва добавили к тому, чтобы быть в ней, прямо на ее острие. Такова работа. Другой работы нет. То, что вы будете делать на кухне, в Сукке, во время перевозки вещей — все это не работа, это как бы сопровождение наших усилий, данное нам для того, чтобы на основе этого мы смогли построить наши усилия.

А сами усилия — это, в сущности, внутренний поиск: к чему я привязан, что такое духовное, с чем я должен быть сейчас соединен, где мое сердце и внимание? Он обязан быть очень четким, точным, по-настоящему интенсивным, чтобы мы все время заботились только об этом. И на это у нас есть две недели.

Это много. Если мы умножим это на количество людей, откуда бы они ни приехали, какими бы ни были чудными и странными, понимающими или нет, с любой подготовкой или отсутствием ее — они все-таки прилагают старание, и мы хотим пробудить каждого, вкладывая обоюдные усилия — это создаст совершенно особую ситуацию, которой не было никогда в истории. И то, что нам дают это сделать — это воистину... Мы не понимаем, что происходит, мы не осознаем этого, у нас нет ощущения, нет вообще понимания, постижения того, где мы находимся.

Приступаем к штурму!

Это не имеет такого уж значения в отношении продвижения, но крайне важно в отношении ответственности. Неважно, насколько мы понимаем или не понимаем, где находимся; однако, вредим мы согласно закону, и незнание закона не освобождает человека — нельзя сказать: от наказания — но от исправления курса. И поэтому мы обязаны понять, насколько мы особенные. Все предыдущие и последующие поколения как бы стоят по обе стороны, а мы посередине; и мы сейчас определяем очень многие процессы, которые скажутся на человечестве.

Если человек воспримет это серьезно, а не просто с пустой гордостью, если он воспримет это с гордостью за то, что Творец передает ему некие полномочия — тогда, безусловно, может быть, что мы примем то послание, которое нам сегодня передают свыше, желая, чтобы мы его выполнили.

И тогда из нас, при нашем участии, сделают сосуд для исправления мира. И в соответствии с нашей задачей нас тогда изменят, поднимут и дадут каждому в ином виде, в определенной форме, в своем направлении — различные большие задачи, призванные для улучшения, исправления и обучения мира. Сегодня, в сущности, начинается работа по приведению нас в соответствие с этой возвышенной ролью. Поэтому мы должны быть радостны, веселы — но не легкомысленны, мы должны быть серьезны — но не сумрачны и угрюмы. Речь идет о серьезности в восприятии, в связи, в отношении к Высшему, к Цели, к той задаче, которая сейчас на нас возложена.

Я надеюсь, что вы будете достойны этого и воспримете это так, как должно: по-взрослому и ответственно, что вы не станете думать, что неспособны. Способны — иначе вас бы здесь не было.

Не думайте, что вы пока слабы, и что если не вышло в этот раз, то выйдет в следующий. Нет такого, нет расчета на следующий раз. Тот, кто не думает о текущем мгновении — просто уже не существует, не принадлежит этому, ибо касательно духовного необходимо вечное и полное решение. Иначе говоря: всеми силами и только сейчас. Поэтому пускай каждый не позволяет себе дать слабину: «У меня то, у меня это...» Нет, ты идешь до конца. Умри, но сделай. Все, компромиссов нет.

И, наоборот, я бы сказал, что тот, кто думает, что не способен на такое — пускай выйдет отсюда. Честь ему и хвала, что он не хочет сверлить дыру в стенке сосуда. Я буду уважать его и действительно пойму его. Были такие, которые приходили, пожимали мне руку, обнимали и говорили: «Я не в состоянии. Ты идешь, а я не могу, что поделаешь. Я слаб, есть еще жизнь, дети, жена, одно-другое. Я не чувствую, что способен отдать себя этому». Действительно, честь и хвала тем, кто так решил и выбыл. Они чувствовали ответственность, и не только из-за своей слабости. Некоторые из них ощущали ответственность из-за того, что не хотели мешать. Это не было у них предлогом для ухода — они, безусловно, так чувствовали.

Итак, мы с вами сейчас приступаем к операции, к штурму, к заданию, которое теперь воистину определяет все, что мы будем делать.

Я хочу также напомнить вам еще об одном. Мы договорились, что не помним прошлого, не думаем о прежних расчетах. Никогда, нигде, ни одной группе и ни одному человеку мы не позволяем говорить о том, кто вчера или позавчера был прав, а кто нет. Это вовсе нас не интересует. Наши взоры обращены вперед. Мы должны смыть все их проблемы своей волной, так, чтобы весь этот мусор вынесло наружу. Действительно, единой волной. И не останется ничего, будет чисто, и тогда придет наше наполнение.

Поэтому нам нужно лишь заботиться о фокусировке, радости и внутреннем намерении, о напряжении, когда воздух будет так наэлектризован, что тот, кто в состоянии — останется с нами, а тот, кто не в состоянии — сбежит. Он не будет способен остаться, он вдруг вспомнит, что у него есть тетя в центре страны, и поедет туда, уже случались подобные вещи, это действительно бывает. Пускай это место останется как можно более чистым, и мы сплотимся воедино силой сжимающегося кулака.

Приступаем к штурму!

Нельзя говорить между собой о пустых вещах, не связанных с внутренней работой, с учебой, с продвижением, с процессом достижения Цели творения, слияния. И все должны помогать в этом друг другу. Конечно же, я не силен, и, возможно, через мгновение начну думать о всяких других вещах — но если группа вокруг меня думает лишь об одном, то я не буду в состоянии выйти из ее мысли. А если выйду — то почувствую, что уже совершенно не отношусь к ней, и это выкинет меня прочь. Из-за разницы потенциалов я буду выброшен вон.

Итак, каждый из нас помогает и напоминает товарищу, как быть связанным с Целью, устремленным на Цель. Мы, разумеется, не принимаем в расчет ни расу, ни национальность, ни возраст, ни язык, ничего. Наш расчет строится на том, что все мы — товарищи. Товарищ (хавер) — это значит соединение (хибур) на равном уровне. Нет Учителя, который выше, и ученика, который ниже; все мы товарищи, т.е. равны без всякого различия в каком бы то ни было распознаваемом свойстве.

Мы договорились, что не смотрим в сторону женщин. Мы помогаем им и делаем все, как будто это находится где-то в стороне, чтобы наше сердце к этому не притрагивалось. Не давать ни сердцу, ни мысли какую-либо свободу в данном направлении.

Если мы удержимся в этом, то у меня нет сомнений, что так же, как народ Израиля, который, подобно одному человеку, единым сердцем сказал: «Сделаем и услышим» — мы удостоимся получить учение Каббалы, т.е. учение об исправлении, и начнем производить истинные исправления на своей душе, и будем идти «от вершины к вершине», от ступени к ступени, и достигнем Цели.

Мы сегодня находимся именно в таком статусе: если выстроим сосуд — то получим Тору; не сможем — как сказано, «здесь будет место вашего погребения». Я не преувеличиваю. Это не шутка — то, что Творец для нас сделал, и к какому состоянию Он нас привел.

Если мы преуспеем, у нас начнется такое развитие, которое я не могу и представить себе, пускай даже я как будто бы представляю себе это. Если мы преуспеем, конечно же, начнется процесс, подобного которому не бывало. Мы превратимся в группу, которая будет в центре мира, и весь мир будет знать это, и весь мир начнет сплачиваться и прибывать сюда к нам; и вокруг всех наших ячеек, где бы они ни были, поистине начнет образовываться новый мир. И это будет происходить быстро: пройдут недели и месяцы, и мы увидим результат, когда миллионы начнут подключаться к этому.

Ибо мы тогда будем в этом мире как цельное, совершенное кли. Человечество всегда ищет именно это и не способно даже в малейшей мере отыскать. Все, как слепцы, идущие на ощупь, которые ищут путь и ощупывают стену, то тут то там ударяясь о нее головой, и не видят, куда сделать еще шаг в этом мире. И внезапно они ощутят, что у нас, во всех наших группах, разбросанных по всему миру — есть совершенство, вечность, нечто не от этого мира. Это будет ощущаться. Это, конечно же, принесет плоды и для всего мира. Короче говоря, все это перед нами.

Мы должны стараться быть действительно горды тем, что называемся «Бней Барух» (Сыновья Баруха), что получили это учение от последнего Великого каббалиста, который систематизировал методику, продолжил и протянул к нам все учение Каббалы, пока мы в последний момент не перехватили это от него, и можем теперь начать подниматься далее. Это все.

- **Вопрос: Что значит «сплотиться»? Как нам понять это в наиболее близкой друг к другу форме?**

Сплотиться — это значит, что мы обязаны совершить исправление на порчу, произведенную во время греха Адам а-Ришон (досл. «Первого Человека»). Тогда все желания были вместе: с одним намерением — это и называется «вместе». Но поскольку намерение изменилось на «ради получения» — каждое желание ощутило себя самостоятельным, обособленным, находящимся в собственном распоряжении. Это мы и должны исправить. Это исправление — по отношению к телам, в которых мы пребываем, а не душам, — называется в нашем мире «возлюби ближнего своего как самого себя». Это то же самое, что слиться с Творцом, уподобиться Творцу. Только с нашей точки зрения это выражается вот так, в таких словах.

Закон «возлюби ближнего своего как самого себя» является законом всей реальности, ибо Творец ведет эту общую душу так, словно вся она объединена и находится в конце исправления. А то, что души пребывают в разлуке между собой и не на высоте конца исправления, намерения ради отдачи— это неважно с позиции данного закона. Но потому души так ощущают свое состояние.

Что значит «соединить души между собой», в той форме, в которой они и пребывают в конце исправления? Это означает что каждый должен заботиться о другом вплоть до того, что отдает другому все, что у него есть, не оставляя себе ничего. Так это определяется в статье «Дарование Торы». Мы думаем: «Из того, что у меня есть, я должен отдать ему половину», или делаем какой-нибудь другой расчет. Так вот — все! Ибо нет в мире человека, который не захотел бы что-нибудь из того, что у меня есть. И я обязан обеспечить его этим. Выходит, что я обязан остаться без ничего и все отдать другим. А когда у меня ничего нет, я обязан работать, дабы у меня было что давать другим.

Разумеется, мы не способны подскочить на такой уровень и осуществить это, если только Высший свет не меняет нашу природу. А когда он меняет нашу природу, мы понимаем и уважаем этот закон и хотим выполнять его. Не может быть такого, что я не хочу и выполняю. У нас есть некая иллюзия, словно бы от нас требуют перепрыгнуть через пропасть или умертвить себя, то есть сделать нечто такое, на что мы неспособны. Нет такого: «неспособны». Мы действительно неспособны перевернуть природу — так не будем же ослами, непрестанно пытаясь сделать это. Так и есть: природу переделать невозможно. О природе позаботится Высший свет, и пускай именно он изменит ее. Мы же должны лишь притягивать Высший свет.

И нам не нужно сосредотачиваться на том, что невозможно реализовать любовь к ближнему. Разумеется, невозможно. Но мы должны прилагать усилия в том, что как раз возможно, чтобы посредством этого к нам пришли силы и желание все-таки реализовать любовь к ближнему. Например, есть две горы на расстоянии в сто метров друг от друга, и я должен перепрыгнуть с одной вершины на другую. Разве я на это способен? Нет. Так вот, существует некий патент, согласно которому я вкладываю те силы, которые способен вложить, и благодаря этому у меня вырастают ноги километровой длины. Тогда я с легкостью делаю этот шаг с вершины на вершину. Что-то в этом роде мы и должны получить.

Поэтому не надо думать, как перепрыгнуть с одной вершины на другую. Это невозможно. Надо понять, что у нас есть Высший свет, который придет и изменит меня, дав мне желание сделать так. Я захочу это сделать. Поверьте, это так и есть. Вы просто станете жить этой заботой. Так все устраивает свет.

- **Вопрос: Как помогать друг другу сохранять намерение, о котором вы говорили?**

Прежде всего, можно сказать ему: «Глупец, почему ты сверлишь дыру?» Если же он отвечает: «А тебе какое дело до того, чем я занимаюсь?» — в таком случае нужно обратиться к нам. Мы возьмем его за ухо, даже за оба уха, и выбросим вон.

Я говорю серьезно. Не то чтобы все стали шпионить друг за другом — ни в коем случае. Однако мы должны ощущать ответственность. Не думать: «А-а, ничего страшного» — нет, тем самым мы теряем все. Мы словно бы находимся на борту корабля посреди океана. Именно так. И если ты видишь такую ситуацию и оставляешь ее без внимания — выходит, что виноват ты, и тогда все будет возложено на тебя.

Если все мы обретаем внутреннее серьезное отношение, то невозможно, чтобы среди нас был человек, который позволит себе некую легкомысленность в поведении или даже внутренне позволит себе поддаться «духу глупости» (руах штут). Этого не может быть.

Приступаем к штурму!

Я объясняю вам действие по построению намерения — то, что различные техники называют медитацией. Здесь нет ничего особенного. Особенное лишь в том, что мы намереваемся, направляем себя, что мы объединены, сплочены и устремлены на нечто чрезвычайное, очень отчетливое, чего не существует в таком виде в других системах. Однако то, о чем мы сейчас говорим, является, по сути, действием, которое известно человечеству: посредством того, что многие присоединяются к такому внутреннему действию, оно распространяется от одного к другому даже без всяких слов.

- **Вопрос: Что это за отчетливая вещь?**

Речь идет о том, что посредством пребывания в соединении между собой относительно Цели — мы достигаем Цели. Все просто. Здесь нет никакой путаницы. Вместе — ко Мне.

- **Вопрос: Мы сейчас говорили, что наша основная работа заключается не в борьбе, а в том, чтобы вызвать на себя окружающий свет, который нас исправит. Можем ли мы попытками перепрыгнуть с горы на гору вызвать на себя окружающий свет? Или существует некое иное действие?**

Если я стараюсь достичь Цели прямым путем, ломая свое желание, то результат может быть двояким. Или я погружаюсь в гордость от того, что как будто бы победил свое желание, или же чувствую, что не победил его, что оно стало еще больше и вообще погребает меня. Против желаний запрещено работать. Это глупость. Речь идет о природе — как я могу ей противиться? Попробуй побороть силу притяжения.

- **Вопрос: Что значит: «отдать товарищу все»?**

Это означает, что сейчас, когда мы собираемся в эти две недели, я думаю не о себе, а о том, как мне обслужить всех. Самому же мне достаточно необходимого, лишь бы у меня были силы, была возможность делать это — «обслуживать товарища».

- **Вопрос: Где граница между серьезным отношением и «духом глупости»?**

  Присутствует ли во всем, что я делаю, думаю, подразумеваю и планирую — Творец в качестве Цели? Если присутствует, то это называется серьезной игрой. Если нет, это называется «духом глупости».

- **Вопрос: Как это выражается внешне?**

  Как ты это видишь, так и видишь. От тебя не требуют запасаться специальными очками или особым ощущением. И не стоит приниматься за анализ и проверку других — надо уже заранее совершать серьезную отдачу им, и этого достаточно. Однако если ты видишь подобное явление и видишь, что невозможно оставить его как есть и терпеть — то ты просто обязан воззвать о помощи, чтобы мы об этом позаботились.

  Говорю вам: вы вступили в очень серьезное дело. Вы думали, что можно отделаться шутками, что ничего страшного, что это просто что-то интересное. И вдруг — это иногда случается в жизни — ты попадаешь в ситуацию, которая уже необратима, возврата нет. И уже нет выбора, ты обязан теперь отыскать внутри какой-то крепкий железный стержень и все время держаться его. А иначе мы можем после этого Суккота обнаружить, что здесь остались, может быть, 5-10 учеников, а остальные выбыли. Если так будет устроено свыше — то так и будет. Зато те, кто останется — это будет результат самого глубинного очищения, до самой основы. И такое возможно.

- **Вопрос: Что это за стержень? Что это за точка, которую я удерживаю?**

  Я и Творец вместе — это называется моим внутренним стержнем. Я и Он вместе. И я не оставляю этого. Исходя из этой мысли, из этого внутреннего ощущения, согласно тому, как я это себе представляю — я размышляю и обращаюсь к любой ситуации и к любой проблеме. Лишь бы это не разъединилось внутри.

Приступаем к штурму!

- **Вопрос: Я и Творец, или: мы и Творец?**

Это неважно. Главное — соединение, чтобы Он не пропадал из твоего поля зрения. Наружу, внутрь — неважно. Если Он пропадает — ты уже пребываешь во владении сил скверны (тума), и тебе уже необходима помощь. Однако ты не знаешь, не сознаешь этого, ты не чувствуешь этого. Здесь и заключается проблема.

И потому группа обязана создавать такое общее поле мысли, желания, стремления, подъема, чтобы не давать никому упасть, не давать хоть на мгновение отключиться от связи с Творцом, связи с Целью.

- **Вопрос: Можем ли мы напоминать друг другу об этом?**

Да, мы можем делать все. Только не говорить о внутренних состояниях: «Я чувствую то-то и то-то. Я делаю то-то и то-то». Нет. Ты можешь рассказывать товарищу о том, что написано в книге, ты можешь говорить от третьего лица, но не о себе, не о своих внутренних состояниях. Это запрещено.

- **Вопрос: Что же такое отказ от себя?**

Просто не думать, что этот «я» существует. Кто такой «я»? «Я» — это машина по обслуживанию, вот и все. Все как бы проходит через меня, а я работаю, я выполняю. Ты заправляешь свой автомобиль? Вот так же наполни себя и продолжай работать. Но с намерением!!! То, что останется в качестве тебя самого, «Ты» — это намерение, то, для чего ты делаешь все это.

- **Вопрос: Каковы ближайшие действия, благодаря которым у нас «вырастут ноги», чтобы перепрыгнуть с одной вершины на другую?**

Прежде всего, я должен знать, что мне нужно перепрыгнуть с одной вершины на другую, что выхода нет, и я стою перед этой проблемой. Во-вторых, я должен понять, что сам я не могу ни прыгнуть, ни отрастить ноги, ни отыскать какое-либо иное решение. Однако в этой ситуации для меня становится возможным определенный порядок работы, некое побочное действие, с помощью которого я все-таки добываю средство для прыжка. Действие это называется изучением Каббалы, распространением Каббалы, любовью к товарищам, группой. Вот и все.

- **Вопрос: Значит, на первом этапе я должен знать, что мне нужно...**

Да, этап осознания необходимости перепрыгнуть с одной горы на другую, что означает — достичь любви к ближнему.

- **Вопрос: И нужно почувствовать, что именно это мы хотим познать, верно?**

А почему? Потому что любить ближнего — значит, относиться к ближнему так же, как Творец относится к нему. И тогда я достигаю соответствия Творцу. Если же я подобен Ему, значит, я слит с Ним. А если я слит с Ним, значит, я нахожусь на Его ступени, в Его состоянии.

- **Вопрос: Как максимально ускорить этот процесс между нами, чтобы прийти к пониманию того, что мы неспособны на это, неспособны перейти ко второму этапу?**

Как ускорить развитие? — Посредством того, что ты начнешь реализовывать его. Нет другого средства. Когда ты начинаешь реализовывать, то видишь, в чем еще ты можешь усовершенствоваться. Возможно, ты воспользуешься более высокооктановым бензином, возможно, более мощным двигателем; однако, по сути, все это раскроется при выполнении.

- **Вопрос: Внутреннем выполнении?**

Да.

- **Вопрос: Почему те, кто был до нас, не преуспели в этом? В чем они оплошали?**

До нас не преуспели, потому что не должны были преуспеть. Не было достаточной подготовки, не было раскрытой системы. Они были привязаны к внешним действиям и утонули в них. У них не было достаточной внешней силы, не было раскрытых решимот. Они не были так слабы, как мы, они были еще сильны в своем очищении. Мы же сильны в своем авиюте (глубине желания), в своей «мутности». Просто вышло так, что мы находимся на поворотной точке: падение закончилось и обязан начаться подъем. Сейчас мы в этой точке, прямо сейчас.

Это та точка, которая сейчас должна быть решающей для подъема. Потому что никогда не было такой группы и не было более выявленной системы. Мы все время выявляем ее. Нам выявляют ее свыше. Ты видишь, как мы начинаем понимать то, что написано. Итак, проще говоря, к нашему времени это созрело.

Только не надо воображать себе невесть что. Ко мне приходят люди, которые считают себя мессиями, ангелами, думают, что в них вселился какой-то дух свыше. Ты знаешь, как я к этому отношусь, я говорю только о реальности, в которой мы на самом деле пребываем и которой заслуживаем. Если совершим — то сообразно этому удостоимся. Мы вовсе не витаем над облаками, мы находимся в таком состоянии, что если не преуспеем — то плохи наши дела, мы пойдем по очень долгому пути, были бы силы.

- **Вопрос: Вы сказали, что я не могу перепрыгнуть с горы на гору, и что я должен вызвать Высший свет, который «удлинит мне ноги»...**

Я даже не знаю, должен ли Высший свет удлинять мне ноги, чтобы я перепрыгнул с одной горы на другую, но я вызываю его.

- **Вопрос: Что такое Высший свет?**

Высший свет — это сила, благодаря которой я внезапно ощущаю, что мне хочется быть дающим.

- **Вопрос: Где мне его искать?**

Ты не ищешь. Это просто случается с тобой, как результат чего-то. Света мы никогда не ощущаем — мы ощущаем результат его воздействия.

- **Вопрос: Как мне проверить, что я не остался один? Как я ищу Высший свет, Высшего, чтобы он мне помог?**

Мы не ищем Высший свет, чтобы он нам помог. Где он, этот свет? Может, мне искать его с радаром? Чем я его уловлю?

Говорят, что он приходит, если ты находишься в частичном соответствии ему. Что значит «частичном»? Если твои действия — в отдаче, а намерение — пока что в получении, тогда он уже тебе светит. Потому он и называется окружающим. Я отдаю товарищам, я хочу соединиться с ними, я хочу достичь Цели, хочу, чтобы нам было хорошо. Нам ли? — Чтобы **мне** было хорошо. Я готов на уступки, чтобы мне было хорошо, чтобы получить духовное. Я готов отдать товарищам все благо, лишь бы они дали мне глоток духовного.

Таким образом, я произвожу действия по отдаче все еще с намерением ради получения. И неважно, каково намерение — Высший свет уже воздействует на меня. Он приходит согласно уподоблению лишь в действии, а не в намерении. По намерению я пока что не уподобляюсь.

Насколько же изменится теперь мое намерение посредством воздействия света? Приходя, он приносит мне изменение намерения, ощущения Высшего, осознание величия Высшего, что называется, «очарование духовного» (хен дэ-Кдуша). Я начинаю думать, что мне стоит отдавать, и тогда во мне возникает своего рода намерение ради отдачи — вместе с намерением ради получения. У меня есть и то, и другое. В соответствии с этим, свет воздействует еще сильнее, он сообщает мне и внутреннее ощущение. В тех нескольких точках, где я действительно думаю категориями отдачи, включая и намерение — он уже светит мне как внутренний.

Все делается этим светом, причем его я не ощущаю, я ощущаю только результат. Я должен верить, что так происходит. Без этого я не начну.

НЕТ ИНОГО, КРОМЕ НЕГО

книга «Шамати», статья «Нет иного, кроме Него»

Сказано: «Нет иного, кроме Него», что означает, что нет никакой другой силы в мире, у которой была бы возможность что-то сделать против Творца. И то, что человек видит, что есть в мире силы и объекты, отрицающие существование Высших сил, причина этого в том, что таково желание Творца. И это метод исправления, называемый «левая рука отталкивает, а правая приближает».

То есть, то, что левая отталкивает, входит в рамки исправления. Это значит, что в мире существуют вещи, которые с самого начала приходят с намерением сбить человека с прямого пути, так что тем самым он отбрасывается от духовного. А польза от отталкиваний в том, что с их помощью человек получает потребность и полное желание, чтобы Творец помог ему, так как иначе он видит, что пропадет.

Мы видим, что ничего не идет по прямому пути — Творец создает проблемы, наносит удары и причиняет страдания человеку до тех пор, пока человек не начнет понимать, что он нуждается в помощи Творца, и что он не должен решать все эти проблемы напрямую, разбивая голову о стену.

Так и весь мир сражается со своими проблемами, борется за существование, и не имеет ни секунды передышки, ни мгновения наслаждения. И напрасно человек будет сражаться напрямую против природы, против себя, против остальных людей — ничего не поможет.

Все помехи и страдания и отдельному человеку, и всему миру даются для того, чтобы обратились к Творцу. В сущности, многие люди и различные учения, методики говорят о том же самом. В этом нет ничего особенного.

...Мало того, что не продвигается в работе, — он видит, что идет назад, то есть, даже «ради себя» нет у него силы исполнять Тору и заповеди. И только истинным преодолением всех препятствий верой выше знания он может исполнять Тору и заповеди. Но не всегда есть у него сила преодоления верой выше знания, т.е. он должен свернуть с пути Творца даже с намерением «ради себя». И всегда у него разломанного больше, чем устойчивого, т.е., падений намного больше, чем подъемов, и не видит, что достигнет конца этих состояний, и навсегда останется вне духовного, так как видит, что трудно ему исполнить даже самое малое духовное действие, — только преодолением верой выше знания. Но не всегда он способен преодолеть, и чем же это закончится?

Так Творец поступает с каждым. И если человек видит, что не способен на это и уходит, — это признак того, что внешнее окружение не укрепило его в достаточной степени для того, чтобы он обратился к Творцу. Оно не дала ему ощущение, не подготовило его для обращения к Творцу.

И тогда человек падает, отделяется и уходит.

- **Вопрос: Нет ничего, что изменяется без исправления, и мирные соглашения тоже?**

Ты основываешься на собственных умозаключениях, которые считаешь правильными, но ты уже ошибся. Ты сказал, что мирные соглашения даны для исправления — это изначально неверный подход, так что все твои дальнейшие рассуждения не могут быть верными.

Ты обращаешься к посторонним силам, тебе кажется, что Шарон с Арафатом заключают мир, ты думаешь, что от твоей жены зависит мир в твоем доме и т.д. Но если ты идешь в неверном направлении и, как тебе кажется, преуспеваешь в чем-то, это называется исправлением? В чем же оно заключается? Наоборот, это порча. Это еще проявится.

Ты находишься во вдвойне плохом состоянии — ты преуспел в чем-то, и сейчас у тебя есть, якобы, доказательство, что ты можешь продолжать дальше. Твоя ошибка обнаружится по прошествии долгого времени. Начни сначала.

- **Вопрос: Если завтра сюда приедет некто и скажет, что я хочу Творца немедленно, это снимет все вопросы?**
  Почему это освободит нас от вопросов?

- **Реплика: Потому что у него есть большое желание.**

Но это желание подобно желанию перепрыгнуть с одной горы на другую. Это желание мне не поможет. Есть желание, но как его реализовать? Он скоро перестанет задавать такие вопросы. Хорошо, если в нем это «я хочу сейчас» будет жить постоянно, но он должен будет выяснить, что ему нужно для этого сделать. И тогда ему начнет раскрываться, что он стоит только в начале пути, а спрашивает он и требует, чтобы с ним произошло то, что должно случиться в конце. Его требование правильное, но он должен знать, что он должен делать сегодня. Просто так стоять и кричать: «Я хочу!» — это подобно ребенку.

Так и в нашем мире, если я хочу достичь чего-то большого и я знаю, что это где-то далеко, то я исследую сам путь и начинаю с начала.

«Я хочу быть академиком!» Ну, и что дальше? Что с того, что я хочу? Такой человек подобен мальчишке, который кричит: «Дай нам Машиаха сейчас!» Его желание хорошее, я готов с ним слиться, потому что оно правильное и укрепляет меня. Но его желание и мое понимание, каким образом надо идти, — только вместе — они дают настоящее движение.

В этом желании еще нет мудрости, нет силы ума, понимания, терпения, видения — что за чем следует. Ведь наш путь состоит не в том, чтобы мы желали достичь конца. Если бы в этом было дело, Творец бы взял нас и поместил в этот самый конец.

Наша задача в том, чтобы в течение этого пути научиться быть подобными Творцу, Его действиям, Его мыслям, Его решениям. Поэтому этот путь такой медленный, скрупулезный. Я должен научиться всему этому. То есть, я изучаю Творца: подобен я ему немножко или не подобен, — так же, как узнают человека.

А то, что он кричит: «Я хочу быть таким!», — это правильно, но это конечное состояние, и он даже не знает, что это такое. У него хорошее желание, но детское. Однако начинают с него.

Все ступени, которые мы должны пройти, — это ступени постижения мудрости, то есть ступени обретения. Обретение мудрости, обретение системы управления, системы контроля — все это мне необходимо.

Просто «я хочу» — этого мало. Ты должен еще столько постичь! Приобрести знания обо всей природе. Что значит — Каббала? Это общий закон всего мироздания. Ты должен вместить его в себя. Что значит — стать подобным Творцу? Это значит стать подобным, равным по Его управлению всем мирозданием — каждым атомом во все времена, на всех уровнях. Разве сегодня можно говорить об этом?

- **Вопрос: В том-то и дело, что ты сегодня хочешь, ты видишь какой-то предел, хочешь чего-то определенного, но придет кто-нибудь, кто решит все это.**

Никто ничего не решит! Ты должен научиться быть подобным Творцу! Никто за тебя ничего не решит, тебе только немножко могут подсказывать дорогу. Немножко, да и то лишь на один шаг вперед, и лишь намеком. Ты должен сам это отыскать своим чутьем. Так это происходит постоянно, иначе твое обретение не будет самостоятельным, ты не научишься, ты не приобретешь разум, свойства Творца, не станешь таким, как Он.

Вся проблема в том, что стать таким, как Он, мы можем только самостоятельно. Никто не поможет! Никогда в жизни не будет такого, чтобы вдруг это свалилось на человека. И никогда в истории не было такого (насколько я слышал, знаю и понимаю), что кому-то повезло или кто-то чего-то достиг одним прыжком, догадался нажать на какую-то кнопку, произнести какую-то абракадабру. Нет такого!

- **Вопрос: Мы уже говорили, что у каждого свои способности и возможности, но существует короткий путь...**

Человеку, который приходит заниматься, дается возможность идти коротким путем, когда ему говорится, что короткий путь — это путь в группе через закон «возлюби ближнего как самого себя», что в этом он уподобляется Творцу, становится равным Ему и достигает Цели творения.

Если ты убегаешь от этого, начинаешь заниматься книжными премудростями и пренебрегать группой, делаешь что угодно, только не это, то ты идешь длинным путем. Если ты принимаешь этот закон, это условие подобия Творцу — «возлюби ближнего как самого себя», тогда ты продвигаешься прямым путем.

Как это происходит обычно? 5-7-10 лет люди не хотят слушать об этом правиле «возлюби ближнего как самого себя». Они прочитали эту красивую статью и забыли про нее. Они начинают заниматься ТЭС, в нем 16 частей, есть чем заниматься, Книгу Зоар добавляет еще пару тысяч страниц, распространение, «ле хаим!» и прочее.

Основная проблема для начинающих — это убедить их в том, что они убегают от этого простого условия, которое им дается «в лоб». А постоянно давить на них в этом нельзя. Они подумают, что ты занимаешься коммунистической пропагандой, как думали про Бааль Сулама. Или они будут думать, что ты пытаешься «продать» им какую-то устаревшую теорию, в которой все разочаровались, второсортный товар.

На это мы не соглашаемся. Мы понимаем так, что Каббала — это наука, и я должен знать, постигать, быть ученым. Это все уважают и на это все согласны. Но чтобы в действии начать все отдавать товарищам по группе, чтобы приподняться, желающих нет. Практически все отказываются от короткого пути. К нему приходят снова через 3-5-10 лет.

- **Вопрос: А кто-нибудь из Бней Барух идет по этому пути?**

Есть такие. Но сейчас у нас особый случай, которого не было в истории. Здесь находятся люди, которые уже могли бы пройти махсом. И они не пройдут его до тех пор, пока не соберется определенная критическая масса. Они сидят в ожидании этой массы. Они работают и делают все, но их не пропустят. И тебя, если ты будешь готов, или уже готов (это вопрос, может, всего лишь пары недель), тоже не пропустят, пока вокруг тебя не соберется достаточная критическая масса.

Здесь есть люди, которые это заслужили своей индивидуальной работой, но поскольку сейчас движение к окончательному исправлению — групповое, или даже движение всего человечества, а не единоличное, как было в прошлые века, то расчет не производится с каждым из нас. Расчет производится с количеством, с группой, с общностью.

Сейчас начинают исправлять подобием Творцу не каждый сам себя — мы сейчас должны образовать общее кли и постепенно расширить его на весь мир. В конце двадцатого века эта задача стоит перед человечеством. Поэтому к нам не относятся как к индивидууму, к нам относятся как к части группы, части целого. И если я буду исправленной частью, но целого не будет, то это означает, что кли еще не готово, и я ничего не смогу достичь.

Для того, чтобы у нас было сильное устремление вверх, мы должны его взять массой, если не маленькой группой с большой силой. Может быть один сильный человек и двадцать слабеньких, но все вместе они могут его побороть.

Мы не можем взять это маленькой группой, нам необходима большая группа. И кроме того, со дня на день критерии меняются не в лучшую, а в худшую для нас сторону. Если полгода назад мы бы могли победить и прорваться сквозь махсом, если бы нас было пятьдесят человек (в таком виде), то сегодня — сто пятьдесят человек. Время идет! Поэтому мы хотим сегодня все это использовать. Это короткий путь.

- **Вопрос: Что означает критическая масса? Это масса любви?**

Это мощность: сила, умноженная на количество душ. Ты спрашиваешь, как я могу аннулировать свое «Я», отказаться от своего имущества, от своей жизни, от всего того, что есть у меня, ради группы? А где гарантии? Это очень хороший вопрос. Как раз на него Бааль Сулам отвечает в статье «Поручительство».

Если мы заключаем между собой соглашение, что никто из нас не думает о себе, и каждый думает об остальных, то каждый может быть уверен, что ему не будет чего-то недоставать, и действительно, все, что есть у него, — лишь думать и отдать ближнему.

- **Вопрос: Если я все отдал...**

Ты торопишься и не чувствуешь, что закодировано здесь. Это, в общем-то, психологическое действие, прыжок на какой-то иной уровень принятия решения, вот и все. Без этого ничего не будет.

Прочитай статьи «Дарование Торы», «Поручительство» и ты увидишь. О чем говорит в них Бааль Сулам? Когда группа была маленькой, как у Авраама, невозможно было дать ей методику исправления мира. Кто будет исправлять? Несколько бедуинов? Что с того, что возглавляет группу великий каббалист? Когда же появились массы народа, большое количество народа может дать уверенность. Если есть масса по отношению к каждому, то каждый может отказаться от всего.

Представь себе, что перед тобой — весь народ, и все говорят тебе, чтобы ты оставил все, совершенно не думал о себе, аннулировал свое «Я» и думал только о них, а они будут думать о тебе. Ты понимаешь этот принцип? Хорошо это для тебя или плохо? Ты освобождаешься от заботы о себе — нет ничего лучше этого, так как только это отравляет тебе всю жизнь. Ты даже представить себе не можешь, что это такое — не думать и не заботиться о себе, быть свободным от этого. Это мечта! Нет слов выразить, что это такое!

Представь себе, что ты находишься во дворце царя. У тебя есть все! В любую секунду ты получаешь все, что захочешь. Ты ни о чем не думаешь. Ни о чем! Будут у тебя в голове какие-нибудь мысли, если ты находишься в таком положении? Нет. Это означает, что ты получил полное поручительство. И сейчас из этого ты можешь начать заботиться о ближнем.

От тебя это требуют логичным образом. Тебе не говорят, что ты должен прыгнуть с крыши. О чем говорит Бааль Сулам? Когда достигли получения методики исправления мира? Когда образовался большой народ, и количество его стало достаточным для того, чтобы он стал способен обеспечить каждому гарантии того, что человеку не будет недоставать чего-либо. И тогда каждый сказал: «Раз мне ничего не будет недоставать, давай все, что ты хочешь, даже Тору!» От тебя не требуют сверхъестественного.

- **Вопрос: Когда я в пятницу нахожусь в Кфар Ситрин и участвую в подготовке к празднику, а моя жена, которая должна было сделать покупки, звонит мне и говорит, что она заболела, и что я должен вернуться домой, чтобы вместо нее сделать эти покупки. И статья «Поручительство» требует от меня работать на группу, а то, что будет дома, каким-нибудь образом утрясется?**

Ты спрашиваешь о другом. Ты спрашиваешь о том, где необходимое, а где нет. Это уже нечто другое. Тебе еще просто не хватает учебы. Ты не знаешь, как это сделать? Для этого существуют определенные законы. Ты хочешь знать, как и в какой форме, ты можешь служить ближнему? Ты можешь поставить себя на место своей жены, и представить себе, что это ты болен... На все есть решение, для тебя разработали совершенную методику.

- **Вопрос: То, что Вы сейчас объясняли, — это, по сути, коммунизм. Я не увидел в этом ничего духовного. Возможно, есть за всем этим нечто большее, но как найти его? Как нам выполнять «возлюби ближнего, как самого себя», чтобы это было истинным? Как сделать так, чтобы причиной не служило мое согласие отдать все потому, что я получу вдвое больше?**

Сказанное мной напоминает тебе коммунистические лозунги? Но разве я виноват, что они застилают тебе суть? Различные люди берут принципы, похожие на духовные, и спекулируют ими в этом мире. Возможно, что такие люди как Маркс действительно думали, что это принесет благо, но Маркс сам писал, что его учение не везде можно реализовать. Он считал, что это нельзя сделать, например, в Восточной Европе. Но то, что он написал, это не то, что требует от нас Творец. Как ты можешь сравнивать это?

Если внешнее выражение внутреннего смысла не воспринимается тобой, то я это понимаю. Поэтому я и не кричу на каждом углу: «Возлюбите ближнего как самого себя! Раздайте свое имущество!» Поэтому мы не выдвигаем этот лозунг, а вернее, не лозунг, а общий наивысший закон всего мироздания, который все определяет и воздействует на нас. «Возлюби ближнего» — это закон, который действует во всех мирах, это отношение Творца к творению — Добрый и Творящий добро.

И не случайно в той же статье «Дарование Торы» Бааль Сулам пишет, что запрещено, как говорил Рамбам, раскрывать это детям, женщинам и рабам. То есть, нельзя в прямом виде обращаться с этим к людям. Ты прав. Когда ты смотришь на это, перед тобой загорается красная лампочка, и ты хочешь убежать. Поэтому мы и не говорили об этом до сих пор.

Ты понимаешь, что значит закон? Невозможно как-то обойти его, сделать что-то такое, что изменит его. Это абсолютный закон. Тебе объясняют, каким образом это существует. Это не зависит ни от тебя, ни от твоего желания. И ты тоже подпадаешь под действие того же закона. И тебе говорят, что сейчас ты находишься на таком уровне, что ты способен выполнять действия только тогда, когда ты видишь прибыль. Если не видишь, ты не способен совершить ни одного действия. Речь не идет о том, хочешь ты или нет. Речь идет о том, способен ли ты на это в соответствии с природой или не способен.

Для того чтобы ты был способен совершить действие отдачи, ты должен знать, что тебе ничего не будет недоставать. Как это можно тебе обеспечить? С помощью гарантии, которая называется поручительством. Если у тебя не будет этой гарантии, ты не сможешь совершить действие.

Почему? Потому, что это закон. Есть материал, и есть сила. И если не будет соблюдено это условие, сила не сможет сдвинуть материал.

А если тебе кажется, что законами являются только законы физики или химии, а в ощущениях нет законов, то это всего лишь следствие недостаточного развития. Там также существуют абсолютные законы. В этом и заключается наша проблема. Мы думаем, что если поднатужимся, то что-то изменим. Не изменим! Пока мы не почувствуем, пока не придем к осознанию, к пониманию, к внутреннему решению, что это на самом деле абсолютные законы, ничего не поделаешь. И тогда начнем относиться к ним, как к законам физики — выбора нет, хочу я или не хочу, но это так.

- **Вопрос: Вопросы, исходящие от разума, ослабляют атаку, скажем так. Когда разум владеет нами, он работает на наше эго, это видно. И я не хочу, чтобы кто-нибудь ослаблял...**

Есть люди, воспринимающие разумом, есть люди, воспринимающие через чувства. Все хотят достичь ощущения — ощущения воодушевления, принадлежности к чему-то высокому. Есть такие, которые могут получить ощущение напрямую, и есть такие, которые прежде должны много думать. Когда они думают, они достигают воодушевления, и затем ощущения. Это два типа людей. Бааль Сулам говорит, что это даже больше, чем просто два типа людей. В истории были периоды, как периоды Ари и Бааль Шем Това (мы читали об этом в статье «К окончанию Книги Зоар»), когда человека хотят спасти через чувства или с помощью разума.

Что делать? Здесь есть много людей и каждый отличается по своему подходу, поэтому если мы объединимся, у нас будет прекрасное кли. Мы должны привыкнуть переходить от одного к другому и обратно. Каждый из нас! От разума к чувству и от чувства к разуму. Вы видите, я все время стараюсь менять песни, переходя от ритмичной к медленной. Это не просто так. Я как будто ломаю настроение. Это для того, чтобы построить более глубокое кли, с многочисленным переходами от одного к другому.

Мой Учитель писал в одной из статей, что мелодия красива потому, что мы вспоминаем различные грустные состояния, которые сейчас «подсластились». Необходимо и одно и другое. Нам нельзя удовлетворяться тем, что мы находимся только на одной стороне. Это катнут (малое состояние), инфантильность, а не развитие.

Мы должны силой заставлять себя переходить от одного состояния к другому, пока не появятся внутри тебя келим и к одному и к другому, так что сможешь действительно получать наслаждение от всего, самостоятельно соединять это и с легкостью переходить от одного состояния к другому. Это наша обязанность, обязанность построить это в таком контролируемом виде, применить в этом случае диктатуру.

- **Вопрос: Как построить серьезное отношение к тому, что есть «Я», есть ответственность и аннулирование своего «Я»?**

Когда я должен аннулировать свое «Я», спрашиваешь ты. Я как будто бы должен аннулировать свою независимость, я исчезаю, тем самым, убегая от ответственности. Я бы сказал, наоборот. Я принимаю на себя ответственность, как пишет Бааль Сулам, обеспечивать потребности каждого. Я беру их келим, как свои, и с этого момента и далее моя голова только в них: как я наполню их?

А что же я? Я передаю себя им. И выходит так, что ты целиком находишься снаружи. Именно тогда ты ощущаешь Творца, духовное и все, что находится снаружи тебя. Тогда ты ощущаешь Высший мир, правильную реальность. Это очень близко к нам.

- **Вопрос: Разве помешало бы миру, если сегодня было бы еще 20 постигших? В чем это остановило бы мировой процесс?**

Дело не в 20-ти постигших. Дело в том, что сегодня не одиночки нужны Творцу в этом мире. Творцу уже нужна модель будущего мира. Ему нужна такая конструкция, как наша, хотя нам еще и не хватает многих систем, чтобы она стала моделью будущего мира, которую Бааль Сулам описывает в статье «Последнее поколение». Это то, что хочет Творец, это то, что требуется уже сегодня.

- **Вопрос: Какова должна быть форма такой модели?**

Понятия не имею. Я только знаю, что мы получим от Него продвижение, и ответ, и духовную ступень, только если мы станем своего рода маленьким прообразом будущего исправленного мира. Одиночки не смогут выйти в духовный мир. Творцу это не нужно.

Если нужно утопить тысячу людей, то несколько лет ждут, пока все они не соберутся на одном корабле и тогда топят весь корабль. Так и здесь. Мы просто находимся в режиме ожидания.

- **Вопрос: Если посмотреть на строение Бней Барух сегодня. У нас есть системы обеспечения, механизмы распространения, для этого мы используем почти все возможные технологии...**

Я не думаю, что нам не хватает каких-то внешних систем. Их мы строим в соответствии с раскрывающимся нам желанием. Сегодня мы не собираемся открывать детские сады, суды, как пишет Бааль Сулам, и т.д. У нас нет сегодня потребности в этом, и мы не понимаем, как это сделать. Видимо, это должно раскрыться в соответствии с хохмой (мудростью), которую получим.

В нашем положении мы должны только вдохнуть дух в то, что построено у нас в соответствии с необходимостью. Этого нам не хватает.

- **Вопрос: Нам не хватает и количества, и качества?**

Я думаю, что да. Я не знаю, каково соотношение между ними: должно ли это быть сто человек с хорошим качеством, или это должно быть триста человек с меньшим качеством. У меня нет точных инструментов измерения. То, что не материализовалось, невозможно узнать, это означает, что нет такой формы в духовном. Но то, что это стоит перед нами, это наверняка.

- **Вопрос: Это как будто бы следующая ступень. Откуда нам взять пример, как достичь ее?**

Тебе говорят, что делать: ты должен внести внутрь такое отношение между товарищами, которое требуется, вот и все. Стараться в действии. От тебя не требуется находиться в **намерении** ради отдачи (намерение ради отдачи зависит от окружающего света). От тебя требуют исполнения **действия** отдачи ближнему с намерением достичь «ради отдачи», чтобы создать слияние с Творцом.

- **Вопрос: Это исполнение внешнего действия?**

Под действием подразумевается действие на любом уровне: действие внешнее, внутреннее, мысленное, — какое только захочешь.

Сказано, что величие царя — в многочисленности народа, и мы хотим с помощью количества приобрести это желание, получить впечатление.

Поговорите об этом между собой. И позаботьтесь объяснить своим товарищам, что мы все зависим друг от друга. Почувствуйте, что вы зависите от каждого. Вы еще не знаете, насколько это ужасное ощущение! Представьте себе, что вы попали в какое-то место, где находятся сто человек, которые хотят вас убить. И насколько я завишу от каждого. Все с копьями, направленными на меня, и я, несчастный, попавший в эти джунгли — так вы и ощутите. В нашей жизни мы зависим от каждого. Нет никакого особого товарища, в отношении которого я произвожу особый расчет.

- **Вопрос: Что останавливает нас в продвижении?**

Человека ничего не останавливает. Одно слово — **желание**, кроме этого нет ничего.

МЕСТО ВСТРЕЧИ С ТВОРЦОМ — В ДУШАХ ЛЮДЕЙ

9 октября 2003 года

После того, как человек отрывается от эгоизма, что мы надеемся сделать в ближайшем будущем — пройти махсом — он проходит очищение. После того, как человек прорывается через махсом, у него наступает период получения Высшего света для очищения Гальгальта вэ-Эйнаим, то есть самых нежных его желаний — авиюта ноль, один и половина второго (до середины Бины) — Шореш, Алеф и ГАР дэ-Бет. Все это как бы происходит в период от Песаха до Шавуот. Что это значит?

Выход из Египта, Песах, — это проход махсома, выход из эгоизма. В нем тоже есть много своих переходов и состояний. Вы уже понимаете, какое множество промежуточных состояний должен пройти человек, прежде чем действительно можно сказать, что он что-то прошел. А после этого человек получает свет, очищает в себе 49 сфирот, до 50-й сфиры (это называется «50 ворот Бины»), и входит в бину. Почему 50? Бина — это же 40?

Буква «Мэм» — закрытая буква, символизирует собой Бину, потому что Бина как бы закрыта, как Ноев ковчег. Ее начертание напоминает закрытую коробочку, духовный узел, который внутри себя концентрирует только одно свойство — полную отдачу, полное отрешение от себя. В таком случае человеку ничего не страшно, на него ничто не влияет: на него не может ничего повлиять — он находится выше себя, без всякой связи с собой. Такие свойства придает нашему эгоизму духовный свет.

И в таком случае эта коробочка, то есть наша душа, все наши свойства, наполняется светом Хасадим. Этот свет полнейшей отдачи, полнейшего отрешения от себя, называется также «Ноев ковчег», потому что в таком виде человек может себя спасти и не зависит ни от чего и ни от кого; ему ничего не страшно, и, естественно, любой ураган, любой потоп ему не страшны.

Потоп тоже вызывается силами Бины, воды. Но это — вода, в которой раскрывается вся Малхут и вся Хохма — весь свет Хохма и ярое желание Малхут. То есть потоп — это как бы концентрация внешних и внутренних сил: изнутри — сил чистой Бины, а снаружи — всех остальных сил, которые, якобы, тоже включены в Бину.

Бина — это очень непростая категория. Она строит душу именно так, что душа изнутри и снаружи находится под этими водами: изнутри — под свойством чистой Бины, полной отдачи, а снаружи — под как бы обратными свойствам Бины, которые яростно используют Хохма и Малхут. При этом душа укрепляется и приобретает такие свойства, что уже может впоследствии поднимать из себя свет Хасадим, достаточный даже для получения света Хохма «аль менат леашпиа», «ради Творца».

Ведь просто Бина — она отдает, ничего не хочет. А когда она закаляется при прохождении потопа, то вырабатывается в ней такая сила, которая может получить даже свет Хохма, ей уже ничего не страшно.

Когда человек приобретает свойства Бины, тогда все свойства человека говорят: «Наасэ вэ-нишма», — то есть «примем Тору и будем ее выполнять», будем исправлять эгоизм. Ведь когда приобретаются свойства Бины, Г"Э, то с нашими исконными свойствами еще ничего не происходит — мы просто приобретаем свойства Бины. И только после этого мы начинаем работать с нашими настоящими свойствами, со свойствами Малхут.

Поэтому и говорится, что когда собирается весь народ (человек описывается как народ, то есть состоящим из всевозможных свойств: мужчины, женщины, дети, старики — все это свойства внутри человека) под горой Синай (от слова «сина» — «ненависть»), то есть когда возникает в нем ненависть со стороны Бины к свойствам Малхут, тогда как бы в один голос все кричат: «Мы согласны!» — то есть все свойства человека уже настолько очистились и готовы, что согласны принять методику работы — Каббалу. Каббала — это методика работы над эгоистическими свойствами, от слова «получать» — как получать Высший свет, свет Хохма, уже на отдачу. Тогда и возникает вот это состояние, которое называется «Дарованием Торы», и, таким образом, уже исправляется сам эгоизм.

Что значит приобретение Торы (Тора — от слова «ораа» — методика)? Все делается только светом и сосудами — ничего другого нет. Когда получают свет, который может постепенно исправлять сосуды, то надо, чтобы этот свет вместе с этими келим не просто так существовал, как одно против другого, а сначала вошел в них, придал им свои свойства.

После того, как нисходит Высший свет, называемый «Моше» (от слова «лимшох» — «вытаскивать» эгоизм снизу-вверх, на свет), так как Моше олицетворяет собой стремление всех свойств человека исправиться, притянуть на себя Высший свет, — и после того как Моше притягивает к себе этот свет, когда есть только одно свойство в душе — точка в сердце — после этого надо разбить душу.

Любое сопряжение начинается с разбиения келим. Затем свойства света входят в свойства келим, и между ними возникает связь. И только после этого, благодаря уже другому свету, исправляющему, те искры света, которые упали при разбиении в эгоизм, начинают этот эгоизм под себя подстраивать, исправлять.

Итак, должно произойти разбиение келим: весь народ с Моше спускается с горы, то есть получает Тору и спускается с ней к остальным свойствам, а они в это время делают золотого тельца; Моше как бы символически разбивает скрижали, то есть свет входит в кли, и происходит разбиение.

Процесс разбиения келим изучается еще в мире Некудим, и с Адамом Ришон теперь происходит то же самое.

Это один и тот же процесс; без него — никуда, без него не будет никакой связи между светом и келим; он разбивает эти келим.

Это происходит 17-го Тамуза. Моше разбивает скрижали, свет входит в кли. Это и все, что происходит далее, происходит уже с человеком. А потом проходит некоторое время до 1-го Элуля (это новый месяц, за которым еще через месяц, через новолуние, наступает уже Новый год). Что это значит? Это значит, что Моше опять поднимается на гору Синай и получает вторые скрижали. То есть снова обрабатывается свет внутри кли, и снова можно подняться и попросить свет исправления. И вот нисходит этот свет исправления на человека. И человек в этом свете начинает видеть себя.

Опять, как и первый раз, 40 дней Моше находится в контакте со светом на уровне Бины и потом спускается оттуда вниз, то есть свет уже начинает проходить на все остальные свойства, на весь народ. Нисхождение света до Малхут и полное противостояние света и Малхут у нас празднуются как Йом Кипур. Благодаря разбиению души человек начинает понимать, что нет в нем ничего хорошего, ни одного хорошего свойства, — все надо исправлять. Но это он узнает потому, что в каждом эгоистическом свойстве души уже есть искры света, которые упали при разбиении, при вхождении света в первый раз. Сейчас уже светит второй свет — свет исправления, как бы вторые скрижали.

Есть разница между первыми и вторыми скрижалями. Это лучше изучать в Каббале, а не по тому, как написано в Торе. Различие между скрижалями такое же, как и различие между Первым Храмом и Вторым Храмом: в Первом якобы было столько-то чудес, а во Втором столько-то, — то есть свет уже нисходит другой — это свет исправления. Он уже не должен разбивать, входить в сосуды и смешиваться с ними. Он должен светить издали и постепенно исправлять сосуд. В нем уже другие свойства.

Итак, в Йом Кипур происходит противостояние между всем кли, которое раскрывается во всей своей эгоистической глубине, и всем светом, который должен это кли исправить и наполнить. (Я говорю о кли иногда «он», иногда «она». Это зависит от того, как я думаю о кли. Слово «кли» употребляется и в женском роде, и в мужском, в зависимости от аспектов, от того, как смотреть на его работу. Если кли работает уже на отдачу, тогда кли — «он», а если использует отрицательные свойства, работает эгоистически, то кли — «она».)

Поэтому в Йом Кипур человек не кушает, не пьет, ему запрещено мыться, запрещена супружеская близость, запрещено себя умащивать маслом, (масло — это ор Хохма, а тело — это рацон лекабель; нельзя носить ничего кожаного. Кожа считается покрытием, внешней одеждой, а в это время все оголено, нет еще внешнего кли.

У человека есть внутренние келим и внешние келим. Внутренние келим образовались у него при Цимцум Бет. Это келим для Нефеш, Руах, Нешама. А для Хая, Ехида, для света Хохма, есть внешние келим — это так называемые левуш вэ-эйхаль (одеяния и дом, стены).

Есть у нас три свойства: Шореш, Нешама, Гуф (корень, душа, тело), — которые вместе существуют в нас. Кроме этого, есть одеяние на нас и стены — это то, что мы строим как свое собственное.

Одеяние и стены существуют и в нашем мире, из-за несовершенства наших келим. Если бы мы были внутри совершенны, то не нуждались бы ни в одеянии, как Адам Ришон, ни в стенах. Эти категории, эти келим, существовали бы внутри нас. Но сейчас мы частично компенсируем их нехватку за счет одежды, за счет дома в нашем мире (имеется в виду любое помещение, в котором человек пребывает) — все это является следствием неисправленности наших келим, несовершенства человека. Когда человек исправляется, это все постепенно входит в него, и он уже не нуждается ни в одеяниях, ни в доме.

Свет, который приходит к нам в Йом Кипур, показывает, насколько наше кли несовершенно: обнаруживаются в нем все его отрицательные свойства. И есть молитвы, в которых каббалисты отображают все это такими словами, при произношении которых человеку, ничего не понимающему, кажется, что он обращается к Творцу. А человек, который понимает, видит из этого текста, какие свои внутренние желания и настрои он должен обратить к Творцу. Молитва составлена на таком языке, что любой, в принципе, может ее под себя приспособить, в зависимости от уровня, на котором находится (от нуля и до уровня Полного исправления).

Этот язык, который Моше принял, на котором написал Тору, каббалисты использовали и используют всегда для того, чтобы не только специфически обращаться к изучающим Каббалу, но обращаться ко всем вообще, независимо от их духовного уровня. Если посмотреть молитвы, там можно увидеть все взаимодействия и все уровни любого желания человека к свету, к Творцу.

Все, что я сейчас говорю, описано Моше. А Ханука и Пурим — это те праздники, состояния, которые человек проходит уже после того, как получает Тору. Моше описал все, что связано с получением Торы и подъемом души до Бины. Это его задача. Моше — это сила, которая поднимает все желания человека с Малхут до Бины, до входа в Эрец Исраэль, в Землю Израиля. А далее исправления происходят уже без Моше. Моше — это свойство, которое вытаскивает Малхут до уровня Бины. Все. Поэтому он умирает, умирает в Иордании, глядя издали на Израиль, как сказано в Торе: «Поднялся на гору Нево и там умер 5-го Адара». Он родился 5-го Адара и умер 5-го Адара. Все это — согласно духовным корням.

Я говорю не о человеке Моше. Я не представляю человека, который это делал. У меня совершенно не складывается это картину: идет народ по пустыне... Но можно и так понимать — это не имеет значения.

Любой духовный корень обязан коснуться Земли, коснуться нашего мира, облачиться в материю. Любой. И поэтому все, что должно произойти в духовном мире, обязано и должно произойти в этом мире с нами, со всеми. И на сегодняшний день произошло все, кроме Пурима, кроме Гмар Тикуна.

В Йом Кипур мы не принимаем свет в себя, а ощущаем его перед собой. Мы ощущаем огромный свет, который позволяет нам видеть глубину нашего эгоистического кли. И поэтому мы не кушаем, не пьем, не умащаемся, отказываемся от супружеской близости, не носим кожаную обувь. Мы находимся в противостоянии со светом.

После этого мы как бы строим наше отношение к этому свету, чтобы он начинал исправлять нас. Подготовка к восприятию света продолжается от Йом Кипур до начала Суккот. А до Йом Кипур у нас есть десять особых дней, называемых «Асерет Ямей Тшува» — «десять дней возвращения», когда весь эгоизм уже структурируется по десяти уровням, в десять сфирот. И каждая сфира, каждый уровень, под воздействием этого света, с Нового года до Йом Кипур, ощущает, направляет себя таким образом, что доходит до Малхут. Малхут — последняя, десятая сфира, которая ощущает себя полностью изолированной, противоположной свету — это Йом Кипур.

Эти дни называются «десятью днями возвращения». Эти дни также называются «днями Суда». Человек себя судит: кто он такой, что он такое, каким образом и что он с собой сделал, — начинает молиться, просить об исправлении этим светом.

Затем, с Йом Кипур и до начала Суккот, происходит подготовка к исправлению. Исправление начинается в первый день Суккот. В этом году Суккот совпадает с субботой. Есть разница между Суккот, совпадающим с субботой, и Суккот в будний день.

В Суккот мы строим для себя особое, специальное, как бы вспомогательное кли. Поэтому (подобно человеку, находящемуся в своей одежде и в своем доме) мы располагаемся в беседке, сукке, которую сами строим. Мы строим ее из специального материала, и только естественного. Стены — неважно, какие, потому что стены мы воздвигаем свои, искусственно. А крыша должна быть из так называемых «псолет, горен вэ-екев», то есть из отходов с виноградников, полей и плантаций: из соломы, сена, пальмовых и других веток.

Это не обычай. Все это делается на основании духовных корней. Человек строит временный дом на семь дней, потому что происходит сейчас исправление всего лишь ЗАТ, ВАК, только части нашей души, эгоистического желания, а не трех высших сфирот (Кетер, Хохма, Бины). Оставшиеся три высшие сфирот мы добавим в Пурим. Через Хануку дойдем до Пурима.

Что такое Кипур? — «Ки Пурим», «кмо Пурим» — как Пурим. Пурим — это получение всего света в полностью исправленное кли. Он соответствует Гмар Тикуну — полному исправлению и наполнению. А в противовес этому, когда кли полностью пустое, но готовое к исправлению, есть «как Пурим», «ки Пурим», Кипур, Йом Кипур.

Так вот, в течение семи дней мы будем находиться в такой беседке, сукке, которая сделана по специальным правилам, чертежам. В Талмуде есть на эту тему целый трактат, который так и называется «Сукка». Талмуд был написан в третьем веке нашей эры. Когда был разрушен Храм, то, для того чтобы не забыли, как надо выполнять законы, все было записано Аншей Кнессет а-Гдола — собрание из 70-ти больших каббалистов (высшее учреждение, называемое «Кнессет а-Гдола». «Кнессет» — собрание, «Гдола» — «большое», от слова «Хохма» — большой не по ширине — Бина, а по высоте — Хохма).

Они все написали, начертили: какой эта сукка должна быть, согласно какому нашему внутреннему состоянию. Там есть все размеры, и говорится, что расстояние, промежуток, между стенками не должен превышать «шалош тфахим» — трех ладоней. Почему? Потому что когда выходят решимот из кли, когда кли получает, а потом «миздахех» — то есть свет выходит из него, то этот свет выходит в Высшее и проявляется в низшем. Потом поднимается еще выше и вновь проявляется в низшем, а в третий раз уже совсем не ощущается. То есть при переходе на третий уровень полностью пропадает связь между низшим и Высшим. Поэтому запрещено расстояние больше трех ладоней.

Все это можно наблюдать в нашем мире, если кому-то интересно. Но что для нас наш мир?

В нашем мире есть отображение того, что человек внутри себя готовит такое кли, в котором между исходящим и входящим светами нет перерыва большего, чем в три уровня, то есть любыми путями он хочет быть в связи со светом. На таких условиях человек строит свое внутреннее кли и начинает получать в него свет, пока окружающий — ор Макиф.

Этот ор Макиф светит ему на протяжении семи стадий, пока очищает в нем семь сфирот: Хесед, Гвура, Тиферет, Нецах, Ход, Есод, Малхут. Поэтому каждый вечер мы будем сидеть в сукке и говорить: «Сегодня мы приглашаем к нам в сукку Авраама, — так как Авраам — олицетворяет свойство Хесед. Сегодня мы приглашаем в сукку Моше, Йосефа... Давида». То есть каждый день будет соответствовать определенному духовному уровню, определенному духовному качеству, которое мы будем исправлять в своей душе. Вот это символизирует каждый день праздника Суккот.

Исправляя все эти дни, все эти семь сфирот, в праздник Суккот мы получаем всего лишь ВАК. Что значит ВАК? Маленькая подсветка света Хохма. Весь свет ВАК входит в нас. Это всего лишь свет, который может быть в кли, еще не полностью исправленном. А затем, уже после Суккот, на восьмой день, в нас входит остальной свет, который называется «Симхат Тора» — «Веселье Торы». Веселье — потому что когда пьешь вино (ор Хохма), входит свет Хохма. Тора — это общий свет, заполняющий кли. Тора (от слова «ор», «ора») все заполняет.

После этого идет Ханука, когда исправляются следующие келим в борьбе с яваним — древними греками, олицетворявшими победу разума. И происходит победа келим дэ-Бина, веры, то есть не нашего мира. Греки олицетворяют собой знание нашего мира, то есть стремление именно на этом уровне работать со светом Хохма. А макабим (такое свойство внутри нас) — наоборот, выше знания, то есть «эмуна лемала ми а-даат» — «вера выше знания».

Надо пройти этот этап. Человек проходит его, когда поднимается на такой уровень, когда он уже над всеми остальными неисправленными келим, и после этого побеждает их там. Он уже начинает получать особый свет — шемен (масло). И там уже наступает главный праздник — праздник света, Ханука, когда зажигаются масляные лампады. Шемен — ор Хохма — начинает давать свет в человеке, уже начинает с помощью экрана загораться в человеке.

Просто масло — оно не горит. Для того чтобы масло горело, нужен фитиль. Этот фитиль олицетворяет собой экран. Но он тоже сам по себе, без масла, не горит. Значит, именно в таком состоянии, когда есть масло и есть фитиль — есть свет.

Вся Ханука — это праздник света, когда свет уже начинает гореть в кли Хохма. И это продолжается до Пурима. А в Пурим уже происходит полное исправление всей души, всего кли. И Пурим уже соответствует Гмар Тикуну — полному исправлению.

В нашем мире этого воплощения еще не было. Это единственное, что в нашем мире осталось сделать. Я надеюсь, мы это реализуем в этом мире.

Что мы из всего этого рассказа должны вынести? Что весь наш путь состоит из падений и подъемов, подъемов и падений. Что нет ничего в человеке, что бы не разбивалось, а затем не восстанавливалось. Только на сопоставлении плохого и хорошего, якобы плохого и якобы хорошего качества, только на стыке между ними, мы можем что-то строить, делать, можем каким-то образом подготавливать, создавать внутреннее кли, а затем его наполнять.

Поэтому, ни в коем случае человек не должен думать: «В каком состоянии я нахожусь?» — это неверное отношение. Не надо обращать внимания на состояние. Человек всегда должен думать «К чему я устремляюсь?», а не «Откуда я устремляюсь?», никогда не думать «Где Я?», а думать «К чему я должен стремиться?», то есть должен видеть перед собой то свойство, тот образ, то качество, к которому он должен устремляться.

Ни в коем случае не думайте о себе. Как только начинаешь думать о себе, сразу же падаешь, появляется огромное количество помех, которые тащат тебя внутрь, в стороны. Только не думайте о себе и в себе, а думайте от себя и наружу. И тогда все необходимые, обязательные состояния мы пройдем быстро. Мы будем понимать, что все они приходят для того, чтобы мы, несмотря на то, что по нам проходит, все время устремлялись к одному. Это то, что нам надо выявить, выяснить, такой надо сделать вывод, просмотрев цепочки состояний, которые мы должны пройти.

Состояний очень много. Каждое из них, естественно, еще разбивается на множество других, и человек ежесекундно может проходить огромное количество всяких состояний. Это зависит только от устремления вперед. Чем больше я устремляюсь вперед, просто все время закорачиваю себя на Цель, более четко, более сильно, тем быстрее во мне крутится моторчик, который прокручивает эти состояния. Чем сильнее я устремляюсь вперед, тем выше скорость прохождения внутри меня этих состояний.

Только это зависит от меня. Если я ни на что не направлен, во мне это колесо, цепочка решимот, стоит. Начал немножко устремляться вперед — оно начинает раскручиваться все больше и больше, и так далее. Остановился, занялся собой — все остановилось, все мертво. Поэтому надо только от себя и наружу думать.

- **Вопрос: Как я могу устремляться вперед, когда должен исправлять себя?**

А я не должен думать о себе. Я должен думать о том, чтобы исправиться, устремляться вперед.

Кто устремляется вперед? Я! Но если я думаю о сегодняшнем своем состоянии, о себе, значит, я нахожусь в нем. А если я думаю о следующем состоянии, я ведь себя не оставляю, просто я о себе не думаю, а устремляюсь, я как бы весь впереди. И эта цепочка решимот во мне начинает быстро раскручиваться. Сила моего устремления вперед определяет скорость прохождения состояний.

Это то же самое, как давить на газ в машине. Чем больше я давлю на себя вперед, устремляюсь, тем быстрее и двигаюсь. Вперед — это значит сильнее на Цель, концентрированней на Цель, и как можно глубже в Цель, а не в себя.

Место встречи с Творцом — в душах людей

Но что происходит? Где же «Я»? Ты увидишь, как постоянно, ежесекундно у тебя будут возникать мысли о себе — а ты вперед, к Цели; опять о себе — ты опять вперед, к Цели. То есть постоянно ты должен вводить себя в эту Цель. Именно себя, потому что помехи у тебя будут о себе. Но зато ты их будешь полностью отрабатывать, сразу же закорачивая на Цель.

- **Вопрос: А где здесь группа?**

Группа — это очень просто. О ней я даже и не говорю, потому что если не группа, ты не можешь закоротиться на Творца. Концентрация на Творца — это то же самое, что концентрация на группу. Творца-то нет. Творец — это просто символ, который олицетворяет собой все, что окружает нас.

Как можно рисовать себе Творца? Творец рисуется очень просто. Творец рисуется той силой, которая находится внутри группы.

И в статьях, и в письмах Бааль Сулам говорит о том, что личного отношения человека к Творцу нет, потому что отношение к Творцу может быть только из общего кли: там Творец проявляется, там Он находится, и там ты можешь к Нему отнестись.

Я не могу отнестись к Творцу от себя. Есть общее кли. А я — это то, что стоит под ним. Если я могу видеть это общее кли, как сборище всех душ, соединенных вместе моим личным желанием, могу своим желанием любить их, относиться ко всем одинаково хорошо, не быть в себе, а быть в них, если я создаю такое кли, значит, концентрация этого кли на Творца и является моим устремлением к Нему.

Я стою за этим, за ними; я как бы мать, которая через свою любовь ко всем остальным относится к Творцу. Не может быть другого отношения. Иначе это будет не Творец, это будет придуманное мною какое-то свойство.

Творец — это то, что с любовью относится ко всем душам. Мы другого о Нем не знаем. «Рацоно леитив ленивраав» — «Добр и Творящий Добро относительно всех душ». Относительно всех душ.

Ты не сможешь найти Творца, эту категорию, это свойство, если не сфокусируешь внимания на Него, как из радара, изо всех этих душ. Не получится. Поэтому, когда говорится «человек к Творцу», то это обязательно через общее кли. Вне общего кли Творца не существует. Ты не можешь его индивидуально, для себя, как-то ощутить, оценить.

И первое ощущение, которое появляется у тебя перед махсомом, при прохождении махсома, когда ты находишься тут и там, тут и там, спрашивая, где Творец, — Он тот, кто заполняет все и управляет всем человечеством, именно находится в нем. И ты, сравниваясь с Его отношением к людям, находишь там и себя. То есть место встречи тебя и Творца — в душах людей. И другого места нет. Так получается.

Это и есть прохождение махсома, когда ты начинаешь видеть души людей и Творца там, потому что ты получаешь свыше такие силы, такие свойства, чтобы к ним относиться, как Он, но пока в минимальном размере, конечно. Для начала это ибур, еника, мохин.

- **Вопрос: Во время Суккот мы должны укрепиться в своей устремленности, сконцентрироваться на ней. Значит ли это, что за этот период обмен решимот должен достичь своего максимума, что мы должны пройти максимальное количество состояний?**

Мы еще десять дней будем вместе. И я надеюсь, что за эти дни мы пройдем с вами большое количество состояний. В принципе, эти состояния должны быть только соединяющими, обобщающими нас ради одной Цели. То есть нам всего-то надо думать: «Мы все вместе — к Творцу!» Все. Это — единственное. Мы таким и сделали лозунг в Израиле: «Все, как один, — к Одному!» Все, больше ничего нет.

Если мы об этом будем постоянно думать, на этом будем постоянно концентрироваться, то, я надеюсь, многие ощутят это явно, а остальные — не явно. Это будет ощущением, но уже ощущением из «надмахсома». И оно создаст в нас такие предпосылки, такие основания, что мы сможем затем продвигаться вперед, по крайней мере, в течение ближайших месяцев, до Песаха, или в Песах добавим еще.

Кто — еще сегодня, кто — потом, но это уже будет группа совсем на другом уровне.

Нам все для этого дано. Мы видим сами, как нам сверху это идет. С усилиями, но в общем-то идет. Мы даже чувствуем, как нас тянут. Хотим мы того или нет, но с нами сегодня сверху считаются, как с выполняющими обязанность. И если говорить о том, кто называется избранным народом, то можно сказать, что мы — избранный народ, мы сегодня избраны. Это и называется быть избранным: для того чтобы самим подняться и потом поднимать всех.

Я думаю, что, по крайней мере, основная масса, что сидит передо мной, готова, вложила достаточно сил и может, по крайней мере, почувствовать такие состояния, пройти их и потом, еще в течение какого-то небольшого отрезка времени, все-таки реализовать.

Прыжков быть не может. Все зависит от того, насколько ты ускоряешь события. Ты все равно обязан их все пройти. Иначе у тебя не будет кли, а ты должен все его проанализировать, прочувствовать. Ты должен изнутри прямо прожить его все. Прожить это можно и за секунду. Ведь состояния бывают такие, что одна секунда уже дает тебе впечатление.

И затем, в ближайшие месяцы или в Песах, мы с этим закончим.

ЦЕЛЬ — НАЙТИ СРЕДИ НАС ТВОРЦА

10 октября 2003 года

Мы должны будем вместе прочитать, пройти и пережить специальный материал, для того чтобы в итоге у нас здесь возникла общность состояний, чувств, а на внутреннем нашем уровне возникло такое ощущение друг относительно друга, внутри которого мы бы ощутили Творца.

Потому что Творец — это сила, которая раскрывается в альтруистическом намерении человека: в намерении отдавать, в намерении соучаствовать, соединяться с ближним именно с целью в этом намерении, в этих отношениях, внутри них, ощутить Творца.

Если мы попытаемся сделать такое усилие, причем попытка должна быть отчаянной, то есть до конца, тогда у нас будут все возможности, чтобы действительно прийти к ощущению Творца. А ощущение Творца — это ощущение того, как Он находится внутри наших взаимных отношений: внутри участия, сочувствия, взаимопонимания, любви, отдачи, причем только относительно тех, кто участвует в этом нашем общем движении, преследует эту нашу общую Цель — ощутить Творца внутри наших состояний.

И неважно, что при этом мы преследуем эгоистические цели, неважно, что при этом мы остаемся неисправленными эгоистами, неважно, что внутри. Если внутри себя я буду проводить анализ: кто я, что я, — то, естественно, обнаружу, что я эгоист и делаю это только ради себя, что мне это интересно, мне это нужно. Но это неважно! Такими мы созданы, мы с этим должны начинать работать.

А как только мы сделаем эти наши усилия правильными, то ощутим Творца внутри этих усилий. Он будет

Цель — найти среди нас Творца

ощущаться именно в струе, в направлении с нашим желанием ощутить другого, почувствовать, понять его, проникнуться им.

Как только мы ощутим Творца, то Его ощущение уже само по себе даст нам вдруг такую силу, такое понимание картины, которое выведет нас на уровень ощущения друг друга, альтруистического отношения друг к другу.

Что это такое, мы только потом поймем, когда Творец проявится внутри этих наших состояний — только после этого. А до того, пока Он не проявился, человек даже не представляет, что вообще такое «выход из себя», что Бааль Сулам называет альтруизмом: «аль менат леашпиа», «ло ле ацмо», то есть «не ради себя», «ради Творца», «ради другого, как ради себя».

Поэтому нам не надо укорять себя за сегодняшние наши свойства, нам не надо из-за этого останавливаться и говорить: «Это не для нас. Это невозможно!» Это, на самом деле, невозможно — только ощущение Творца, когда Он проявляется, вызывает уже наше исправление.

Значит, начиная с этого момента и далее, мы должны пытаться только таким образом относиться друг к другу. Творец создал кли — общий сосуд, который он наполняет. И если мы это кли в себе воссоздадим — оно в нас не чувствуется, и мы его как бы реставрируем, — то будем ощущать относительно друг друга (а здесь находится достаточное количество людей) именно стремление к взаимному пониманию, к поиску Творца в наших ощущениях, между нами.

То есть мы не ищем хороших отношений одного к другому. Мы ищем проявление Творца в наших отношениях. Изначально Цель — найти Творца между нами. Если не это Цель, тогда мы просто окунаемся в еще больший эгоизм, и все наши попытки обречены на провал, как в кибуцах, как при коммунизме и пр.

Значит, самая начальная Цель, то, с чего я начинаю, — найти Творца. Где? Там, где Он должен быть, — в кли, то есть в свойствах, во взаимных устремлениях одного к другому. Что при этом необходимо? Помогать друг другу в этом, таким образом друг к другу относиться, чтобы каждому из нас было легче.

Не надо навязываться с какими-то внешними проявлениями любви. Это все должно быть во внутреннем ощущении. Вы должны внутри себя ловить эту точку, эту тонкую нить: где в моих внутренних ощущениях других я могу уловить Творца. На эти дни вы можете считать это просто таким психологическим тренингом, но на самом деле это духовное усилие, которое — если мы его создадим — должно увенчаться успехом.

В соответствии с этим мы должны принять на себя ряд обязательств. Никто никому не навязывается, никто никому не мешает, все внутренне работают относительно друг друга. Как можно меньше контактов между мужчинами и женщинами, потому что это может запутать мужчин (для женщин это не так страшно). Мужчин это быстро уводит с духовного направления на низменные — таким образом мужчины устроены, и с этим надо считаться. Поэтому женщин мы просим быть скромными, чтобы не мешать нам. Необходимо дать возможность мужчинам сделать ту работу, которую они обязаны сделать. Поэтому я серьезно обращаюсь к женщинам с просьбой следить друг за другом, пытаться поддерживать друг друга в этом, не красоваться перед мужчинами, не попадаться им на глаза, дать им возможность внутренне сосредоточиться на их работе. Мы понимаем нашу природу, нашу слабость, поэтому должны в нашем общем деле помогать друг другу идти вперед.

Бааль Сулам и Рабаш в своих статьях говорят, что к Творцу есть два пути: путь короткий и путь долгий. И это отчетливо наблюдается среди начинающих. Есть такие, которые принимают то, что я сейчас объясняю: пытаться найти Творца в отношениях между людьми, но только в группе, только среди тех, кто понимает друг друга.

Группа может быть небольшой: это может быть десяток человек (конечно, чем больше, тем лучше, но главное — чтобы качество было не за счет количества). В группе есть возможность уже с самого первого занятия Каббалой понимать, что Творцом создано одно единственное кли. Если

Цель — найти среди нас Творца

каждый из нас как бы воссоздаст это кли, то есть каждый представит, что он находится в этом кли как точка, которая создает всю эту конструкцию, то есть будет так относиться к людям, что склеит их между собой, своим доброжелательным отношением к ним попытается это сделать, но для того, чтобы ощутить Творца, тогда в той мере, в какой он это сделает, начнет ощущать там Творца — ощущать, как Творец относится ко всему миру, а потом только к нему.

Вначале Творец проявляется только как отношение ко всему окружающему. Человек начинает ощущать Управляющего всем тем, что находится вокруг. То есть человек вдруг видит, что за всеми людьми, за их отношением к нему, за их отношениями между собой стоит Творец и всем этим управляет. Откуда он это видит?

В той мере, в которой намерение человека, его желание, устремление, подобны Творцу, в той мере он начинает видеть: то, о чем он сейчас думает, другой человек выполняет. Это происходит не потому, что он приказывает этому человеку, а потому что в какой-то мере его мысли совпадают с мыслями Творца, его желания совпадают с желаниями Творца. Поэтому он сейчас видит, что этот человек повернется так-то, отнесется к нему так-то, сделает то-то — видит, что сейчас произойдет.

Заранее видишь, потому что в какой-то мере есть связь с Творцом. Видишь, что действительно Творец решает, а человек уже выполняет. То есть видишь, насколько Творец облачается в этот мир, насколько Он им управляет — Он стопроцентно, полностью над ним властвует.

Степень ощущения влияния Творца, Его «одевания» в этот мир называется мерой раскрытия Творца или миром. Раскрытие происходит в человеке постепенно, в той мере, в которой он может при все возрастающих помехах выходить за рамки своего «Я».

У человека начинает возникать все больше и больше помех. Но если он, несмотря на них, все равно пытается найти Творца, пытается идти и относиться к остальным так же, как сам Творец, то начинает все выше и выше подниматься, все больше и больше проникать вглубь, в толщу своих всевозможных эгоистических состояний и видеть, что во взаимоотношениях между людьми находится Творец: Он наполняет их, властвует над ними, — и проявляется доброе отношение Творца к людям.

И все остальное мы должны отсюда ощутить и попытаться достичь такого состояния, чтобы почувствовать и понять, что все мы эгоисты, — понять, что не желаем быть в этом состоянии относительно друг друга.

Я должен чувствовать стыд по отношению ко всем вам, оттого что сейчас нахожусь в состоянии, когда хочу вас всех использовать ради себя. И так каждый относительно другого. То есть, с одной стороны, каждый из нас нуждается во всех, так как мы не можем подняться на уровень выше, прежде чем не соединимся между собой на предыдущем уровне. С другой стороны, это соединение на предыдущем уровне должно быть правильно сориентировано — так, чтобы каждый чувствовал стыд за то, что он хочет использовать всех остальных для своего подъема. Тогда это настроит на противоположное состояние, на желание относиться по-другому, чтобы не испытывать чувства стыда. Это даст нам отправную точку, как правильно выбрать мысль, отношение, намерение друг к другу.

Если мы будем искать Творца в связи между нами, то наш путь и будет называться коротким. Потому что мы не будем искать его через механическое изучение заумных каббалистических книг.

Бааль Сулам пишет в «Предисловии к ТЭС», что каббалисты написали книги для каббалистов, для обмена друг с другом информацией: каким образом, на каком уровне, как относиться, чтобы больше почувствовать Творца; каким образом Творец проявляется больше, в каких ощущениях, в каких намерениях. То есть каббалисты таким образом помогают друг другу продвигаться, подстраивают друг друга. Это и называется «кавано́т» (намерения).

Я помогаю другому быстрее найти правильное намерение. Естественно, что после этого он должен приложить свои усилия. Без этого не может быть ничего. Только в усилии и ощущается результат, то есть проявление Творца.

Цель — найти среди нас Творца

Но в каком направлении, где искать приложение этого усилия? Пытайтесь найти сначала такое отношение друг к другу, чтобы было стыдно, а потом — проявление против стыда, как будто вы и не пытаетесь использовать товарищей для своего блага.

Так же, как каббалисты настраивают друг друга, чтобы найти это направление и еще больше выявить для себя Творца, то есть подняться на еще большую ступеньку — ведь все большее проявление Творца и является все большим подъемом человека — так и мы должны помогать друг другу в этом.

Бааль Сулам говорит, что каббалисты написали свои книги именно для того, чтобы помогать друг другу, то есть чтобы те, кто уже находится над махсомом, имели возможность быстрее пройти все 125 ступеней. Ведь махсом — это только вход на первую ступень лестницы. А всего их — 125. Все 5 миров мы должны пройти.

Так вот, каббалисты написали свои книги для находящихся в постижении. А нам нужны эти книги, как объясняет Бааль Сулам в 155-ом пункте «Предисловия к ТЭС», только для того, чтобы вызвать на себя ор Макиф — окружающий свет, неизвестный, непонятный нам, но постепенно нас очищающий, постепенно ведущий нас вперед.

Но каким образом этот окружающий свет ведет нас вперед? Мы ту же работу, которую каббалисты делают явно, пытаемся делать как дети. Ребенок — он как обезьянка: ты делаешь что-то, и он повторяет за тобой. Он не понимает, что делает, но делает, потому что так поступает взрослый. Так и мы, хотя и не понимаем, как каббалисты работают с намерениями, что у них экран, авиют, рош, тох, соф, парцуф, что они делают вычисления, составляют буквы, слова.

Мы этого всего не знаем, ничего в этом пока не понимаем. Но когда мы к этому придем, то увидим, что на самом деле это просто работа со своими внутренними духовными ресурсами — ничего другого в этом нет.

Человек берет свой эгоизм со своими экранами, со своими ощущениями, со своими естественными внутренними свойствами и начинает с ними работать в самом оптимальном виде. И образуется определенная формула взаимоотношений с остальными, в которых раскрывается Творец. Это и есть смысл всех тех гематрий и терминов, которые вы можете видеть в каббалистических словарях, молитвенниках и книгах.

Так вот, мы должны этому подражать, как маленькие дети взрослым, должны создавать намерение. Так же, как каббалист создает намерение относительно Творца в поиске своего отношения к остальным, так и мы должны пытаться создавать свои намерения относительно других в поиске таких отношений к остальным, окружающим нас, но только внутри нашей большой группы, и ни в коем случае не к посторонним.

Такие отношения должны быть по образу и подобию того, что делают каббалисты. В таком случае то, что они получают в свои келим как ор Пними (при намерении, при экране, когда уже идут вперед, то есть когда уже находятся в Высшем мире, над махсомом, когда для них явно приходит ор АБ-САГ, который их исправляет, когда они явно ощущают Творца), для нас будет еще снаружи, не явно, поэтому и будет называться «ор Макиф» — «окружающий свет». Но все это — в соответствии с нашим уподоблением работе каббалистов. Поэтому, читая книги, изучая различные материалы, мы должны стремиться им уподобиться.

Что делает каббалист на самом деле, когда находится во внутренней работе? Он ищет все больше и больше возможностей для таких взаимоотношений с остальными в нашем мире, чтобы в этих взаимоотношениях, в его отношении к остальным, проявился Творец.

Если и мы будем пытаться это делать, тогда действительно свет, который придет к нам, ор Макиф, постепенно-постепенно подтянет нас в такое состояние, что мы начнем проходить махсом и войдем уже в ор Пними — во внутренний свет. Вот тогда и начнем изучать «Талмуд Эсер Сфирот», где вначале идут слова Ари, а потом комментарий Бааль Сулама, который также называется «ор Пними».

Цель — найти среди нас Творца

Тогда мы действительно увидим, что Бааль Сулам прокомментировал. Он сделал комментарий на слова Ари, расписал все для нас, для начинающих, для того, чтобы мы, когда подойдем к такой работе, постепенно получали бы этот свет в наше кли.

Так вот, это и есть краткий путь к Творцу — он действительно не зависит от времени. Но Бааль Сулам пишет в «Предисловии к ТЭС», что все равно, даже если человек идет правильным путем, ему понадобится где-то два-три года для адаптации к книгам, понятиям, для того чтобы во время занятий, в группе создать вокруг себя среду, настроить себя на правильные намерения и делать попытки, как маленький ребенок, который тоже не за один день вырастает — это длительный процесс. Треть нашей жизни уходит на то, чтобы вырасти, треть — работать эффективно, а затем — уже старость. Так и здесь. Поэтому Бааль Сулам предупреждает, что этот процесс может занять несколько лет.

Но это процесс привыкания. И если мы будем реализовывать его в такой большой группе как наша, в которой есть для этого огромные возможности, есть люди с различной ментальностью и даже говорящие на десяти языках (!), то этот процесс будет коротким.

Сегодня нас еще объединяет русский язык, потому что мы оказались в разных странах в результате расселения из России. Теперь мы с помощью этого собираемся: у нас есть что-то общее — общий язык. Но через полгода, если мы встретимся (надеюсь, мы встретимся и будем встречаться даже чаще, чем раз в полгода), среди нас появится больше англо-говорящих, испано-говорящих представителей, больше будет людей из Германии, Австрии, то есть людей, которые уже не будут иметь никакого отношения ни к ивриту, ни к русскому языку.

Значит, далее мы будем развиваться как бы в несколько разобщенной по своим начальным параметрам массе. И это будет происходить специально, для того, чтобы наша группа стала как бы прообразом того большого единого кли, которое создал Творец, в котором существуют абсолютно все свойства: самые противоположные, самые разнообразные.

Уже сейчас у нас есть люди из Австралии, Канады, Сибири... Но скоро мы увидим, насколько будем расширяться. А если принять во внимание Интернет и тех, кто нас слушает, то сегодня у нас есть намного лучшие условия, чем те, о которых говорил Бааль Сулам, когда писал, что необходимы два-три года, для того чтобы создать такое кли и привыкнуть. Сегодня, благодаря той информации, которую мы подготовили и каждый день улучшаем, каждый день пытаемся выразить во все более современных видах, формах, даже не нужны эти два-три года.

Почти две тысячи лет назад в Талмуде писалось, что для выхода в Высший мир человеку требуется от 3-х до 5-ти лет. Этот срок считался коротким путем, потому что длинный путь мог занять и двадцать, и двадцать пять лет. Причем длинный путь также предполагает правильное продвижение к Цели.

Поэтому давайте возьмемся за то, чтобы освоить краткий путь к Творцу — для нас это сегодня возможно. Именно благодаря тому, что свыше нам даны особые условия, мы находимся в таком состоянии.

Никогда раньше у желающих найти Творца не было такой возможности собираться вместе. В истории есть примеры, когда такие люди пытались собираться, пытались соединяться между собой, но свыше им не позволялось. Например, всем известна история, как Ари призывал своих учеников подняться в Иерусалим, но они вдруг не смогли этого сделать по каким-то глупым причинам (якобы жены их не пустили). И у Бааль Сулама были проблемы с учениками. Но, конечно, это свыше им чинили препятствия — было еще не время.

А смотрите, что происходит у нас! Все-таки, несмотря на сложности, нам дают технические, материальные возможности, нам дают возможность собираться вместе и говорить о стремлении к Творцу. Действительно, такого раньше никогда не было, такого даже невозможно было себе вообразить. Обычно такие попытки имели нехорошие последствия: время еще не подходило — и все разрушалось. Мы должны понять, что находимся в состоянии, когда свыше уже все подготовлено, свыше, в глазах Творца, мы уже полностью как бы готовы к этой миссии, и все остальное уже находится в наших руках.

Как и любое движение, наше движение вперед, которое происходит с нашим внутренним материалом, с нашими желаниями, с нашими стремлениями, с нашими эгоистическими попытками наполнить себя и с обратными, как бы альтруистическими, попытками найти Творца — весь этот путь к махсому и особенно переход его — он колеблющийся, попеременный, «старт-стопный», я бы сказал. Человек как бы стоит на линии, на границе, и наклоняется немножко то вперед, за махсом, то обратно, то вперед, то обратно, или как бы высовывается над поверхностью воды, над махсомом, а потом находится опять под махсомом, как бы под водой.

Такие состояния будут повторяться у нас много раз, для того чтобы мы отработали все свои внутренние свойства, все свои устремления побывать и там и здесь, то есть по обе стороны попеременно, для того чтобы отработали все решимот, впечатления. А затем уже человек проходит дальше.

Поэтому не обращайте внимания, что у вас вдруг появилось ощущение чего-то такого, а затем пропало, и снова появилось и пропало — это хорошо. Никогда не сожалейте о прошлом, не пытайтесь возвращаться в него. А в следующих своих состояниях ищите что-то новое. Вот так же, как вы подходили к уже прошедшему, подходите к новым обстоятельствам, но уже не повторяя прошлое. Тогда у вас разовьются собственные навыки, как у ребенка, действовать в ваших новых состояниях, в том, что будет появляться вокруг вас. Пытайтесь все время раскрывать новый мир, новые ощущения, новые отношения и не беспокойтесь о том, что что-то пропадает. Пропадает — значит, пропадает, значит, уже давно должно было отработаться и уйти.

Длинный путь отличается от короткого тем, что человек не ставит перед собой Цель — раскрытие Творца внутри отношений с другими в группе, то есть не следует тому, что пишет Бааль Сулам в статье «Свобода Воли»: выбор группы определяет дальнейшее развитие человека.

Краткий путь — это когда человек понимает, что ему для продвижения нужна среда, с которой он будет взаимно развиваться и в итоге проявит относительно других все свои свойства в любви, в устремлении к связи с ними, для того чтобы внутри этой связи раскрыть Творца — общий закон и общую систему мироздания. Именно внутри маленькой группы человек ощутит все это. А потом это будет распространяться уже на все человечество — это уже совсем другой этап. Мы сейчас тоже говорим только о том, как внутри нашей группы найти вот эту общность устремлений, ощущений.

Порой человек не понимает, не принимает совета Бааль Сулама именно таким путем, самым кратким, идти к Цели, не понимает, в чем заключается разбиение келим, каким образом они оказались разделенными телами и теперь должны преодолеть, исправить эгоизм, который и называется телом.

Есть такая категория людей, которая не воспринимает этого, не слышит, не может принять этого всерьез для себя. Эти люди слишком «толстые», эгоистичные. Для них продвижение, конечно, немножко другое: они больше могут уходить в науку Каббала, их может больше интересовать техническая, теоретическая сторона. Они вообще могут заниматься какими-нибудь посторонними работами в группе, не ощущая контакта на другом уровне, на внутреннем, а ощущая его на внешнем уровне: в результате обслуживания, организации занятия внутри группы, как бы играя внутри нее.

Это тоже путь. И нельзя говорить, что он хуже или лучше. Есть такие сорта душ, которые идут кратким путем, и есть такие, которые идут длинным. Нам всем надо стремиться идти кратким путем, но если, несмотря на это, человек чувствует, что у него вообще пропадает связь с группой, то должен связаться с ней через какие-то действия в группе или каким-то другим образом общаться с другими, меняя характер общения. Внутри он будет развиваться как

Цель — найти среди нас Творца

надо, но ему необходимы еще какие-то вещи, чтобы ухватиться за этот путь. И мы должны создавать возможности для таких людей.

Среди нас вы можете видеть людей, которые больше или меньше, но явно проникаются устремлением к правильному взаимоотношению между нами, чтобы внутри ощутить Творца, и таких, которые не могут этого проявить или не могут найти этого внутри себя. Они делают это через работу на группу, они проявляют это по-другому. И это похвально, ведь человек должен делать все, что в его силах и возможностях.

Если вы чувствуете, что у вас есть потребность, какая-то возможность другим образом включиться в общую группу, что-то делать, где-то помогать, — используйте эту возможность. Значит, это в вас есть, и вы должны это отработать. Без этого вы тоже не сможете продвинуться вперед.

Поэтому мы столько делаем в нашей внутренней группе Бней Барух: у нас есть и кухня, и строительство, и переводы — чего мы только ни делаем! Мы не раздаем эту работу куда-то наружу. Мы пытаемся все делать внутри себя и даже, наоборот, как можно больше работы взять еще и снаружи: в этом году мы начали делать свое вино — сделали 10 тысяч литров вина; сейчас собираемся создать свою маленькую типографию. Нам необходимо работать, отрабатывать это все внутри, потому что это тоже создает вокруг нас возможность связи.

И краткий и длинный пути включают в себя всевозможные связи в группе и какие-то совместные действия. Но самое эффективное совместное действие, которое может правильным и кратким образом вести к Творцу, — это распространение. Оно удовлетворяет всем самым важным условиям, ведь распространяется знание о Творце.

Ты это делаешь в отношении других людей, то есть подключаешь их в общее кли, и при этом понимаешь, что активно работаешь, что через тебя это проходит: люди подсоединяются к тебе, то есть непосредственно ты их соединяешь, и здесь ты можешь проявлять свое отношение к ним.

Для чего ты это делаешь? Для того чтобы через остальных (и для них, в том числе) еще больше раскрыть Творца. Через распространение, через любой вид этого огромного объема работ, человек может проявить себя. Это самая такая концентрированная форма исправления общего кли. Поэтому мы тратим на распространение столько времени, средств и усилий, и то же самое советуем делать и вам.

А следующая форма — это уже обслуживание других групп. Обслуживание своей группы — это более низкий уровень, менее эффективно.

Радио, телевидение, видео, аудио, издание книг, обработка информации, переводы, огромная сеть, которая у нас функционирует, — это все относится к распространению, к выпуску информации. Мы считаем, что это самое главное, и мы видим, насколько это нас продвигает.

Если бы мы замкнулись внутри себя, то не смогли бы достичь того, чего сегодня достигли. Я знаю каббалистические группы (в том числе и те, которые, занимались у моего Учителя), которые не пытаются таким образом выйти наружу, и у них нет (в основном поэтому) такого продвижения.

О чувствах говорить нельзя. Человек не должен раскрывать свои чувства другому. Мы не имеем права объяснять друг другу, как чувствуем Творца, как желаем Его. Человек не должен объяснять свои личные отношения с Творцом — этого нельзя раскрывать никому, абсолютно никому, поскольку мы все эгоисты, неисправленные, не достигшие полного альтруизма, то есть полного свойства Бины, выхода в Ацилут.

Вот когда мы все поднимемся из нашего мира через все три мира: Асия, Ецира, Брия — в мир Ацилут... Что значит, поднимемся? Если постепенно исправляя в себе эгоистическое отношение к другим, мы достигнем такого состояния, когда у нас абсолютно ни на какую помеху не возникнет никакого желания «для себя», значит, мы полностью исправили наши Г"Э — отдающие желания, приобрели отдающие желания, значит, мы поднялись в мир Ацилут. Вот тогда уже можно друг от друга практически не скрываться, потому что каждый из нас, поскольку уже не является эгоистом (ни в коем случае «для себя»), не сможет навредить другому.

А до тех пор, пока мы до мира Ацилут не поднялись, нам еще не надо об этом говорить. Мы не имеем права раскрывать наши личные отношения с Творцом, потому что другой человек, поскольку еще не исправлен, поскольку эгоист, поневоле внесет помеху в наши ощущения и этим сбросит нас с нашего уровня. Поэтому мы говорим друг с другом только о группе, только о том, как относиться к группе, как относиться к товарищам, или об учебе: каким образом учеба сопоставляется с этими действиями.

«Я и Творец» — об этом мы между собою не говорим. Иначе мы этим самым вредим вдвойне. С одной стороны, я врежу себе, потому что товарищ, который как я, еще тоже эгоист, сразу же вредит мне своим автоматическим эгоистическим подключением к моим отношениям с Творцом, которые должны быть только между мною и Творцом. И, с другой стороны, я этим сбрасываю товарища с его уровня, потому что вывожу его на эгоистическое отношение ко мне, когда начинаю говорить о своих отношениях с Творцом. Значит, мы не имеем права этого делать по двум причинам: чтобы товарищам не наносить вред, и чтобы себе не навредить.

Говорите между собой о группе, о работе внутри группы, разбирайте статьи, которые говорят только о том, что человек должен делать в группе. Но ни в ком случае не говорите о том, как вы ощущаете Творца, как Его хотите и так далее — этого быть не должно. Петь об этом хором мы можем — это не запрещено, потому что пение — уже как бы начитанный текст, который выражает наши общие стремления.

- **Вопрос: Что конкретно сейчас нужно делать?**

Есть такая основополагающая статья Бааль Сулама «Нет иного, кроме Него» — «Эйн од ми Левадо», в которой он описывает постоянный взгляд человека на мир — «Я направлен на Творца». Только Он существует, только Он все определяет, только Он все создает, всем управляет. Все, что вокруг меня и внутри меня, все мои мысли, действия — все это делает Он. А мне надо раскрыть это.

Раскрыть это я могу не тем, что буду сидеть и делать какие-то внутренние упражнения: это не поможет, так я приду ко всяким глупым медитациям. Раскрыть это я смогу только через остальных. Проблема в том, что я не понимаю, что во всем этом огромном количестве материала говорится только обо мне и Творце. Но как я найду Творца? Он находится в общем кли! Больше Творец не проявляется нигде.

С чего мы начинаем изучать Каббалу? Есть какой-то свет, который никем и ничем не ощущается: еще никого и ничего нет. Этот свет создает кли, наполняет это кли, этим кли ощущается. И кли начинает на этот свет, который внутри него, реагировать. Кли начинает желать быть подобным свету.

Есть заданные параметры: есть кли, и внутри него есть свет. А больше ничего нет. И все, что происходит далее, — это чисто внутренние переживания кли относительно света, который в нем. Вдруг кли делает Цимцум: «Я не желаю Тебя чувствовать». Потом вдруг оно говорит: «Я Тебя почувствую, но так, чтобы мне не было стыдно». А затем вдруг: «Я желаю быть таким-то», — и так далее. В принципе, ничего не меняется: есть то же кли, есть тот же свет. Меняется только отношение кли к свету.

Когда я говорю, что устремляюсь к Творцу, это значит одна из частичек устремляется к Творцу. Но Творец не проявляется в этой частичке. Он проявляется только в общем кли, относительно всего общего кли. Значит, я из себя должен сделать как бы точку, которая строит вокруг себя это общее кли. Пусть оно будет даже маленькой группой — это неважно, потому что все равно это объединение, и я выражаю через группу свое отношение к миллионам.

Мы не должны забывать, что ощущение Творца возможно через ощущение этого общего кли. Он не проявляется в меньшей мере или в большей. Мы говорим: «Ступени постижения Творца». На самом деле, это не постижение каких-то уровней, это постижение всего кли, но все более

Цель — найти среди нас Творца

и более явное (ведь нет, например, такого, чтобы у маленького человечка не было головы или рук, или ног).

Кли — оно целое во мне: рош, тох, соф существуют с самого начала, — но я ощущаю его сейчас всего лишь на одну сто двадцать пятую. Поэтому и говорится, что я нахожусь в Малхут мира Асия. А потом я все больше и больше, более явно начну его ощущать.

Поэтому, если говорить об ощущении Творца, о том, что надо сейчас конкретно делать, только пытаться раскрыть «Нет иного, кроме Него» через это общее кли. А что такое общее кли? Все души. А кто это такие? Группа. Для того и дано общество, чтобы на нем отработать это отношение.

И такое общество собирается специально! И люди в нем такие разные и из разных мест — тоже специально. Кого тут только нет! Настолько разные, настолько не совмещающиеся между собой, как бы представители различных слоев, различных свойств этого кли. Не внешне, хотя и внешне это очень разные люди. Душа — она вообще по-другому определяется: не по внешним свойствам, ментальности, или по тому — с Востока человек или с Севера. Вы увидите, как Творец собирает всех.

Поэтому достаточно этого нашего кли, для того чтобы через него создать правильное отношение к Творцу. Для того чтобы найти Творца в нем, вам достаточно 10-15-ти человек вокруг вас.

Сегодня задача каждого — отнести себя к той группе, которая в основном присутствует сейчас здесь: мужчины — к мужчинам, женщины — к женщинам, а не вперемешку, потому что мы еще не находимся на таком этапе, когда можем объединяться друг с другом безотносительно к полу. Сейчас мы должны считать себя одной большой группой.

Ты, конечно, не можешь охватить, допустим, всех трехсот мужчин, которые здесь есть, да этого и не надо. Главное — твое отношение к ним: ты не должен прямо всех их держать, но свое отношение к ним должен культивировать. Мы попытаемся настроить всех нас на это.

- **Вопрос: Вы говорили о тоненькой ниточке, через которую надо ловить ощущение Творца. Как поскорее найти ее? Чему она подобна?**

    Правильная настройка происходит так. Допустим, изначально человек совершенно не в курсе, как корабль или самолет, который полностью потерял точку ориентирования, — нет у него ничего. С чего начинать? Начинать надо именно с того, что «нет иного, кроме Него», начинать с Творца. Если Творец не находится в начале и не находится в конце усилий человека, значит, эти усилия неправильные — не в правильном направлении. Об этом Бааль Сулам говорит в **письме на стр. 63 книги «При Хахам. Письма»**. Там он даже рисует картинку, как это движение происходит.

    То есть в начальной и конечной точке — Творец, тогда и получается прямая. А посреди — группа, кли, через которую я достигаю последней точки. Значит, если я себя правильно ориентирую, я выхожу на поиск Творца, я сейчас ищу Творца, Он является моей конечной точкой, а группа — между нами. Что это значит?

    Группа — это мои свойства, те самые 620 свойств, но они кажутся мне находящимися вне меня. Душа состоит из 620-ти свойств (ТАРАХ): 248 свойств (РАМАХ) — Г"Э, 365 свойств (ШАСА) — АХАП, и еще 7 заключительных — так называемые «дэ-рабанан» (заповеданные мудрецами).

    Все тело, гуф парцуфа состоит из 620 свойств, причем из всех этих свойств состоит не только полный парцуф, например, Адам Ришон, но и любая из его частей, потому что «клаль вэ-прат шавим» — общее и частное всегда состоят из одних и тех же частей. Сколько бы ты ни делил парцуф, всегда есть 10 сфирот — не меньше и не больше. Любая из них делится еще на 10, а каждая из этих 10-ти — еще на 10, и так далее. Так вот, 10 сфирот и 620 свойств — это одно и то же.

    Итак, когда я начинаю свое действие, я должен взять курс на поиск Творца. А что значит искать Творца? Это не просто слова. Нет! Я ищу Единственно Управляющего, Единственно Находящегося во всех нас. Он управляет всеми, управляет мной, дает мысли и желания всем, дает

Цель — найти среди нас Творца

мысли и желания мне. И я уже как бы закорачиваю себя на Единственного: на Единственный Источник, на Единственно Определяющего все мои обстоятельства, на Единственно Определяющего меня и все остальное.

Чего еще мне не хватает, если я, допустим, закоротился на Него, то есть все в мире для меня теперь находится как бы в единении с Творцом? Я это только представил себе. На самом же деле я не достиг этого! Как я должен достичь проявления и ощущения Творца во мне на самом деле, наяву, чтобы я был в этом состоянии, а не просто говорил себе: «Да, я в этом нахожусь!» Я говорю так, потому что читаю статьи Бааль Сулама, потому что мне сказали, что это так. А как этого состояния достичь, войти в него явно, когда все окружающее и Творец находятся вместе, все мы вместе находимся, в одном объеме, в одном состоянии, и кроме этого больше нет ничего?

Как достичь такого состояния — достичь этой второй точки на прямой линии? Для этого надо пройти все свои внутренние состояния, это и будет называться прохождением этой линии. А пройти их — значит выявить Творца во всех 620-ти своих свойствах. А как я Его выявлю в этих свойствах? Я это сделаю, если начну эти 620 свойств отрабатывать на окружающих.

Во мне есть 620 свойств, и вне меня, во внешнем кли, есть 620 свойств. Я должен в своем отношении к окружающим правильно себя настраивать, то есть должен пытаться найти альтруистическое намерение. В таком случае получается, что я буду пытаться уподобиться Творцу, и тогда я действительно начну Его чувствовать как Единственного, как Дающего, как Управляющего, как Наполняющего. Таким образом, окружающие для меня становятся средством, с помощью которого я начинаю ощущать Творца. В той мере, в которой я пытаюсь относиться к ним так же, как относится к ним Творец, в той мере я начинаю ощущать Творца.

Итак, есть я, человечество и Творец. Я и Творец находимся как бы рядом. Каким образом я могу ощутить Его, найти Его, стать равным Ему, стать близким к Нему? Я должен узнать, как Он относится к человечеству, к этому общему кли. Если я буду относиться к этому кли так же, как Он, то буду подобным Ему. У меня нет никакого другого примера проявления Творца, кроме как Его проявления к общему кли.

Мы говорим: «Добр и Творящий Добро», — это Его первое проявление относительно кли. Вне кли мы не знаем, что Он такое. Вне кли Он — Ацмуто — Нечто, не воспринимаемое никем и никогда. Мы знаем Его только через проявление относительно кли. Поэтому, если я к этому кли буду относиться так же, как Он относится к кли, то стану подобным, равным, близким Ему, достигну слияния с Ним. Слияние — это конечная Цель.

Если я беру первую точку: найти Творца, как Единственного, как Проявляющегося во всем внутреннем кли, как Управляющего, как Наполняющего, и так далее, — если я хочу эту точку действительно развить, чтобы она полностью стала всем моим естеством, чтобы Творец наполнил меня, чтобы я и Он были связаны и слиты, единственное, что я должен делать — это так же, как Он, относиться к этому общему кли.

Я должен реставрировать это кли, ведь в моих глазах оно разбито, в моих глазах все части кли — отдельные эгоисты. А в глазах Творца это не так. Творец смотрит на все человечество со своей точки зрения: для Него все абсолютно исправлены, для Него все находятся в Гмар Тикуне — в третьем состоянии.

Значит, и я должен постепенно достичь такого отношения к группе, а затем и ко всему человечеству, когда всех, кроме себя, буду видеть абсолютно исправленными. Для этого я ищу то, как Творец относится к ним, и так же к ним отношусь. Если я это делаю, то уподобляюсь Ему. У меня нет другого эталона равенства Творцу, кроме как Его отношение к общему кли.

Поэтому, взяв для начала эту точку — «нет иного, кроме Него», я пытаюсь из нее найти Его: что значит Творец, что значит «кроме Него», зачем Он, каковы Его свойства... И согласно Его отношению к окружающим я действую.

Цель — найти среди нас Творца

Только тогда я достигаю второй, последней, точки на этой линии. То есть между первой и последней точками этой линии находится вся моя работа с группой. Это то, о чем Бааль Сулам говорит в статье «Свобода Воли».

- **Вопрос: Как человек может узнать, насколько он уже исправлен?**

О том, насколько человек уподобился Творцу, то есть насколько он исправлен, он может судить, опять-таки, только по своему отношению к группе.

Мы не можем измерять свет. Мы изучаем в самой науке Каббала, что свет — только в кли: в той мере, в которой кли подобно свету, в той мере я могу судить о свете. Свет на самом деле не имеет никакой меры, никакого объема, никакой величины. Только в меру подобия кли свету кли может характеризовать свет. Кли называет свет, который в нем: Нефеш, Руах, Нешама, Хая, Ехида. И есть там миллионы всяких оттенков, но все эти оттенки кли задает. Творец наполнил кли, а дальше кли реагирует: «я Тебя не чувствую» или «я хочу так-то почувствовать».

Это сугубо личное ощущение. Я бы сказал даже так: мера исправленности кли вызывает в нас ощущение Творца как такового. Как мы ощущаем? Мы ощущаем только своими внутренними исправленными свойствами. Это можно уподобить прибору, который, допустим, измеряет силу тока: измеряется реакция прибора, — мы всегда измеряем только реакции.

Вот и сейчас, мы слышим не звук, который находится вне нас, мы слышим нашу реакцию, реакцию нашей барабанной перепонки (нашего «экрана») на звук: она отталкивает звук, стремясь быть в равновесии. И по нашей реакции на внешнее возбуждение, возмущение мы судим о внешнем свойстве, о том, что происходит снаружи.

Поскольку все законы одинаковы во всех мирах, то таким же образом и в духовном мире происходит измерение Творца. Как я Его измеряю? Экраном. В той мере, в которой мой экран может работать с большим желанием, с большим авиютом, в той мере он совершает отдачу: может противостоять Высшему свету, держит себя, не пропуская этот Высший свет, а затем получает его ради Творца — не ради себя. Что значит «ради Творца»? Ради Творца — ради других — это то же самое.

В итоге получается, что мы всегда измеряем наши внутренние исправленные свойства, и их мы имеем в виду, когда говорим, что подобны Творцу, что Творец имеет такой-то вид.

Творец все время меняется. Что это значит? В той мере, в которой экран может проявить нам свойства света, в той мере вырисовывается нам Творец. То есть мы всегда измеряем себя, как это делает любой измерительный прибор. И в этом отношении постижение Высшего мира ничем не отличается от постижения нашего мира.

На самом деле, нет никакого нашего мира. Ни высших миров, ни нашего мира нет. Есть свет, который мы измеряем в меру наших внутренних исправлений. И по ним, по нашим внутренним исправлениям, мы и судим. Поэтому и говорится «тмунат а-Шем» — «картина Творца». Картина Творца — это то, что рисуется мне моими исправленными свойствами на экране.

Человек на своем экране видит проявление света — своих исправленных свойств. Это он и измеряет. То есть он может измерить свои исправленные и неисправленные свойства. Он уже знает все свои 620 свойств, он знает, какие из них каким образом исправлены, на каком уровне каждое из них находится, и у него складывается такая спектральная картина: все 620 свойств и каждое из них в какой-то мере исправлено. И вот эта мера исправления рисует самому человеку, то есть желанию насладиться, которое находится за 620-ю свойствами, образ, который мы называем «мир». А самого мира не существует. Мир — это мера скрытия или раскрытия Творца относительно наших неисправленных или исправленных свойств, соответственно.

- **Вопрос: Каким образом я могу увидеть Творца в своих отношениях с окружающими?**

Цель — найти среди нас Творца

Ты начинаешь относиться к товарищам по группе с целью раскрыть Творца. Что значит раскрыть Творца? Раскрыть Творца — это значит уподобиться Ему, потому что, как я уже объяснил, мы измеряем Творца по мере нашего внутреннего исправления — в этой мере мы его ощущаем. То есть ты желаешь исправиться так, чтобы во всех своих свойствах быть равным Ему.

Если выразить это твое желание по-другому, то оно может оказаться противоположным твоим первоначальным замыслам. Как ребенок, ты кричишь: «Я хочу!» А теперь по-другому осмысли, чего ты хочешь. Может быть, ты совсем и не хочешь. Если ты правильно представил себе, что значит «я хочу быть подобным Творцу», что свойствами Творца является полная, абсолютная, отдача, то попробуй сейчас действовать так мысленно, только мысленно, не начинай отдавать физически.

Попробуй так мысленно действовать относительно товарищей по группе, попробуй так относиться к ним изнутри себя. Тогда ты увидишь, как вдруг внутри этих свойств начнешь ощущать проявление объединяющей Высшей силы. Ты увидишь, как окружающие не по собственному велению, не по собственному хотению действуют, а существуют в объеме одной общей Высшей силы.

Вся проблема в изучении Каббалы только в расшифровке определений: каббалисты не хотят расшифровывать определения, чтобы не отпугнуть людей. Если правильно расшифровать определения, то у тебя не останется ничего. Ты будешь, как перед стеной: «Разве это мне надо? Невозможно! Не хочу!» Поэтому каббалисты запутывают тебя всевозможными определениями, такими, как «слиться с Творцом». «Слиться с Творцом» — это красиво, это хорошо, это приятно, это, наверное, здорово. «Подняться по ступенькам Высшего мира» — тоже. Кому этого не хочется?! И так далее.

Если ты это переводишь на язык своих внутренних качеств, ты просто видишь, что деваться некуда, что только так и надо действовать. Это и называется коротким путем. Но каждый ли может его выдержать?

Поэтому и говорится, что надо предлагать этот путь только постепенно, ведь человек начинает издалека, в полном эгоизме. Только постепенно раскрывается эта работа, как пишет Рамбам, детям, женщинам и рабам — трем видам эгоистических неподготовленных желаний, которые мы представляем собою внутри. Мужчина — «гевер» — от слова «итгабрут» — имеющий масах. Не имеющий масаха называется женщиной, ребенком или рабом. Ему эта работа над собой раскрывается постепенно, в той мере, в которой он способен, несмотря на страдания, найти силы и идти вперед.

Если раскрыть ее, описать открытым текстом, человек не захотел бы, потому что находится в первоначальном, в абсолютном эгоизме, и увидел бы, что это невозможно. Поэтому ты с человеком занимаешься, включаешь его в группу, образуешь вокруг него определенную среду. Он с помощью этой среды, с помощью занятий начинает привлекать на себя понемножку окружающий свет — ор Макиф. Ор Макиф постепенно проявляет в нем зачатки Бины, которые есть у него изначально — они начинают постепенно развиваться из точки в сердце. Человек начинает вдруг думать, что отдача, наверное, действительно спасение, выход в совершенно другое состояние, подъем выше нашего существования.

Если он начинает так думать, значит, в нем проявляются зачатки Бины, значит, с ним можно по-другому разговаривать. То есть в процессе постепенного понимания, адаптации, согласия страдать ради того, чтобы достичь свойств отдачи, выхода в Высший мир, человек «конэ хохма етера» (приобретает дополнительную мудрость) — приобретает такие свойства, возможность слушать, идти уже вперед. И в этой мере ему надо это раскрывать.

Каббалисты не очень-то желают расшифровывать свои задумки, фразы, определения. Они говорят всегда так, чтобы не отпугнуть человека. Потому что эта работа — она и легкая, и тяжелая. Если ты ставишь ее против эгоизма, то она не возможна. Ты сразу же начинаешь взвешивать: я —

Цель — найти среди нас Творца

такой, а должен стать вот таким — совершенно другим. Это на самом деле невозможно.

Если человек думает, что сам может себя исправить, переделать, перебросить через махсом, то ошибается — это делает свет. Вся проблема в том, что мы думаем, что сами должны это делать. Нет. Мы должны только отыскать Творца в отношениях между нами, должны там найти Его проявление. Поэтому я сейчас и обращаюсь ко всем, ведь это каждый может: начните искать Творца в отношениях между нами, и как только Он появится, вы увидите, что в той мере, в которой Он будет проявляться, вы будете исправляться.

Ты ищешь Его, хочешь, чтобы Он раскрылся в твоих приятных отношениях к другим. Ты делаешь в себе эти отношения приятными искусственно. Но в итоге, когда в них раскрывается Творец, Он тебя исправляет, Его явление исправляет тебя. И ты уже желаешь быть подобным Ему.

Поэтому не думайте никогда о том, что мы сами можем исправиться, иначе это будет казаться нам невозможным. А думайте только таким образом: проявление Творца исправляет. «Ор махзир ле мутав» — свет исправляет кли.

- **Вопрос: Мы все время говорим, что у нас есть 620 желаний, которые нам надо исправить. Мы говорим, что, исправив 612, придем к закону «Возлюби ближнего, как самого себя». Какие это желания, какие свойства?**

Что тебе сейчас даст, например, знание какого-то маленького органа внутри твоего тела, который ответственен за выделение какой-то секреции или гормона? Ничего не даст. Знают об этом медики и пусть себе знают.

Так и здесь. Нам сейчас ничего не даст знание каких-то особых желаний из этих 620-ти, которые в нас. Мы их сейчас не понимаем, не знаем; мы их будем понимать и изучать только в той мере, в которой начнем осваивать свое внутреннее кли. Эти 620 желаний будут в нас проявляться, когда мы будем ощущать их вне себя.

Есть общее кли, которое создал Творец. Оно состоит из 620-ти желаний. И я своим правильным отношением к этому общему кли, к этим 620-ти частичкам, начинаю и в себе формировать эти 620 отношений, 620 желаний. А до этого у меня их нет.

Каждый из нас является частичкой общего кли, которая правильно относится ко всем 620-ти желаниям. То есть 620 желаний — они вне нас. Мы — это частички, стоящие за 620-ю общими для нас желаниями, через которые мы относимся друг к другу. То есть в итоге получается, что у нас одно общее тело, парцуф, состоящее из 620-ти желаний. И каждый из нас должен исправить только свое отношение. Тогда считается, что каждый из нас, поскольку как бы соединяет себя с этим общим кли, обретает его. Оно является уже и моим, и твоим, и его...

Но все эти 620 желаний по-прежнему общие. Ни у кого нет частных. Частные они для каждого из нас лишь потому, что мы так относимся к ним. То есть получается, что 600 000 точек, на которые кли распалось, являются осколками экрана, который склеивал эти 620 желаний между собой.

- **Вопрос:** Можно ли в нашей группе из Америки говорить о том, о чем мы сейчас с вами говорим?

Можно. Но не давите на людей. Все это вы будете постепенно изучать в статьях. Это внутренняя работа человека, и нельзя ему все время это повторять. Он должен внутри себя искать, должен быть во всевозможных состояниях: лучших, худших, отдаленных, близких. А сама группа должна иметь, конечно, такой настрой, чтобы все ощущали возбуждение и притягивались.

- **Вопрос:** Почему распространение эффективнее обслуживания группы?

Внутренняя работа в группе, обслуживание группы — это моя внутренняя работа, это обслуживание себя, это мое.

Распространение же хорошо тем, что ты участвуешь в деле, которого желает Творец. Напрямую. Если ты распространяешь для того, чтобы принести людям знание о Творце и настроить их на Него, поднять их с уровня творения на уровень Творца, то ты являешься прямым

Цель — найти среди нас Творца

Его посыльным. Ты уже не являешься своим «Я», эгоистом, который работает с другими, чтобы что-то получить. Несмотря на то, что у тебя, конечно же, есть и такие мысли, ты уже являешься продолжением Его идеи, продолжением Его желания, и поэтому эта работа самая благословенная.

Она может быть и неблагодарная на земном уровне, но это неважно — она больше всего дает человеку. Она не заменяет работу в группе, но без нее невозможно — без нее невозможно двигаться вперед.

Ты должен отрабатывать себя на других. Если ты желаешь быть подобным Творцу, ты должен распространять. Это и есть прямое подобие, причем в том объеме мироздания, в котором Он явно не проявляется. Ты заполняешь этот объем вместо Него, ты являешься Его проводником — через тебя Он проявляется. Ты называешься «посланник Творца».

- **Вопрос: А работа в группе?**

Группа — это совсем другое дело. Работа в группе — это внутреннее согласие между собой, принятие на себя обязательства относиться друг к другу как в абсолютно полном, исправленном кли. Причем это должно проявляться в нашем внутреннем отношении другу к другу, а не во внешнем: не на словах и не в каких-то действиях.

Я должен делать это как можно больше внутри себя, в своей внутренней работе. Мои постоянные стремления к Творцу должны проходить через отношения с товарищами. Я должен всегда чувствовать себя вместе с ними, так, чтобы внутри нас мы дали Творцу место быть среди нас, чтобы мы смогли создать экран между нами, между всеми разбитыми частями кли.

Мы должны склеить эти части в одно общее кли, которое разбилось. А оно экраном склеивается. Клей — это экран. А на экране находится Творец: не в самих душах, частичках, а между ними, — на экране и в отраженном свете. Ведь что называется наполнением кли? Масах и ор Хозер.

- **Вопрос: Если я, находясь в неисправленном состоянии, создаю намерение на объединение общего кли, души**

Адама, происходит ли исправление моей частички в общей душе?

Когда вы исправляетесь, то исправляете себя абсолютно во всех душах, то есть и в каждой из них уже будет исправленная частица. Таким образом вы и их приближаете к махсому, но конечно они не осознают этого.

Поэтому, представляете, если мы сейчас будем правильно адаптироваться, правильно воспринимать друг друга, относиться друг к другу, насколько каждый из нас сможет подтолкнуть каждого вперед! Насколько вы позволите, подготовитесь между собой, настолько я вас подтолкну вперед. А насколько Творец ждет этого! Значит, нам необходимо согласие, а все исправления проводит свет.

О СТАТЬЯХ БААЛЬ СУЛАМА

10 октября 2003 года

В статье «Дарование Торы» Бааль Сулам выразил самую суть выхода человека в иное пространство. Человек живет внутри себя. Нам кажется, что ощущаемый нами мир находится снаружи. На самом деле, это наши внутренние ощущения, проекция возмущения наших органов чувств на наш внутренний экран, где уже отпечатывается картина, якобы, окружающего нас мира. Если бы наши органы чувств были другими, то мы бы, естественно, ощущали бы совершенно иначе, в другом свете, другом цвете, в других излучениях. Возможно, мы проходили бы сквозь стены, они бы уже не казались нам стенами, может быть, наоборот — воздух казался бы нам каким-то плотным веществом.

И наука понимает это сегодня. И она говорит, что все является лишь нашим субъективным впечатлением, результатом работы наших внутренних органов. И хорошо, если бы эта картина была застывшая, а если эта картина все время меняется? Что меняется? Снаружи меняется или внутри меня?

Я, чисто субъективно, вижу то, что окружает меня — неживая, растительная, животная природа. Все устроено из твердых, жидких, газообразных, плазменных состояний. Так это я ощущаю, потому, как у меня есть градация таких состояний, ощущений. Если бы это состояние было фиксированным, постоянным, неизменным — ладно. Но какой-то другой живущий вид ощущает совсем по-другому. Есть, возможно, и такие, которые, существуют так, что я их не ощущаю, и они меня не ощущают, и мы, вообще, друг с другом не соприкасаемся. Наши органы чувств работают в таких диапазонах, что мы не ощущаем друг друга и никоим образом не воспринимаем одинаково наш мир.

Но, кроме того, что мы, допустим, воспринимаем наш мир не одинаково, у каждого он свой — мир. То, что попадает в кли, то, что ощущается внутри кли в каждый данный момент — называется миром. И он меняется, этот мир. Меняется не потому, что извне, снаружи что-то меняется. Меняюсь я, только я. Только изнутри, внутри меня происходят изменения. И эти изменения происходят по каким-то нерегулируемым мною правилам: я вдруг ощущаю себя то в одних состояниях, то в других. Меняется настроение, меняется ощущение, вдруг я ощущаю снаружи какие-то изменения, постоянно какие-то движения, воздействия на меня.

Это происходит действительно снаружи, или тоже внутри меня? Неживая, растительная, животная природа, люди, общество — они существуют вне меня, или это все во мне? Они существуют, и у них есть у каждого своя свобода: жизни, передвижения, изменения, или это только я, меняясь внутри, — меняю все эти виды творения, вокруг меня — неживую, растительную, животную и людей? Как это вообще все происходит?

Есть еще много вопросов, которые связаны с нашим «я» и с тем, что это «я» ощущает. Но, все они, в итоге, сводятся к одному: какая, в принципе, разница — как я ощущаю: правильно-неправильно, внешние-внутренние изменения во мне происходят, нет-да — это, конечно, интересно, но это интересно, в общем-то, для ученых. Что мне будет оттого, что я буду знать об этом? Что меняется, если я знаю что-то или нет? Главное ведь знать — могу ли я это изменить.

О том, что мы на самом деле можем изменить внутри себя — говорит нам статья Бааль Сулама «Свобода воли».

В 1930 году Бааль Сулам выпустил газету «а-Ума», в которой опубликовал три статьи: «Дарование Торы», «Поручительство» и «Мир». Эти три статьи — определяющие отношение человека к миру, если человек хочет изменить себя так, чтобы действительно ощущать себя живущим в настоящем мире, ощущать не только этот маленький объем мироздания, но и то — что находится за ним — «выше махсома». Бааль Сулам написал эти три статьи, чтобы самым кратким и подходящим для всех путем, вывести массы на такой уровень существования.

Мы должны будем их изучать. Исходя из них, мы можем войти в махсом. Бааль Сулам вместил туда такие силы, что человек, вгрызающийся в этот текст и пытающийся прочувствовать описанное на себе, ощущает, как это происходит внутри него на самом деле. Там так подготовлен окружающий свет, поделен на такие порции, в таких деталях и постепенных излучениях, что он словно берет за руку человека и ведет его вперед через махсом.

Я советую очень серьезно читать эти статьи. Мы сейчас будем проходить их в кратком виде, как я их обработал. Потому что Бааль Сулам написал их на более научном языке, кроме того, язык этот — «язык мудрецов» — еще не адаптирован для нас, включает в себя изречения из Талмуда и других древних книг. Он пишет довольно сложно. В этом тоже есть определенный замысел: пробираясь сквозь эту сложность — человек изнутри мнет себя, как тесто, и делает нужное кли. Он меняет свои внутренние состояния, и делает себя подобным именно той форме, которую, в итоге должен приобрести, чтобы ощутить этот свет, который постепенно из окружающего становился бы внутренним светом. Из ор Макиф — ор Пними.

Мы будем изучать эти статьи вкратце, и в том виде, в каком я их обработал, и я вам очень советую потом перейти к полному тексту Бааль Сулама. Не сейчас, а когда станет окончательно и точно ясна суть того, что он сказал, чтобы мы, уже начиная читать его текст — понимали, о чем он говорит. От простого к сложному.

У Бааль Сулама на эту тему есть целая серия статей. Кроме «Дарования Торы», «Поручительства» и «Мира», есть «Одна заповедь», «Мир в мире» (*А-шалом бэ-олам*), «Последнее поколение», «Скрытие и раскрытие Творца».

Не входит в этот цикл — статья «Суть Науки Каббала». Там говорится не о науке, а о человеке, который самым кратчайшим путем входит в духовный мир. Отдельно и «Наука Каббала» — как вспомогательный материал для нас. И сама наука Каббала — вспомогательный материал: для того, чтобы человек привлекал на себя ор Макиф, совершенно не надо изучать науку Каббала. Если у вас есть возможность каким-то другим образом изменить свои ощущения, вызвать на себя окружающий свет — не наукой Каббала, а чем-то другим — пожалуйста, делайте это. Наука Каббала — это всего лишь средство вызвать на нас окружающий свет, который нас исправит.

В истории человечества было много людей, которые науку как таковую не изучали, а занимались только тем, что работали над собой, помогали другим. То есть, работали в прямом виде по исправлению эгоизма — и таким образом начинали ощущать Высший мир. Изучение науки Каббала — является, конечно, главным средством. Но это — средство.

Когда человек проходит махсом, Каббала для него перестает быть наукой. Он, тогда уже, глядя в книги, может быстро идти вперед, понимает, что с ним происходит, вызывает свои следующие состояния, знакомится с духовным миром, в котором он реально существует. Для нас же — это только «особое свойство» — «сгула», заключенное в книгах по науке Каббала.

Что происходит с человеком, когда он проходит махсом? Он начинает видеть стоящие за ним и за всеми остальными — силы. Причем, одна сила — воплощается во все. Он еще не ощущает эту силу как Творца, он просто видит, что все существует в гармонии. Каждый человек действует, как частичка в общем поле, в общей мысли, которая точно движется и выполняет то, что это поле, эта мысль приказывает: то, что в данный момент надо воспроизвести, реализовать.

СКРЫТИЕ И РАСКРЫТИЕ ТВОРЦА

10 октября 2003 года

Это просто перевод заметки Бааль Сулама, это не статья. У меня это хранится в рукописи на двух оборванных страницах, не подготовлено к печати, просто для себя записанная заметка.

Наш путь состоит из четырех состояний.

Двойное скрытие Творца, это когда человек даже не ощущает скрытия Творца. То есть, я знаю, что сейчас Он от меня абсолютно скрыт.

Есть состояния, когда я чувствую, что Он скрыт, но что-то все время делает со мной, подстраивает мне какие-то ситуации. Он со мной, в скрытом виде, но в связи. По крайней мере, в своих ощущениях я могу сказать, что между нами существует какая-то связь. Я чувствую, что Он стоит за тем, что происходит со мной — такое состояние называется **«простым скрытием Творца».** То есть, я слышу, вижу, чувствую, что Творец существует, но от меня Он скрыт.

А есть состояния — когда я выпадаю из этого ощущения скрытия Творца, когда я не ощущаю этого скрытия, но я знаю, что Творец существует, что Он находился со мной в какой-то связи. Я ощущал что-то, что стоит за всеми явлениями, касающимися меня: плохими, хорошими, — как правило, плохими — а теперь я этого не чувствую. Такое состояние называется **двойным скрытием Творца».**

То есть, и двойное, и одинарное скрытие Творца, это состояния, которые проходит человек, серьезно занимающийся своим духовным развитием в процессе продвижения к махсому. Что в таком случае он ощущает?

Двойное скрытие: в книгах оно называется «скрытием в скрытии». Это означает, что человек не видит даже обратную сторону Творца...

Прямая сторона Творца — лицо — когда мы ощущаем Его доброе отношение к нам. Лицо — это когда проявляется замысел Творца — Добрый, Творящий добро, Его полная любовь ко всем творениям, абсолютно одинаковая, ничем не ограниченная. Когда мы ощущаем такую силу, управляющую всем миром с абсолютным добром — это называется, что мы ощущаем Творца. Это не образ, это ощущение силы, мысли, которая всем управляет, все окружает, все пропитывает собой, и все движется в соответствии с этой мыслью максимально правильно, добро, благожелательно — такое состояние называется «паним» (лицо Творца).

Когда человек ощущает скрытие Творца, скрывается Его доброе проявление и ощущается обратная сторона Творца: есть в мире сила, и эта сила создает мне какие-то неприятности. Но эта сила существует. Она одна. И эти неприятности она делает, очевидно, с целью воспитать меня, привести к какому-то определенному, совершенному, хорошему состоянию. Когда человек ощущает такое двоякое к себе отношение этой силы заполняющей весь объем, весь мир — такое состояние называется *ахораим* — ощущение обратной стороны Творца, «спины» Творца.

Творец никогда не раскрывается в отрицательном отношении к человеку, Он может проявить Себя только положительно. А что значит отрицательно? Он не поворачивается обратной стороной — это человек своими обратными качествами воспринимает так Творца.

Здесь мы снова включаемся в проблему выражения смысла. Мы говорим: «Творец повернулся ко мне обратной стороной». На самом деле, Творец не поворачивается ни лицом, ни обратной стороной. Его отношение абсолютно постоянное, а мы — если наши 620 качеств соответствуют лицу Творца по своему исправлению — находимся «лицом к лицу» с Творцом и воспринимаем Его таким, каков Он есть, потому что наши качества в этом случае подобны Его свойствам.. То есть, если мы находимся в состоянии, определяемом как «доброе и творящее добро», то есть благожелательное ко всему — тогда мы ощущаем, естественно, и Творца в таком же направлении к нам. И наоборот, если мы находимся во всех наших 620 свойствах, качествах, желаниях — обратных Творцу, только «ради себя», а не наружу — тогда мы ощущаем от Творца или: «двойное скрытие» или «одинарное скрытие», или, вообще, не ощущаем скрытия, не ощущаем Его вообще.

Мы говорим что мир — неизменен. Изменяемся только мы внутри себя. Значит, только от меня зависит — каким образом ощутить Творца. В Его «двойном скрытии», в «одинарном скрытии», или в Его прямом отношение ко мне — лицом. Он, со своей стороны, всегда находится в кли, или всегда находится в прямом отношении ко мне. Я воспринимаю это в зависимости от моих свойств, от уровня моей исправленности. Если все мои свойства полностью исправлены, и я ощущаю полное проявление Творца — так как Он есть, на самом деле — мы находимся лицом к лицу. Такое состояние называется «слиянием» или «концом исправления» (Гмар Тикун) или миром Бесконечности, потому что не существует никакого ограничения — без конца, без ограничения. Есть проявление одного к другому, есть неограниченное восприятие Творца, или духовного мира.

Все мои 620 чувств, ощущений, желаний, свойств должны быть подняты на высоту 100 % всех своих десяти частных сфирот, и тогда все 620 желаний будут на максимальной высоте. А могут быть — одно ниже, другое выше, как на спектральной картинке, или как мы видим звук, в эквалайзере: по частотам. Допустим, есть там 20 избранных частот, каждая из которых несколько выше или несколько ниже.

Вот так и здесь есть 620 наших свойств, и каждое из них на высоте до десяти сфирот. И вот, на какой высоте каждое из них — такую и рисуют нам картину мира. Они и есть наши сенсоры, в которые входит Творец. Чем больше они исправлены, тем больше Творец в них входит, чем меньше — тем меньше. И вот эти зависимости проявления Творца в 620 свойствах — они рисуют нам картину мира. Та часть из 620 желаний, которая исправлена, в ней находится Творец — это называется «мерой раскрытия Творца». Та часть — нижняя, из 620 желаний, которая еще не исправлена, в ней Творец не проявляется — она называется «мерой скрытия Творца».

Мир — «олам» на иврите (от слова «олама» — «скрытие») — это мера раскрытия и скрытия Творца. Самый наш низший мир — это полное скрытие Творца. Все духовные миры находятся в определенной мере раскрытия Творца. То есть, из 620 моих желаний — в определенном сочетании, в определенном наборе я уже ощущаю Творца.

Почему не все эти желания исправляются одинаково? Потому что они разные и по своему качеству, и по своему авиюту (по своему эгоизму). Поэтому есть мир, который называется Асия. Асия — Малхут отличается от Ецира, свойство которого Зеир Анпин, от Брия — свойство Бины, от Ацилут — свойство Хохма, от АК — свойство Кетер. Кроме того, что каждый мир является большим ощущением Творца, большим получением Творца — качество каждого из 620 желаний, возрастает на ту или иную степень.

То есть, восходя со ступени на ступень, не все 620 моих желаний улучшились, допустим, на 10 %: одно улучшилось, может быть, на 1 %, а другое — на 8 %.

То есть, постижение — одновременно с общим увеличением ощущения этой силы, в которой я нахожусь, кроме того, еще меняется по качеству, по впечатлению. Так же, как и у нас, — наш мир мы ощущаем его не только более сильным или более слабым, в проявлении на нас, а и по характеру его проявления — более приятным или менее.

- **Вопрос: Почему 620 наших эгоистических желаний являются частями закона «возлюби ближнего, как самого себя»?**

Потому что этот закон — «возлюби ближнего, как самого себя» — единственное условие, в котором мы можем уподобиться Творцу. Творец проявляет себя относительно нас как Любящий. Это проявляется по ту сторону махсома. Если мы желаем проскочить махсом и включиться в Творца, быть вместе с Ним, ощутить Его — мы должны так себя изменить, чтобы стать как Он Сам. Проход — он качественный, в наших свойствах. Ничего другого не меняется, меняется ощущение человека, которое зависит от его внутренних свойств.

Поэтому, если мы желаем выйти в Высший мир, ощутить Творца, ощутить себя по ту сторону махсома, нам надо уподобиться Ему в Его отношении к миру. Мы никаким образом Его самого не чувствуем. Мы изучаем в Каббале, что сам свет, который находится вне кли — нами непостигаем. Мы только можем говорить о том, что, наверное, он существует. Потому что вне кли, кто же его ощущает? Кли является нашим органом чувств, кли является всем. То есть, в кли существуют все оболочки, все, что составляет мироздание. Все, кроме Творца. А Творец ощущается нами, как Наполняющий кли, то есть — Дающий кли жизнь и все приятное, что только оно может ощутить — это и называется «Наполняющий», Любящий, Творящий добро — по-другому в Высшем мире мы Его не воспринимаем.

И поэтому, если человек хочет выйти на этот уровень — он должен быть подобным Творцу, то есть — так же относиться к миру. Для того, чтобы дать человеку эту возможность — Творец создал кли, разбил его на части, причем в каждую частичку поместил и свое свойство — Бину, и свойство самого кли — Малхут. И теперь у человека есть возможность относиться к общему кли — то есть, ко всему остальному, что кроме него и кроме Творца — так же, как Творец. Надо представить себе следующее: я, рядом со мной Творец и созданное Им творение. Могу ли я уподобиться Творцу в Его отношении к этому творению? Если могу уподобиться Ему — значит, я буду ближе к Нему, и мы сольемся вместе. Не могу уподобиться Ему, не могу любить абсолютно, безгранично — значит, не могу приблизиться к Нему, буду обратен Ему. В этом случае я буду Его чувствовать «бэ-ахораим», то есть обратное Его проявление.

Ничего другого здесь нет. Разбиение кли произошло для того, чтобы дать каждому из нас возможность поставить себя отдельно от творения, отнестись к нему абсолютно изолированно, отдельно — только у человека есть такая возможность, ни у каких других видов существ. Таким образом, поставив свое «я» отдельно от всех, я могу начинать работать по уподоблению себя Творцу. Это и есть наша работа.

Когда я начинаю это делать (но не сейчас, а при переходе через махсом) — я обнаруживаю в себе сначала только одно эгоистическое свойство. Затем оно начинает во мне развиваться и образует 620 различных по характеру свойств. Это так же, как ребенок развивается в матке матери, постепенно из капли, одно какое-то свойство, зародыш будущей жизни — ничего больше нет, а постепенно развивается целый организм: рош, тох, соф, конечности, внутренние органы и так далее. Так и я начинаю видеть на себе это развитие, во всех 620 свойствах, каждое в полный рост, в полную величину — это и называется развитием души. И тогда я вижу связь между 620 своими качествами и этим условием — «возлюби ближнего, как самого себя», которое является подобием Творцу.

И если я все эти свои 620 эгоистических свойств поменяю на отношения добра, любви ко всему мирозданию: к неживому, растительному, животному и человеческому — то я этим уподоблюсь Творцу. Значит, душа развивается во мне, проявляет эти 620 свойств в той мере, в которой я могу начинать уподоблять их Творцу. Это называется: дается мне левая линия, и я, глядя на Творца, начинаю исправлять ее в правую линию. Творец находится, как бы, справа от меня, а проявляющиеся отрицательные свойства (620) слева, и вот я, как бы сопоставляя их, выстраиваю все более и более правильное отношение к мирозданию. Это и называется — мое уподобление Творцу, сближение, а затем и слияние с Ним.

Мы должны перевести это на чувственный внутренний язык. Математическим языком — бхинот, сфирот, парцуфим — мы просто более четко объясняем, что внутри нас происходит. Нельзя представлять это находящимся вне нас, поэтому в иудаизме запрещены изображения, картины. Вы знаете, что на протяжении тысяч лет ничего не изображалось. В наше время тут уже начали все рисовать. Раньше были отдельные гравюры в течение тысяч лет, где-то 10-й, 15-й век, но, как правило, изображений никаких не было. Почему? Это исходит именно из этого закона: «Ничего не представлять себе существующего вне меня, вне моих чувств». А чувства изобразить нельзя, чувства можно только записать. И каббалисты их записывали.

Поэтому нас не должен смущать этот язык. Читая Тору, Талмуд, Каббалу — неважно, каким языком это будет описано, мы должны все, в итоге, переносить внутрь себя, на наш чувственный язык. А затем, за махсомом, мы сможем уже разговаривать и без языка, на прямой передаче чувств. Это и называется «слиянием» — на сопоставлении между нами исправленных желаний. Тогда не требуется никакого внешнего языка, тогда передается все, поскольку существует общность, не каждый внутри себя, а каждый снаружи себя в какой-то мере. В той мере, в какой мы находимся снаружи — мы включаемся в это общее поле, называемое Творцом, в той мере мы понимаем друг друга, выражаем себя друг другу без всяких слов. Потому что между нами существует это общее поле коммуникаций, называемое Творцом. В этой мере мы абсолютно друг друга понимаем, контактируем, не надо никаких ни слов, ни даже действий, ничего.

- **Вопрос: Как победить свою природу?**

Вопрос очень правильный. Мы обнаруживаем в себе всевозможные свойства, некоторые из них нам кажутся хорошими, некоторые — плохими, с какими-то мы согласны, с какими-то нет. Многие из наших свойств нам даже неизвестны. Мы обнаруживаем в себе и ужасаемся, или наоборот, может, нам становится приятно то, что мы раскрываем. Есть такие свойства и качества в нас, которые мы от себя скрываем, нам стыдно того, что они в нас существуют, и мы прячем их внутрь. Мы относительно себя тоже проявляемся в каком-то определенном виде. Полное раскрытие самих себя — вызовет такие страдания, что человек просто не сможет существовать. Поэтому мы все время поддерживаем себя в лживом, но комфортном состоянии.

Но допустим, мы представляем себе, что такое на самом деле наша природа — ужаснулись, ну, а дальше что? В состоянии ли я, вообще, себя исправить? Как я писал в предисловии к статье «Свобода воли»: «В одной древней молитве говорится: «Боже! Дай мне силы изменить в моей жизни то, что я могу изменить. Дай мне мужество принять то, что изменить не в моей власти. И дай мне мудрость отличить одно от другого».

Это правильное житейское отношение. Но нам-то надо себя исправить. Это говорится обычным человеком — покажи мне, что я могу сделать, я буду знать, где я могу прикладывать свои силы, покажи мне, что я не могу — зачем мне биться головой об стенку, все равно я там ничего не изменю, и дай мне мудрость это сделать, дай мне силы. То есть, дай мне это увидеть, и дай силы работать в том, что я могу. Мы хотим исправить других, своих детей, друг друга, и себя. Знать бы правильно, в чем — можно, в чем — нет, мудро относиться, и уже насколько легче жить.

Но здесь-то говорится не просто об умиротворенном обывательском уровне жизни, а говорится о том, что мы должны, несмотря ни на что, полностью себя исправить. Как нам это завершить? Могу сказать одно — до тех пор, пока человек не начнет ощущать Творца (перед махсомом, не в явном виде, а в виде еще неявного проявления общего Замысла, общего поля любви во всем мире, пропитывающего все и руководящего всем) — нет никакой надежды, никакой возможности, чтобы в нем что-то изменилось.

А как он изменится, если он на 100% — следствие разбиения келим? Откуда может быть что-то в нас? Мы еще только представляем, что в нас что-то есть положительное. Даже тот свет, который мы ощущаем — ор Макиф, не дает еще осознания нашего ничтожества и полной низменности, полной инверсности, обратности Творцу. Но чисто умозрительно можно себе представить, что в нас нет ничего, что есть в Творце. Если бы было, то мы бы в этом свойстве сразу Его ощутили. В мере подобия меня Творцу я сразу бы ощущал Его явно, хотя бы в одном каком-то аспекте из 620, а я этого не ощущаю. Мне кажется, что где-то, как-то...

На самом деле ничего явного нет. Явно — значит абсолютно реально. Мне не надо настраиваться, не надо придумывать какие-то обстоятельства, внутренние состояния, что где-то там я Его ухвачу — нет. Явное ощущение, явное существование в объеме Творца — это не то, что достигается в медитациях, ни в коем случае, это — четкое существование в исправленном свойстве, хотя бы, в одном из 620. Не может быть, правда, в одном. Это все 620 на каком-то маленьком элементарном уровне, потому что даже капля семени, из которой развивается потом зародыш, или начальная точка, из которой развивается духовный парцуф — она тоже состоит из десяти сфирот или из всех 620 свойств.

Поэтому «как мы можем себя исправить?» Никак! Только явление Творца нам, проявление света, проявление вот этого поля, ощущение того, в каком мире мы, на самом деле, живем, что за всем тем, что мы сейчас ощущаем, стоит Одна Единая Постоянная Управляющая Добрая Сила. До тех пор, пока мы это не ощутим — мы не захотим быть подобным ей. А как только захотим быть подобным ей, в той мере начинаем исправляться. И тут очень интересный, очень серьезный для нас вывод — ни в коем случае человек не должен думать о том, что он сам себя должен исправлять. Ни в коем случае. Потому что это невозможно. И никто нас не заставляет за волосы самих себя вытаскивать из этого болота, в котором мы находимся. Это невозможно. Только раскрытие Творца в той мере, в которой Он раскрывается нам и влечет к себе, в той мере мы и исправляемся.

Поэтому мы должны только об этом думать, к этому стремиться. Но стремиться не потому что «будет хорошо», а потому что — я буду исправленный, потому что я хочу уподобиться Ему, потому что я желаю быть таким, как Он относительно человечества, относительно творения. В нашем виде — это относительно группы. И об этом пишет Бааль Сулам, в статье «Последнее поколение».

Он пишет уже не о группе, а после группы. Говорит — надо создать маленькое общество, в котором были бы все органы, как в маленьком государстве, которое руководилось бы по принципу отдачи, полной отдачи. И люди бы там работали именно из этого принципа друг относительно друга. В чем было бы отличие этого общества от коммунистического, или от израильских кибуцов и прочих утопических общин? Отличие в том, что их целью было бы слияние с Творцом.

Он говорит: «создадим такое общество — это общество начнет привлекать людей в мире». Знаете, как пенку снимаешь — самый верхний, самый лучший слой со всего мира начнет к этому обществу постепенно собираться. Это то, что происходит, я надеюсь, сейчас с нами, и в течение ближайшего года мы это еще увидим — будет собираться самый высший слой с мира (высший, то есть — самый продвинутый, самый тонкий). Этот слой называется «Исраэль», от слова «устремление к Творцу». Не ищите связь с государством или народом. На иврите *Исра-Эль* — «прямо к Творцу устремляющиеся».

Собираются такие устремляющиеся к Творцу в одно маленькое общество, и это общество постепенно разрастается, становится примером для всего мира. Бааль Сулам говорит о том, что, именно таким образом это должно начинаться. Но мы находимся еще на предварительном этапе, на этапе создания групп, а уже затем — этап слияния этих групп в такое общество.

Наше отношение к человечеству, к мирозданию, в том числе, к жучкам, тараканчикам, крысам, не важно к чему, должно быть подобно отношению Творца ко всему мирозданию. Причем, нет никакой разницы, если уж на то пошло — отношение к тараканчику, к человеку, или к крысе. Когда это выходит наружу, без всякой связи с собой — оно абсолютно одинаково ко всем.

Но поскольку мы не можем сейчас реализовывать себя подобно Творцу в таком добром отношении ко всему человеществу, — нам дана группа. В группе есть люди, подобные мне, которые желают той же цели, которые готовы ради нее стремиться вперед, прикладывать усилия — и тогда мы совместно, понимая друг друга, поддерживая друг друга, показывая друг другу пример — вместе начинаем стремиться к тому, что делает Творец.

Естественно, что наши стремления — чисто искусственные. Это как ребенок уподобляется взрослому — когда он смотрит, что делает взрослый, и делает, якобы, то же самое, он не знает, вообще, о чем речь, но он, как обезьянка, все делает. И так же мы должны делать. Как дети — хотя нам всем в группе ясно, что мы эгоисты, что мы не хотим, что нам не надо это все, но все равно делать — такое движение называется «вера выше знания».

То есть, выше своего эгоизма — наигранно, лживо — но я это делаю. Потому что у меня нет никакой другой возможности из моей природы сделать что-то еще. Но я хочу это сделать. Тогда я притягиваю на себя окружающий свет, и он начинает на меня влиять. Потому что, механически уподобляясь духовному, не внутренне, не настоящими келим, а механически — я вызываю на себя окружающий свет.

Если бы я внутренними своими свойствами так делал, тогда бы этот свет вошел в меня внутрь, он был бы ор Пними. А поскольку я нахожусь еще по эту сторону махсома, и уподобляюсь не своими качествами, а только своими стремлениями, только своими механическими действиями, соответственно, мне этот свет светит оттуда как окружающий, как ор Макиф, и этот свет меня, уже чистит.

У меня нет никакой другой возможности привлечь свет Творца, явление Творца оттуда — с той стороны «металлической» стены махсома. Я могу это сделать, только если буду действовать, как ребенок. И поэтому в нашем мире, так и происходит воспитание, обучение, взросление.

То есть, еще раз: ни в коем случае не думать, что мы должны сами себя исправить, это невозможно. Мы должны создать механические условия внутри себя — тогда свет на нас воздействует и тащит нас вперед, перетаскивает через махсом. А там мы уже начинаем Его ощущать, и в соответствии с Ним, на самом деле, исправляться. До махсома, как бы близко мы к нему не подошли, мы остаемся эгоистами.

В нас уже ощущения какие-то желания выйти из себя наружу, желания альтруизма. Мы уже ощущаем, что это действительно избавление от всех низменных ощущений, от этой жизни. Эгоизм становится постепенно мерзким. Но мы, все равно, от него избавиться не в состоянии до перехода махсома, до явления Творца. Окружающий свет нас только подтаскивает к этому, двигает вперед к махсому, а через махсом нас переводит уже явление Творца.

Если мы не забудем это, не будем от себя требовать исправления — то нам будет намного легче. Тогда мы правильно расшифруем эту фразу:

«Творец! Дай мне силы изменить в моей жизни то, что я могу изменить, мужество принять то, что изменить не в моей власти и мудрость отличить одно от другого».

Это будет уже не житейский принцип, а принцип отношения к моему духовному продвижению — что я не должен исправлять себя, я должен просто стремиться создать нужную среду вокруг себя.

Я привел этот текст здесь для того, чтобы понять, где эта свобода воли существует, выбрать из всего, что у нас есть, ту область, в которой мы действительно можем что-то сделать, и только там сконцентрировать свои силы. Только на группе.

- **Вопрос: Где человек может взять силы для этой работы до махсома?**

Только в группе. Группа должна дать каждому из нас пример того, что должно быть. Если она не дает этого примера — то это не группа. Поэтому Бааль Сулам говорит, что надо искать каждый раз все новую и новую группу. Ты же не будешь каждый день бегать и искать другие группы — то есть надо каждый раз изменять ту среду, в которой ты находишься, чтобы она тебя меняла. Это опять-таки, сделано специально искусственно: ведь других-то я могу менять, я себя менять не могу. Других я с удовольствием буду, как угодно ломать и крутить...

Так вот, меняйте группу, чтобы группа изменяла вас. В этом заключается смысл статьи «Свобода воли». Мы сами себя изменить не можем, но поскольку созданы из общего кли, когда-то были общим кли, и, несмотря на то, что стали индивидуалистами и эгоистами, — наш корень заключается в общем кли. И поэтому желаем мы или нет, сопротивляемся или нет — но то, что это общее кли нам скомандует, то мы и пожелаем.

Ты можешь быть каким угодно, но реклама, убеждение, мнение толпы — будут на тебя влиять. Потому что наш корень находится в общем кли, там, где мы друг с другом связаны. И поэтому, какой бы я не был эгоист, как бы я не поставил себя отдельно от всех, выше всех, я все равно завишу от общего мнения. Каждый из нас. И этим надо пользоваться.

Это единственное, в чем есть у нас свобода воли. Теперь я понимаю, что завишу полностью от мнения окружающих, и они могут своим мнением изменить во мне любые ценности. Я начну думать, что это и хорошо, и плохо: мне могут продиктовать весь набор ценностей относительно моей жизни, мироздания, меня могут убедить, что хорошо умереть и плохо жить, или наоборот и т.д.

И значит, теперь я должен организовать общество таким образом, чтобы оно мне продиктовало духовные ценности. И чтобы эти ценности во мне отпечатались. Мне будут поставлять эту информацию, и я изменюсь под ее влиянием. Во мне не останется ничего другого. Я изменюсь так, что захочу подойти к махсому, я захочу этого Творца, который сейчас абсолютно мне противоположен, я захочу жить в Высшем мире, хотя эта жизнь совершенно противоположна сегодняшней эгоистической. Я даже сегодня этого могу захотеть, еще до вхождения в духовный мир. Во мне может произойти такая переоценка ценностей — если среда, группа, в которой я нахожусь, будет внутри себя культивировать духовные ценности. Поэтому самое главное — это создать такую группу.

Бааль Сулам пишет:
1) Суть свою человек изменить не может.
2) Законы, по которым меняется его суть, — человек изменить не может.

То есть решимот, которые проявляются в нас постоянно, внутренний ген, который в нас постепенно разворачивается, мы изменить не можем, он обязан таким образом развиваться.

3) Законы изменения его внутренних свойств в зависимости от внешних воздействий — человек изменить не может.
4) Окружающую среду, от которой он полностью зависим — человек может полностью изменить!

И в этом заключается наша свобода воли.

Поэтому тут пишется:

Поскольку всецело во власти этого мира, средство для выхода из-под его власти в том, чтобы создать вокруг себя, вопреки нашей естественной эгоистической среде (то есть всему человечеству), *искусственную среду, группу, стремящуюся сообща выйти из-под власти этого нашего общего окружения* (всего мира), *и попасть под власть окружения, руководствующегося законом Высшего мира.*

То есть, мы должны создать такую группу, такое общество, в котором каждый из нас поневоле впечатлится законами Высшего мира. Сделать такую промывку мозгов. Причем, совершенно искусственно, понимая, что мы не желаем этого, но делая, как ребенок. Это называется — идти выше знания, идти выше себя. Находясь по эту сторону махсома — невозможно с нашими свойствами его перейти. Мы должны только, уподобляясь, якобы, духовному миру, создать такое общество, такую среду, как будто мы находимся там. Искусственно.

Как ребенок — искусственно делает, будто бы то же самое, что взрослый. Вот когда мы это создаем, по эту сторону махсома — в той же мере мы привлекаем на себя окружающий свет, который нас протаскивает туда. А уже там, мы получаем раскрытие Творца. И в этой мере мы сразу же становимся подобными Ему, здесь уже нет никакого своего выбора. Как только ощущаешь Высшего, сразу же желаешь включиться в него и быть абсолютно как Он.

То есть, вся наша свобода воли не в том, чтобы потом что-то делать, а в том, чтобы подставить себя под воздействие окружающего света. И так каждый раз. И после махсома, когда мы будем на каждой духовной ступеньке, мы должны будем вызывать на себя излучение с Высшей духовной ступени, с АХАПа Высшего, и он тоже будет на нас действовать как окружающий свет и подтягивать нас в Него. А когда подтягивает нас туда, внутрь, всасывает, как бы, в АХАП высшего — в следующее, более продвинутое состояние — раскрывается Творец, и там мы находимся уже в Его власти и становимся таким, как Он.

То есть — свет строит кли, свет исправляет кли, свет производит с кли абсолютно все изменения. Надо, чтобы мы, как ребенок, подстроили себя, чтобы этот свет нас подтащил внутрь. Это наше действие — искусственное, против нашего эгоизма, как бы наигранное, и мы должны это понимать и действовать.

- **Вопрос: Если я исправил несколько свойств из 620, я должен ждать пока исправятся остальные?**

Невозможно исправить полностью ни одно свойство, не исправив остальные. Они все подходят к стопроцентному исправлению одновременно. Есть между ними всевозможные соотношения — одно больше, другое меньше. Допустим, у каждого из 620 свойств есть свой процент исправления, но при этом, когда берешь их общую суммарную величину — она показывает тот духовный уровень, на котором ты находишься: десятая ступенька, двадцатая или сто двадцать пятая. Невозможно полностью исправить какое-то из качеств, не исправив остальные.

Человек до махсома должен подготавливать, подтягивать себя искусственно в соответствии с тем, что пишет Бааль Сулам в статье «Свобода воли», — то есть создавать группу, ту среду, которая бы ему помогла максимально уподобиться Творцу в его отношении к этой группе. Больше ничего у нас нет, это единственная возможность привести себя в соответствие Творцу.

Мы должны поставить себя в такое состояние: «существую «я», существует Творец — как две самостоятельные единицы, и человечество, якобы, находящееся под нами, ниже нас». Творец относится к человечеству с абсолютным добром и абсолютной любовью. «Я», чтобы уподобиться Творцу, должен так же относиться к человечеству. В этом будет мера моего подобия, мера моего сближения, вплоть до слияния с Творцом. Другого выбора нет.

В духовном сближение — это сравнение по свойству. Сближение с Творцом происходит между «я» и «Творец». Между нами — расстояние, разделенное на пять ступеней, называемых «пятью мирами». От моего мира — полной изоляции от Творца, полной противоположности — до сближения с Ним есть пять ступеней, пять миров, пять стадий: Асия, Ецира, Брия, Ацилут, Адам Кадмон. И полное сближение с Творцом — мир Бесконечности. В какой мере я приближаюсь к Нему? В той мере, в которой я отношусь к человечеству, к мирозданию, как Он — не только к людям, но и к жучкам, и к тараканчикам...

Если я отношусь к мирозданию точно так же, как относится Он — в этом только я и могу быть подобен. Ступени подобия Ему называются мирами, значит, я сближаюсь с Ним. Как я могу это сделать сегодня? Я сегодня это могу сделать только искусственно, если я создам такую среду, группу, которая мне поможет относиться к ней так, как относится к человечеству Творец. А потом эта группа, как говорит Бааль Сулам, станет маленьким обществом. А потом это маленькое общество как общество последнего поколения превратится уже во все человечество, когда будет достигнуто совершенное слияние полного кли с Творцом.

Значит, все наше сегодняшнее существование полностью зависит от группы. Создать ее таким образом, чтобы я мог, получая поддержку, относиться к ней так, как относится Творец, это — то, что мы должны сегодня сделать.

«Возлюби ближнего как самого себя», сказал рабби Акива — «это главный общий закон Торы или Каббалы».

Почему это главное и общее? Потому что это отношение Творца к мирозданию: свет, который исходит из нулевой стадии в первую (из стадии Шореш в бхина Алеф). Выше этого мы ничего не знаем. Выше этого нет Творца. Выше этого есть Ацмуто — то, что существует вне нас, не относительно нас. Относительно нас Он себя проявляет только таким образом.

Поэтому мне надо выбрать группу людей, которые согласны со мной, и создать между нами такие отношения. Но тут возникает вопрос: что такое группа?

Группа — это нечто духовное, что находится между нами. Это наша общая задумка, замысел, идея. Это не просто мое отношение к каждому, но и к тому, что внутри нас проявится как Творец. Если мы начнем друг к другу так относиться, то в нас, между нами, возникнет такое чувство, которое будет называться Творцом. Мы ощутим этот свет, ощутим это доброе отношение — это Творец проявится в нас.

И я вдруг начну обнаруживать, что мне не надо уподобляться Творцу, который стоит, якобы, рядом со мной. Это сейчас я себе Его представляю и сближаюсь с Ним, с этими мирами. А тогда я начну видеть, что Он находится там — внутри этой группы, в отношениях между нами, и, включаясь в эти отношения, я сближаюсь, сливаюсь с Ним — так, что теряю свое «я» внутри этого. Это и называется выходом через махсом, когда ты — как прыгаешь туда, а твое «я» (эгоизм), остается снаружи, по ту сторону.

- **Вопрос: В чем заключается работа?**

Вся работа — внутренняя. А каким образом ты можешь ее проявить? Можешь проявлять ее внешне. Естественно, для того чтобы организовать эту внутреннюю работу, нужны какие-то внешние действия. Для того, чтобы собрать большую группу, приходится прилагать силы в нашем мире. Но если бы этого не надо было делать — так и не надо.

Просто мы находим специально для себя (потому что это выражает наши внутренние стремления) именно такие возможности, чтобы больше быть вместе, чтобы больше объединяться, чтобы найти больше общих совместных действий, выразить каждый свое внутреннее наружу. Вплоть до того что, если не будет достаточно возможности у каждого друг с другом общаться — то мы испортим картофелечистку или овощерезку, будем там вместе стоять конвейером и чистить и резать. Нам нужна какая-то форма, какой-то базис, материал для общения, где мы вместе будем находиться.

Поэтому нам нужна эта палатка. Конечно, здесь есть всякие символические особенности — крыша например как бы масах, над ним находится Высший свет, который светит через щели — окружающий свет, в соответствие всей этой атрибутики Высшему миру. Но, в принципе, без сукки — будет все то же самое.

Мы используем всевозможные внешние атрибуты — для того, чтобы соединить себя вместе с остальными. Если бы я это должен был делать только один, а остальные нет — то я этого никогда бы не делал. А поскольку мы это делаем вместе, мы в это вкладываем общие усилия — это уже создает тут основу, на которой дальше мы строим свое общее кли. Только для создания общности, слияния, связи между нами, начиная с самого низкого животного уровня и далее — наверх, только для этого мы все делаем. Иначе я бы ничего этого не делал. Только ради этого.

То есть, если здесь находится что-то духовное, Высшее, устремленное к Творцу, то это потому, что мы отдали сюда свои желания. Не для того, чтобы построить эту хорошую сукку, а для того, чтобы вместе создать необходимое количество усилий, чтобы добавить к этому свои желания, свои устремления, чтобы в итоге проявилось наше стремление к Высшему. Такое, чтобы отозвалось большим окружающим светом. Всего лишь. Иначе ничего духовного в этом нет.

Даже Храм в Иерусалиме сразу же разрушился, как только ученики рабби Акивы вместо любви стали ненавидеть друг друга. Рабби Акива сказал: *«Возлюби ближнего как самого себя» — это является общим законом»*, а у них вместо этого изнутри вдруг вспыхнул эгоизм. Они перешли определенный исторический этап, когда эгоизм должен был подняться, — он в них настолько подскочил, что они сразу же вместо любви (все двадцать четыре тысячи его учеников) стали относиться друг к другу эгоистически — это значит «возненавидели друг друга». Мы не представляем, что это — ненависть. На самом деле — это ненависть. Ну, мы о себе не хотим так говорить.

И сразу же разрушился Храм. А иначе, что бы осталось от этих кирпичей? Просто какой-то дворец. Водили бы туда экскурсии за деньги. Что бы еще было? То есть, без внутреннего отношения, все это внешнее не имеет никакого значения, поэтому оно пропадает из нашего мира, поэтому разрушается и исчезает. Поскольку духовный корень пропадает. Поэтому-то, и в этой беседке (сукке) нет ничего святого, если твои помыслы не к духовному.

Поэтому мы и создаем подобные вещи у себя, внутри нас. И я советую вам то же самое, брать пример и создавать как можно больше всевозможных общих работ, кроме распространения: кухни, трансляции, всевозможные отделы печати, переводы, все, что только можно — для того чтобы объединять между собой членов группы.

Закон есть закон. Никто не спрашивает о ваших намерениях. Человек может говорить: «я бы хотел, я бы желал, у меня такие намерения». Мир судится не по намерениям, а по нашим внутренним степеням исправления, качествам.

- **Вопрос: Но мы ведь не судимся по тому, что говорим, пишем или делаем?**

Мир действительно судится только по тому — кто мы. Так и сказано, что человек судится по той ступени, по тому внутреннему состоянию, в котором он находится. То есть, иногда «я так бы хотел, я так бы желал...», а получается наоборот.

С нами ведется расчет не по тому, что бы мы хотели, а по тому — кто мы такие на самом деле. Мы себя представляем всегда не такими, какие мы есть. Поэтому закон срабатывает совершенно четко: часы тикают, постоянно, каждую секунду, решимот в нас возобновляются, если мы эти решимот не реализовываем, в ту же секунду, когда они являются нам — значит, мы запаздываем. Сразу же время запаздывания оборачивается против нас вынуждающей силой, чтобы мы подогнали себя.

На самом деле — есть абсолютнейшее состояние, в котором мы находимся — в полном исправлении (Гмар Тикуне). Из этого состояния исходит Высший свет и проходит все ступени до нашего мира, до нашего сегодняшнего состояния — там, где мы сегодня себя ощущаем. И этот свет постепенно воздействует на нас. Сам он не меняется. Он проявляется и меняет все внутри нас, постоянно воздействует и вызывает в нас все новые и новые решимот.

То есть, внутри нас этот духовный ген все время развивается, и все время мы чувствуем изменения в нас. Вернее, может быть, не в нас: мы чувствуем изменения в окружающем мире, как будто все здесь изменяется, — на самом деле ничего не меняется снаружи, эти решимот меняются внутри меня. Они все время проявляются новые и новые. Раскручивается спираль моего духовного гена. Она раскручивается и будет раскручиваться, пока не приведет меня к концу исправления, до самого последнего решимо. Светит постоянный свет, а спиралька все время раскручивается, и каждое решимо подходит и подставляет себя под этот свет. Сейчас это решимо, потом следующее, потом следующее и так далее. По спирали.

Если я, каждое свое решимо, которое подошло к этому свету и находится сейчас против этого света, сейчас не реализую правильно, то есть не делаю на него мгновенно экран и не сопоставляю его, таким образом, полностью с Высшим светом, решимо проскакивает, как бы, вперед, появляется следующее решимо. Но я и следующее не могу реализовать, потому что предыдущего экрана у меня нет, как же я могу создать экран на следующее решимо? Получается, что все эти запаздывающие решимот, которые уходят — они тормозят меня, и вызывают во мне страдания.

Что значит страдания? Ощущение того, что вся эта цепочка останавливается, тормозится. Это вызывает огромные страдания (или глобальные в мире, или частные относительно нас) — вся причина страданий только в том, что мы не реализуем сразу же, мгновенно решимо относительно света, который нисходит свыше.

Никто вас не спрашивает о ваших намерениях. Закон есть закон. Зато часы тикают и измеряют — вышли вы из власти духовного или нет? Если не вышли, если вы были во власти духовного — тогда действует другой датчик, замеряющий, сколько вы внутри владения приложили потуг, сил прорыва.

- **Вопрос: Человек, который перешел махсом, он при этом перестает ощущать себя?**

Обо всем, что над махсомом я не очень-то могу, хочу и должен говорить.

Прежде всего, сам ваш вопрос: «человек перестает ощущать себя». Что значит ощущать себя — не ощущать себя? Кто «я» и кто не «я»? «Я» — это мера моего слияния с Творцом. Там мое «я» теряется или, наоборот, во мне появляется другое «я»? А то эгоистическое «я», которое утверждает сейчас здесь, что «я существую» относительно других — «я и они» — оно исчезает?

Эгоистическое «я», отделяющее меня от других, исчезает постепенно на протяжении всех ступеней до Гмар Тикуна. Но самые первые ступеньки за махсомом — они действительно подавляют мое «я». Поэтому эти состояния называются «убар» (зародыш).

Как зародыш развивается в матери, совершенно не действуя самостоятельно, а все, что получает, все, что его растит — это не за его счет, а за счет высшего организма, так и мы, вступая в Высший мир, на первом этапе находимся в состоянии «убар» (зародыш). Теряется «свое я», мы включаемся в общий свет и желаем просто быть в этом состоянии. «Я» при этом не теряется, мое прошлое эгоистическое «я» постепенно растворяется, но только в авиют Шореш (на нулевой стадии эгоизма).

Эгоистическое «я», естественно, начинает теряться. Не говорится, что человек нивелируется, аннулируется. Наоборот — начинает появляться в нем духовное тело, из точки над махсомом начинает образовываться душа. Человек начинает ощущать себя, находящимся в море Высшего света, в море мысли, замысла доброты, любви, называющихся Творцом. И, находясь в этом, он видит, как все остальное в нашем мире находится в исправленном состоянии, как все неосознанно, автоматически выполняют то, что находится в этом поле — весь замысел Творца.

Более того — в той мере, в которой человек адаптируется, входит в это поле — он видит, что все начинают выполнять и его мысли, и его замыслы, и его желания, — такие, которые совпадают с Творцом. А в той мере, в которой не совпадают еще с Творцом — он видит, что все не выполняют его желания, но выполняют желания Творца.

В общем — это интересное открытие, я надеюсь, что мы войдем в это состояние. По крайней мере, все предпосылки для этого существуют. Существует определенная проблема: представить себе — каким образом *тарах эйварим* — 620 желаний, 620 частей души, 620 частей духовного тела (парцуфа), проходят исправления. Проходят исправления в Каббале — значит «рождаются и развиваются до своего полного состояния», то есть, проходят состояние *ибур* (зародыш), *еника* (вскармливание) и *гадлут* (большое состояние парцуфа).

Ибур — это авиют Шореш, у человека развивается нулевой экран. Потом, *еника* — это экран первого уровня или авиют Алеф, потом Бет, Гимел, Далет (вторая, третья, четвертая) — это уже *гадлут*.

- **Вопрос: Дискретно ли исправление?**

Эти исправления мы изучаем в «Талмуде Десяти Сфирот», начиная с восьмой части. Десятая часть «Талмуда Десяти Сфирот» называется «Ибур», 11-я часть — «Еника», 12-я часть — это уже «Гадлут». Потом в 13-й части изучается, каким образом парцуф получает свет свыше от Арих Анпина — от самого Высшего проявления Творца к себе, и 14, 15 и 16 части — как уже восходят в Гмар Тикун.

Рождение, развитие строго регламентировано. Оно в точном подобии зародышу в нашем мире: развивается зародыш в матери, потом развивается снаружи маленький ребенок до состояния взрослого человека, точно по таким же стадиям. Мы знаем, что к трем месяцам внутриутробного развития развивается одно, в пять месяцев — другое. Развитие всех органов происходит не одновременно.

И потом, когда человек рождается, он еще не может ходить, хотя у него есть ноги. Зачем ему ноги, если он не может ходить? Родился бы без ног, а потом постепенно к году выросли бы ноги. Нет, рождается сразу же с ногами. Зачем? И так далее. Он еще не может говорить ничего, а существует весь речевой аппарат. Просто не может им управлять. Есть различное развитие различных органов, и различный их запуск по времени, то есть по мере развития, по мере того, как они связаны с мозгом, по мере того, как они могут получать информацию управления. Допустим, как ноги, и они могут быть сильными (ножки у ребенка), но еще не произошел запуск этой системы, и поэтому он ими не владеет. То же самое с руками.

То есть, допускается использование ресурсов организма только в мере развития экрана, в мере развития разума. Иначе ребенок в нашем мире просто навредил бы себе, если бы начал сразу же бегать. То есть, сначала появляется разум, и только в мере появления разума появляется возможность использовать свои свойства.

То же самое и в духовном — только в мере приобретения экрана ты начинаешь получать возможность работать с теми или иными качествами. А экран получается постепенно, его развитие в организме (в парцуфе) зависит не только от авиюта, но и от самого качества сфиры. Допустим, если это сфира Бина развивается из десяти сфирот, то ее развить проще всего, она по своему качеству ближе всего к свету. Поэтому она развивается быстрее остальных. А такая сфира, как Ход, которая представляет собой Малхут в миниатюре в Зеир Анпин — она и развивается труднее всех. Не только по размеру авиюта, а еще и по качествам.

Откуда мы это видим? Мы это видим даже из разбиения келим. Каким образом каждое из кли разбивается? Ведь было десять сфирот, все они получили в себя огромный свет и разлетелись на куски. И вот разлетаясь на куски, они еще взрываются и разбиваются. То есть, все экраны, которые где-то склеивали между собой какие-то несколько свойств, направленных на альтруизм — они все разбиваются и все становятся устремленными интравертно внутрь себя, эгоистическими.

Это происходит постепенно, в виде, цепной реакции, и не во всех одинаково, в зависимости от изначального свойства и качества. То есть, от уровня авиюта, и от самого качества. Допустим, Бина — она хотя и упала, но упала не ниже, а выше всех. А Малхут, которая была выше всех, потому что работала на отдачу сильнее всех, у нее огромный авиют — упала и оказалась ниже всех, потому что авиют без экрана оказался на самой низшей ступени.

И так же в гильгулим, то есть в кругооборотах человека, в его жизнях в этом мире, в котором мы много-много жизней уже прошли. Не надо в это дело вникать, ничего в этом интересного нет. Нам надо смотреть вперед, а не назад. Мы не историки и не археологи, нам надо смотреть только вперед. Так вот, все эти гильгулим — тоже продиктованы каждый по своему качеству, свойству, характеру — именно личным геном человека и теми его параметрами, которые должны были по цепочке развиться. В таком-то виде, в таком-то месте, в таких-то качествах, у таких-то родителей, с такими-то свойствами ты родился в таком-то периоде и то-то отработал. То есть — это все диктуется только изнутри, внутренней нашей духовной информацией, духовным геном.

- **Вопрос: Как мы можем качественно изменить в себе отношение к закону «Возлюби ближнего как самого себя»?**

Мы изучаем, что только необходимость, которая привела нас к Каббале, явилась тем фактором, благодаря которому мы изменили свою жизнь, благодаря которому мы, вообще, внутри себя меняемся. Все происходит только из кли, в силу необходимости, ничего не может быть такого, что бы происходило само по себе.

Поэтому, если мы желаем что-то сделать, что-то изменить — мы должны искать не — «как бы это изменить», а —

«как бы у меня появилась к этому настоятельная потребность?». Как только она во мне возникнет, я это изменю или оно само изменится. Но это изменится только, если я буду, на самом деле, настоятельно этого желать. Все зависит от подготовки кли, от нашего желания.

Поэтому качественные изменения, это устремление, это осознание «Возлюби ближнего как самого себя» должно базироваться на осознании необходимости в этом, того, что без этого наша жизнь останется животной жизнью. Конечно, мы можем и сегодня себя настроить на то, что так она и закончится, но это тоже зависит от того общества, в котором мы находимся.

Если наше общество не даст нам возможности согласиться с этой жизнью, возбудит нас настолько, что мы почувствуем, что малейшее промедление — оно просто низменно, мерзко, непереносимо — то тогда, действительно, мы сможем что-то изменить. Все зависит только от группы. Группа сама должна руководить нами и сама нас вызывать, возбуждать на то, чтобы каждый проявлял такое к ней отношение. То есть — это обоюдная работа человека и группы. Ничего тут другого не сделаешь.

- **Вопрос: Как человек, находясь в каком-то состоянии, может изменить качество своего отношения к группе — так как Творец относится к человечеству?**

Это возможно только искусственно. Пойми, что ты спрашиваешь. Ты говоришь: «Как я могу изменить свое отношение?» То есть: «у меня сейчас определенное отношение, как я могу его в себе изменить на другое, на более устремленное, более сильное, более целенаправленное, более требовательное, — как я это могу сделать?» Если оно во мне изменится, значит изменится. Если нет, как я могу сам себе его поднять? Если меня настроит на это группа, если я получу от нее дополнительное желание — то я поднимусь. Это будет не моя работа, но все равно я приподнимусь. Я это делаю через группу — я сейчас искусственно начну возбуждать к этому группу, и она подействует на меня, поднимет меня.

Любое изменение — не может исходить из человека. Человек сам себя не изменит: я могу искусственно в себе что-то сделать, а вот группа, если сделает это благодаря моему искусственному давлению на нее, если она заставит меня измениться — то это изменение будет во мне уже не искусственное, а настоящее. Так мы воспринимаем извне любые ценности, они становятся нашими, любые мнения становятся нашими. И нет никакой другой возможности изменить себя, кроме как через общество. Только в этом наша свобода воли.

МАХСОМ, ДОБРО ПОЖАЛОВАТЬ!

12 октября 2003 года

В науке Каббала мы изучаем, что есть состояние, когда человек вообще не чувствует ничего духовного — просто существует в нашем мире, как и остальные семь миллиардов, за исключением каббалистов. Есть люди, которые ощущают себя находящимися одновременно и в этом мире, и в духовном, то есть, видят духовный мир через этот, через всю его действительность: окружающую атмосферу, общество, людей. И есть состояние, когда человек не чувствует этого мира, а только Высший — подобное происходит до нахождения в теле, и после выхода из него. Но абсолютного несуществования — нет. Никогда не было, и не будет.

Если мы говорим о чем-то, как о процессе, протекающем во времени, мы говорим только относительно наших ощущений. Мы просто вынуждены все представлять себе в последовательно разворачивающихся событиях. Поэтому, мы способны говорить только о том, что чувствуем: что ощущает кли от своего наивысшего состояния до самого наинизшего, снова до наивысшего, и так далее. То есть, мы способны говорить, только о спектре наших состояний.

Кроме этого нет ничего ни смерти, ни рождения. Есть только переходы. И эти переходы, по крайней мере, их часть — из одного ощущения в другое, зависят от нас. Конечно, есть и такие изменения, которые от нас совершенно не зависят.

От нас зависит только скорость перехода из одного состояния в другое, ускорение и замедление. И еще то, в каком виде мы можем ощутить происходящее с нами. Каббала изучает ощущение кли, души, в ее вечном существовании, только в различных состояниях: или в состоянии, когда душа ощущает и этот мир и духовный вместе, или только этот мир, и только духовный.

В соответствии с вышесказанным, есть три возможности ощущения: только этого мира, только духовного, или обоих одновременно. Самое низкое состояние, естественно, когда ты ощущаешь только этот мир. Хотя и у него тоже есть множество градаций ощущения. Мы не понимаем, откуда они берут начало и чем определяются.

Испытываем мы лучшие ощущения в этом мире, или худшие — причины этих состояний зависят только от нас, от наших свойств, нашего отношения к миру. Каким образом мы можем ими управлять, определять их, осуществлять управление своей судьбой, то есть, ощущение своего существования.

Каббала учит нас, каким образом можно настроить себя на ощущение самого высшего из возможных состояний. Поэтому вся наука и работа человека над собой в этом мире и вообще все, что с ним происходит — только для того, чтобы настроиться на ощущение этого наивысшего состояния.

Когда человек начинает осваивать эту науку, он начинает понимать, что в нее включается все, потому что это и есть самое главное — и кроме этого ничего другого нет. Есть только «я», которое ощущает себя находящимся в мире, и только от меня зависит, как настроить себя, чтобы его ощущать.

Этот мир называется «мое ощущение». Он может включать в себя все миры, вплоть до мира Бесконечности. И все равно, мое ощущение называется «мой мир». Как сделать так, чтобы эти мои ощущения были всеобъемлющими, чтобы я ощущал весь объем мироздания, называемый Творцом?

Ощущать можно неосознанно — тогда человек просто существует в своих пяти естественных органах чувств. Он их не изобрел, и он не управляет ими. Они даются ему на какое-то время, чтобы, существуя в них и ощущая очень маленький фрагмент мироздания, у него появилась возможность самостоятельным усилием придти к ощущению высшего существования. И не только придти к нему, но и полностью его освоить. Освоить нахождение себя, души, только в высшем мире, в ощущении его — всего того природного, естественного, что было до нашего рождения и будет после нашей смерти в этом мире.

Ощущение нашего мира — тоже естественное, от рождения и до смерти. А вот ощущение одновременно и этого мира и высшего — это то, что нам необходимо достичь собственными усилиями, ради чего все эти состояния и существуют.

Если мы существуем определенный период времени в Высшем мире, в его ощущении, определенный период — в нашем мире, зачем при этом еще и ощущать два мира одновременно, один через другой? Да еще прикладывать при этом особенные усилия?

Два пограничных состояния — этот мир или духовный — мы ощущаем не по собственному выбору. То или иное состояние нам просто дается. Душа находится вне тела, в полном слиянии с Творцом, как точка в Нем. Но вдруг, это ощущение точки в Творце пропадает, и душа оказывается в земных ощущениях. Как обычный человек в этом мире — совершенно даже не представляя себе ничего другого. Конечно, все происходит постепенно: человек рождается, у него нет никаких воспоминаний — ничего, что говорило бы ему об ином существовании. Так что же нам дает одновременное постижение обоих миров?

Душа создана как точка. Наше ощущение «я» — это точка, которая ощущает или Творца, или Его противоположность, полное скрытие. Достичь состояния, когда мы полностью будем равны Творцу, будем ощущать все мироздание, вечность и совершенство возможно, только если мы приложим усилия, чтобы из этой точки сделать кли. Причем создать его при полной свободе воли, то есть, в определенных обстоятельствах.

Все эти обстоятельства, подобранные вместе определенным образом, и мы внутри них, называются — «этот мир». Вокруг этой точки специально создано такое окружение и среда, которая ощущает то, что ощущаем мы, и что называется «этот мир, наш мир». Потому что только из такого состояния самым оптимальным, единственно возможным способом можно создать из точки парцуф, то есть кли, равное Творцу.

А наука Каббала говорит, каким образом это кли создается, и что мы при этом должны делать? В общем-то, мы должны настроиться на восприятие Высшего мира, еще в нем не находясь.

Мы добиваемся этого различными способами: при помощи учебы, работы в группе, всевозможных действий в нашем мире. Если мы прикладываем намерение, чтобы приблизиться к ощущению этого духовного состояния, мы вызываем оттуда это состояние на себя, как бы притягиваемся к нему своим желанием.

Такое действие называется вызыванием окружающего света — ор Макиф, который очищает нас, подтягивает к Высшему состоянию. Эти действия — неосознанные, человек выполняет их только потому, что ему сказали. Он верит в то, что говорят каббалисты и выполняет, то, что ему советуют.

То есть, если надо учиться — я буду учиться, хотя мне и не хочется, хотя я и не понимаю, и не вижу никакой связи. Но во время учебы я начинаю думать о Каббале, представлять ее, как какую-то, отдельную от меня науку, что я не должен переживать ее, производить внутри себя некие действия. Человек вообще может относиться к ней, как к чему-то постороннему.

Кроме того, есть еще и работа в группе, с товарищами. Например, человеку говорят что-то, чего он совершенно не желает — но знает, что это необходимо. И вот он пытается делать это механически, вместе с другими, хотя понятно, что каждый из нас — индивидуалист. А тут ему приходится собираться вместе с остальными, создавать приятную обстановку, в жизни ведь не так уж и много интересного. Ну, а для чего мы вообще собираемся, чтобы нам было приятно? Или чтобы производить возвышающие нас действия?

В общем, здесь много проблем: каким образом относиться ко всему, как точно настроить себя на притяжение Высшего, то есть, окружающего света? Но в итоге, получается, что все эти действия вызывают на нас окружающий свет.

Есть еще и другая работа, когда человек начинает сам себя изнутри, как бы поднимать на более высокую ступень. Не сверху притягивать Высший свет, а сам притягиваться к Высшей ступени. Эта работа называется попытками подобия Высшей ступени, подобия духовному состоянию.

Откуда мы можем брать эти примеры? Из того, что пишут каббалисты. Они утверждают, что духовное — это полный выход из своего «я», подобно тому, как человек, умирая, выходит из своего тела, которое остается. Что с ним потом происходит, все мы прекрасно знаем — оно совершенно уже не относится к душе. И ничего в нем нет — оно превращается в земной прах, а душа существует.

Так и мы — полностью должны выйти из своего «я», перенести себя во всех остальных и существовать только в них — в их желаниях, стремлениях, мыслях, совершенно не думая о себе. Бааль Сулам пишет в статье «К окончанию коментария на Книгу Зоар»: также, как Творец не думает о себе — существует Он или нет, даже вопрос такой не ставится — таково должно быть и наше намерение.

То есть, моего «я» нет. Если человек хочет пройти махсом, он должен произвести в себе такое действие: я не существую — я вовне, я выхожу из своего «Я».

Каббалисты не очень говорят и не очень пишут об этом методе сближения с Высшей ступенью, уподобления ей, поскольку существует опасность того, что люди «улетят» во всякие фантазии, иллюзии, начнут представлять себе, будто они уже витают неизвестно где.

Эти действия можно производить только одновременно с работой внутри группы, в совместных действиях по отношению к товарищам. Просто так сидеть и фантазировать на эти темы не рекомендуется, поскольку это оторванное от действительности состояние увлечет вас неизвестно куда, и где вы потом себя найдете — неизвестно.

Но представить себя, как бы выходящим из своего «я»: я не существую, я нахожусь в мыслях, в желаниях других людей и действую только в соответствии с их мыслями и желаниями — это самое первое упражнение, которое может быть у нас. Как только человек станет способен производить над собой такое действие, он начнет ощущать остальных, а не себя. Он начинает явно видеть одну единственную силу во всем мире, которая управляет окружающим.

Почему он начинает это ощущать? Потому что он вышел из себя, включился в эту Силу, слился с ней, адаптировался. Потому что ее основное свойство — тоже отсутствие «Я». И человек видит, что все в мире, абсолютно все люди — и злодеи и праведники, и способные и глупые, и дикие и цивилизованные — все они просто выполняют одну Мысль.

Ни в ком не возникает вообще никакого личного желания, никакого своего движения, все определяется только одним Замыслом, который просто находится в мире, как поле. И все движутся только в соответствии с ним.

Что значит, в соответствии с ним? Каждый представляет собой механизм, который действует в состоянии максимального насыщения при минимальных затратах. И этот механизм каждый раз автоматически занимает свое место, действуя в соответствии с этим полем.

Это поле называется Творцом. Вернее, это еще не Творец, это проявление Его управления, относительно всех, находящихся в этом мире. Человек начинает видеть, как все действует только по одному закону, одному правилу, только по одной воле. И в той мере, в которой он, потеряв свое «я», сливается с этой мыслью, этой волей, и желает войти дальше в поле Творца, он начинает видеть, как все относительно него превращается во благо. То есть, относительно него, естественно, ничего не меняется, просто он начинает видеть, насколько это, на самом деле, благо. Он видит, что все остальные люди эту мысль выполняют, потому что и его мысль и Творца, этого поля, сливаются в одно. Он видит, как абсолютно все в мире делается ради него и для него.

И даже, если, по его мнению, совершается зло, он понимает, что это не плохо, что иначе в тех состояниях, в которых находятся люди, поступать просто нельзя. И поэтому он настолько одобряет и понимает их, что даже если к нему кто-то приблизится и будет угрожать его жизни, он не сможет ему противостоять. Настолько человек теряет свое «я» и ощущает, что все, что делается вокруг — абсолютно правильно.

Я беру сейчас столь крайние примеры, которые еще не совсем нам понятны, только для того, чтобы они дали нам немножко понимания, что это вообще такое — подняться чуть-чуть выше махсома. Чтобы дать нам возможность немного почувствовать этот пограничный переход — оттуда сюда, и обратно.

Да, можно переходить и туда, и обратно — есть такая возможность у человека, и вообще каббалисты могут все. Тот, кто находится на более высокой ступени, может специально совершить регрессию, понизить себя для того, чтобы сопоставить со всеми остальными. Чтобы находиться на том же уровне, контактировать с остальными, помогать им.

В принципе, любая Высшая ступень, если человек постигает ее, существует в нем только для того, чтобы провести весь свет вниз и поднять всех к себе. А далее, следующий подъем. И снова всех, по возможности, подтянуть наверх. Это естественное свойство каждой Высшей ступени, поэтому любой каббалист так и действует.

Для чего нам это надо? Чтобы мы пытались в группе, во время учебы по возможности воспроизводить в себе такие состояния, но не улетать с ними куда-то, фантазируя, что мы все уже в духовном, а четко понимать, что мы не находимся там, но хотели бы находиться.

Это подобно тому, как я разговариваю с ребенком, который играет с игрушками. Ведь все мы понимаем, что благодаря этому он растет, и поэтому относимся к его играм очень серьезно. Мы пытаемся купить ребенку самые лучшие развивающие игры, подходящие ему по возрасту, чтобы они не были слишком трудными, чтобы он гармонично развивался — все дальше и больше.

Так должны делать и мы. Моделировать в себе всевозможные будущие состояния, желать в них находится, это как подъем МАНа, подъем наших желаний вверх, к следующей ступени. И, в соответствии с этим, будет нисходить Высший свет и подтягивать нас. То есть, кроме занятий и работы, необходимо еще и такое действие.

Но каббалисты не очень-то пишут про это — обычно только Учитель наедине с учеником говорит об этом, или с небольшой группой учеников, которой можно управлять и действительно контролировать их состояние. Чтобы их не занесло куда-то в своих совершенно еще неосознанных и неконтролируемых действиях, чтобы они не начали создавать какие-то глупые иллюзии, что они уже где-то там...

Для того, чтобы немножко представить себе эти состояния, прочтите текст: «Махсом, добро пожаловать!» Вопрос был задан мне одним из наших учеников в Йом Кипур, после этого я и написал данную статью.

Что это за состояние, когда человек находится в пограничном слое? Перешел я махсом или нет. Нам необходимо знать, какие состояния возникают, чтобы контролировать себя, чтобы знать, там я уже или здесь?

Мы не говорим о том, что вдруг открываются небеса, проявляются некие силы, молнии, ангелы, и так далее. Мы говорим только о нашем внутреннем ощущении, о том — раскрывается ли нам более глубокое видение мироздания, видение за его границами, воспринимаются ли силы, которые им управляют, общая мысль, замысел, воля, — и о том, как это ощущается нами.

Вначале необходимо предупредить, что, конечно же, все это возникает внутри человека, субъективно, а снаружи ничего не меняется. Мир остается таким же и не подозревает о том, что кто-то из населяющих его выходит на ступень прямой связи с Творцом.

Как пишет Рамбам: «Олам кэ минаго овед» — мир продолжает существовать так же, как и сейчас. Причем он пишет это о Гмар Тикуне, о самой последней точке исправления, когда не только один человек, а вообще все люди достигают своей наивысшей точки существования — вечной, совершенной.

Наш мир кажется нам таким ущербным, таким ничтожным, грязным, невероятно маленьким, душащим нас. Но мы увидим, что на самом деле это совсем не так — наше ощущение будет меняться. Ничего не меняется вокруг человека — меняется его мировоззрение, ощущение. Непосредственно переход махсома состоит из нескольких этапов, этот переход колеблющийся: человек оказывается то выше своего эгоизма, то ниже. И так несколько раз, попеременно.

Я когда-то говорил, что махсом проходят, и уже обратного пути уже нет. Правильно: тот, кто уже получает какую-то ступеньку, достигает ее — у него она уже существует. Он может возвращаться, меньше-больше, но эти колебания для того, чтобы он отработал весь свой эгоизм и провел его через махсом.

Нет нескольких прохождений махсома, но само состояние колеблющееся: там и тут, там и тут. А затем происходит окончательный и полный прорыв. Это подобно колебаниям, которые происходили в Египте с Паро — Фараоном, подобно десяти казням. Так это называется до перехода Ям Суф — Красного моря. На иврите это «Конечное море» — не Красное, а Конечное. Эйн Соф — это бесконечность, а соф — конец. Когда переходишь конечное море — входишь в духовный мир.

Человеку показывают, каким образом меняется мир, а затем он должен делать определенные упражнения: силой воли, внутренним напряжением пытаться выйти из своего «я» и пытаться подключаться к этому ощущению, общей мысли Творца.

В начале перехода махсома состояние человека можно уподобить состоянию находящегося в воде. Он находится то над поверхностью воды, то под поверхностью — как бы окунается в желания, мысли только нашего мира, в мысли о себе, для себя и использования других ради себя.

Мы думаем: «надо бы поработать на группу, связаться с товарищами, надо бы поучить...». А для чего надо? Для того, чтобы продвинуться вперед. Это состояние называется «под махсомом» — в нем мы и находимся. И второе состояние, когда человек находится как бы над поверхностью воды. Тогда он понимает, что все эгоисты — как дети, потому что созданы такими Творцом. Они не виноваты, они поступают именно так, как поступают. И поэтому Творец абсолютно снисходителен к ним, ведь он-то и создал их такими.

А проходящий, когда поднимается над махсомом, как над поверхностью воды, начинает ощущать в себе, что он всем желает добра, помощи, он ощущает в себе потребность относиться ко всем, как к ним относится Творец, потому что возвышение над махсомом — это слияние, уподобление мыслям Творца.

И тогда он начинает просить Творца, чтобы тот показал ему, как Он относится к человечеству, чтобы все больше и больше уподобиться Ему. Подняться выше не ради того, чтобы просто выше подняться, а чтобы оправдать замысел Творца относительно всего человечества.

Он начинает ощущать в себе необходимость этого оправдания, он боится, что не понимает, не осознает еще, как Творец относится ко всем, и где-то, может быть, даже не соглашается с Ним. Состояние после махсома, это когда человек уже желает большего раскрытия Творца не для того, чтобы ему было приятно видеть, как все в мире движется по одной системе, а для того, чтобы оправдать Творца. Не для себя, а для того, что этим он доставит радость Ему.

В состоянии, когда человек уже находится после махсома, есть несколько промежуточных полуэгоистических стадий. После того, как народ во главе с Моше перешел Конечное море, он еще три дня находился в Синае. Синай от слова «сина» — ненависть. «И подошли к горе Синайской». Представляете, что это такое — «гора Ненависти». Гора — от слова «ар», «ирурим» — это сомнения, возникающие у человека.

Он находится под всеми этим сомнениями и не представляет, как он вообще может адаптироваться к тому, что он видит, откуда у него могут быть такие состояния, такие силы, желания, такое давление изнутри — слиться с Творцом.

В итоге, только одна из его точек поднимается на эту гору, над всеми этими сомнениями, над всеми его еще эгоистическими желаниями, и только там, над ними, он и контактирует с Творцом. Вот так человек и начинает постепенно просить Творца, чтобы Тот показал ему, как Он относится к людям. А отношение Творца к людям и есть заповеди Творца, поэтому, выполняя их, мы Ему уподобляемся.

Что такое Заповеди? Заповеди — это правильное отношение из своего эгоизма относительно общего творения. Я прошу Творца так, как будто я уже стою рядом с Ним. Я — абсолютно самостоятельная точка, уже вышедшая из себя, до махсома я был несамостоятельный, был погружен в эгоизм, находился в его власти. Сейчас же, пройдя махсом, я — самостоятельная точка, вне эгоистического влияния на меня. И поэтому я начинаю просить Творца: «покажи мне, как Ты относишься к ним».

«К ним» — значит ко всему человечеству, представляющему собой абсолютно однородную массу, одно кли, состоящее из 620 желаний. Также, как Творец относится к каждому из этих желаний, я тоже пытаюсь относиться. Это означает, что я выполняю 620 заповедей. Мое правильное отношение к их 620 желаниям, когда я беру каждое желание как свое, и альтруистически желаю его наполнения, это и является выполнением заповеди. Таким образом, я постепенно выполняю 613 заповедей. Я вбираю в себя каждое из этих желаний, и наполняю его для того, чтобы наполнить все души.

Через себя я наполняю всех. Это дает мне возможность соединиться, слиться с ними, и образовать свое огромное, собственным трудом заработанное кли, состоящее из всех душ, называемое «Адам» — человек. Таким образом, в мере присоединения к себе этих желаний и наполнения их через меня, я становлюсь подобным Творцу, сливаюсь с Ним.

Это состояние — мой личный Гмар Тикун. Ну, а до этого? А до этого возникает чувство стыда. Стыд — это когда ты не можешь смотреть в глаза другим. Ощущаешь, что ты эгоист, и все твои мысли только о себе, а не о них. В пограничном слое перехода махсома человек начинает это ощущать — ему стыдно смотреть на других. И совершенно не важно, кто эти другие. Они могут являться самыми последними злодеями, неважно — они же автоматически выполняют волю Творца. Человек уже перестает определять их, как хороших или плохих. Он определяет их всех, как маленьких детей, которые просто выполняют то, что им диктует природа.

Сам же он, поскольку уже начал ощущать свое «я», эту независимую точку, начинает ощущать свое отношение к другим, как потребительское, как желание использовать всех и каждого. И вот тут-то, ему и становится стыдно. Вот здесь, он и начинает контролировать себя. Здесь, наконец-то, появляется возможность избежать этого чувства стыда.

Если даже чуть-чуть почувствуешь стыд, значит уже понимаешь, над чем надо работать, куда приподниматься. Тем самым, ощущение стыда — желательно. Оно является той отправной точкой, откуда я могу приподняться еще выше, еще дальше уйти вперед, в область Творца.

Это чувство — абсолютно четкое. Глядя на любого, просто становится стыдно, почему ты желаешь так эгоистически к нему относиться. Почему ты о нем не заботишься полностью, почему не думаешь только о нем. Это абсолютное ощущение возникает у человека в соответствии с его ступенью перехода махсома. И оно совершенно не зависит от каких-то его внутренних фантазий.

Само воздействие света, проявление Творца при переходе махсома вызывает у нас это чувство. То есть, появление Дающего, ощущение Его свойства, вызывает в человеке естественное ощущение своей противоположности, называемое «стыд». И совершенно неважно, что все остальные такие же эгоисты, ты ведь знаешь, что перед Творцом ты обязан, ты создан, чтобы думать только о них, и ты ведь — другой, не такой, как они.

Нет никакой возможности сказать: «Я, как все. Все такие». Потому что, все не такие. Все находятся под автоматическим управлением Творца, ниже махсома, в них нет самостоятельной точки. А в тебе, в той мере, в которой она сейчас растет, проявляется это чувство стыда и потребности уподобиться Творцу.

Как, например, мать ощущает себя эгоисткой относительно своих детей, укоряет и ненавидит себя за это. И при этом она не требует от ребенка, чтобы он относился к ней также, как она к нему. Когда человек переходит махсом, он ощущает себя точно так же, только относительно всех, всего человечества. Он чувствует, что именно таким образом он должен к ним ко всем относиться.

И если не может, тогда обратное ощущение — стыд. И при этом ты совершенно не осуждаешь ни товарищей, ни все человечество за их эгоизм. Конечно, они эгоисты, но они созданы такими Творцом и должны быть такими. Как мать не требует от детей быть альтруистами и любить ее, так и ты, просто ощущаешь себя обязанным быть другим, думать обо всех. И, пока ты не такой, тебе стыдно смотреть в глаза товарищам.

Взять хотя бы эту фразу: «мне стыдно смотреть в глаза товарищей, потому что я желаю использовать их для себя» — она должна уже сегодня стать нашим ключевым правилом. Мы должны пытаться найти в себе такое чувство.

Я эгоист — правильно, я создан таким — верно, все это во мне создал Сам Творец. Это — естественно. Но я должен пытаться найти в себе вот эту точку стыда. Сейчас я смотрю на каждого с мыслью: как я могу использовать его для себя, для собственного благополучия, собственного возвышения. Чтобы подняться выше, я готов наступить на него. А это, абсолютно противоположно тому, что я должен делать.

Значит осознание: «стыдно смотреть в глаза товарищам» должно культивироваться в нас искусственно. Но это искусственно вызываемое чувство и вызовет на нас проявление Высшего света. Я же не просто так читаю вам, что происходит выше махсома. Я хочу этим показать: представляйте себе, что вы уже, как бы, находитесь выше, только не улетайте в своих фантазиях, а представляйте это в действиях по отношению друг к другу.

И тогда вы вызовете на себя огромный окружающий свет, и он вас действительно вытянет наверх. Ни я, ни занятия, ни ваше отношение, ни работа, ни ваши фантазии — нет, но только вызываемый всем этим окружающий свет — он поднимает наверх. Поэтому представлять себе эти пограничные состояния, стремиться к ним — самое важное.

В принципе, все это и описывается в статьях и письмах. Все это описывается в «Талмуде Десяти Сфирот», только мы пытаемся рассказать это более явно, более живо, чтобы мы смогли сейчас в действии представить и воспроизвести это.

Я сейчас делаю то же самое, что делал Бааль Сулам, Рабаш и все остальные каббалисты, только об этих состояния, к которым мы должны стремиться, я говорю более доступным языком. Просто я, может быть, более ярко и выпукло представляю вам такие конкретные точки, которых нам надо придерживаться. Мы стремимся к этому, читаем литературу, работаем в группе, искусственно создаем в ней атмосферу любви к товарищу — все для того, чтобы немножко уподобиться тому, что есть над махсомом, чтобы на нас посветил Высший свет.

Если мы начнем действовать сегодня, здесь — каждый внутри себя будет пытаться претворить это и жить с этой идеей, тогда мы в течение нескольких дней почувствуем, где мы уже находимся.

И это будет не наигранным состоянием, а действительно вызываемый окружающий свет будет в нас воспроизводить это. И постепенно, наш расчет станет все больше и больше, и уже не по отношению к людям, а относительно Творца.

Но это уже следующий этап. Стыдясь смотреть в глаза товарищей, пытаясь выйти на такой уровень, когда начинаешь ощущать себя в переходе махсома, как бы отделяясь уже от своего «я», совершенно не думая о себе и своем существовании — человек начинает жить в других. Включаясь в них, человек через них ощущает уже Творца — эту общую, заполняющую мысль.

И тогда его расчеты становятся только относительно Творца: уподобиться Ему, причем пассивно. Все, что Творец проявит, принять в чистое, пустое от эгоизма сердце. Твоим единственным желанием становится — наполнение Творцом.

Наполнение — что это значит? Это — постепенное очищение, адаптация всех своих желаний к тому, чтобы чувствовать, относиться ко всему, выходить вперед, все дальше и дальше из своего домахсомного состояния. Человек настолько ощущает невозможность совершить что-то плохое по отношению к другим, что по земным меркам это выглядит, словно он безвольный, слабосильный.

Когда-то он мог драться, бить, требовать, командовать ради себя. Мог подчинять всех себе. А теперь он вдруг обнаруживает, что нет необходимости в силе, но это не в рамках нашей группы — выше, когда он смотрит на все человечество, что именно такое, несиловое отношение к миру и поворачивает мир к нему. В результате это оказывается самой благожелательной стороной.

И все устраивается. Все вокруг выполняют то, что Творец вселяет в них. И все благожелательны. Это подобно тому, о чем пишет Бааль Сулам в статье «Раскрытие и скрытие Творца».

- **Вопрос: Что делать со стыдом, который возникает, когда ты видишь, что в группе это делается наигранно?**

А мне совершенно неважно, что это наигранно! Я сейчас отрабатываю вместе с товарищами определенные упражнения, тренируюсь. Как только благодаря этим тренировкам мы подготовимся, в мере этого на нас низойдет окружающий свет. В результате этих тренировок мы усовершенствуемся, мы начнем ощущать все больше и больше.

Мы получим новые ощущения, новые связи. Мы не просто так играем — в результате этой игры мы приобретаем необходимые свойства. Внутри себя мы начинаем понимать и ощущать: где я, где группа, где Творец. Мы начинаем создавать в себе уже предпосылки для будущего кли.

Это не просто ложь — это специальная тренировка. Пусть пока это еще «невзаправдашнее» состояние, но мы желаем быть в нем. А как ты думаешь, что называется подъемом МАН? Алият МАН — подъем желания, на которое в Высших мирах происходит постоянное исправление.

В Высшем мире я тоже нахожусь на какой-то определенной ступени, но хочу подняться еще на более высокую. Но пока я на нее не поднялся, она для меня абсолютно не существует. Для меня она даже обратная, потому что АХАП — обратная сторона Высшей ступени находится внутри меня, и здесь я тоже должен играть. Это называется «идти верой выше знания», то есть, вопреки своим сегодняшним свойствам, желаниям, намерениям — всему, что во мне есть.

Вопреки этому я должен представлять себе Высшую ступень. Что значит, представлять? Да, там хорошо — так представлять? Нет. Представлять — значит моделировать ее в себе. Я должен начинать, как ребенок, которому кажется, что он, как взрослый, хотя и играет с игрушками. Но для ребенка все это — настоящее.

Мой Учитель приводил такой пример. В то время моей старшей дочке было 5-6 лет, и она играла с его внучкой в куклы. Они часто играли недалеко от нас, и мешали нам. И он всегда приводил этот пример: «Вот предложи ей сейчас заниматься маленьким ребенком, пусть ее позовет мама, и скажет: «вот новорожденный ребенок, посиди с ним рядом, дай ему соску, поиграйся с ним немножко». Разве она захочет с ним играть? Она скажет: «Кукла — вот мой ребенок. Это для меня настоящее. А новорожденный — это для мамы. Я не понимаю его».

То есть, для каждого возраста, для каждой ступени существуют свои объекты, на которых человек должен себя реализовывать, приподнимать. То, что мы играем сейчас с этими игрушками, на самом деле — это не игра. Мы, таким образом, адаптируем себя к Высшей ступени. Делая себя подобными Высшей ступени, мы вызываем на себя окружающий свет.

Иначе его не будет. Свет может быть только внутренним или внешним. Если я желаю ему уподобиться, но еще не подобен, он светит издали. Если я уже готов к нему, уподобился — он входит внутрь. Ну, а как я могу вызвать его на себя издали? Только в мере своего желания уподобиться Высшей ступени.

Для этого и все наши игры, и то, что я говорю: пытаться, глядя на других, стыдиться, что вы эгоист, пытаться проявить взаимную любовь, заинтересованность, желание помочь и так далее. Это, естественно, игра, ложь, все это искусственно, все, что мы внутри себя и в нашей группе создаем — все искусственно!

Мы говорим, что желаем достичь Творца. Я пока не могу в себе перебороть мою ступень, но я моделирую, строю такую группу, в которой эти искусственные отношения хоть немножко подобны естественным отношениям на более Высшей ступени. И тогда на меня нисходит окружающий свет. Сначала я его не чувствую, но затем, я начинаю чувствовать его проявление, потому что меняюсь.

По своим изменениям я могу сказать, что я сделал правильные усилия, и свет на меня действительно подействовал. Я смогу сказать это, только уже по результату его воздействия. Нет никакой другой возможности подтянуться на Высшую ступеньку — это и называется «идти верой выше знания». Верой, потому что, я пытаюсь сделать из себя большего альтруиста, свойство Бины называется «вера». Выше знания — значит, выше моего «я», выше понимания, выше того, кто я на самом деле, — как бы закрыв глаза.

Мы сейчас создаем искусственное общество. Мы подтягиваем себя, играем в то, что мы словно на более высокой ступени. И притянем на себя такое количество окружающего света, чтобы он действительно поднял нас на эту ступень.

Это то, что мы сейчас хотим реализовать. Поэтому и делаем подобные упражнения — так же, как в спорте. Ты ведь и по поводу тренирующихся спортсменов можешь сказать подобное: «Что они делают? Они же играют друг с другом. Они ведь должны с настоящим противником сражаться».

И в армии точно также, везде — без упражнений ничего не получится, это исходит из духовного корня.

Все в нашей жизни: все достижения и подъемы в чем бы то ни было происходят только благодаря таким специальным упражнением — и все только с помощью Высшего света. Возьмите тех же футболистов: они желают сыграть лучше, своим желанием они вызывают на себя нисхождение Высшего света, поэтому и улучшают свои результаты — это же один и тот же закон.

Только мы находимся в его, так сказать, максимальной реализации: мы желаем Высшую ступень в чистом виде. Мы не желаем стать лучшим футболистом или программистом — мы в чистом виде желаем получить эту Высшую ступень, и поэтому сейчас себя под нее подстраиваем.

- **Вопрос: Когда я начинаю чувствовать всех остальных полностью под властью Творца, как меняются мои действия?**

Существуют внешние и внутренние действия. Я расскажу тебе только то, что могу рассказать, поскольку это очень деликатный вопрос.

Внутри, конечно, возникает, соответственно Творцу, любовь, понимание и отношение и к абсолютно неживым творениям, находящимся под полным контролем природы. То есть, мы думаем, что растения имеют какую-то самостоятельность, и уж тем более животные. Например, на меня бросается собака, и я злюсь на нее. Ну, а если мне на голову упал камень, разве я злюсь на камень? Нам кажется, что в поступках более одушевленного творения есть какая-то свобода воли. А в человеке — уж точно! Мне кто-то угрожает? Да я его!.. Да, как он посмел!

Поскольку мы сами находимся на таком уровне: домем, цомеах, хай, медабер — неживая, растительная, животная и человеческая природа в нашем мире, — нам кажется, что там, где существуют все эти градации, там и есть свобода воли. Но мы ложно видим этот мир. Когда отрываешься от своего «я», становишься свободен от него, тогда видишь, что все, кто под ним, находятся в полной власти природы или Творца, как угодно.

Махсом, добро пожаловать!

И поэтому у тебя к ним нет отношения, как к чему-то самостоятельному. Ну, убивают арабы евреев, взрывают автобусы. Кто-то делает плохое, кто-то — хорошее. Каждый человек внутри себя или по отношению к остальным... Ты не испытываешь никаких чувств: ни хороших, ни плохих — ты просто видишь, как общее поле передвигает людей. Вплоть до того, что когда у тебя возникает определенная мысль, ты видишь, как люди ее выполняют.

Если это твоя мысль, и ты находишься выше махсома, она исправлена в соответствии с Творцом. Она возникает у тебя, потому что ты, в какой-то мере, сравнялся с Ним. В этой мере ты включился в мысль Творца, и видишь, как все остальные эту мысль исполняют. Таким образом, ты видишь всех, в принципе, исправленными.

Ты можешь сказать, что они не существуют в своем свободном состоянии? Да, но в своем нулевом состоянии, под уровнем махсома, они все исправлены. Что значит исправлены? Значит, они неосознанно выполняют программу творения. И тут ты начинаешь ощущать: ну а я сам? А я — нет.

А где мое «я»? Не то, с которым я расстался, а то, которое я сейчас должен приобрести, «Я» равное Творцу? И вот тут ты уже и начинаешь работать с собой, тебе добавляется эгоизм... Это уже духовные ступени.

- **Вопрос: Каковы должны быть действия относительно людей и относительно Творца и группы?**

Действия относительно Творца — это понятно. Относительно же группы? Группа ничего не видит. Спроси у людей, которые были рядом с моим Учителем, сегодня их еще много, они тебе скажут: «ничего не было!»

Был старикашка такой, коренастый, плотный. Бегал все время, спокойно ходить не мог, разговаривал очень быстро. По телефону говорил 10-15 секунд — вот и вся беседа. «Да-нет» — вот и все. Ни «здравствуй», ни «до свидания». Вы потом поймете, что любое лишнее слово или что-то лишнее — нетерпимо, оно считается просто вредным.

Внешне по нему совершенно ничего не было заметно. Раздражался мгновенно — еще хуже, чем я. Но потом научился сдерживаться, говорил: «у меня уже нет сил!». А вообще-то, силы у него были — просто в конце жизни он уже научился. Говорят, что лет до 70-ти он вообще был невыносим. Я пришел к нему, когда ему было 75. Мне говорили: «ты бы посмотрел на него еще года два назад».

Но его уровень совершенно был скрыт. А зачем что-то должно быть заметно? Он ведь относительно тебя находится на таком же уровне, на котором и ты, для того, чтобы контактировать с тобой. Он же не сможет общаться с тобой по-иному. Только всякие маги и волшебники хотят заворожить тебя какими-то чудесами.

Это, опять же, подобно матери, которая спускается до уровня ребенка, играет и лопочет вместе с ним. И ребенок чувствует в ней не мать, а товарища по играм. А она подсказывает и помогает, но иногда наказывает и поощряет — то есть, все в соответствии со ступенью ребенка.

Так же и на уровне духовных ступеней. На каком бы уровне ты не был, Высшая ступень всегда нисходит вниз. Она даже оборачивается обратной стороной — «ахораим» относительно низшей ступени, то есть, показывает себя нелицеприятно. Ты начинаешь чувствовать в себе эгоизм, поскольку происходит скрытие света от обратной стороны Высшей ступени.

И ты проходишь не очень хорошие состояния. Творец показывает тебе, что Он всегда начинает с сумерек: «и был вечер, и было утро — день один». То есть, новая ступень начинается с создания кли, а это неприятное состояние. Это возбуждается левая линия — эгоизм, ночь.

Поэтому и каббалист не должен заменять собой Творца. Творец скрыт, вводит во всевозможные плохие состояния. А Учитель что — добрый дядя? Который будет нам помогать, улучшать и приукрашивать нашу жизнь? Наоборот! Рядом с ним должно быть еще хуже, потому что он желает еще конкретнее ввести тебя в этот путь, чтобы ты не убежал, не смазывал его. Так что, отношение проходящего махсом или перешедшего его к товарищам, остается практически таким же, как и раньше.

Он не будет показывать какой-то особый пример, вообще, не будет выделяться. Поймите, я не боюсь и не стыжусь сказать: то, что будет сейчас происходить, я не знаю. Ни один каббалист не знает. Мы же читаем много каббалистической литературы и видим, что все каббалисты по-разному предсказывали, что и как будет происходить в состоянии нашего сегодняшнего мира. Мы в этом деле первопроходцы, и невозможно до облачения в нашем мире предсказать, как это произойдет. Я знаю только, как проходят единицы, индивидуумы, а не группы в массовом порядке.

Сейчас должна пройти группа в массовом порядке, ну — не 500 человек, конечно, а — 50, но это уже группа, которая и должна совершить этот переход. Другого не будет, это я уже точно исследовал, вижу и чувствую. И зависит это, конечно, от того, кто действительно будет работать над собой — из них и соберется эта группа. Может быть, два человека из Америки, 15 — из России, парочка — из Калининграда, Кировограда, из Израиля — десяток, не важно. Это и будет называться группой, это и должно быть группой. Но как это произойдет, я не знаю.

Я могу воображать и предполагать все что угодно, но то, что еще никогда не облачалось в нашем мире в действии, ни один каббалист, даже самый большой — я видел это по своему Учителю — не сможет сказать, как это будет выглядеть. Ведь, если еще чего-то подобного не происходило в нашем мире, никогда невозможно предсказать, что это будет такое. Это же абсолютно новое действие.

Мы можем делать выводы только из того, что реализовалось, то, что в нас уже есть. Все же, что нам представляется, на самом деле, все это недостоверно. Мы учим об этом также и в «Предисловии к Книге Зоар». Там пишется, что есть материал, форма в материале, отвлеченная форма и суть. Книга Зоар говорит только о материале и форме, которая облачилась в этот материал. А об отвлеченной форме Книга Зоар и, вообще, ни один каббалист не говорит, поскольку то, что не облачилось в материал — это все фантазии, не более. Если ты начинаешь иметь дело с настоящей наукой Каббала, ты просто начинаешь этого избегать, ненавидеть и презирать, это ведь просто философия.

Это пустота, всякие такие выдумки, только уводят тебя неизвестно куда. Могут еще на пару тысяч лет куда-нибудь увести, и ты будешь опять строить какие-нибудь коммунизм или вообще неизвестно что. Только шишки набьешь. Поэтому я не знаю и не могу сказать, как это будет воплощаться.

- **Вопрос: Вы говорили о второй части работы. Первая — это механические действия, а вторая?**

Нет. Первая часть работы — это не механические действия. Первая часть, это когда мы учимся вместе, сотрапезничаем, поем, работаем, производим некие общие групповые действия, распространение, например, и пр. И пытаемся делать это максимально коллективно. При этом мы четко знаем, что этими действиями мы вызываем окружающий свет. Мы должны это понимать, и этого результата добиваться. Если мы все это делаем, это называется первой частью работы.

Вторая часть работы — когда мы представляем себя как бы на более высокой ступени, над махсомом. И пытаемся смоделировать, внедрить в группу такие отношения между нами.

То есть, первая часть — это когда, на нашем уровне мы желаем притянуть Высший свет. Вторая — когда пытаемся быть подобны Высшему уровню и тоже стараемся притянуть этим свет. Немножко под водой и немножко над водой. И желательно так к этому и относиться. Потому что, иначе ты можешь просто уплыть очень далеко — начнешь фантазировать, что ты уже где-то там...

- **Вопрос: Как при этом я могу включиться в желания других?**

Об этом мы читаем во всех статьях. Для этого надо просто пытаться. Рабаш пишет: сделать товарищам приятное. У товарища всегда может не хватать только одного —

настроения. Значит, ты должен работать только над его настроением.

Выход из себя и включение в чужое кли. Ты не должен начинать его допрашивать: «Что тебе надо? Я пришел тебе помогать. Ну-ка, давай, выкладывай мне все, что у тебя там на душе накопилось». Ты просто должен пытаться поднять его настроение. Это лучше, чем всякие остальные действия.

Это даже может быть и внутренне. Вообще, ведь отношение к товарищам — оно же внутреннее, на самом деле, никто и не знает, какое оно. Каббалисты, в течение многих тысяч лет, будучи в группах, практиковали совершенно обратное. Они внешне относились к друг другу как бы с насмешкой, грубовато, специально чтобы скрыть свои настоящие, истинные отношения.

Если мы почитаем рассказы о группе каббалистов из Коцка — так там даже смеялись друг над другом и над заповедями. Специально делали из себя шутов, чтобы их никто не воспринимал всерьез, чтобы максимально скрыть то, что находится внутри, в сердце. Это, по правилу: «ле цнуим — Хохма». То есть, всегда нужно скрывать все, что под экраном: свое «я», все свои внутренние отношения. А наружу проявлять только уже результат.

Но мы, в сравнении с группой из Коцка, находимся в таком возросшем эгоизме, что, если мы начнем играть в грубые, насмешливые отношения и только внутри держать себя в накале любви друг к другу, у нас получится и внешне, и внутренне — просто грубость, совсем не то, что надо.

Поэтому нам нельзя быть одними внутри, и другими — снаружи. Мы не такие сильные, не столь изощренны в этом деле. Вот когда станешь каббалистом, то есть, уже после перехода махсома, тогда, естественно, сможешь и скрывать, и раскрывать себя в той мере, в которой и будет необходимо. Тогда ты уже будешь понимать. А сегодня мы не должны этого делать.

Мы должны относиться друг к другу так, как мы относились бы на более высокой духовной ступени. И каждому подавать пример. Но, конечно, при этом ты не должен лезть целоваться к кому-то, и обниматься тоже необязательно. Ты должен незаметными действиями показывать пример своего отношения. И действия должны быть обязательно молчаливыми. Это — самое лучшее, самое действенное средство.

Пойди на кухню и посмотри, как работают ребята. Попробуй вместе с ними там побыть, и ты увидишь: полчаса работы на кухне, и ты уже чувствуешь все, что ощущают они.

Благодаря такому общению ты постепенно и достигнешь этого. У каждого из вас есть определенное время дежурства. У кого нет, тот несчастный человек, он должен немедленно попросить, чтобы ему это время выделили. Я вам всем советую. Я сам сейчас перед уроком зашел и немножко поработал на кухне. Это просто необходимо — чуть-чуть подключиться, хотя бы на часик, к бригаде, которая работает по нашему обслуживанию. Связь должна быть на всех уровнях.

- **Вопрос: Что означает, уподобиться более Высшему состоянию, играть его в действии?**

Так же, как артисты играют. Мы сейчас разыгрываем театр. Мы собрались здесь для того, чтобы провести неделю в таком состоянии, словно мы находимся в совершенно других общественных отношениях.

В принципе, в нашей группе, это должно быть постоянно. То есть, максимальное проявление заботы, любви, уважения друг к другу, для того, чтобы через это постичь Творца. Любое начало и любой конец действия и мысли необходимо начинать Творцом и заканчивать Творцом.

То есть, я ищу Творца, для этого у меня существует средство: этот мир, группа, занятия, учебники, распространение, и так далее — все для того, чтобы выйти и достичь Его. Это не столь сложно. Вы увидите, как в течение ближайших месяцев человечество начнет меняться. Мы и так уже каждый день видим, насколько люди начинают нас больше понимать, как они вдруг начинают слышать, о чем говорит Каббала. Вы скоро увидите, что вас начнут искать. Те, кто сегодня, кажется, и слышать об этом не хочет — вдруг прибегут к вам. Сегодня они еще борются с собой, держатся за то, что есть, хотя пустоту ощущают уже практически все. Но это еще не та пустота, которая выталкивает человека в поиск, необходимая пустота еще придет. Это уже видно, она уже на подходе.

И тогда нам будет легче. Но и сейчас, вся постановка группы, ее устав, связи с другими группами, отношения внутри, распространение снаружи — все это должно исходить из принципа уподобления более высокой ступени.

Творец распространяет свой свет, а мы проводим Его знание в мир. Это и является нашим распространением. Таким способом Он относится к человечеству, и мы также. Но ко всему человечеству мы не можем относиться, ни в коем случае.

Бааль Сулам пишет в статье «Последнее поколение» — «Дор ахарон», что человек должен выбрать группу, маленькую среду, и только в ней культивировать подобные отношения, но ни в коем случае не снаружи. Люди тебя не поймут, они будут считать тебя или каким-то святым придурком, или просто сумасшедшим.

Ты должен действовать по этим законам только внутри своей группы, потому что это общество понимает тебя, принимает и одобряет, и точно также относится к тебе. Вот это уподобление следующей ступени мы сейчас и отрабатываем в группе. Это и определяет все ее законы, все ее действия, и вообще все — только исходя из этого. Здесь источник и нашего устава.

Вы понимаете, почему Каббала развивается? Почему она адаптируется, становится все более открытой, доступной для того, чтобы о ней можно было больше рассказывать? Потому что люди развиваются, эгоизм развивается, он становится более пригодным к восприятию, проходя через всевозможные страдания.

В эгоизме вскрываются более незаполненные части, причем они связаны между собой. Это, так называемые, «моха и либа» — чувства и разум. В связи с этим, ему — этому эгоизму — уже можно больше рассказать, он уже больше может тебя понять, даже из своей противоположности. Это как битый понимает лучше, чем небитый.

В той мере, в которой будет готова группа, то есть, вы — в той же мере я смогу изложить больше. Мы прошли хорошие состояния, пока строили сукку — вот я и смог немного написать о прохождении махсома. Это ведь тоже очень приблизительно, об этом же можно написать целую книгу, чтобы изложить все эти состояния.

- **Вопрос: Мне ясно, что сейчас я действую только для того, чтобы использовать всех — весь мир, для своего продвижения. Это мое естественное состояние, и мне нечего скрывать и затушевывать...**

Правильно, это естественное состояние, но на более высокой ступени оно сменяется чувством стыда, за то, что я такой. Значит, для чего это надо? Для того, чтобы, по крайней мере, из другой точки, точки стыда посмотреть на себя. Ведь точка стыда — это уже не мы. Она появляется от воздействия света на нас. Сначала возникла первая стадия — получение наслаждения, из нее появилась вторая стадия: желание отдавать. Потому что свет, воздействующий на первую стадию, передал ей, помимо наслаждения, еще и свое свойство. Он показал первой стадии, что Он — Дающий, в результате чего, первая стадия тоже пожелала быть дающей.

Так вот, мне надо представить это искусственно, как будто свет уже действует во мне, словно я уже ощущаю его свойство Дающего, и чувствую себя в сравнении с ним противоположным. Если я буду пытаться ощутить себя относительно товарищей, как эгоист, этим я притяну на себя еще больший окружающий свет. Он и произведет во мне это действие, а результат его влияния будет ощущаться мною, как стыд, как осознание своих внутренних свойств. Это самое эффективное действие, притягивающее окружающий свет.

- **Вопрос: Что означает, представить себе, что я эгоист?**

Я не могу сейчас вообразить себя иначе, как искусственно представляя себя эгоистом относительно других. Даже, не искусственно — я просто вижу, что я такой, но здесь, пока, я еще пытаюсь... Каждый ведь может представить себя эгоистом — не такая уж это и проблема.

Проблема в том, чтобы представить, что тебе стыдно за это. В том, чтобы тобой руководило это чувство по отношению к товарищам. Тогда получится, что ты подстраиваешь себя под более высокую ступень.

- **Вопрос: То есть, до такой степени, что я — ноль, а другие — нет?**

Но это ни в коем случае не должно уменьшать моего участия во всех действиях. Нет, я продолжаю действовать, и мой эгоизм является движущей силой. Я должен давать ему наполнение: какие-то медальки, знаки отличия, поощрения — все для того, чтобы у меня была возможность действовать. Но, вместе с тем, я понимаю и осознаю, что я эгоист, — именно я — и потребительски отношусь к другим.

- **Вопрос: Это, как болезнь, которой я пользуюсь?**

Я ощущаю этот эгоизм не как собственную болезнь. Я ощущаю его, как творение в себе, которое создал Творец. Я даже не принимаю его как свое собственное. Я ощущаю, что именно Он создал во мне это, и тогда я начинаю обращаться к Нему, чтобы Он у меня это забрал.

- **Вопрос: Если кто-то создал во мне это, как я могу этого стыдиться?**

Я стыжусь, потому что нахожусь в таком состоянии, и еще не способен собственными усилиями из него выйти. Человек не должен стыдиться, за то, что он создан таким — он должен стыдиться, что еще не исправил себя. А это зависит только от него.

- **Вопрос: Я не должен думать о себе, но, в итоге, расчет всегда возвращается ко мне. Где же найти эту точку, этот фокус?**

Точка моей концентрации — это не то, что сделал Творец, хотя Творец делает все, а то, что я не попросил у Него исполнить мою просьбу. Конечно, я не стыжусь за свою природу, мне стыдно за то, что я еще не исправил себя! Я еще не убедил Его, не попросил, не потребовал от Него исправить меня. Мне стыдно за то, что я еще не сделал того, что от меня зависит.

Вполне естественно, что, для собственного блага, я хочу использовать абсолютно всех, кто здесь есть. Более того, человек готов зарезать, убить всех, весь Земной шар. Все мы находимся в таком эгоистическом состоянии.

Это самый обыкновенный эгоизм, который ни с чем, и ни с кем не считается, абсолютно. Он начинается с детства. Мы этого не понимаем, но на самом деле, это так. И пускай психологи упрекают в этом своих пациентов, учителя упрекают учеников в школе. Это все ерунда. Бесполезно. Мы-то понимаем, что и учителя, и ученики находятся на одном уровне.

Я же должен упрекать себя не за то, что я такой — а за то, что я **еще** такой. С того момента, когда я начинаю ощущать, что мое исправление зависит от меня, во мне и возникает стыд.

У меня не возникает стыда относительно Творца, за то, что я себя мгновенно не перетаскиваю на следующую ступеньку. Стыд является именно той движущей силой, которая помогает мне приподняться. Если развернуть во мне все это действие стыда, то я должен стыдиться того, что не приложил достаточно усилий, чтобы во мне возникло такое ощущение стыда. Чтобы возникла потребность просить Творца исправить меня.

- **Вопрос: Просьба об избавлении от стыда — правильная ли это молитва?**

Опять-таки существует два вида обращения: к себе или наружу. Или я хочу избавиться от стыда, потому что мне это очень неприятно. Или, когда я выхожу из своего «я», и мне уже неважно, приятно или неприятно, я только желаю быть подобным Творцу, оправдать Его действия и снаружи и внутри. Желаю оправдать ту природу, которую Он во мне создал. Для этого я и прошу, чтобы он меня исправил.

Все зависит от намерения, от того, чего я, в итоге, желаю. Для чего я желаю быть исправленным? Для того, чтобы просто избавиться от чувства стыда, или обрести свойства Творца.

- **Вопрос: Как ускорить преодоление этого барьера?**

Любые барьеры человек может преодолеть, только если он в группе. И ни одна из вариаций этого перехода не предусматривает индивидуального прохождения махсома — это невозможно.

Только, если свыше определенной душе, дается определенная четкая миссия, тогда человека просто вытаскивают за уши за махсом, и ведут его. Но все равно, с большими испытаниями и страданиями. Нам ничего не поможет — только работа в группе.

Ты спрашиваешь, как ускорить этот процесс? Только через группу, а индивидуально — никак. Любые свои действия и свойства, любые недостающие тебе качества, можно провести и усилить на себя обратно только через группу. Мы устроены таким образом, что нас убеждает только общественное мнение, по крайней мере, чувство стыда и желание выделиться. Весь эгоизм работает на это.

Правильно используя группу, ты можешь вызвать в себе любое свойство, и повысить его до необходимого размера, чтобы тебя вытащило вперед. Только благодаря избирательному и правильному отношению к своим свойствам и к группе, как к усилителю этих свойств. Пускай сначала и потребительски. Но для чего ты этого потребительски хочешь? Чтобы духовно возвыситься. А возвыситься — это значит, в итоге, отдать им. Так что, в принципе, это действие — духовное.

Когда человек проходит махсом, весь его эгоизм остается внизу. Он сам называется «точкой», и никакого эгоизма уже не ощущает. Все свои действия за махсомом он начинает уже, как абсолютно голый альтруист. То есть, начинает приобретать альтруистические свойства. Естественно, сначала эти альтруистические свойства приобретаются тоже благодаря эгоистическим.

Ведь творение — это желание насладиться, и это желание никуда и никогда не исчезает. Оно только проявляется в большей или меньшей степени, в зависимости от того, как мы с ним работаем. Внутри себя всегда «я» — желание насладиться. В чистом виде мы сегодня его еще не испытываем, мы понимаем его только, как желание насладиться ради себя.

Когда исчезает «ради себя», то пропадает и это «я» — я существую, я не существую, и т.д. Но желание насладиться остается. Только тогда мы начинаем его ощущать, если можно так выразиться, как независимые эксперты. И на этом сосуде для наблюдений мы и строим свое намерение отдавать.

В той мере, в которой мы это намерение можем построить, в той же мере эти желания насладиться проявляются в нас все больше и больше, и тогда мы стыкуем их с экраном. Это, конечно, упрощенная модель. Эгоизм всегда проявляется в виде левой линии, в виде клипот, желания насладиться, его всегда хватает. В той мере, в которой надо, мы его и ощутим. Так устроены все ступени лестницы: в той мере, в которой надо для восхождения на следующую ступень, с левой стороны проявляется эгоизм — в необходимом размере и качестве.

- **Вопрос: Каким образом проявится Замысел творения в группе?**

Мы не можем ничего предположить заранее. Опираясь на то, что описывают каббалисты — Бааль Сулам, например, — я думаю, что наша группа, разрастется до некой определенной массы, не в миллиард человек, конечно, но, может быть, десятков тысяч. Естественно, не необозримая масса, покрывающая всю поверхность Земли. Мы ведь имеем дело с эгоизмом, который построен и представляет собой определенную структуру. И только самая верхняя его часть, на сегодняшний день, готова к тому, чтобы начинать адаптировать себя к Высшему миру, к тому, что находится над махсомом.

Махсом, добро пожаловать!

Бааль Сулам пишет об этом в статье «Последнее поколение». Он пишет, что это будет маленькое общество, которое создаст из себя некое мини-государство, где будут все структуры, которые должны быть в таком духовном государстве. Это будет прообразом будущего устройства всего мира. И потом уже, постепенно, в окружающем мире создадутся такие условия, что люди сами будут стремиться примкнуть к этому государству.

Все это довольно явно прослеживается по нисхождению духовных корней.

В обществе будущего уже имеются в виду десятки, может быть, даже сотни проходящих махсом, которые и образуют по всему миру этот высший слой, наполненный внутренним светом, способным притягивать на себя окружающий свет для остальных. То есть, они уже будут представлять собой огромную духовную силу в нашем мире. Поменяется вообще вся расстановка сил на планете. Я уже вижу в перспективе такое постепенное преобразование всех наших групп в одну, международную.

А затем, мы придем к тому, чтобы создать как бы мини-общество, где мы будем жить и трудиться. Вполне возможно, что наш основной вид деятельности будет преподавание и распространение.

Вообще, я вижу всех вас через некоторое время как людей, занимающихся только этим, потому что этого от нас будет требовать весь мир. И поэтому каждый должен каким-то образом готовить себя к этому. Ведь мир так пирамидально и создан, и мы просто должны будем это делать.

А потом, постепенно вырастет маленькое общество. Я не думаю, что это будет государство со всеми его функциями, армией, например, и так далее. Нет, это будет такое надгосударственное образование, которое начнет привлекать к себе все больше и больше людей, пока эти идеи не примет весь остальной мир. Это произойдет очень быстро, все зависит только от того, сколько окружающего света мы сможем притянуть сверху — настолько и внизу быстрей проявится эгоизм. В наше время все происходит по экспоненте, а не как тысячелетие назад, когда люди не развивались, и практически не было разницы в уровне их развития.

Допустим, если сравнить 10-й век и 15-й — какая разница? В нескольких открытиях, изобретениях — и это за 500 лет. А сегодня, вы и не представляете, что за пять грядущих лет может произойти. Я думаю, что где-то до 2007-2008 года это должно начать воплощаться в жизнь.

- **Вопрос: Существует ли и сегодня угроза уничтожения евреев?**

Когда-то была написана статья «Угроза уничтожения». Под угрозой уничтожения имелось в виду существование еврейского народа в Израиле, но ни в коем случае, не существование каббалистической группы в мире. Естественно, существование еврейского народа в Израиле находится под угрозой уничтожения. И эта угроза нарастает.

Я пока не вижу никакого решения данной проблемы, и, вполне возможно, что, практически все евреи должны будут покинуть эту землю. А что мы делаем для того, чтобы этого не было? Израилем называется устремляющийся к Творцу. Вот устремляющиеся к Творцу, они действительно будут, и в такой силе, что смогут остаться здесь, на этом месте, и будут действительно желанны. Их ничто не затронет. А все остальные будут испытывать такие страдания, что им придется покинуть эту землю. И таким образом, корень и ветвь совпадут по своим состояниям.

Я думаю, что это мини-государство образуется здесь, и отсюда оно распространится дальше. Потому что, в итоге, каждая ветвь должна соответствовать своему корню. Хотя то, что уже произошло один раз, не обязательно должно повторяться снова. Человек не должен повторять сегодня выход из Египта, дарование Торы, и так далее. Ни один из нас: ни еврей, ни нееврей — в этом нет никакой необходимости.

Поэтому и произошло когда-то касание корня ветви, и здесь было образовано государство, и называлось Израиль. Не наш сегодняшний. Сегодняшний — это искусственно созданное, «кибуц галует» (возвращение из рассеяния) на самом-то деле. А настоящее духовное государство было во времена Давида.

С другой стороны, строительство третьего Храма должно состояться. Потому что, это еще не воплощалось. Значит, это, каким-то образом, должно произойти. Под Храмом подразумевается воплощение стремления людей к Высшему, их реализация своего исправления. Храм построен по точному образу и подобию души в ее исправленном виде. Если мы возьмем полностью исправленную душу Адама, то есть, творения в его исправленном виде, представим его в частях: Г"Э, АХАП и выразим все это в материале нашего мира, то получим точный образ Третьего Храма, который и должен быть материализован.

Его можно будет воплотить, только если сначала такое воплощение произойдет внутри людей, вследствие исправления. Тогда действительно, Высший корень коснется своей ветви. Но если этого не произойдет внутри людей, и они не достигнут своего окончательно исправленного состояния, зачем тогда строить какой-то «домик»?

Они даже знать не будут, каким образом его сделать! Это же просто. Цель творения заключается в том, чтобы во всех мирах, с самого наивысшего духовного уровня до самого наинизшего, неживого, все было создано самим человеком и полностью уподоблено Творцу. Так же, как Творец создавал это сверху-вниз — так и человек должен создать это снизу-вверх.

Потом произойдет действие, тоже сверху-вниз, но уже после того, как человек сначала произведет его в себе. А если мы не сделаем этого, тогда опять случится швира. Что сказано об Адаме Ришон? Почему он прегрешил, то есть, почему он прошел швиру? Потому что, съел несозревший плод.

Что означает, несозревший плод? То, что он был еще не подготовлен к этому. У него не было экрана, чтобы вобрать в себя весь Высший свет. И грехи людей — это все наши ошибки, которые мы совершаем, вследствие того, что делаем нечто преждевременное. Источник всех наших ошибок — в Адаме.

Вот, смотрите — кибуцы, строительство коммунизма, да все, что угодно: человек ведь не ждет, когда он будет духовно готов к механическому действию, чтобы потом уже это действие выполнить.

Если бы он выполнял их, будучи духовно готовым, то все наши действия были бы благословенны. Они были бы, на самом деле, овеществлением нашего внутреннего исправления. Если этого не произойдет, то построение Третьего Храма — будет самой большой трагедией. Это же будет просто насмешкой, если мы сейчас начнем строить какой-то там Дворец Съездов на горе. Хорошо, что арабы не дадут нам этого сделать. А то, что бы вы построили? Музей? Чтобы продавать туда билеты и запускать людей? И что эти люди будут там делать?

Ведь только в той мере, в которой народ исправлялся после выхода из Египта, Моше обучал их, что необходимо совершать в действии. И в той мере, в которой потом этот народ падал — данные действия аннулировались. После сорокалетнего странствия, они достигли уровня Бины, смогли придти в Землю и начать ее обрабатывать. Потому что обрабатывать землю, то есть работать с Малхут, можно только после получения свойств Бины.

Все должно быть построено на четком подобии. А различные плохие действия, которые случались потом: разрушения, войны, изгнания — происходили только потому, что люди в нашем мире, даже цари и первосвященники, производили такие действия, к которым ни они, ни народ еще не были готовы.

То же самое происходит сегодня и у всех остальных народов. Поэтому нам, ни в коем случае, нельзя обгонять события. Вы можете спросить: «А как же мы, искусственно пытаемся создать в себе подобие?». Мы пытаемся делать это, понимая — что мы, всего лишь желаем быть на следующей ступеньке. Мы же не изображаем искусственно, что будто мы уже находимся в этом Храме.

Мы желаем искусственно уподобиться, чтобы притянуть на себя Высший свет исправления, чтобы Творец поднял нас и исправил. Это большая разница. Но угроза унич-

Махсом, добро пожаловать!

тожения, все равно — реальна, она существует и постепенно воплощается.

Состояние еврейского народа здесь в Израиле с каждым днем становится все хуже. Нам кажется, что пока еще не так плохо, но на самом деле, все ужасно. И ситуация будет ухудшаться дальше. А как иначе заставить этот народ к чему-то прислушаться?

То, что нам свыше даны все эти состояния, в том числе и государство, не означает, что они должны проявляться в нас добрым образом. Ведь все, что дается свыше, мы воспринимаем в своих обратных келим! Воспринимаем через ахораим, в связи с чем это и воспринимается нами, как страдание. Я говорю об угрозе уничтожения, как она нам видится отсюда, снизу, а не о том, как она выглядит свыше.

Свыше все смотрится как исправление. Там все мы находимся в полностью исправленном виде. Человек, который проходит махсом, обладает уже другим осознанием: разве тут что-то происходит? разве арабы убивают евреев? Наоборот, они вызывают в них исправления! Евреи сами себя наказывают.

А на еще более высокой ступени, вообще никто никого не убивает, и никто ни с кем не воюет. Вместо этого, человек видит, что вокруг все просто обнимаются и целуются. Когда мы почитаем статью «Скрытие и раскрытие Творца», тогда вы это поймете.

До того, как Творец раскрылся, казалось, что вокруг одни подонки, что все, кто ворует — самые удачливые в этой жизни. А затем, когда проходишь махсом и происходит раскрытие Творца, начинаешь ощущать совсем другое: «Олам афух раити» — «Обратный мир увидел».

СКРЫТИЕ И РАСКРЫТИЕ ТВОРЦА

13 октября 2003 года (по статье Бааль Сулама)

Повторения никогда нет, мы знаем, что все действия происходят, на первый взгляд, одинаково: ибур, еника, мохин, ибур, еника, мохин, каждый день, если посмотришь на него со стороны механически — один и тот же, но никогда один не похож на другой.

Так же и в духовном — парцуф поднимается на следующую ступень, механически это выражается одними и теми же стадиями роста, но на самом деле, они все различны. Причем различия потрясающие: характер, свойства, стиль, ощущение, проявления Творца, наполнение, стремление к Нему, все это — абсолютно разное.

И если в нашем мире есть что-то похожее в одном дне на другой, даже как будто и не сменялись эти дни, все равно в них есть что-то от прошлого, и нам это даже приятно, мы пытаемся добавить к прошлому что-то новое, приятное, но оно нас все-таки тянет, оно дает нам ощущение уверенности, ощущение своего «я», существования, то в духовном, наоборот, чем больше отрываешься от прошлого и переживаешь совершенно новые состояния, без всякой оглядки на прошлое, в той мере ощущается жизнь, существование. И, наоборот, малейшее повторение прошлого, это просто смерть, это исчезновение ощущения жизни.

Поэтому мы будем говорить, как будто бы, о тех же вещах, но вы пытайтесь, слушая те же слова, переживать их сегодня уже по-другому, на другом уровне, сегодняшним вашим усилием. Ваше усилие создает новое ощущение на тех же прошлых, вроде бы, формулировках.

Поэтому старого быть не должно. Если вы присутствуете на каком-то уроке, неважно кто его проводит, и вам кажется, что все вы это уже слышали и кажется, что незачем сидеть — это просто невероятно неправильное, абсолютно неправильное, отношение к нашему материалу.

На протяжении многих лет я с Учителем приезжал в Тверию раз в неделю, иногда раз в две недели, и каждый раз мы изучали 16-ю часть «Талмуда Десяти Сфирот», и из этой 16-й части, может быть, страниц 30 — на протяжении многих лет. Причем, занимались мы в Тверии подряд семь-восемь часов — двух часов дня и где-то до девяти вечера, с перерывом на ужин, не считая утренних занятий. И все время мы занимались одним и тем же.

Там рассказывается о строении Адама, и каким образом он располагается в объеме миров: нашего мира и других миров, внутри концентрических окружностей. Это один и тот же текст, я его знаю на память. В этом-то и была тренировка, чтобы каждый раз усилием пытаться пережить его по-новому.

И именно вот такие усилия, когда ты глубже и глубже уходишь, вроде бы, в одну и ту же информацию, и создают те ходы, туннели, по которым ты входишь внутрь этого мира, или, наоборот, можно сказать, изнутри, из себя, наружу через все объекты нашего мира, через все внешние ощущения — в более внутренние, пока не ощущаешь эту единую силу, которая всем управляет, властвует над всем.

Это мысль, которая дает нам всем желания. А мы их просто автоматически мгновенно выполняем без всякой задержки со своей стороны, без всяких своих решений. Просто являемся абсолютно полными, цельными, свершенными частичками, в том смысле, что действуем в соответствии с движением этой мысли — так человек обнаруживает себя, когда оказывается по ту сторону махсома.

А далее ему начинают поставлять всевозможные ощущения, помехи, благодаря которым он продолжает все равно выявлять единство этой силы, и то, что нет иных сил, свойств, намерений, мыслей, кроме нее, единственной, и даже то, что кажется она какой-то дву-триликой — это все неверно. Человек начинает понимать, что это все — только в нем происходящие изменения, так называемые помехи, благодаря которым он выясняет все больше и больше единство одной управляющей силы. И в той мере, в которой выясняет все это, все больше и больше включается в нее, сливается с ней. И начинает сопоставлять себя с ней, пытается и просит, чтобы она ему открылась для того, чтобы уподобиться ей.

А уподобление, как мы уже с вами говорили, может происходить по внешнему проявлению Творца относительно творений. Потому что сам Творец абсолютно скрыт. Это называется «Ацмуто», мы не постигаем Его в этом виде, мы постигаем Его только внутри нашего кли. Свет создал кли, и кли постигает то, что его наполняет.

Когда человек начинает стремиться к тому, чтобы походить на эту Высшую силу, слиться с Ней, соединиться с Ней (другого метода сближения в духовном нет, кроме как методом подобия), то он начинает просить Творца, чтобы Тот проявил Себя ему, ведь иначе он не может узнать, как ведет себя эта Высшая сила. А Творец проявляет себя внутри того кли, которое Он создал.

Человек обнаруживает себя стоящим снаружи всего человечества. И он видит, что где бы он ни находился, что бы он ни слышал, что бы он себе не представлял, он видит, как Творец относится ко всем творениям, как Он полностью властвует в них, определяет все их состояния, движения, мысли, поступки, и все это исходит из абсолютнейшей Любви и Доброты. И в этой мере человек начинает сам проникаться любовью и добротой ко всему человечеству.

Вывод: мы сами никогда не можем понять, что такое любовь и доброта к ближнему. Закон «Возлюби ближнего как самого себя» — это закон, по которому Творец относится к творениям. Выполнение этого закона относительно других ставит нас в соответствие с Творцом. То есть в мере нашего подобия в этом Творцу, мы сближаемся с Ним, сливаемся с Ним, или, другими словами, поднимаемся по ступеням духовной лестницы. И никакого исправления на наш сегодняшний эгоизм, на наше желание любыми путями использовать других ради любой своей выгоды, никакого исправления на это не может быть до тех пор, пока не увидим Творца и не обнаружим, что Он таким образом относится к творению, и Он властвует в этом своем желании над всеми, определяет все.

Получается, что раскрытие Творца является спасением для нас, с точки зрения понимания, что такое Замысел творения, как он реализуется Творцом, каким образом мы можем примкнуть к этому замыслу, войти в него, или — что то же самое — сблизиться и слиться с Творцом. И человек, который начинает видеть человечество, то есть быть подобным Творцу, начинает совершенно по-другому воспринимать все существующее, себя и всех остальных.

Вот об этом и говорится в статье Бааль Сулама «Скрытие и раскрытие Творца». Изучая ее, мы увидим, насколько крайние состояния переживает человек, переживает совершенно непонятные трансформации, но это действительно так происходит. И притом, как мы уже говорили, переход махсома может быть таким, что человек то высовывается в Высший мир, то немножко уходит, то немножко высовывается, то немножко уходит, и вот эти переходы изучаются им, как бы, на грани, — это пограничные явления.

Давайте, попытаемся одновременно с чтением текста, переживать в себе эти состояния. А затем, после того, как мы попытаемся найти в себе нечто подобное, то попытаемся проанализировать и понять: а откуда, почему, чем определяются эти состояния.

Для чего нужны такие занятия? Не для того, чтобы писать, рисовать миры, сфирот, — все это все уже знают. Все новое должно исходить изнутри нас, когда мы начинаем переживать, пытаемся войти в эти состояния, пытаемся их в себе создать, мы в себе, как бы, создаем будущее свое состояние, предпосылку к нему. Мы пытаемся вообразить себя на Высшем уровне — в этой мере, в мере устремления к этому Высшему уровню, мы вызываем на себя окружающий свет.

Я повторяю, а вы еще и еще раз по-новому переживайте эти слова. Бааль Сулам в п. 155 в «Предисловии к Талмуду Десяти Сфирот» говорит нам, что изучение Каббалы является нашим самым главным занятием. Есть практическая Каббала — это наше участие в группе и построение наших отношений в группе по подобию Высшей ступени. Это вызывает на нас окружающий свет, потому что мы желаем этой Высшей ступени, — это практическая Каббала. И теоретическая Каббала — это когда мы изучаем Высшую ступень — как она себя ведет, какие там законы в этих мирах, и так же в мере желания, устремления быть, находиться, подняться в эти миры — в этой мере мы вызываем на себя окружающий свет.

Каббалисты пишут книги для себя, для того, чтобы обмениваться духовной информацией и помогать друг другу таким образом проходить быстро духовные состояния из поколения в поколение. Мы сегодня можем читать книги, которые написаны две-три тысячи лет назад, они для нас не являются какими-то закрытыми книгами: тот же язык, те же определения — абсолютно то же самое. Методика, конечно, для начинающих меняется кардинально, потому что приходят все новые и новые души. Это те же самые души, но уже в более обновленном эгоизме, нисходят в наш мир, облачаются в тела.

А для человека, который постигает Высший мир, нет понятия времени, и он находится с теми же, кто находился, во всех жизненных кругооборотах. Может быть, он пережил это когда-то давно, а кто-то другой — сегодня, и так далее.

Поэтому книги, которые пишут каббалисты, являются актуальными для всех, кто находится в Высших мирах, неважно, из какой эпохи они написаны. Но для чего они пишут это нам? Бааль Сулам говорит здесь, что они пишут эти книги только для того, чтобы мы во время учебы пожелали быть на этих уровнях, о которых говорится в этих книгах. Таким образом, мы привлекаем на себя Высший свет. Так он и пишет:

«И несмотря на то, что не понимают того, что изучают, но из-за огромного желания понять то, что учат, пробуждают на себя света, окружающие их души».

То есть, поскольку люди, находящиеся в этом мире, очень желают узнать, что же происходит в Высшем мире с их душами, в каком состоянии они на самом деле должны быть уже сейчас, как им к этому состоянию подняться — это их желание вызывает, притягивает свыше ор Макиф, окружающий свет, который подтягивает их вверх.

Есть два вида таких действий — в группе, когда мы создаем некое искусственное состояние, якобы, более Высшей ступени: относимся друг к другу, якобы, с любовью, с участием. Естественно, «якобы» — ведь все мы эгоисты, но искусственно приподнимая себя таким образом, мы вызываем на себя окружающий свет. И во время учебы, когда мы стремимся оказаться в том, что изучаем, на том уровне, — также вызываем на себя окружающий свет.

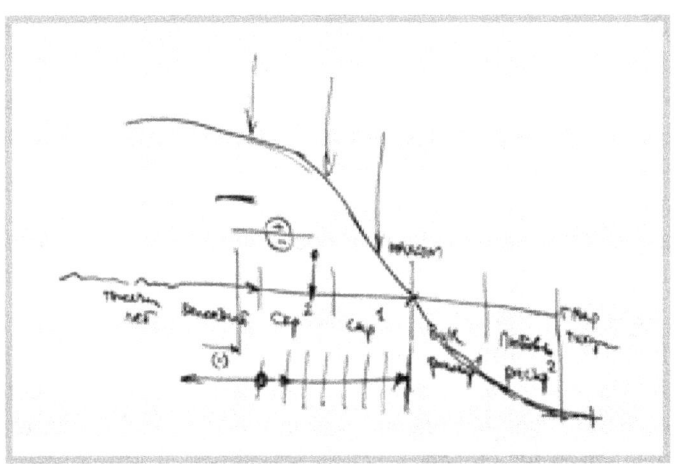

Поэтому давайте представлять себе эти состояния, которые мы будем изучать. Мы говорим о том, что человек проходит в своем духовном движении два состояния: скрытие двойное (на рис. **Скр²**), скрытие одинарное (на рис. **Скр¹**). Затем — махсом (на рис. **махсом**), затем, так называемое, вознаграждение и наказание (на рис. **ВиН, раскр¹** — раскрытие первое), и любовь (на рис. **Любовь, раскр²** — раскрытие второе), а затем — Гмар Тикун (на рис. **Гмар Тикун**).

До этого человек пребывает в состояниях, которые называются бессознательными (на рис. **бессознат.**). И это бессознательное состояние может продолжаться тысячи лет (на рис. **тысячи лет**). Тысячи лет мы уже находились в этих состояния. Тысячи лет мы были в бессознательных состояниях, мы дошли до состояния, когда начали ощущать точку в сердце, и начинаем входить в эти состояния: скрытие двойное, одинарное, затем вознаграждение и наказание, и любовь.

Посмотрим, как Бааль Сулам описывает эти состояния. Мы увидим, что, в принципе, были мы в них или не были, иногда бываем, иногда не бываем — это, в общем, не имеет значения. Эти состояния могут быть пройдены человеком очень быстро.

Они — духовные, а в духовном времени нет, в духовном есть только наработка усилий, отработка тех решимот, которые в нас поднимаются. Как только мы это решимо реализуем — сразу же приходит другое. Поэтому пройти этот путь мы можем очень быстро. Как только мы входим в скрытие одинарное, двойное, здесь уже измеряется все не так, как в бессознательном состоянии — тысячелетиями, здесь все измеряется уже нашими усилиями. Здесь только наша реакция определяет время.

Бааль Сулам пишет:

Двойное скрытие: в книгах оно называется «скрытием в скрытии». Это означает, что человек не видит даже обратную сторону Творца.

То есть он когда-то ее видел, а сейчас понимает, что он ее не видит. Что значит — обратная сторона Творца? Прямая сторона Творца называется *паним* (лицо) — это доброе отношение Творца ко всем и к самому человеку — так он это чувствует. Это уже раскрытие, лицо.

Обратная сторона — это, когда человек чувствует себя плохо, но понимает, что это исходит от Творца. Тогда он ощущает обратную сторону Творца. А двойное скрытие — «скрытие в скрытии» — это скрытие обратной стороны

Творца. То есть человек даже не понимает, не ощущает того, что все, что в нем есть исходит от Творца.

Человек не видит даже обратную сторону Творца, и говорит, что Творец покинул его, не обращает на него внимания.

Человек понимает, что находится в мире, в котором существует Творец, но Творец от него абсолютно отрезан даже своим отрицательным воздействием.

Находимся ли мы всегда в таком состоянии? Мы часто переходим в бессознательное состояние, и усилиями должны себя вводить в состояние одиночного или двойного скрытия. Ничего страшного, потому что все эти состояния переживаются очень быстро, от них и до махсома может быть мгновенный переход.

А все страдания, которые он получает, он относит на счет судьбы и слепой природы, поскольку пути управления становятся для него настолько сложным (запутанными, он не понимает, вообще, что с ним происходит), *что это приводит его к неверию.*

Что значит неверие? Это когда он теряет всякую мысль о том, что существует какая-то Единая сила, которая всем управляет. Он считает, что в мире есть зависимость от жены, детей, начальника, окружающих, правительства, полиции и так далее. Эти все состояния называются состояниями двойного скрытия.

Но он понимает, знает, что он находится в этом состоянии. Иначе это состояние не называется двойным скрытием. Скрытие или раскрытие человек ощущает в себе, относительно себя. Если есть контакт с Творцом, он начинается отсюда: двойное скрытие, одиночное, раскрытие первое, раскрытие второе. В таком состоянии: *«Молится о своих бедах и совершает добрые поступки, но не получает ответа».*

Он понимает, он пытается, что-то делать, но не чувствует на это никакого ответа от Творца. Я прикладываю огромное количество усилий, что-то делаю в группе, в учебе, проходят месяцы, но я не вижу никаких результатов, результаты от меня скрыты.

Но именно в тот момент, когда перестает молиться о своих несчастьях, получает ответ (то есть, он как бы видит, что мир управляется не в мере его связи с Творцом). *Всякий раз, когда собирает силы верить в Высшее управление и исправляет свои действия* (то есть усиливает свое влияние в группе, участие в занятиях) — *отворачивается от него удача, и он безжалостно отбрасывается назад.*

Приходят ко мне люди, говорят: «Полгода, год занимаюсь — ничего нет, наоборот, все хуже: на работе, здоровье, дома, вообще все рассыпается», — это двойное скрытие Творца. Если вы скажете наоборот — значит вы полностью, вообще, отрицаете власть, влияние, управление Творцом, значит, вы находитесь еще до того, как сознательно вошли в какую-то связь с духовным.

А когда отбрасывает веру (то есть мысль о том, что это все-таки исходит от Творца) *и ухудшает свои действия, тогда обретает большую удачу и дышит полной грудью.*

Это пишет Бааль Сулам, и он очень четко при этом ставит ударения на все эти ощущения человека. Попытайтесь, действительно, представить себе, что это так, вы этими своими упражнениями сократите свои пребывания в этих состояниях. Вы уже сейчас можете их отработать.

Не получается у него заработать честным путем, а только через обман или осквернением шабата и тому подобным образом.

Осквернение шаббата — имеется в виду не то, как религиозные соблюдают субботу. А имеются в виду все те законы, по которым человек должен войти в Высший мир. Ему кажется, что чем больше он их нарушает, не обращая внимания ни на группу, ни на что, тем больше преуспевает, и ходит гордый, что вот, якобы, он выше всех остальных.

Все его знакомые, исполняющие Тору и заповеди (то есть, каким-то образом пытающиеся себя исправить — говорится, конечно, не об уровне обычных верующих, а об уровне тех, кто занимается своей внутренней работой), *страдают от бедности и многочисленных болезней, и презренны в глазах людей. Они кажутся некультурными, глупыми от рождения, лицемерными до такой степени, что мерзко ему даже мгновение сидеть с ними рядом. А знакомые, высмеивающие его веру* (то есть те, кто считают, что они сами хозяева в этом мире, что они сами всем управляют), — *самые преуспевающие, здоровые и находящиеся в согласии с собой, не знающие, что такое болезни, умные, обладающие хорошими качествами, симпатичные во всем...*

Таким ему кажется мир, таким образом он его градуирует. К одному его тянет, а к другому — нет, вследствие определенного скрытия Творца. Человек похож здесь на кусочек железа над магнитом: магнит приближается — железо приподнимается, магнит отдаляется — железо опускается. Человек здесь, конечно, ничего с собой не может делать. Он не может никоим образом определять свои состояния, все они задаются свыше — приближением или удалением Творца от него.

Естественно, все слова, все, что человек сейчас ощущает, все, что он говорит, то, что Бааль Сулам описывает — все это является определенной мерой скрытия Творца (см. рисунок на стр. 147). В области минус эгоизм Творец удален от человека. Начиная с махсома и дальше — Он уже внутри человека, а насколько внутри человека — это уже определяется ступенями за махсомом.

Когда Высшее управление устраивает это человеку таким образом, это называется «скрытием в скрытии». Тогда человек стремится сбросить этот груз и не может продолжать укреплять себя, чтобы верить в то, что страдания приходят к нему от Творца. Это означает, что не видит он даже обратную сторону Творца. И в этом состоянии в ощущении человек получает страдания.

Естественно, все ощущения наших страданий в мире происходят только в мере удаления Творца от нас и поэтому тут пишется:

Недостаточный заработок... избегает товарищей...

Когда совершает плохие поступки, то кажется, что они, наоборот, вознаграждаются, а поступая честным путем, видит, что проигрывает и так далее. То есть все его ощущения в таком состоянии исходят из того, что обратное скрытие дается человеку для того, чтобы он, именно преодолев все эти сомнения и все то, что видится ему отрицательным в скрытии Творца, обратил это в положительное. То есть все то, что мы видим в таких состояниях, направленное против духовного продвижения, мы должны понять: Творец специально создает нам эти условия и именно своим двойным скрытием для того, чтобы мы на эти условия сделали свои исправления.

Понятно, что только для этого и вызвано это двойное скрытие и это ощущение в нас. Если человек не отрывается от того, что эти ощущения в нем вызываются Творцом, то, соответственно этому он и двигается вперед.

Следующее состояние: если человек преодолел это состояние определенное количество раз, несмотря на то, что ему кажется, что идя своим путем, не сближаясь с Творцом, выигрываешь, и все-таки предпочитает сближение, притяжение Творца к себе, то он переходит в одиночное скрытие.

Одиночное скрытие: Творец скрыт, то есть Он ведет себя по отношению к человеку не так, как подобает Ему в соответствии с именем «Добрый и Творящий добро», а наоборот.

Чем отличается двойное скрытие от одиночного? В одиночном скрытии человек чувствует доброе или недоброе отношение Творца. Он понимает, что оно недоброе. Допустим, все проблемы, которые у меня есть в мире, я уже связываю с Творцом: вот на меня кто-то накричал, вот на меня кто-то рассердился, кто-то мне что-то плохое сделал, я что-то потерял — все, что бы ни было со мной плохого, я уже связываю с Творцом. В двойном скрытии я не связываю это с Творцом. Я чувствую, что получаю это от Творца, вернее я понимаю разумом, что получаю это от Творца, но чувствами я это не ощущаю. В одиночном скрытии, я ощущаю, что это мне подсовывает Творец, Он мне делает все эти «подлости».

В этом случае человек не видит хорошую сторону лика Творца, но он верит, что все же Творец устроил ему это в качестве наказания за то, что он совершил, или для того, чтобы сделать добро впоследствии, как сказано: «Кого полюбит Творец, с того и взыщет».

В этом состоянии, в общем-то, находимся мы. Проблема у нас только в том, что мы не желаем усилиями воли находиться все время в этом состоянии, оно требует от нас внутренних больших усилий. Но, в принципе, большинство из нас находится в нем.

И остерегись сказать, что все это приходит к нему по воле слепого случая и природы без расчета и знания.

Получается, что и здесь у нас существуют сомнения — исходит это от Творца или нет. До тех пор, пока Творец не раскрывается, до самого махсома у нас нет абсолютно никакого четкого ощущения Творца, и есть Его управление или нет, ощущаем мы Его или нет — все это абсолютно расплывчато, потому и называется окружающим светом.

А укрепляющийся в вере видит, что Творец надзирает за ним таким образом, — считается, что видит обратную сторону Творца, так как получает от Него страдания.

До тех пор, пока мы не прошли махсом, до тех пор, пока мы находимся в двойном или одиночном скрытии, мы все время чувствуем отрицательные воздействия, отрицательное управление на себе. Мы все время должны какими-то усилиями толкать себя вперед, заставлять себя включаться в группу, в какую-то работу, в распространение, во что-то, в чем мы не видим ничего положительного, но оно само нас не тянет.

Описание: Или ему не хватает заработка, и есть у него многочисленные кредиторы, которые отравляют ему существование, или весь день он полон забот и хлопот, или он страдает от болезней, или не уважаем людьми (это все отрицательные свойства, которые он ощущает на себе со стороны Творца в таком виде). *Ни один план, который задумал, не осуществляется, и каждый день у него нет душевного покоя* (наши обычные состояния).

Что можно здесь предпринять? Мы часто выпадаем в бессознательные состояния, часто — в двойное или в одиночное скрытие, и вплотную даже где-то подходим к махсому. Все зависит только от наших очень больших усилий. Эти большие усилия нас будут все равно толкать по всему этому диапазону: от махсома и обратно, туда и обратно мы будем все время ходить. Мы не сможем никоим образом взять себя, удержать где-то, в каком-то месте и систематически приближать себя к махсому.

Мы не можем! Для этого нам необходима окружающая среда. Только окружающая среда может на нас постоянным образом давить в дополнение к раскрывающемуся Творцу, создавать такое поле вокруг нас, которое постоянно давило бы на нас и двигало вперед.

Люди, которые не занимаются этим, не включают себя в окружающую среду, гуляют по этим состояниям — от бессознательного к двойному и к одиночному скрытию и обратно — десятки лет. Десятки лет! Здесь необходимо обязательно добавить силу группы, без этого невозможно.

Бааль Сулам пишет в статье «Свобода воли», что каждый раз, выбирая для себя все более и более правильное общество, человек приближается к своей духовной реализации, к переходу махсома.

Нет никакой возможности двигаться вперед: вы всегда будете качаться — немножко вперед, немножко назад. Если у вас такие неуправляемые внутренние состояния — это значит, вам необходима окружающая среда, надо постоянно добавлять ее влияние. Если есть какое-то движение назад, если даже на секунду человек упал назад — это значит, он не был поддержан группой. Потому что в идеальном состоянии, как только появляется положительная сила от группы — так сразу же должна появиться отрицательная добавка к ней, чтобы произошла компенсация и началось продвижение вперед.

Самый правильный метод продвижения — когда у тебя есть запас сил: тебе подбавили от группы воодушевления, уверенности, и в это время соответственно в тебе происходит подъем твоего эгоизма из всей твоей «коробочки», в которой он находится в скрытом состоянии. Это значит, что я обгоняю свои события, это называется *«ани меорер эт а-шахар», я пробуждаю утро,* — как писал об этом Царь Давид, — идти всегда в той мере, в которой группа тебя положительно ведет и поднимает. Она должна тебя в такой мере вести положительно, чтобы в тебе в это время оптимально раскрывался эгоизм. Если это происходит правильно — тогда человек все время растет. Естественно, тут все определяется только группой и слиянием человека с группой.

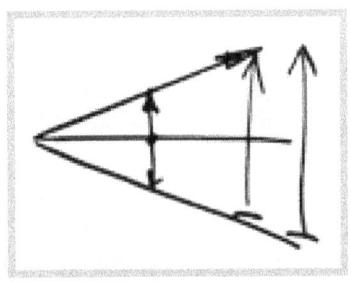

Наша задача заключается в том, чтобы создать такое общее поле, такую общую мысль, желание, которое бы нас постоянно двигало вперед, и каждый должен своими внутренними усилиями пытаться сделать так, чтобы, в первую очередь, ощутить ответственность за то, что если он на секунду вылетает из этой работы, из этого устремления вперед, он этим просто предает своих товарищей.

Раскрытие. Требование человека — во время скрытия укрепиться в вере (в вере, то есть, в том же отношении к человечеству, как и у Творца) *в то, что Творец управляет миром, приводит его к книгам. В Торе он получает свечение* (ор Макиф) *и понимает, как укрепиться в вере в управление Творца* (верой называется свойство отдачи, которое потихоньку начинает проявляться в нас). *И это свечение и сосредоточенность, которую он получает с помощью Торы, называется «исправляющим средством Торы». А когда соберутся они до определенной степени, Творец смилуется над ним.*

Когда до определенной степени наберется устремление вперед на определенном уровне эгоизма (см. рисунок на стр. 155), то есть будет достигнуто внутреннее накопление этой энергии на эгоистической силе, то Творец смилуется над ним.

Что значит смилуется над ним? Человек проходит махсом.

Смилуется. Милость — это свойство Бины, свойство милосердия. То есть человек получает свойство Бины.

И тогда прольется на него свыше Божественный дух.

То есть он получает уже свыше ор Макиф, который постепенно входит в него и становится уже ор Пними — свет, который входит внутрь эгоизма.

Но это происходит только после того, как он раскрыл во всей полноте «исправляющее средство», то есть свет Торы (если он притягивает на себя ор Макиф в достаточном количестве, тот, в конечном итоге его исправляет и придает ему свои свойства — свет исправляет кли)*, который человек вдыхает в тело* (в свой эгоизм) *вследствие укрепления веры в Творца* (приобретает свойства Бины)*, он становится пригоден для надзора раскрытием Творца.*

Человек начинает раскрывать в себе свойства, что Творец «Добр и Творящий добро» — это то, что он начинает видеть. Что он ощущает в таком случае?

Получающий от Творца огромное благо и бескрайний покой (это первое ощущение при переходе махсома) *всегда находится в душевном удовлетворении, так как зарабатывает легко и в достаточном количестве.*

При прохождении человеком махсома, в первую очередь аннулируется его «я», то есть он перестает думать о себе, как о существующим вне общего кли. Он явно видит это общее кли и Творца, наполняющего его, находясь уже в полном ощущении Высшего мира. Высшим миром называется видение общего кли, собрание всех душ и Творца в нем. Это ощущение уже диктует человеку все его отношения к себе и к окружающим.

...огромное благо, бескрайний покой, всегда находится в душевном удовлетворении, так как легко зарабатывает и в достаточном количестве.

Давайте, нарисуем такую картину, Творец и все человечество. Между мной и Творцом миры: Асия (на рис. **А**), Ецира (на рис. **Е**), Брия (на рис. **Б**), Ацилут (на рис. **А**) и Адам Кадмон (на рис. **АК**). Если я хочу приблизиться к Творцу, что мне надо сделать? Я должен относиться к человечеству, этому общему кли, так же, как Творец. «Я» — это точка в сердце. В таком случае я прошу раскрытия Творца.

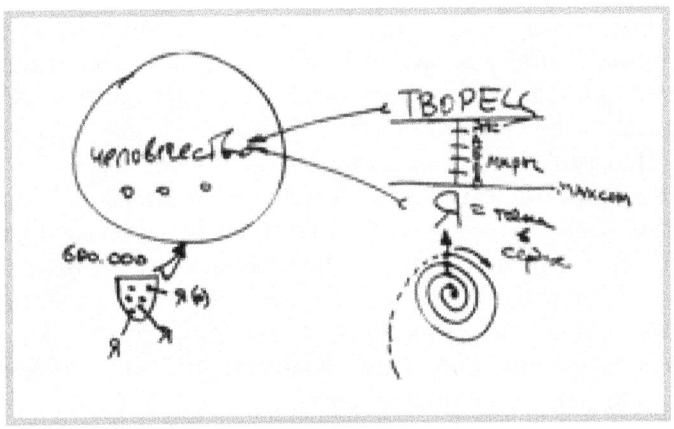

Что значит раскрытия Творца? Покажи мне твое отношение к человечеству, покажи мне, кто Ты, покажи мне, каким образом Ты относишься к ним. Если я именно об этом прошу, Творец раскрывается мне. А откуда я это прошу? Я это прошу из того внутреннего гена, который во мне постепенно разворачивается, реализуется. Здесь у меня есть уже отработанная спиралька, а другая часть сейчас постепенно раскручивается.

Когда во мне появляется желание, я на это желание произвожу силовое устремление к Творцу, желаю стать Ему подобным. Подобие — это только относительно общего кли — там, где Он раскрывается. Это происходит уже в стадии один. Нулевая стадия — это сплошной свет, а первая стадия — это уже раскрытие отношения Творца к творению: Творец создает кли и наполняет его полностью собой — это происходит уже в первой стадии. И вне этого нет ничего.

Затем это кли разбивается на мельчайшие частички. Что значит разбивается? Ничего не разбивается — на самом деле, это все только относительно нас. Существует только одно, вот это единственное состояние, потом в нем начинает появляться второе состояние: кли желает уподобиться Творцу, потому что свет так себя проявляет (см. рисунок на стр. 159). Третье состояние — где кли проверяет, насколько оно может быть подобным Творцу. Четвертое состояние — где оно раскрывает полностью свою эгоистическую природу. Пятое состояние — Цимцум (на рис. Ц"А), и так далее. Все эти состояния — это внутреннее ощущение кли. На самом деле ведь в нем ничего не происходит.

Во втором состоянии кли начало чувствовать Творца, поэтому оно говорит: «Я не хочу получать свет, я Его не ощущаю, я Его не получаю». Что значит — я не получаю? «Я не хочу Его ощущать». Но свет-то в нем существует. Первое состояние существует внутри второго, потому что второе порождено первым состоянием, оно на нем базируется, оно находится внутри него.

Затем, когда происходит Цимцум, тоже все остается внутри, только я не хочу таким образом себя ощущать. Я как ребенок, как бы закрываю глаза — не ощущаю, не вижу, не слышу. На самом деле, состояние не меняется, факт — то, что создано кли, и Творец его наполняет — это остается постоянным.

И то же самое происходит с состоянием разбиения сосуда, потом его падения в наш мир — это все относительно внутреннего ощущения самого кли: оно развивается, затем через некоторое количество действий кли разбивается. Что значит разбивается? Каждая его частичка начинает ощущать себя самостоятельной, не связанной с другими частичками.

Со стороны света, со стороны Творца, мы находимся в исправленном, наполненном виде, в полном слиянии с Ним, ничего нам не мешает, относительно Него мы находимся в абсолютно неизменном состоянии. Об этом говорит основной закон науки Каббала: свет находится в пол-

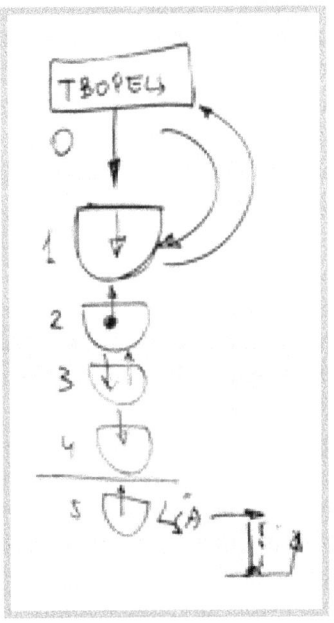

ном покое, *«Ор элион нимца бэ менуха мухлетет»* — так это звучит на иврите. А все последующие состояния нужны для того, чтобы выделить каждого из нас: «я», еще «я», еще «я», и таких много-много «я» — всего 600 000 «я».

Для чего? Для того, чтобы каждый из нас теперь сознательно пришел к самостоятельному желанию, чтобы это состояние существовало. Он желает, чтобы Творец его наполнил, и он этого состояния сознательно достигает своими собственными усилиями. Таким образом, он строит свое кли. Если я отношусь теперь ко всему остальному кли так, как относится к нему Творец, значит, я это первое кли создаю, я его строю. И если я при этом своими действиями в этом кли, по отношению к остальным душам, проявляю себя, как проводник света Творца, то значит я их и наполняю.

Таким образом, это действие в итоге произвожу я. «Я» — это точка в сердце, это точка Бины, точка Творца, которая во мне есть. Это не точка Малхут, это не точка самого кли. Точка «я», которая в нас — это, так называемая, *хелек Элока мимаал* — часть Творца свыше. Это то, что дано нам — это то, чего нет ни в живой, ни в растительной, ни в животной природе. Опираясь на эту точку, если она во мне начала говорить, я начинаю строить это кли на самом деле.

Я полностью уподобляюсь Творцу по действию: я строю кли и затем наполняю его светом. Я при этом управляю Творцом, как исправляющим светом, я призываю Его свет и говорю: «Дай мне возможность соединить все это кли, я хочу, чтобы оно было соединено», — таково должно быть мое отношение к Нему. Это и называется уже раскрытием стадии вознаграждения и наказания, затем — стадии любви. Тем самым я склеиваю обратно кли, а потом через меня оно наполняется светом.

Человек достигает такого состояния, когда он только из своей точки, данной ему Творцом, производит абсолютно то же действие, полностью уподобляясь Творцу. Потом он выходит на такой уровень, когда он понимает все замыслы Творца, потому что сделал то же самое. Он понимает все действия Творца, все Его мысли, то, как Творец относится к творению, потому что проделал совершенно те же действия. Совершил абсолютно ту же работу, только из себя.

Творец создал кли из ничего. Что значит из ничего? Из какой-то точки, в которой нет никакого начала — *еш ми аин* — созданная из ничего. Желание получить создано из ничего.

А человек, получив это маленькое желание отдавать от Творца, смог перекинуть мостик в обратную сторону, и таким образом он уходит в состояние, которое было до его собственного сотворения, он поднимается на такой уровень, где существует только сам Творец. Это то, что мы сейчас практически начинаем реализовывать. И это все реализуется, как пишет Бааль Сулам, только относительно нас ко всем остальным душам.

Что в таких случаях человек ощущает? Бааль Сулам приводит такие красивые слова, которые для эгоизма вроде бы очень приятны: «Получает от Творца огромные блага, бескрайний покой, всегда находится в душевном удовлетворении». Эти все ощущения уже находятся в альтруистических желаниях, а не в эгоистических. Это следствие именно того, что человек вышел из своего «я», вселился в остальных, а свое «я» потерял. Свое «я» у него существует только в мере его нахождения внутри остальных келим.

Он ощущает эти состояния в той мере, в которой он находится внутри остальных душ. Здесь он ощущает эти состояния — *огромное благо, и бескрайний покой, всегда находится в душевном удовлетворении, так как зарабатывает легко и в достаточном количестве. Никогда не знает забот и беспокойства, не знаком с болезнями, очень уважаем людьми...*

Бааль Сулам рисует здесь идеальный случай, конечно. Болезни зависят только от конкретного человека, как и неприятности. Потому что до тех пор, пока не будет полного исправления всех душ, пока каждый из нас — свои «я», «я», «я» не исправит отношением к общему кли, к Адаму, до тех пор любой самый большой каббалист будет болеть и страдать в какой-то определенной мере, потому что он зависит от всех остальных келим.

Но, все равно, ощущения такие, как он пишет: *...уважаем людьми...* — так он ощущает, в той мере, в которой включается в это, *...с легкостью заканчивает все начатое им и преуспевает, за что бы ни взялся. Когда не хватает ему чего-либо, он молится...* и все получает, на желание немедленно откликается Творец. *Ни одна молитва не остается ненаполненной.* И наоборот — *...когда небрежен, в той же мере падает его успех.*

В принципе, ничего особо нового здесь нет. Если Творец, свет, создал нас, Он создал под себя кли, и все, что находится в Нем, ощущается в кли, как приятное, потому что Он создал кли по своему подобию. Он отпечатал в желании насладиться свою форму: от чего наслаждаться, что ощущать как наслаждение, а что ощущать, наоборот, как страдания. Поэтому то, что есть в Творце, мы ощущаем как наслаждение, а то, чего нет в Нем — ощущаем как страдания.

И в той мере, в которой проявляются в Нем какие-то свойства больше — в той мере мы ощущаем их, как более сильное наслаждение. В той мере, в которой они меньше в Нем проявляются — мы ощущаем их тоже как меньшие удовольствия. А если в Нем совершенно нет этих свойств, мы ощущаем это, как страдания. Потому что свет создал кли и отпечатал в нем все свои свойства.

Откуда в кли появились все 620 желаний, 600 тысяч душ, разбиение на ТАРАХ, РАПАХ, ШАСА — 288, 320, 365, 248? Откуда все эти свойства, все эти разделения на желания, их сопряжения между собой? Это все заложено в свете, Творец таким образом сделал отпечаток. И поэтому мы автоматически, что бы мы в мире ни находили, ни делали, ни чувствовали — внешний мир или внутренний мир — это все ощущается только относительно того первого штампа, который Он в нас сделал.

Более подобное Ему ощущается, как положительное, менее подобное Ему — как отрицательное, как страдание. И в той мере, в которой мы увеличим свое правильное отношение к остальным душам, естественно, мы перейдем сразу в те ощущения, которые Бааль Сулам описывает.

Все его знакомые идут честным путем, хорошо зарабатывают, не знакомы с болезнями...

А все те, *...которые не идут путем Торы не имеют заработка, их осаждают кредиторы...* выглядят глупыми и некультурными, плохими и т.д. Поразительно, насколько в человеке все меняется. Хотя что можно сказать о человеке, в нашем мире, когда один зарабатывает миллион, а другой сидит еле-еле на своей зарплате — это объективные, в принципе, вещи — проверь их счета в банке, и скажешь, сколько есть у одного, а сколько есть у другого.

А здесь говорится о другом: если я меняю свое состояние, свое отношение к общему кли, я вдруг вижу, что тот, у которого миллионы в банке, может быть абсолютно несчастен, ему не хватает на жизнь, у него, на самом деле, ничего нет, а тот, который живет на скромненькую зарплату, чуть ли не в впроголодь — у него всего достаточно, и нет ничего такого, что недоставало бы ему в жизни. Как такое может быть? Вроде бы, здесь должны быть какие-то объективные мерки, и мы можем все измерить со стороны — не со стороны того каббалиста, который их видит. На самом деле все наше ощущение мира абсолютно субъективно и только отпечатывается внутри нас. Поэтому трудно объяснить эту картину.

Но человек, который видит в свете Творца, начинает видеть все человечество не в той мере, в которой они оценивают себя из своего эгоизма, а в той мере, в которой каждый из них в большей степени включен в выполнение общего замысла Творца. И в этой мере он оценивает каждого из них — как преуспевающего и нет.

Что я хочу этим сказать? У меня эта статья Бааль Сулама «Скрытие и раскрытие Творца» находится в рукописи, на таком обрывочке — это всего-то, что он написал. Чем она хороша? Она хороша тем, что показывает нам, насколько ощущение мира субъективно, насколько оно находится только внутри нас. И только в той мере, в которой мы уподобляемся Творцу, мы ощущаем более истинную картину мира, а когда отходим, отдаляемся от Творца, то ощущаем более искаженную картину мира.

Нет у нас никакого другого выхода правильно себя почувствовать, регулировать себя, свои состояния, кроме как притяжением на себя окружающего света, кроме как попыткой увидеть свое существование в свете Творца. В таком случае мы поднимаемся над уровнем наших гильгулим, кругооборотов. В неуправляемом состоянии мы можем ощущать или Высший мир — когда мы вне нашего земного существования, когда мы существуем, как точка внутри общего кли, которая практически себя не ощущает, — или, как в нашем мире существуют все люди, — в абсолютно бессознательном, то есть неосознанном, относительно духовного существовании. В том, и другом состоянии мы существовали в течение многих кругооборотов в течение тысяч лет.

Создание мировой души

Сегодня у нас другая задача — достичь в течение этой жизни такого состояния, когда бы мы находились в обоих состояниях одновременно — и в земной жизни, и в высшей жизни одновременно. Что нам это дает? Нам это дает полное ощущение обеих жизней.

Если человек ничего не достиг в этой жизни, то в духовной жизни он существует всего лишь в виде зародыша, в виде семени, потому что он действительно из себя ничего не развил. Развитие духовного семени начинается от махсома и далее.

Если человек не начал это развитие, биологически умирая на любой из этих стадий, он остается в том же своем первом нереализованном решимо, которое называется *зера* — семя. И неважно, сколько жизней он здесь проходит, он все время остается в этом состоянии. Есть у него тело, значит, он чувствует себя в этом теле, как все люди в нашем мире. Нет у него тела — он чувствует себя существующим просто в точке. В точке! Как вам объяснить? Ну, что может ощущать капля семени?

И только, если человек начинает развивать себя уже с помощью экрана, тогда он начинает сопоставлять эти два вида жизни, то есть биологическую и духовную. А Гмар Тикун достигается в этом мире. Как только человек достигает Гмар Тикун, его духовные состояния уже не определяются нахождением в этом мире или в духовном. Но до Полного исправления, до Гмар Тикун, он продолжает исправляться только в течение жизни в нашем мире.

- **Вопрос: Что значит заработать нечестным или честным путем?**

Здесь Бааль Сулам говорит о взгляде человека. Если человек еще неисправлен, ему кажется, что нечестным путем он может заработать больше. То есть по мере исправления и уподобления Творцу, возникает совершенно другая картина. Когда начинаешь ощущать себя за махсомом, то начинаешь видеть, каким образом, на самом деле, происходит управление, каким образом люди автоматически выполняют все желания и действия Творца, и к ним уже относишься, как к выполняющим автоматически все желания и действия Творца — каждый из них несамостоятелен.

А выделяются из всей этой огромной массы, которую человек начинает видеть, только те, которые вышли за махсом. Или они находятся в нашем мире в телах, или они находятся вне тел, существующие, как силы, и каждый из них имеет свой образ. Образ — имеется в виду, свой характер, свою силу. Это все каббалисты, постигшие духовное, вышедшие за махсом в течение всех тысячелетий. И вот эти все вышедшие за махсом, существующие уже вне тел, и те, которые находятся в телах, вместе с нами в этой реальной биологической жизни, протекающей по часам в нашем мире, все они называются Исраэль — устремленные к Творцу, независимо ни от пола, ни от возраста в нашем мире, ни от национальности — ни от чего. Они и называются — Исраэль, потому что именно они устремляются к Нему. Устремляются к подобию Творцу.

- **Вопрос: Вы говорили, что состояние после выхода за махсом неизменно, то есть нет возвращения от первого скрытия назад ко второму А сейчас вы сказали, что после махсома возможны такие переходы.**

Верно. Я подчеркивал всегда, что состояние, когда человек проходит махсом — неизменно, обратно у него уже выхода нет. То есть, перешли — все, мы уже там.

Любое наше состояние, которое я отработал — оно уже прошло, оно во мне реализовалось, и во мне оно уже больше не вернется. Оно может во мне, якобы, повториться, но это уже на другом решимо. Подойдет следующий раз, и я буду чувствовать себя еще, и еще, как бы, находящемся в том же состоянии. Невозможно дважды войти в одну реку, но состояния эти могут повторяться.

Переход махсома одноразовый, резкий, он не имеет возврата. Но любое состояние состоит из множества внутренних состояний. Я должен в этом состоянии при переходе махсома отработать себя: я вхожу, выхожу — я сам, по своей воле, своими усилиями, меня только учат. Любое состояние состоит из ибур, еника, мохин. Любое состояние не протекает мгновенно. Но все состояния, в том числе и это, направлены абсолютно в одну сторону: «*маалим бэ кодэш вэ ло моридим бэ кодэш*» — «в духовном поднимают и не опускают». Есть такой закон: все человечество, все мы, ежесекундно продвигаемся только вперед — назад нет ничего.

А когда начинаешь работать в духовном, это ощущается абсолютно явно. Если мы перейдем, — мы перейдем. Обратно не будет возврата.

У нас есть к этому хорошие предпосылки. Вы видите, как все меняется. И эти состояния, когда сегодня, вроде бы, стало немного тяжелее — это именно хорошо.

Я смотрю с другой стороны, как Бааль Сулам пишет: двойное скрытие и раскрытие — оно хорошее, когда человеку добавляют немножко тяжести в его работе, а не простого парения (это хорошо, когда поют песни наши ребята), а в духовной работе, когда она идет немного через силу — это самое продуктивное. И мы сейчас находимся в таком состоянии, когда в той мере, в которой мы можем получить, нам добавляют. Еще немножко сможем — еще добавят. Вот сейчас нам надо по возрастающей начинать устремляться к этому.

Поэтому я очень прошу: вы пытайтесь оказаться по ту сторону, нам надо представить себе именно такое состояние: «Я думаю о других. Мне стыдно за себя, что я не могу их поддержать и помочь в том, чтобы они оказались на первой духовной ступени. Это зависит от меня, а я в этом не могу им помочь».

- **Вопрос: После раскрытия точки в сердце человек переходит к одиночному скрытию или двойному? И к махсому он переходит из двойного скрытия?**

Двойное и одиночное скрытие чередуются: сначала — двойное, как правило, потом — одиночное, но выход и туда, и обратно очень плавный. До тех пор, пока человек не перешел махсом окончательно и точно, то есть начал растить в себе ибур, экран на нулевой уровень эгоизма, то есть становиться уже зародышем. Что значит зародышем?

Что значит перешел? Точка в сердце, с которой ты все время устремлялся, получила здесь свой первый экран. А теперь тебе начинает добавляться все твое нулевое эгоистическое желание.

Столько, сколько добавится, — ты даже не знаешь сколько, — на все это ты должен сделать единственное — раствориться в этом едином управлении, мысли, замысле, который окружает и наполняет все. Это как капля семени в матери — она полностью находится под властью развития силы Бины. Эгоизм все время добавляется снизу, сила Бины, мать, Има добавляется все время сверху, и таким образом происходит развитие нулевого уровня экрана.

Нулевой уровень экрана — это когда я все отталкиваю, ничего для себя мне не надо, я весь настроен только на то, чтобы войти, влиться во все мироздание, в котором безраздельно и полностью властвует единственная сила — Творец.

Сколько бы во мне не добавлялось всевозможных помех, я все равно в эти состояния обязан себя поднимать, входить в них. Если мы начнем это делать, постоянно, раз за разом, каждую секунду, как нам будут добавляться помехи, мы будем все время стремиться почувствовать себя находящимися в одной единственной силе, в которой все мы едины, которая всем этим управляет, все в нас наполняет. Мы начнем ее постепенно ощущать — как она действительно властвует в нас, находится в нас, и все, что я делаю и каждый из нас — это все потому, что она нами таким образом управляет. А мы, со своей стороны, желаем, чтобы она нами управляла, мы, единственное чего еще желаем от себя — почувствовать, как она нами управляет.

Если мы постоянно будем стремиться ее ощутить — это и будет то, что должен сделать зародыш, капля семени в духовном мире. В нашем мире зародыш ничего не делает, потому что он находится на чисто материальном уровне. Что значит духовный зародыш? Это тот, кто должен добавлять свое личное участие в своем духовном развитии. Вот, то есть я хочу Желание пассивно существовать в Творце — это и есть его участие, это наша первая стадия. Я надеюсь, что мы к ней постепенно, в течение этих дней адаптируемся, подойдем. Если мы это сделаем, то мы начнем, по крайней мере, переход махсома.

- **Вопрос: После точки стыда, которую мы спродуцировали естественно или наоборот искусственно создали, что дальше должно происходить в наших действиях? Человек должен в себе ее поддерживать, тогда он в меру этого будет просить исправления? Он должен развивать это ощущение в себе?**

Не надо зацикливаться только на одной точке стыда, потому что человек всегда находится там, где его мысли. Поэтому я бы советовал, по крайней мере, сейчас, эти дни, не уходить в левую линию, в отрицательные свои свойства, не возбуждать их, не начинать в них жить. Включение в махсом должно быть все время в правой линии, в возвышенной, оно должно быть именно выходом из своего «я», отрывом от своего эгоизма: ничего во мне нет, никакого эгоизма, — я просто не существую.

Бааль Сулам в статье «К окончанию Книги Зоар» пишет, что самое кардинальное, первое, главное наше отличие от Творца в том, что у Творца нет понятия своего «я»: «я» — существую, «я» — делаю, «я» — действую, «я», «я», «я». У Него этого нет. Так же и у нас, прохождение махсома заключается в том, что мое «я» пропадает, я выпадаю из него, я переселяюсь в других, и в них я существую — в них мои мысли, в них мои чувства, в них все мое. Я вышел в них — и все. И никакой мысли обратно, а только в них.

Если я могу произвести такие внутренние действия, — естественно, это все пока в воображении, а не в действии, — то таким образом я вызываю на себя окружающий свет, который меня введет в такие состояния. Я должен, как можно больше пытаться моделировать в себе следующие духовные ступени, следующие духовные состояния, и этим я вызываю на себя окружающий свет. Я его могу вызывать в процессе учебы, когда я изучаю строение духовных миров. Бааль Сулам пишет: «В мере того, как ты желаешь их познать...», познать — это значит сблизится, быть в них, сделать зивуг в них, как сказано «познал Адам Хаву», человек познал женщину. Что значит познал? Слился, сблизился.

То же самое и здесь — познать, имеется в виду, соединиться. В той мере, в которой ты желаешь соединиться с этими мирами во время учебы — в той мере ты вызываешь на себя из них окружающий свет. Но это теоретически, в учебе, а здесь мы практически, в группе все вместе, если желаем выйти из себя и находиться в группе, вне себя, — только тогда мы реализуем свою точку в сердце.

Что такое моя точка в сердце, на самом деле? Моя точка в сердце — это Бина, данная мне Творцом, это часть Творца свыше, которая во мне. Если именно ее в себе нахожу и именно из нее выскакиваю в остальных, то я уже нахожусь в них, я уже в этой точке подобен Творцу. Значит, я уже превращаюсь в каплю семени.

И дальше происходит уже развитие. Мне добавляется немножко эгоизм, я снова выпадаю из этого состояния, и снова себя должен включить, и снова выпаду, и снова включить. Сколько раз? У каждого свое количество раз. Что значит у каждого свое? В принципе оно, конечно, фиксировано, но мы не можем их просчитать, потому что часть из них проходит подсознательно, и часть — сознательно. Часть — в ощущениях, часть — в разуме. Мы просто должны это делать, и когда мы это отработаем, тогда в нас раскроется. В мере отработки этих наших действий по включению в остальных, мы начнем ощущать, действительно, что мы внутри них живем.

И когда ты будешь внутри них, ты начнешь ощущать то, что их наполняет — Творца, потому что только здесь ты и можешь Его ощутить. Где Он находится? Творец находится в едином кли — ни в чем другом ты Его не ощутишь. В себе — никогда. В том, насколько ты включишься в остальных, вот там ты это ощутишь — тогда это кли становится твоим.

Но как ты Его ощутишь? Дающим добро, Наполняющим всех. В таком случае ты уже начнешь ощущать Его, как Дающего добро, успокоение, умиротворение, всевозможные абсолютно положительные и добрые для тебя ощущения. Потому что Творец создал тебя, как мы уже говорили, своей отпечаткой, и все, что в Нем, ощущается тобой, как наполнение.

И ту духовную каплю семени, которую ты из себя делаешь, ты ее отрабатываешь, таким образом, все время — туда и туда. Только на третий день, это называется *«гимел ямей клитат а-зера»* (три дня прикрепления семени в матке) — семя полностью прикрепляется к детскому месту. Место — его контакт с Высшим. Ты должен пытаться там прикрепиться вот в этом состоянии внутри. А где эта матка? А матка — это наше общее кли, это — мы все. И когда ты там прикрепляешься, ты начинаешь получать оттуда питание.

Вот тогда ты начинаешь уже ощущать взаимодействие с Творцом через всех остальных, ты уже чувствуешь не только группу, ты даже начинаешь ощущать человечество — как оно колышется, как оно взаимодействует, как оно абсолютно полностью управляется Творцом. Все во власти Творца, вся эта система, и ты начинаешь с ней взаимодействовать. Как? Ты хочешь растить себя в подобии этой силе. То есть ты желаешь знать, как она действует, чтобы стать таким, как она: как ребенок — смотрит и желает быть таким же. И тут уже происходит внутриутробное развитие: 40 дней *«арбаим йом ецират авлад»* (40 дней появления всех частей тела зародыша), как в нашем мире.

Ты начинаешь чувствовать в себе всевозможные виды взаимодействия с Творцом. И от этого в тебе уже возникают те или иные зачатки твоих осмысленных реакций — как относиться к группе, к человечеству. Как это делает Творец, так и ты соответствующим образом это делаешь, это и называется «твои органы». В «Талмуде Десяти Сфирот» каждое из этих состояний объясняется на сотнях страниц.

Тогда ты будешь смотреть в «Талмуд Десяти Сфирот» и увидишь объяснение каждого из этих состояний: Бааль Сулам тебе говорит, где ты сейчас находишься, что ты должен делать, что с тобой происходит. Только состояние зародыша, развитие на нулевом уровне эгоизма, прикрепление с нулевым уровнем эгоизма внутри человечества описывается в «Талмуде Десяти Сфирот» где-то на 300 страницах. Но тогда учеба становится уже иной.

- **Вопрос: Ребенку нужен пример?**

Пример нужен ребенку, когда у него появляется голова. То есть тогда, когда он в состоянии осознать и повторить. А мы должны уподобиться Творцу, начиная с абсолютнейшего нуля. Получив от Него точку Бины и весь наш эгоизм, начиная с нулевого уровня, с него мы должны подниматься. У нас при этом не может быть сразу же с первого нашего действия головы (рош) в парцуфе, еще нет парцуфа.

Поэтому мы не можем просить о подобии, мы не можем просить, и хотя мы просим, но Творец не может тебе показать все нюансы, все вариации своего отношения к мирозданию, к тебе, потому что ты этого все равно не поймешь, тебе не в чем это понимать, у тебя еще не образовалось кли, у тебя еще не образовался рядом с кли духовный разум. Он тебя не учит, он тебе просто дает понимание того, что, вот так просто включаясь в это состояние, от души входя в него, ты этим идешь вперед. Подбавляется эгоизм — и на нем надо еще дальше все равно иди вперед. И еще подбавляется эгоизм — я иду в группу, я там хочу найти Творца.

В этих состояниях нет пока никаких отдельных частей и проявлений. Это точно подобно состоянию зародыша, тому, как он развивается в нашем мире. Можешь брать пример. Мы ничего не можем требовать от зародыша, и начинаем требовать только от ребенка после двухлетнего возраста (так считается). В двухлетнем возрасте он заканчивает период вскармливания, и после этого он становится годным для воспитания.

- **Вопрос: Два условия правильного желания: у тебя этого нет — раз, ты четко представляешь, что тебе надо — два. Вот у нас нет второго — четкого представления, что же нам надо.**

Я не думаю, что мы найдем еще какие-то методы выражения, ну, например, я могу станцевать. Надо немножко больше думать. Ты считаешь, что я сейчас спроецирую тебе прямо где-то на сердце и на твой разум это состояние, и ты в нем будешь находиться, может быть, плавать. Нет!

Ты должен своими внутренними усилиями представить себе, как выйти из своего «я», находиться в других, жить в других. Потому что ты сейчас прикреплен к своему эгоистическому «я». А ты возьми и прикрепись к той точке в сердце, которую дал тебе Творец, только к устремлению к Нему, тогда ты начнешь развиваться, как зародыш из той точки, не из эгоистической точки «я», а из точки в сердце, из Бины начнется твое развитие. Из Малхут развитие не начинается, ты сначала должен взрастить в себе нулевой и первый уровень, Г"Э, отдающие келим. Только потом ты будешь работать с эгоистическими.

Поэтому сегодня наша единственная задача, самая основная — это выйти из себя, выбросить себя, вот так вот на остальных, — это чисто внутреннее усилие, которое мы должны предпринимать ежесекундно, это и называется работой в группе. Ну, как тут еще можно выразить? Помогите мне, я не поэт.

- **Вопрос: Как человек может не возгордиться от того, что он относится к группе, как Творец?**

Потому что Творец не гордится. Человек начинает видеть, насколько он нуждается в группе, это называется «цар а-Шхина», страданиями Шхины. На самом деле Творец нуждается в нас так, как мы вознуждались бы в Нем, если бы полностью раскрыли все свое кли и обнаружили, что Его там нет. Сказано же: «Больше, чем теленок желает сосать, корова желает кормить».

Потому что в Дающем, находящемся в совершенстве, отсутствие возможности дать — это страшнейшие страдания. В нашем мире, когда прекращают кормить — даже это большие страдания, но это животные следствия. Не реализовать совершенство — это ужасные страдания. Так что единственное, что видит уподобляющийся Творцу, — насколько он нуждается в остальных, чтобы провести Творца к ним, способствовать этому. Гордости тут нет, наоборот.

Притом начинает ощущаться стыд. Стыд — это не такой, как у нас. Стыд — это ощущение отличия своего неисправленного состояния от состояния Творца, Дающего от получающего. Ты сам себя относительно Творца ощущаешь уже, как получающий, если ты начинаешь работать с эгоистическими желаниями. То есть зазнаваться тут совершенно нечего. Но ощущается ответственность, ощущается Богоизбранность в том, что надо действовать.

- **Вопрос: Войти в общее кли — это значит постараться понять кого-то с его точки зрения?**

Войти в общее кли — это не значит понять другого. Абсолютно нет! Если я начну понимать другого, от этого мне лучше не будет — я окунусь в его эгоизм. Это совершенно не то, что нам объясняется нашими земными теориями. Войти в общее кли — это значит, что я нашел еще нескольких людей в мире, недалеко от себя, которые так же, как и я, желают подняться на уровень совершенства и вечности, в котором, на самом деле, мы существуем, но не ощущаем этого существования. Мы желаем в себе его проявить.

Проявить в себе мы его можем только нашими общими усилиями, потому что в наших общих желаниях, усилиях, устремлениях раскроется эта Высшая сила — это наша настоящая форма существования. Мы, как бы, прозреем, мы выйдем из спящего, или бессознательного состояния — мы очнемся. Вот мы и пытаемся вместе это сделать. Поэтому, я нахожу таких людей, я с ними пытаюсь совместно создать вот такое кли.

Это кли — это идея, это наше внутреннее общее духовное состояние, где мы сливаемся, где мы желаем ощутить в нашем слиянии эту общую силу — Творца, которая наполняет нас. Я договариваюсь с этими людьми о том, чтобы мы таким образом действовали между собой. Вся эта работа — это наша внутренняя работа, это — устремление желаний, а не механики нашего мира, не неживой, растительной или животной нашей природы — это все оболочки, которые совершенно ничего не означают. Они просто в наших пяти органах чувств существуют, на самом деле их нет. На самом деле их нет! Мы увидим потом совершенно другое существование вне этих тел, когда нет ни растений, ничего другого. Это все кажется нам, весь этот мир до махсома называется *«олам а-медумэ»*, то есть надуманный, мнимый мир. Он на самом деле такой — придуманный нами, и только. У нас случайно оказались такие органы чувств, соответственно мы его и представляем, как он нами ощущается. Изменяются органы чувств или исчезают — мы его и перестаем ощущать. Он существует только субъективно относительно нас, ощущающих его именно так.

Так мы создаем, еще не находясь в истинном мироздании, от которого мы заслонены телами и объектами, создаем, как бы, искусственно это состояние. Что значит искусственно? Мы устремляемся к нему, мы его желаем представить, мы его желаем в себе искусственно создать. В этой мере мы притягиваем его к себе, притягиваем воздействие на себя этого духовного состояния. Когда мы сделаем достаточное количество устремлений, усилий, мы будем вместе. Я один не могу, потому что в духовном мы существуем все вместе. Значит, я должен создать какую-то модель, подобную духовному. Это мы создаем внутри нашей группы.

Когда я создал такую модель, мы более или менее в ней создали условия — искусственные, ненастоящие, потому что мы все еще эгоисты, но мы желаем, прикладываем усилия — тогда нас вдруг втягивает в это духовное состояние — и на самом деле мы оказываемся там. Этот переход действительно резкий. Но до этого перехода есть всевозможные колебания — туда-сюда, некие флюиды, предчувствия что ли, более близкие, более дальние, и на них мы должны отработать свои усилия.

Вчера нам было легче это представить, сегодня — труднее. Сейчас опять может быть легче. Через полчаса снова будет труднее. И мы должны радоваться, когда нам немного понижают настроение, отупляют нас немножко, этим нам дают возможность добавить еще и еще свои усилия. Значит, мы сможем быстрее реализовать нужное, определенное количество усилий, после которого нас туда втянет.

Я при этом никоим образом не вхожу ни в какие земные проблемы моих товарищей, мы с ними занимаемся только этим общим нашим усилием — к раскрытию, к подобию духовной ступени — к Творцу.

В идеале — не важно, здесь могут быть мужчины, женщины, просто нам это пока мешает. Поэтому мы здесь, хотя и разделены, чтобы не мешать чисто животными неисправленными качествами нашему духовному стремлению, но, с другой стороны, в максимальной степени мы стремимся подкрепить друг друга.

- **Вопрос: Состояние после махсома — это состояние раскрытия Творца и состояние любви ко всему человечеству. Вопрос у меня такой: подразумевается ли под человечеством все пять миллиардов людей?**

Под человечеством подразумеваются все человекоподобные прямоходящие, хомо сапиенсы, независимо от пола, национальности, расы — ни от чего. Начнем с того, что национальностей не было вообще. Какие могли быть национальности в Древнем мире? Авраам тоже был просто древний бедуин из Междуречья, ничем не отличавшийся от всех остальных. Этому человеку была вручена методика исправления, он просто начал интересоваться ею, Высшим миром — высветилось в нем это решимо, вот и все.

Начиная с периода Книги Зоар и далее (период рассеяния и смешивания) рабби Шимон говорит о частном исправлении, а его сын — рабби Эльазар везде в своих источниках говорит об общем исправлении мира. Бааль Сулам в статье «Дарование Торы» или в статье «Поручительство» постоянно говорит о том, что под Гмар Тикун имеется в виду абсолютное исправление всех душ.

Причем в статье «Последнее поколение» он буквально расписывает, что надо создать группу, к которой понемногу будут примыкать люди, как бы, сливки со всего мира, а потом все большей и большей группой откалываться от общей массы и примыкать к нам (может быть, целые страны). Он не делит людей совершенно ни по какому признаку.

Есть два параллельных пути исправления: один — когда исправляется на земном уровне Израиль, а потом — остальные народы мира, именно благодаря разбиению келим. В нашем мире это воплотилось в виде рассеяния евреев между остальными народами, то есть распространением Каббалы. Вследствие этого есть параллельный путь, когда сначала наоборот, устремляющиеся к Творцу из всех народов собираются вместе, а все остальные — притягиваются постепенно по мере их авиюта, насколько свет, проводимый уже этой особой группой, будет светить и выявлять в остальных тоже стремление к Творцу.

Но, как бы то ни было, мы еще увидим, что самые отсталые в нашем понимании народы, когда среди них появятся устремляющиеся к Творцу, проявят себя, как более сильные, находящиеся ближе к духовному, чем развитые. Потому что душа совершенно не относится к уровню какого-то земного развития, цивилизации. Мы жили когда-то, в прошлых кругооборотах, в пещерах. Вы можете считать с точки зрения европейского просветительства или прогресса, что это было время дикарей.

На самом деле, с точки зрения духовной, сегодняшняя Европа — это те же самые дикари. Совершенно не выросшие: только снимите с них немножко лоск — вы увидите там того же дикаря. Абсолютно! А те народы, которые живут где-то в джунглях, в своей ментальности, культуре, относительно духовного развития могут быть и ближе.

Наш взгляд совершенно неверен, и с духовной точки зрения нет отсталых народов и нет продвинутых народов, кроме Израиля, потому что здесь уже систематически, в течение тысячелетий это культивировалось. Здесь, конечно, произошли тоже огромные изменения со времен просветительства. Но так заложено, потому что сам народ образовался из духовных корней. Не то что народ, а его устройство. У этого народа, например, не было рабовладельчества, никто никого не покорял, никто никого не понукал — всегда было равноправие.

Скрытие и раскрытие Творца. Урок 2

Представьте себе, что несколько тысяч лет назад и дальше, на протяжении тысячелетий, когда все в мире сжирали друг друга, здесь уже были законы кашерности. Когда там убивали и порабощали друг друга, считали рабов, как скотину, здесь этого не было никогда — было абсолютное равноправие. И сегодня в израильской армии это можно увидеть: рядовой, например, разговаривает с генералом, как равный. Это просто находится внутри народа. Никогда не было разделения народа на касты или на какие-то слои: аристократия и простой народ. Единственное разделение — ты мудрец или нет. Только это приветствовалось. Никогда не было такого, чтобы мальчик с трехлетнего возраста не умел читать и писать.

Вы представляете Европу 500 лет назад или 300 лет назад, в мануфактурный период, — там была поголовная безграмотность. А 1000 лет назад — там жили еще чуть ли не на деревьях.

Здесь все подготовлено таким образом историей. Но все равно, мы видим, что в наше время относительно духовного это не срабатывает. То есть, миссия, в принципе, выполнена: идея пронесена искусственно, через эту группу, которая называется еврейский народ в нашем мире.

А в духовном мире вообще нет такого понятия — «отсталая душа» или «продвинутая душа». Человек находится ближе к духовному, — значит продвинутый, дальше — значит отсталый. Это может быть и итальянец, и африканец, и еврей, и русский — неважно кто. Но все семь миллиардов обязаны достичь Гмар Тикун.

И как только мы выходим за махсом, у нас теряется вообще, какое бы то ни было различие. Вы начинаете видеть души, а не тела, и для вас все они являются одним и тем же кли, вы не видите лиц.

- **Вопрос: Что можно сделать, чтобы не привязываться к старым состояниям?**

Тора рассказывает, как жена Лота за то, что оглянулась назад, превратилась в соляной столб. Соль и вода (есть еще некоторые виды) — из немногих элементов неживой природы, которые мы употребляем в пищу и которые не портятся. Оглядываться назад нельзя. Человек себя консервирует этим абсолютно, он не продвигается, он наносит этим себе больший вред, чем, если начинает уходить в посторонние от духовного мысли, какие-то состояния, иллюзии, планы.

Я советую ни в коем случае не думать о прошлом. Ничего в прошлом плохого у вас не было, вы не виноваты — если вам кажется, что вы что-то там не доделали или не сделали, — в том, что произошло. Это просто абсолютная ересь, если вы говорите о том, что вы в прошлом могли что-то сами сделать и кому-то причинили (или себе) какие-то неприятности, или были лентяем, или наоборот.

Все прошлое до настоящего момента — это все было задумано и реализовано Творцом так, как Он желал, и от меня ничего не зависело, и поэтому нечего мне туда возвращаться — это не мое. Это не мое! Все состояния от настоящего назад — не мои. И только все состояния от меня и далее — полностью в моей власти. Начиная откуда? Начиная именно с этого мгновения, все, что будет со мной, начиная отсюда и в будущее, я на 100 % определяю свои состояния.

- **Вопрос: Как у Адама возникло решимо?**

Вопрос правильный. После того, как кли разбилось, и упало в наш мир до самого конца, когда произошло смешение абсолютно всех решимот друг с другом до самого последнего решимо, когда они включены до Бесконечности друг в друга так, что не осталось ни одного свойства, которое бы не включало в себя все остальные, — тогда лишь только начался процесс выявления их уже обратно под воздействием окружающего света.

Есть парцуф — Адам (см. рисунок на стр. 179), на этот парцуф снисходит свет АБ-САГ, и этот парцуф начинает разрушаться. Он разрушается, происходит исторжение экрана, появляются четыре парцуфа, происходит исхождение света, *исталкут а-орот*, затем следующий парцуф, и следующий, и следующий, и так далее. То есть все пять парцуфим, как бы, все некудот должны уйти из него, все света должны уйти вверх, а все келим должны упасть вниз.

Только после того, как упали все келим вниз, и, соответственно, все света ушли вверх, только после этого самое

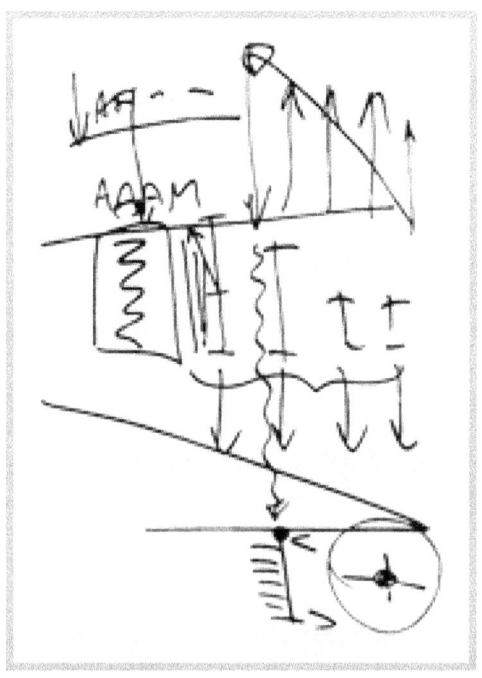

последнее решимо, которое разбилось (а какое решимо самое последнее разбилось? Самое тоненькое), оно остается выше всех, ближе к свету. Все решимот располагаются по мере своего авиюта, по мере своего эгоизма. Получается, что внизу — больший эгоизм, а вверху — меньший эгоизм.

Свет действует на самое верхнее решимо, и начинается постепенная его реализация, пока они не соберутся вместе — ор и кли, и решимо не превратится с помощью экрана в парцуф.

Для того, чтобы двинуться вперед, нам необходимо все возможные виды нашей деятельности соединить вместе, на всех уровнях. Для этого мы уже все вместе обучаемся на одних и тех же виртуальных уроках. После этого Суккота начнем проводить совместные виртуальные, групповые собрания — одна общая группа, которая здесь сейчас находится.

Мы должны начать общую работу, подготовить все предпосылки на уровне нашего мира, как пишет Бааль Сулам, чтобы у нас было общее кли, чтобы у нас была общая организация, чтобы у нас было общее государство — наше государство. Он пишет, что надо создать такое государство, — не на Земле, это не должна быть какая-то территория. Но это должно быть такое общество, в котором существовал бы прообраз всего того, что должно быть в будущем — только на духовных законах.

Поэтому главное, что мы можем сделать в нашем мире между собой — это нашу организацию, связь между нами. Мы сможем быть связанными между собой, напоминать друг другу о себе. Нам надо эту схему всем хорошо знать, нам надо в этой схеме жить, нам надо строить в ней такие связи, которые бы и не путали нас друг с другом, но, с другой стороны, чтобы помогали нам ощущать всех и вся.

Мы начинаем эту работу. У нас нет никакой возможности увидеть в прошлом примеры этого, мы — первые в этом мире, которые начинают строить будущий мир, когда духовный мир и земной мир будут одновременно существовать здесь. К этому должно придти человечество.

Я хочу сказать о том, что нам нужно для того, чтобы действительно двигаться вперед. Это неважно, что мы должны давать миру: распространять книжки, читать кому-то лекции, — это необходимо нам. Все, что я достиг, я достиг не потому, что занимался со своим Учителем, я достиг потому, что после того, как я занимался с ним, я распространял. Свои первые книги я написал в 1983 году, а в 1980-81 начал преподавать Каббалу, и в течение 10-11 лет, когда я был рядом с ним, я постоянно этим занимался.

Были периоды, когда я полностью должен был быть рядом с ним, и все время только с ним, но, в принципе, я все равно распространял. Эти книги расходились. Лекции читал везде. И он принимал в этом активное участие, он звонил в то место, где я давал лекцию и спрашивал: «Ну, как, что?», еще до того, как я приеду к нему, вернусь и расскажу. Это было для него очень важно.

Я вас очень прошу — участвовать абсолютно всем. Это просто дает нам всем возможность знать — где мы, что мы, кто мы? Я очень советую — не обкрадывайте себя, это неразумно, если вы будете убегать от каких бы то ни было совместных собраний.

ДАРОВАНИЕ ТОРЫ

13 октября 2003 года, вечер

Со статьи «Матан Тора» («Дарование Торы») Бааль Сулам начинает свое обращение к народу, к поколению, которое должно пройти исправление. Перечитывая ее десятки раз, я убеждаюсь, насколько бесконечна глубина этого вроде бы простого текста. Он в меня врезается, вгрызается во все более и более глубокие эгоистические пласты, вызывает все более Высший, более сильный окружающий свет, который чистит меня, который помогает мне внутри моего материала, моего сознания, моих желаний ощутить глубину всего того, о чем повествует Бааль Сулам.

Он говорит здесь о самом главном, о самом общем, о самом глубоком, и самом тонком законе мироздания. Поэтому, если вы постараетесь проникнуться этим текстом, вы раскроете для себя его потрясающую глубину, которая будет завтра и послезавтра раскрываться только еще больше и больше.

Статьи «Дарование Торы», «Поручительство», «Свобода воли», «Одна заповедь», «Суть науки Каббала» (и еще несколько) являются основополагающими в объяснении Замысла творения. И если мы будем больше углубляться в них каждый раз, действительно пытаться все время вникнуть поглубже в текст, — достаточно быть внутри этих пяти статей, — то сможем начать ощущать то, что в них скрыто.

Бааль Сулам не зря задумал и начал издавать все эти статьи в виде газеты, он сделал их внутренне подготовленными, адаптированными к простому человеку. И вроде бы кажется, что тексты простые и вещи тривиальные, но когда начинаешь видеть внутри них связи между двумя-тремя

Дарование Торы. Урок 1

основными житейскими параметрами, начинаешь вскрывать огромнейшую картину мироздания. Это было все, как будто, в сжатом, скомканном виде, и вдруг раскрывается.

Сказано:

«Возлюби ближнего своего, как самого себя» — рабби Акива сказал, это главный, общий закон Торы (или Каббалы).

Вроде бы, действительно, это — общеизвестная фраза, которая ничего не говорит никому, а просто красивая, которой пользуются все.

1. Сказаное рабби Акивой, что исправление эгоизма до степени «Возлюби ближнего как себя», является общим и главным законом Каббалы, требует разъяснения.

Это значит, что все остальные 612 исправлений своего эгоизма, которые обязан совершить человек — всего лишь частные исправления, составляющие все вместе это одно исправление «Возлюби ближнего как себя» и обусловлены им.

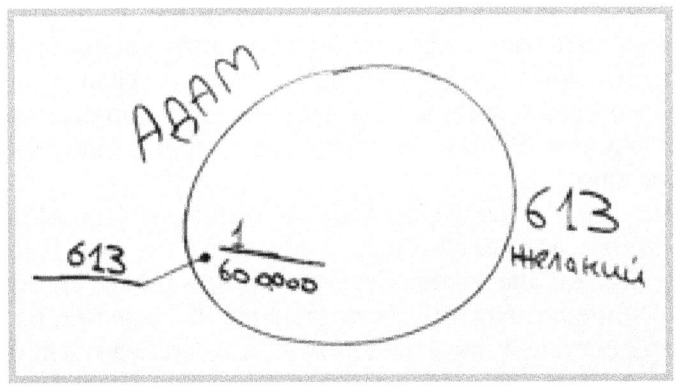

Известно, что мы представляем собой отдельные части общей души. Если эта общая душа полностью будет исправлена, то есть каждый из нас исправит свою маленькую часть в ней, значит, мы достигнем общего исправления. И каждый человек является маленькой частичкой этой общей души.

Общая душа, называемая Адам (Человек) состоит из 620-ти свойств. Здесь он называет их 613, мы пойдем по его системе. 613 свойств — это 613 желаний. И каждое — из

600 000 частей, каждая 600 000-я часть также состоит из тех же 613-ти желаний.

Как мы знаем из Каббалы, да и вообще в мироздании существует правило, что все состоит из всего. Каждое частное состоит из всего того, из чего состоит и общее кли. Так что каждое маленькое желание, то есть частная душа, состоит также из 613-ти частей. И в этом объеме находится все мироздание, и от этого объема нам никуда не убежать, никуда из него исчезнуть нельзя.

Мы находимся в нем или в бессознательном состоянии, как сейчас, когда мы не знаем, где мы и что с нами, когда ощущаем только маленький фрагмент из всего мироздания, которое называется наш мир. А для того, чтобы ощутить его полностью, мы должны исправить свои ощущения. А это делается путем исправления желаний.

У нас есть 613 желаний. Все они направлены внутрь нас, ради себя. В таком состоянии мы можем ощущать, испытывать только то, что мы сейчас видим. Если мы желаем ощутить настоящее истинное мироздание, мы должны выйти из себя, не ограничивать восприятие своими внутренними свойствами, а принять свойства, которые находятся вне нас. Вне нас — это значит, обрести альтруистические качества.

Что это нам дает? Ощущение иного мира, Творца, ощущение того, что на самом деле находится вне нас. Потому что в нашем настоящем состоянии мы ощущаем наши внутренние возмущения, наши внутренние реакции на некое воздействие извне, не понимая, что это за воздействие.

Например, барабанная перепонка, глаз, любые наши органы чувств и нервы — все они регистрируют свои внутренние реакции на нечто, кажущееся якобы находящимся снаружи. Что на самом деле находится снаружи, мы не знаем, но сумма всех этих реакций внутри нас образует ту картину, которую мы ощущаем сейчас. Ее мы называем нашим миром.

А на самом деле, что находится вне нас? Мы не знаем и никогда не сможем узнать до тех пор, пока не начнем действительно ощущать нечто вне нас. Как ощутить нечто, находящееся вне нас, а не просто измерять наши реакции, как это измеряется любым прибором, который мы сами и создаем? Ведь любой наш прибор измеряет только свои реакции на что-то проходящее через него, на что-то попадающее в него.

Как нам начать измерять нечто находящееся вне нас? Для этого надо создать органы чувств, работающие совершенно по-другому. Любой наш орган чувств устроен так, что перед ним есть экран-масах. Приходит какое-то возмущение, мы не знаем, какое оно. И наш экран его измеряет, потому что возмущение его как бы прогибает, а экран пытается возвратиться в предыдущее нормальное уравновешенное состояние. Эти наши усилия чтобы удержать себя в уравновешенном состоянии, мы и измеряем, это передается от всех органов чувств, устроенных по такому принципу, и суммируется внутри нас. И вот это все вместе дает нам картину нашего мира.

Если мы создадим такой орган, который будет основан не на поглощении, а на отдаче, и будем измерять не внутри себя, а снаружи, то будем желать уподобиться тому, что есть снаружи, не поглощать в себя, а отдавать, подобно тому, что приходит к нам. Это непросто сделать, у нас внутри для этого не существует никаких предпосылок. Нам нужна для этого именно помощь извне, помощь Творца, помощь окружающего света.

Но если будет такая возможность, тогда я начну измерять то, что есть вне меня. Это «вне меня» я назову девять первых сфирот (см. рисунок на стр. 186 — **9 сф**), а сам внутри себя я назовусь Малхут.

Вот по этому принципу строится духовное кли — получение информации, но в невозмущенном независимом от нас виде. Мы действительно измеряем то, что находится вне нас. Как только человек обретает способность к такому восприятию информации, он называется перешедшим махсом. То, что он ощущает, называется Высший мир, это то, что находится выше экрана, выше моего «я». И это мы называем Творцом, ощущением Творца, потому что не существует ничего, кроме Творца, из того, что ощущается вне человека и самим человеком.

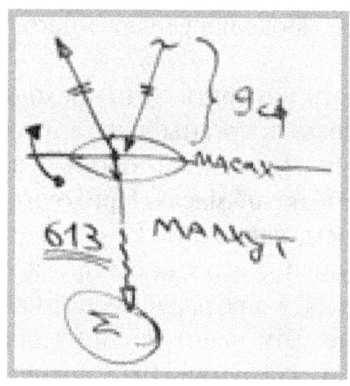

Можно ощущать или себя, как мы ощущаем сейчас, или Творца — то, что ощущается после махсома, — иного ничего нет. Для того, чтобы на самом деле ощутить, что находится вне меня, я должен снабдить экраном (на рис. **Масах**) имеющиеся внутри меня 613 моих желаний, все — в полный рост, в полную величину. Об этом говорит рабби Акива — «Возлюби ближнего как себя», то есть выйди наружу, неважно к кому.

Что значит ближний? Тот, кто находится вне меня. Если ты начнешь к нему относиться, как к себе, значит, ты сможешь перейти махсом. Существует и дальнейшее исправление в применении этих 613-ти внутренних желаний, свойств. Но переход заключается именно в обретении этого качества — внешнего, направленного от меня и наружу, когда человек теряет свое «я» и полностью из него выходит наружу. Это общее правило «возлюби ближнего как самого себя» и характеризует исправление всей Малхут.

Но здесь возникает вопрос:

Это возможно верно к отношению человека с окружающими, но как может отношение с окружающими включать отношения человека с Творцом, определяющие суть и смысл творения?

Почему возлюбить ближнего, как себя, — когда здесь еще существуют такие, как и я, эгоисты, находящиеся пока под масахом, и если я их буду любить, думать о них, заботиться о них, как о себе, — почему это будет равноценно моей любви, моему отношению к Творцу? Разве это равноценно?

В принципе, ведь наша задача заключается в достижении самого наивысшего из возможных состояния в мироздании. Это достижение самой Высшей ступени, когда человек полностью во всем уподобляется Творцу, эквивалентен, полностью равен Творцу, то есть получает ту же информацию, обладает теми же свойствами, теми же мыслями, тем же ощущением вечности и совершенства. Этого состояния мы должны достичь.

Так вот, задается простой вопрос: зачем мне вообще любить ближнего для достижения полного подобия Творцу? И с другой стороны, зачем это создано так, что, работая со своим ближним, отрабатывая на нем свои отношения к нему, человек достигает исправления своих отношений с Творцом? Это то, что он говорит:

Почему исправление до свойства «Возлюби ближнего как себя» эквивалентно исправлению до свойства «Возлюби Творца» и слейся с Ним?

Что является, в принципе, нашей Целью? Почему это является нашей Целью? Да потому что нас к этому гонит сама природа, нам никуда от этого не деться. Мы развиваемся, и все проблемы, которые у нас есть, все страдания в этом мире, все огромные муки, которые перенесло человечество, и то, что еще предстоит перенести, — а с каждым днем это будет только нарастать и нарастать, — все это необходимо только для того, чтобы мы задались вопросом о смысле жизни и наконец-то нашли на него ответ.

А ответ простой: «Смысл жизни — в возвышении до уровня Творца». Только нахождение в самом Творце, в полном слиянии с Ним является для нас абсолютно комфортным, совершенным и вечным. Почему? Потому что Высший свет создал нас, свет создал кли и отпечатал в нас, в кли все свои свойства. Поэтому, когда кли сливается со Светом или, иначе, когда свет наполняет кли — это ощущается в нас, как нечто приятное и комфортное во всех отношениях. Это называется в Каббале наполнением. И это состояние — то к чему мы стремимся, как в нашем мире, так и в духовном.

Чтобы привести человека к правильному наполнению, его постоянно помещают в ненаполненное состояние, в котором он ощущает страдания, которые, в принципе, говорят ему о том, что он должен искать, что он должен в себе исправить. То есть, желаем мы или не желаем, этот природный, давящий на нас каток, будет все время на нас наезжать и заставлять нас все равно бежать и искать Цель жизни, пока мы ее не найдем. Находя ее, мы приходим к этой очень простой формуле — и это Бааль Сулам хочет нам объяснить.

2. Насколько велико и обобщающе исправление до свойства «Возлюби ближнего как себя» видно из просьбы к мудрецу Гилелю: «Научи меня всей методике исправления, пока я стою на одной ноге».

Гилель жил во втором-третьем веке нашей эры. К нему пришел один человек и попросил научить вкратце, что мне надо делать, в чем заключается вся методика? Она должна быть очень простой, ведь она дана от природы, она должна быть естественной и одеваться на нас просто.

Это мы изобретаем всевозможные искусственные ухищрения в нашем мире, поэтому все это такое очень сложное. Чем больше мы что-то изобретаем, тем все больше усложняем. А на самом деле решения, если они истинные, они должны быть очень простые, естественные. Поэтому вопрос этого новенького, который пришел к Гилелю, очень простой. Я действительно должен, стоя на одной ноге, из одного слова, одной фразы понять, в чем заключается исправление, смысл всего этого учения.

И ответил Гилель: «Ненавистное тебе не делай другому».

Он выразился иначе, чем рабби Акива, но, в принципе, смысл — один и тот же. Можно, конечно, сказать, что смысл немножко не такой, а более сжатый, то есть не «возлюби ближнего, как себя», а «не делай другому того, что не хочешь, чтобы делали тебе».

Отсюда ясно, что исправление любого из 612 эгоистических желаний не является более важным, чем достижение «Возлюби ближнего как себя», а все они предназначены лишь для достижения этого свойства, чтобы подготовить человека к исполнению «Возлюби ближнего как себя».

То есть все остальные исправления — части свойства «Возлюби ближнего как себя», без которых, однако, невозможно выполнение «Возлюби ближнего как себя» в полном объеме.

3. *Но выражение «как себя» говорит о том, что надо любить ближнего в той же мере, в которой ты любишь себя и ни в коем случае не меньше. Это означает, всегда стоять на страже нужд каждого человека из народа Израиля, не менее, чем на страже выполнения собственных потребностей.*

Ни более, ни менее.

Тут написано: «Из народа Израиля», — имеется в виду из устремленных к Творцу, когда человек выбирает для себя маленькую группу людей, устремляющихся к Творцу, называющихся Исраэль, и на них отрабатывает вот эту методику. В отношении всего мира этого сделать невозможно. В рамках народа — это тоже сделать невозможно. Это было когда-то сделано, мы будем изучать, каким образом это было отработано, чтобы ветвь совместилась с корнем, но снизу-вверх это невозможно сделать иначе, как только в маленькой группе.

Но ведь это требование совершенно невыполнимо, так как человеку не хватает времени, чтобы позаботиться о собственных нуждах. Как же можно возложить на него обязанность работать и удовлетворять потребности всего народа?

Или даже маленькой группы?

Если даже я нахожусь среди 10-15 своих единомышленников, и мы желаем достичь этого свойства, потому что оно мгновенно даст нам ощущение Высшего мира, раскроет нам небеса, все равно, я не смогу думать ни о ком другом так же, как о себе, потому что я и о себе думать не успеваю, хотя и думаю целый день, но это мне не помогает успеть хоть как-то себя наполнить, удовлетворить себя. Тем более, если передо мной есть не один, а десяток, или пара десятков моих товарищей — это совершенно нереальное требование.

Каким же образом вообще можно его выполнить? Или это просто говорится о том, чтобы я захотел это сделать, увидел, что не могу, начал бы кричать, чтобы мне помогли, и тут мне дали бы эти свойства?

Но требования Творца к творениям сформулированы всегда с абсолютной точностью. Поэтому надо понять, как все таки выполняется это требование Творца к человеку.

Каким образом может человек выполнить это требование, если он сам себя не может удовлетворить? Как же он может думать об удовлетворении других? И дальше Бааль Сулам приводит пример, насколько мы должны думать о других. То есть, что значит на самом деле выйти за махсом, потерять свое «я» и думать о других?

4. Насколько указание «Возлюби ближнего как себя» неосуществимо уточняется требованием предпочесть нужды другого своим, то есть если у человека есть что-то, и другой в этом нуждается, несмотря на то, что нуждается в этом и сам владелец, он обязан удовлетворить желания ближнего. То есть человек должен будет расстаться со всем своим имуществом, потому что всегда найдутся нуждающиеся в том, что есть у него.

Бааль Сулам приводит пример из этого мира, что если у господина есть одна подушка или один стул, то он должен обязательно отдать свою подушку или свой стул своему рабу.

Это означает выполнение правила «возлюби ближнего как себя». Известны многие примеры из Талмуда, Торы, и многих других источников, где подчеркиваются еще раз все детали свойства «Возлюби ближнего как себя», то есть все детали того свойства, которое получает человек, когда он прорывает махсом. Бааль Сулам показал нам на этих примерах, что это как будто бы невозможно.

А теперь рассмотрим с другой стороны.

5. Необходимо понять: почему дана Каббала только народу Израиля, а не всем народам? Нет ли здесь национальной избранности? Понятно, что только душевнобольной может так думать. Мудрецы говорят, что Творец предлагал методику исправления эгоизма всем народам, но никто не пожелал ее принять.

И на это Бааль Сулам замечает:

Трудно согласиться с таким «детским» объяснением мудрецов!

Что значит — «кто-то принял, кто-то не принял, кому-то предлагалось».

Но если ни один из народов не захотел получить Каббалу, почему народ Израиля назван «избранным Творцом»?

Как можно представить Творца, обходящего древние, дикие народы, пытаясь вручить им то, о чем они не имеют ни малейшего представления?

И в истории самих народов не говорится о таком событии!

Что нам желает сказать этим примером Тора? Она говорит о том, что внутри человека есть определенные свойства, которые называются «народами мира», и есть свойство, которое называется «устремление к Творцу», Исраэль — «яшар ле Эль». При переводе с иврита слово «Исраэль» раскладывается на «исра» — «прямо» и «Эль» — «Творец» — прямо к Творцу, устремленный к Творцу. В любом человеке есть все свойства, кроме вот этого свойства — Исраэль — точки в сердце, которую мы называем Бина, часть Творца свыше, или можно сказать, точки, упавшей в эгоизм во время разбиения Адама. Кроме этого единственного свойства, все остальные — абсолютно эгоистические, и естественно, на исправление ни в коем случае не пойдут, не решатся. Ни одно наше эгоистическое свойство не может принять какую-то альтруистическую форму.

6. Каббала — это методика исправления эгоизма. Результат исправления — достижение цели всего творения — слияние с Творцом.

«Всего творения» — подразумевается, что человек является его самой центральной частью, самой эгоистической. Причем те, кто начинают постигать или ощущать стремление к Творцу, то есть и мы с вами, по своей природе еще большие эгоисты, чем все остальные. Это не потому, что мы уже не желаем всех богатств в мире и всех других наслаждений, знатности, покоя, а еще желаем духовного. Желая духовного, человек проявляет свои еще более эгоистические желания. Мне не нужен этот мир, он мне кажется маленьким, мелким, ничтожным, преходящим. Мне нужен духовный мир, потому что он вечный, совершенный, абсолютный, бесконечный, полный.

В итоге, те, кто получает внутри себя толчок, устремление к Высшему, к духовному, к вечному, к совершенному — еще большие эгоисты. Поэтому, исправляя себя, свое эгоистическое, самое большое в природе желание, мы вызываем исправление всех остальных людей. Мы на них проецируем то, что получаем сами, и они начинают ощущать находящиеся в нас духовные состояния. Их начинает это раздражать, а потом — притягивать, это мы чувствуем на себе, на своих родных, на работе — везде. Это будет ощущаться все больше и больше.

И не только люди, но и вся остальная природа: неживая, животная, растительная — вся она также поднимается вместе с человеком и также достигает своего совершенства согласно неосознанному эгоистическому уровню каждой из ее частей.

Мы сейчас не можем этого себе представить, какой должен быть вид у неживой, растительной и животной природы, которая управляется свыше, и совершенно никоим образом не зависит ни от каких свободных параметров. Нет свободы воли. А в чем же заключается ее более правильное функционирование? Написано, что волк не будет есть козленка. Что это все значит — вообще не понятно.

Но как бы то ни было, человек, который является самым эгоистическим элементом природы — поднимает вместе с собой все остальное. Бааль Сулам говорит, что цель всего творения — слияние с Творцом, то есть это распространяется и на все остальные более низкие виды творения.

Мир сотворен и именно таким, чтобы дать человеку возможность соблюдением законов Каббалы достичь Цели творения.

Все, что внутри нас, между нами, вне нас, сотворено специально, и меняется внутри и снаружи нас постоянно, ежесекундно только для того, чтобы дать каждому из нас самый оптимальный вариант продвижения вперед.

Как только человек проходит махсом, это также ему открывается, то есть он начинает видеть все, что происходит со всеми остальными людьми. Он видит, что им подставляются самые необходимые ситуации. То есть свыше, когда развивается решимо, свет вызывает проявление еще одного решимо (см. рисунок на стр. 194). Эти информационные решимот проявляются по причинно-следственной цепочке, их проявления, вызываемые светом, являются самыми оптимальными. То есть человеку представляется ежесекундная возможность в каждое мгновение его жизни начать правильно двигаться вперед.

Нет ни одного мгновения в жизни, которое бы выпадало, было бы ненужным, или надо было бы подождать еще немножко, и нет лучших мгновений, более удачных.

Мы не видим этого сегодня, потому что из своего несовершенства судим о духовных законах, о законах мироздания. А когда увидите это снаружи, в настоящих силах и замыслах свыше, вы увидите, что это все — абсолютно и совершенно, и нет никакого мгновения более предпочтительного или менее предпочтительного — они все совершенно одинаковые, и каждое мгновение, каждое состояние можно использовать для выхода вверх.

Следовательно, мир сотворен именно таким, чтобы дать человеку возможность соблюдения законов Каббалы для достижения Цели творения. Мы ни на что не можем обижаться — ни на то, что создано внутри нас, ни на то, что проявляется снаружи нас. Все это создано в оптимальнейшем состоянии в каждое мгновение.

Не ждите следующей минуты, она не будет более удобной для движения вперед, чем настоящая. Наоборот, тот, кто говорит, что следующее мгновение будет лучше, чем это, тот отказывается от реализации того, что ему дается. И тогда следующее мгновение будет хуже.

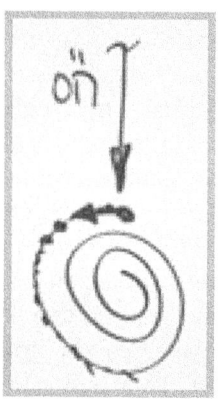

Что значит хуже? Не реализуя решимо, он добавляет его авиют к следующему решимо и получается двойной авиют, который он должен преодолеть — потом тройной, четверной и так далее. Поэтому в нас и накапливается то, что мы называем страданиями.

Что называется страданиями? Страдания — это все больший и больший авиют, который наслаивается между решимо и окружающим светом. Смотрите, сколько уже наслоилось в течение всей нашей неразумной жизни. И наоборот, чем быстрее мы начнем сейчас реализовывать эти решимот (мы начнем их с себя счищать — поэтому называется клипа — шелуха, оболочка, — мы начнем снимать с себя эти решимот, реализуя их), тем мы будем прозрачнее относительно Высшего света, тем мы лучше ощутим его. И наши страдания, таким образом, соответственно уменьшаются. И вместо них ощущается уже проявление света, то есть блага, что и должно ощутиться в желании, когда его наполняет свет, ведь свет создал само желание насладиться, то есть прямое наслаждение.

Замысел Творца раскрыть Себя человеку, что ощущается человеком, как абсолютное наслаждение.
То есть полностью проявиться в нашем общем кли, в Адаме. Это ощущается человеком как абсолютное наслаждение, потому что Творец своим оттиском Себя в нас создал творение — нас. То есть мы являемся обратным отражением Творца, обратным отражением света, обратной формой, как патрица и матрица.

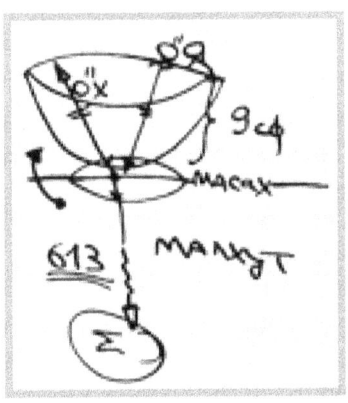

Постепенно развиваясь посредством Каббалы, человек духовно поднимается вплоть до постижения Творца и слияния с Ним — Каббала — это методика исправления. С помощью этой методики человек исправляет постепенно все свои 612 желаний, и каждое из них исправляется в полный его рост, то есть на все десять сфирот. Исправляя каждое из 613 желаний на весь авиют, на всю эгоистическую толщину, которая в них есть, человек развивает все девять Высших сфирот (на рис. **9 сф**), в которых ор Яшар — прямой свет (на рис. **О"Я**) облачается в ор Хозер — отраженный свет (на рис. **О"Х**). Вот это и есть то кли, которое изначально было создано Творцом, только поддерживалось Им, а не нашим ор Хозер, отраженным светом. И так происходит — *до окончательного совершенства. Это совершенство* — где весь ор Хозер принимает весь ор Яшар, то есть все наши намерения ради Творца принимают все наполнение Творцом, вмещают Творца — такое состояние — *называется «слияние»*.

На иврите это называется «двекут». Это состояние, которое должны достичь абсолютно все творения, то есть абсолютно все желания, из 600 000 желаний, составляющих общую конструкцию общего желания, общего творения. Каждое из них должно исправить себя в своих 613 частях. Когда все 600 000 так называемых душ исправят все 613 желаний каждой из них, такое состояние будет называться общим окончательным исправлением. А нахождение в них света будет называться — Слиянием.

О таком состоянии сказано в «Предисловии к Книге Зоар», где Бааль Сулам разделяет все наши состояния на три:

— Первое состояние — это мир Бесконечности, сотворенный Творцом, состояние до нисхождения, до распространения света сверху-вниз.

— Второе состояние — то, в котором мы производим наши исправления снизу-вверх.

— И третье состояние — когда мы возвращаемся в мир Бесконечности, в тот который и был изначально, но изначально он был создан Творцом, а в третьем состоянии мы достигаем его, строя его сами.

То есть мы возвращаемся абсолютно в то же состояние, в котором были и которое существует и сейчас. В духовном ничего не меняется, и любой из нас, достигший своего исправления, входит в это общее исправленное состояние, ощущает его. Нет никаких переходов — вчера, сегодня, завтра, а все зависит только от моего внутреннего состояния, от моей внутренней кондиции. Насколько я приобретаю экран, настолько я себя ощущаю ближе или дальше от полного, совершенного состояния, от мира Бесконечности.

Это состояние — единственное, что существует, все остальное — только относительно неисправленных келим, в той или иной степени не ощущающих себя полностью в исправленном состоянии. То есть можно сказать, что Творцом создано одно единственное кли, которое называется Адам. Это кли находится в состоянии наполнения

Дарование Торы. Урок 1

внутренним светом, ор Пними (на рис. — **О"П**), и кроме этого состояния нет ничего.

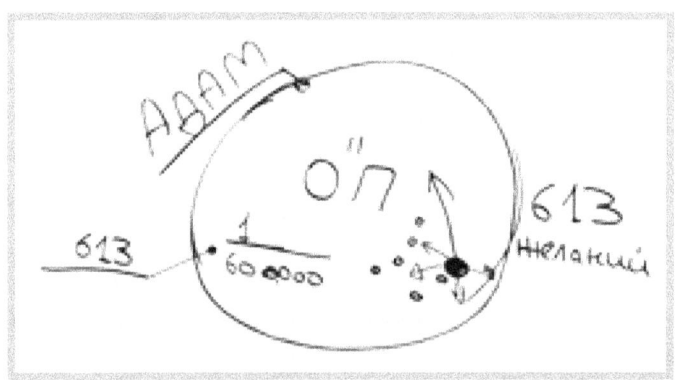

Для того, чтобы мы осознали, в каком состоянии мы находимся, каждое из желаний получило внутрь себя определенную эгоистическую «отключку» от действительности и начало ощущать существующим только себя, отдельно от духовного мира, внутри себя, отдельно относительно всех остальных.

Для чего это сделано? Для того, чтобы каждое из этих желаний сейчас могло бы достичь того, что имело все кли; для того, чтобы каждое из этих желаний построило свое личное правильное состояние и приобрело бы, таким образом, свойства Творца, чтобы кли вышло бы из состояния, когда оно только получает, в состоянии насыщения, наслаждения, но на нулевом уровне относительно себя. Это подобно человеку, который находится без сознания, то есть вроде бы все есть у него, а не хватает ощущения того, что это есть. Почему? Потому что и желание создано Творцом, и наслаждение исходит из Него. И поэтому получается, что нет ощущения недостатка, а потом наполнения, что является необходимым условием наслаждения (см. рисунок на стр. 198).

Наслаждение ощущается только тогда, когда вначале есть ощущение недостатка, пустоты, а затем эта пустота наполняется. Целиком наполненное состояние не ощущается как наслаждение, и естественно, не ощущается, когда оно пустое. А вот вхождение света в кли, процесс наполнения, именно процесс, и ощущается нами как наслаждение.

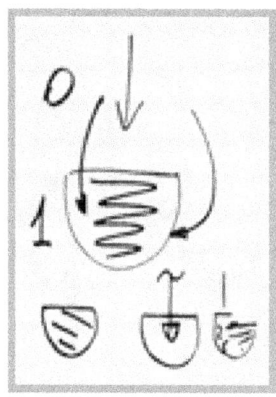

И потому возникает очень большая проблема: каким образом можно сделать процесс бесконечным? Если я наполнюсь, я перестану ощущать наслаждение. Это так же, как если я десять лет хотел приобрести какую-то особую машину и наконец приобрел. С этого мгновения и далее наслаждение исчезает. Десять лет страдал, чтобы ее приобрести, так сейчас хотя бы десять лет я должен ею наслаждаться. Какие 10 лет? Я уже через неделю привыкаю к тому, что она у меня есть. То есть наслаждение ощущается только в процессе наполнения.

Как сделать так, чтобы этот процесс был сам по себе вечным? И что значит вечным? Это значит, чтобы я ощущал наслаждение и страдание одновременно, чтобы они не гасили друг друга, а существовали бы только для того, чтобы я ощущал наслаждение. В наших примерах Бааль Сулам объясняет это ощущением стыда. Он задает вопрос.

7. Почему мы изначально не сотворены совершенными, в слиянии с Творцом? Для чего и кому необходимы наши усилия в самоисправлении?

Дал бы и все. Я наполнен светом и хорошо, зачем мне надо чего-то еще искать? — так говорит каждый из нас внутри себя.

Ответ: кто ест дармовой хлеб, ощущает стыд, вплоть до потери своего «я». А поскольку Творец желает, чтобы творения ощущали себя совершенными, подобными Ему, Он предоставил нам возможность своими усилиями в самоисправлении достичь совершенства.

Не полностью развитая мысль. Дело в том, что задача Творца создать творение равное Ему — равное Ему по высоте, по постижению, по наполнению, по совершенству, равное Ему по разуму, равное Ему по высоте принятия решений — полностью подобное Ему. Для этого творение должно пройти абсолютно все те стадии созидания, которые прошел Творец. Оно должно повторить все действия Творца. Тогда только оно научится быть таким, как Творец по своим действиям, а из этих действий начнет постигать Его замысел, Его разум, то есть поднимется даже над уров-

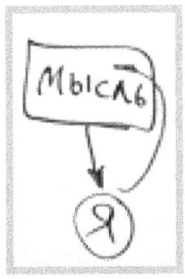

нем своего создания. Потому что если я создан Творцом (сначала — замысел Творца, Его мысль, а затем из этой мысли произошел я), и теперь делаю из себя свое «я», то это происходит только в действии. Но постепенно, когда я изучаю эти действия, выполняю их на себе, я постигаю мысль, то есть я поднимаюсь на уровень, который был прежде моего создания. Я поднимаюсь на уровень, где существовал один Творец еще до того, как начал меня создавать, сотворять.

В этом состоит замысел Творца — создать такое творение, которое бы стало равным именно Ему. Не похожим в чем-то, а именно равным Ему, то есть поднялось бы выше точки своего сотворения. В нашем случае это отражается примером со стыдом.

8. Это похоже на то, как один богач привел к себе бедняка, кормил, поил, дарил ему все, что тот мог только пожелать. Бедняк же, в мере увеличения бескорыстно вручаемых даров, испытывал все больше удовольствия и все больший стыд.

Одновременно два противоположных ощущения. И никуда от этого деться не мог. Человек, который получает необходимое, нужное, хорошее, любое наслаждение, и видит при этом дающего это наслаждение, переживает два совершенно противоположных, отдельных, самостоятельных ощущения, впечатления: приятное от того, что он получает и неприятное от ощущения, что ему дают.

И когда богач спросил: «Скажи мне, выполнил ли я все твои желания?»

Причем, необходимо здесь отметить, что со стороны «богача», или со стороны Творца, мы получаем абсолютно бескорыстно. Нам это совершенно неважно — бескорыстен Он или нет. Ощущение того, кто дает, вызывает в нас стыд. Мы не проверяем степень Его бескорыстия. Если бы он не был бескорыстным, у меня не было бы стыда, потому что он делал бы это для себя, ради себя, и тогда я бы думал: «Давай, ладно, если ты от этого имеешь какую-то выгоду, а я от тебя получаю, то я не чувствую никакого стыда. Ты это делаешь для себя».

А вот, если он это делает не для себя, а для меня — вот здесь только, то есть именно при бескорыстном вручении, получающий ощущает стыд.

И ответил ему бедняк: «Желание одно осталось во мне, чтобы все это заработано было мною, а не получено милостыней из твоих рук». Ответил богач: «Эту потребность не сможет удовлетворить никто».

Это единственное, что может сделать только сам получающий. Только он может каким-то образом компенсировать ощущение дающего.

Дарование Торы. Урок 1

Мы находимся в заданных условиях, от которых нам никуда не убежать. Есть Дающий — Творец, и мы — получающие, хотим мы этого или не хотим, мы никуда от этого деться не можем. То есть все наше существование: дыхание, каждая секунда жизни, функционирование на любых уровнях — все это уже ставит нас в положение получающих. С этим нам нечего делать.

Поэтому, если Творец сегодня бы нам открылся, мы бы испытали такой дикий, жуткий стыд, который в Торе называется *геном* (ад) — это и есть ад. Никакого другого ада не существует. Ощущение Творца как Дающего в кли, которое получает, называется стыдом, называется адом в той мере, в которой оно не может быть скомпенсировано.

Это жуткое чувство. В нашем мире, если мы стыдимся — это всего лишь слабый отблеск того стыда, который, вообще, человек может ощутить наедине с Дающим, на самом деле бескорыстно дающим Творцом.

В нашем мире мы обычно не стыдимся того, что получаем — это не так уж страшно. В нашем мире мы стыдимся наших, якобы, нехороших поступков — мы сами перед собой стыдимся. Мы все время это компенсируем каким-то образом: все крадут, и я краду, все такие, и я такой, и так далее.

Мы все время подстраиваем себя под некий общий стандарт, чтобы нам не было стыдно. В принципе, все, что мы делаем в нашем мире, кроме самого необходимого, животного, — мы только компенсируем чувство стыда. Все наши постижения, весь наш прогресс, развитие, достижения, поиски — все это основывается только на чувстве стыда, чтобы компенсировать его, чтобы нам не было стыдно — это нас толкает обратная сторона эгоизма.

Поэтому Бина, когда мы постигаем это свойство, является абсолютным умиротворением, покоем — хафец хесед: ни в чем не нуждается, готов все отдать, отсутствует чувство стыда. И отсутствует одновременно с этим мотивация развития, в нем нет необходимости. Поэтому начинает добавляться эгоизм, и таким образом Бина вместе с Малхут начинает расти.

Богач говорит: «Я тебе могу сделать все, кроме одного: компенсировать чувство стыда можешь только ты сам».

Это естественный закон нашего мира: получающий ощущает стыд и нетерпение в момент получения бесплатного дара от дающего из милости или из жалости к нему.

Почему это сделано?

Это Творец устроил — в первой же стадии Он создал кли и наполнил его. Вроде бы все хорошо и нормально. Нет, Он сделал так, чтобы это кли начало ощущать кроме света нулевую стадию — Его самого, Дающего и поэтому, ощущая внутри себя Дающего, это кли захотело стать подобным Дающему, то есть отдавать. Вот так из желания получить возникла следующая стадия — желание отдавать.

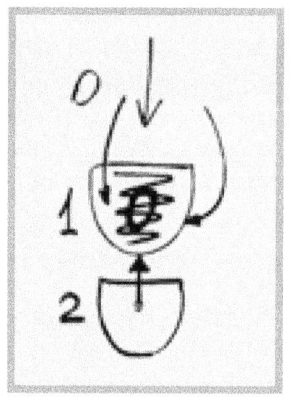

Отсюда исходит несколько выводов: свет может исправить эгоизм на альтруизм, и следующий вывод — о том, что явление Творца человеку дает ему стимул, единственную возможность, оказывает такое давление, что вызывает в нем обязательность уподобиться Дающему.

До тех пор, пока мы не увидим Творца, у нас не будет никакой возможности хоть на один грамм стать альтруистом, — никак мы свой эгоизм не сможем переделать. Мы можем выкручиваться, как угодно, в той мере, в которой Творец проявится хоть немножко, на один грамм, тут же исправляется кли. Автоматически — не надо ничего больше: прямо из первой стадии получается вторая. Для этого не надо никаких усилий — это мгновенная реакция на ощущение Дающего. Она заложена в этом корне.

Вывод таков, что в нашем мире, то есть в нашем состоянии нам не хватает только одного — ощутить Творца! Ощущение Творца вызывает в нас то, что называется верой, то есть силой, которая выше эгоизма, которая нам помогает идти выше нашей природы. Она становится нашей настоящей природой. Это и называется вера выше знания. То есть нам не надо никаких усилий, нам не надо поднимать себя вверх, подтягивать, как-то выкручивать — ничего из этого не получится.

Никакие страдания, никакие посты, никакое механическое выполнение заповедей — ничего вам не поможет. Поможет только одно — раскрытие Творца! В той мере, в которой оно произойдет — я изменюсь, не произойдет — останусь таким, как есть. Все. Закон виден отсюда. Значит, вся эта методика должна нас привести только к этому состоянию, а после этого уже все пойдет гладко.

Из этого (из того, что раскрывается на примере «богач и бедняк») *следует второй закон: не найдется в мире человека, который мог бы полностью выполнить все желания другого, то есть никак не сможет придать своему дару вид самостоятельного приобретения, что только и может дать получающему ощущение совершенства наслаждения.*

То есть я могу дать другому человеку все, но я не могу дать ему и одновременно создать в нем ощущение, будто он сам это приобрел,

Поэтому совершенный Творец приготовил нам возможность усилиями в самоисправлении методикой Каббалы самим достичь совершенства.

И все, что мы видим, сотворено только для того, чтобы компенсировать чувство стыда. Ну, а для чего Творец создал этот стыд? Не делал бы так, чтобы я стыдился. Но если бы Он не сотворил чувство стыда, то во мне не возникло бы стимула уподобиться Ему. Я бы не поднялся на Его уровень. Я бы не стал таким, как Он.

То есть стыд, ощущение Дающего, создано в кли специально для того, чтобы поднять кли на уровень его Создателя.

В таком случае все благо и наслаждение, приходящее к нам от Него, то есть все заключенное в понятии «слияние с Творцом», будет нашим собственным приобретением, доставшееся нам нашими усилиями — только так мы сможем почувствовать себя хозяевами и ощутить совершенство.

9. Однако, из какого закона природы исходит стыд, который мы ощущаем, когда получаем от кого-то из милости?

Стыд является следствием известного закона природы «Природа каждого следствия, ветви, близка к своей причине, корню и подобна ему». Этот закон действует между любым корнем и его ветвью и не может быть нарушен.

Закон корня и ветви часто понимают неправильно: все одинаковое, что есть на Высшей и низшей ступенях, должно быть приятно низшей ступени, а не ощущаться как стыд. На самом деле, закон корня и ветви говорит о том, что сила, которая строит низшую ступень и ее желание насладиться, — эта сила, наполняя желание насладиться низшей ступени, ощущается в ней, как наслаждение.

Сам Творец, Его ощущения, Его проявления, Его явление в нас, Его раскрытие в нас — это и является тем наслаждением, которого мы все время ищем, и в нашем мире, в том числе. Несмотря на то, что мы ищем вроде бы самых разных наслаждений — это все просто одеяния на проявления Творца. Что бы нам не казалось приятным, — это ощущение Его, хотя оно может быть и далеким, и совершенно уже потерявшим как бы прямую связь с Ним, но все равно, это какой-то маленький осколочек, маленькая искра света, и только это может дать нам наслаждение.

Из этого следует, что все существующее в корне — желанно, любимо, полезно, приятно, вызовет ощущение наслаждения в ветви, и она устремится к корню. И все несвойственное корню — неприемлемо, нетерпимо, вредно, вызовет ощущение страдания в ветви, и она устремится от этого.

Отсюда поймем источник всех наслаждений и страданий в мире: поскольку Творец создал все, и Он — корень всех творений, то все содержащееся в Нем и нисходящее напрямую от Него к нам, притягательно для нас и приятно, а все, что не свойственно Творцу, не исходящее напрямую от Него, а являющееся результатом проявления обратных свойств самого творения, (то есть меня самого, а я по своей природе противоположен Творцу) — *противно нашей природе и вызывает страдания.*

Если я ощущаю свои собственные неисправленные свойства, — мне плохо. Если я ощущаю уже исправленные свои свойства, — мне хорошо, потому что они уже подобны Творцу, и поэтому, они ощущаются мною, как нечто приятное. Неисправленные мои свойства противоположны Творцу, и потому ощущаются мной, как нечто неприятное. И никуда мне от этого не деться.

Например, мы любим покой, ненавидим движение — настолько, что любое движение мы совершаем только ради достижения покоя. И это потому, что наш корень, Творец находится в абсолютном покое.

Мы любим покой, он вызывает в нас наслаждение. Вы можете сказать, а есть люди, которые любят двигаться и бегать — это для них называется покоем.

По той же причине мы любим мудрость, мужество, богатство и так далее, ведь все это находится в Творце, ибо Он — наш корень. И ненавидим все противоположное им: глупость, слабость, нищету, так как они совершенно отсутствуют в нашем корне.

Такими мы созданы. Мы можем думать и говорить все, что угодно. Мы можем искажать это всевозможными способами, создавать различные теории — это не поможет, все равно в нашей основе, после того, как мы скинем с себя все условности, находится только этот закон.

10. *Поскольку Творец, наш корень, только дающий, а не получающий, — мы, Его ветви, ощущаем наслаждение, когда даем, и стыд, когда из милости получаем.*

Но что-то мы не ощущаем наслаждения, когда даем, а наоборот чувствуем его, когда получаем, потому что, опять-таки, не ощущаем Дающего. А если бы мы ощущали получающего от нас, а себя — дающими, тогда мы действительно ощущали бы наслаждение и абсолютное совершенство. И тогда не чувствовали бы собственных внутренних потребностей, то есть состояния, когда мне надо больше, мне надо это, мне надо то... В нас пропало бы ощущение времени, мы бы вышли на уровень вечности.

В этой игре «дающий-получающий», обретением нами свойств дающего, мы выходим на уровень ощущения жизни, как бесконечного существования. Не окунания время от времени в эгоистический уровень нашего мира, а нахождение над махсомом, и не на нулевом уровне махсома, а нахождение уже на уровнях подобия Творцу или уже в Гмар Тикун (полном исправлении). То есть все сводится только к подобию или к отличию свойств кли от света, или нас от Творца.

11. Что же на самом деле представляет собой Цель творения — «слияние с Творцом»? *«Слияние», достижение которого гарантируется нам занятиями Каббалой — это подобие ветвей своим корням, в соответствии с чем все приятное и возвышенное, естественно находящееся в Творце, ощущается нами. Таким образом, наслаждение — это подобие свойств Создателю. Если мы уподобляемся в наших действиях всему, что присуще нашему корню, мы испытываем наслаждение. Все, что отсутствует в нашем корне, — вызывает в нас страдание. Таким образом, все зависит и основывается на степени подобия наших свойств нашему корню.*

МЕТОДИКА ВОСХОЖДЕНИЯ НА УРОВЕНЬ ТВОРЦА

14 октября 2003 года

Мы изучаем методику восхождения на уровень Творца. Творец это — абсолютное наслаждение, поэтому Он должен был скрыться: ведь если раскроется нам, то мы просто будем рабами этого наслаждения и ничего не сможем с собой поделать — мы автоматически будем впитывать только это наслаждение.

Для того чтобы сделать нас свободными, равными Себе, Творец и скрывает Себя. Но если Он скрыт, как же мы можем уподобиться Ему, сделать из себя Его образ? Для этого Творец создал в нас начальную точку (точку в сердце, точку Бины), из которой, с помощью нашего эгоизма, мы можем уже строить образ Творца.

Весь наш эгоизм по объему, по своей мощи, силе, глубине равен Творцу. И с помощью точки в сердце, используя эгоизм для ее развития, для того, чтобы она властвовала над ним и указывала, как использовать ее, мы из всего этого эгоизма и создаем в себе образ Творца. Каким образом?

Мы используем его так, как Творец использует Себя относительно нас. Он относительно нас — полностью Отдающий, и мы используем свой эгоизм с точкой Бины только ради отдачи.

Мы не знаем, куда эта точка в сердце тянет нас, потому что Творец скрыт. Иначе мы бы устремились к этому состоянию с нашим эгоистическим желанием. Каким образом, находясь в состоянии абсолютного неведения, абсолютной темноты, абсолютного скрытия, выйти из-под власти эгоизма, самим свободно искать путь все большего подобия Творцу, то есть вырисовывать внутри себя Его образ и по собственному разумению создавать его в себе, то есть делать себя, лепить себя подобными Ему? Как это сделать, откуда брать пример, если Он скрыт?

Для этого Творец разбил Общую душу на множество частей и указал нам на очень простое правило: «Если вы хотите лепить из себя таких, как Я, вот — эгоизм и вот — остальные души: относитесь к ним, как Я». И теперь мы должны (у нас есть такая возможность) использовать имеющийся у нас материал: точку в сердце, называемую «Исра-Эль» (устремляющийся к Творцу), и эгоизм, который тоже у всех на своем месте (правда еще не весь раскрыт: раскрыта лишь малая часть его — так называемая животная — он позже проявится в нас).

Все нечистые миры, весь наш огромный эгоизм, называемый «Фараон», должен проявиться у нас во всей своей мощи и красе: по величине, по глубине, по силе, равным Творцу, но равным по модулю, потому что он — с обратным знаком.

А мы должны подставить этот эгоизм под точку Бины и таким образом поднять Малхут с помощью Бины до Кетер. В этом и заключается наша методика. Где же нам найти все эти остальные души? Для того чтобы найти все эти остальные души мы должны создать группу, которая являлась бы для нас маленькой моделью общей души «Адам», и относиться к ней так, как относится Творец ко всем творениям. Почему именно группу? — Потому что в ней будут находиться люди, которые понимают наши устремления, и с ними, с их поддержкой, мы будем вместе работать.

Товарищи возвеличивают во мне нашу общую Цель, подкрепляют меня, поддерживают, понимают мои устремления; я учусь у товарищей, они учатся у меня, мы вместе работаем в одном направлении. Это облегчает работу, делает ее удобнее, надежнее, веселее — группа помогает во всем. И если у меня отберут все возможности, которые только могут быть у человека, окажется, что кроме группы, поддерживающей, направляющей меня, показывающей

Методика восхождения на уровень Творца

мне следующую ступеньку ценностей, важную и желанную для достижения, мне в принципе, ничего и не надо.

Группа определяет Цель, группа определяет тот образ Творца, которому я должен уподобляться в каждый момент своего нахождения в группе. Каждая частичка общей души находится под властью всех остальных частичек: или под нечистой, или под чистой. И поскольку закон един для всех миров, то человек, желает он того или нет, все равно находится под влиянием общества. Поэтому выбор группы, выбор окружающего общества, является в итоге единственным его свободным волеизъявлением и определяет весь его путь.

Проблема в том, что человек обычно забывает об этом. Он забывает о том, что должен только исследовать себя, а исследовать себя он может только с помощью света Творца. Он забывает о том, что исправить себя он тоже может только с помощью этого света Творца. Он забывает о том, что все его желания в каждое следующее мгновение определяются не им самим, а Творцом или его собственным эгоизмом (это одно и то же, пока он неисправлен). И единственная возможность изменить это — не собственной силой воли каким-то образом где-то что-то искать, а через окружающую среду, общество.

Получается так: у меня нет своих сил — эти силы я должен просить свыше; у меня нет никакой возможности что-то увидеть самостоятельно — я должен просить свыше, чтобы увидеть. То есть то, что я он попрошусит свыше, то мне ему и дадут в результате моих его усилий. У меня нет никакой возможности самому начать правильно думать — я он должен создавать вокруг себя общество, которое и будет помогать мне в переоценке ценностей, возвеличивании Творца, возвышении Цели, если я к ней желаю двигаться.

В человеке вообще ничего нет, кроме начальной точки Бины. Значит, все остальное он должен искать снаружи: или у окружающего общества, или у Творца. Это антиэгоистическое, неестественное для нас состояние, является самым главным препятствием на нашем пути. Мы всегда укоряем себя, мы всегда ищем в себе причину, мы в себе надеемся найти какие-то ресурсы, силы. А на самом деле это все находится вне нас. И обращение к чему-то внешнему крайне против эгоизма, поэтому нам очень трудно об этом помнить, нам очень трудно контролировать себя.

Я забываю об этом и начинаю представлять себя якобы источником сил, источником возможностей, источником мыслей. Я начинаю укорять себя: «Почему я не такой?» А я и не могу быть другим. Я должен укорять себя не за это, а за то, что забываю о внешних источниках своих хороших мыслей и сил, с помощью которых могу двигаться, реализовывать эти мысли.

Человек забывает, и ничего с этим не поделаешь. Только окружающая среда должна напоминать обо всем. Она должна представляться складом методики, хороших мыслей, направлений, резервом, памятью, которые будут меня всегда поддерживать. Я проснусь, а товарищи должны мне напомнить, где я, что я, в каком направлении должен двигаться; они должны меня возбудить, они должны мне дать силы.

Почему? Потому что я заранее вложил в них все это. Я договорился со своими товарищами о таком взаимном обеспечении. И поэтому каждый из нас думает сейчас о том, как другим, а через них в итоге себе, вернуть эту самую главную информацию, иначе мы полностью выпадем с нашего духовного пути.

Стоит только начать принимать это специфическое окружающее нас общество — созданное нами искусственно, специально, — как свой разум, свою память, своего направляющего, инструктора, родителя, воспитателя, врача — и в нас должно появиться чувство полной зависимости от этого окружающего нас маленького общества, своей группы.

Человек должен понимать, что то устремление, которое у него есть, может пропасть: оно не находится в нем постоянно. Сколько раз в течение дня вы получаете толчок изнутри и начинаете вспоминать о том, где вы, что вы, для чего вы? А если вы и вспоминаете, то только потому, что все-таки относитесь к группе, все-таки находитесь в ней.

Посмотрите на людей, которые выпадают из группы, находятся в отрыве от нее. У них пропадает даже ощущение того, что они находятся в отрыве, что они не в пути, что они не к

Цели — уже и этого нет, группа не поставляет им такой возможности. Подойдет следующее по спирали решимо, да и не одно, а несколько, прежде чем человек почувствует эту разницу в несколько решимот, и его снова толкнет на поиск Цели.

Осознанно или нет, мы все питаемся от группы. Поэтому, представление о том, что все необходимое находится вне меня, все мои силы находятся в группе, а не во мне, — это истинное представление нашего пути, и оно очень помогает правильно настроиться на связь, на определенный стиль отношения к окружению, к группе.

Такая зависимость от группы, при которой все будущее определяется ею, приводит к переоценке ценностей, и группа становится самым важным. Я начинаю заботиться о ней так, как человек заботится о том, в чьих руках находится его душа, его состояние, его судьба. И тогда невозможно относится наплевательски к своим товарищам, я должен заботиться об их возвышении об их духовном состоянии, об их мыслях, об их чувствах, о том, как они, в свою очередь, относятся к группе.

Когда я чувствую, что я сам по себе, то я как-то владею собою, я хозяин себе. Но если чувствую, что я весь, все мое будущее, вся моя жизнь, все мои силы находятся в чужих руках, то становится просто страшно. Где они, почему они об этом не думают, почему они об этом не беспокоятся — я начинаю требовать этого от них, я начинаю за них бояться, переживать. И именно из чисто эгоистического «ло лишма» и возникает осознание того, что я полностью нахожусь во власти этого окружающего меня маленького общества, — так же, как тяжелобольной полностью находится на попечении его окружающих и зависит только от них.

Если я действительно ощущаю себя совершенно беспомощным, неспособным контролировать будущее, и только товарищи, по своей доброй воле, по своему желанию, определяют все, то, конечно, возникает настоятельная необходимость собраться, написать какой-то устав, каким-то образом организоваться, все время совершенствоваться, поддерживать друг друга, заботиться друг о друге, чтобы эти общие мысли, общие устремления были действительно определяющими, направленными на Цель, и чтобы мы ни в коем случае никого не забывали.

Получается, что нет другой заботы у человека, кроме как о тех, кто его поддерживает, формирует, определяет. И это на самом деле так, потому что, кроме точки в сердце, устремленной к Творцу, все его девять сфирот — это свойства, которые вне человека и определяются окружающим обществом, группой, или всеми остальными 599 999-ю душами, которые, кроме него, находятся в системе, называемой «Адам», — в созданном Общем кли. Они определяют его вектор движения, все свойства, приобретаемые как свойства Творца — это все находится в них, а не в нем, потому что его желание не оформлено.

Что такое Малхут? Это просто «рацон лекабель» (желание насладиться), это просто желание. Желание чего? Кока-колы, пищи, секса, почета, того, что есть в нашем мире, или того, что находится в первых девяти сфирот? Первые девять сфирот — это все остальные души. Они определяют мой вектор, а я определяю только желание, стремление куда-то. Куда? Не знаю. Возможно, уйти обратно, в свое внутреннее желание.

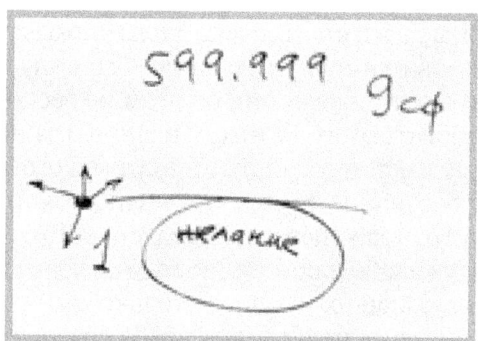

Группа — она в той мере группа, в которой я создаю в ней понимание связи между товарищами, понимание образа Творца, понимание устремления вперед (см. рисунок на стр. 213).

Что значит альтруизм, что значит выход из себя? Это значит, что группа определяет мои первые девять сфирот — она определяет тот духовный уровень, который будет у меня.

Мой уровень не может быть выше уровня группы. То есть группа не только определяет вектор, она практически создает мне ту максимальную ступень, которую я могу достичь. Уровень ни одного из членов группы не может быть выше уровня группы в целом. Он может быть меньше: человек может не реализовать всего того, что дает ему группа; начинающие могут с трудом понимать то, что говорится в ней, и то, что в ней реализуется совместной деятельностью.

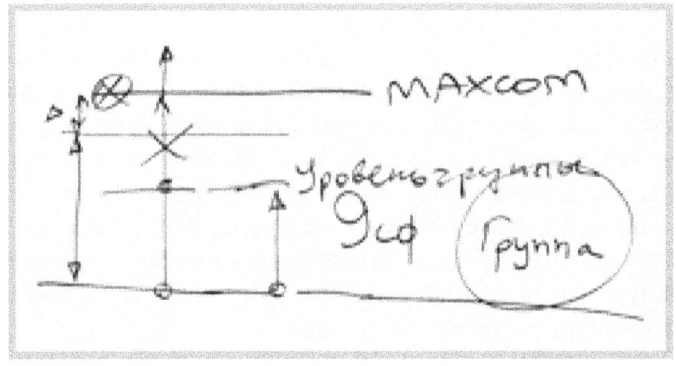

Никогда представление человека о Творце, его подобие Творцу, его ощущение, постижение не могут быть выше, чем группа может предоставить ему это: первые девять сфирот формируются группой. Направление может быть правильным, но высота определяется группой, и это не дает ни одному из членов группы подняться выше ее уровня.

Бааль Сулам пишет о том, насколько проход в духовный мир несложный. Тут главное — не сила, не давление, не количество лет. Тут главное — правильное направление и немножко вперед.

Есть люди, которые находятся на таких уровнях, что смогли бы уже перейти махсом. И таких людей среди нас десятки. Но если раньше каббалисту требовалось лишь узкое окружение, чтобы оно могло называться группой, обществом, заменяющим все остальные души: пять-шесть человек вокруг каббалиста могли концентрировать в себе все эти свойства, — то сегодня этого нет. Сегодня нужна огромная и правильная группа, то есть необходимо и количество, и качество.

Есть много людей, чей индивидуальный уровень достаточно высок, но уровень группы от них скрыт. Поэтому они не могут дойти до махсома, тем более перейти его.

Так, значит, вся группа должна достичь уровня махсома? Нет, она не должна быть вся на этом уровне, но она должна достичь какого-то критического уровня, который позволит каждому из ее членов проскочить махсом.

С одной стороны, человек никогда не может быть выше уровня группы, с другой стороны, не вся группа должна быть на уровне перехода махсома, для того чтобы обеспечить проход. Здесь есть зависимость общего уровня группы от вклада человека в нее. Общий уровень группы может быть и ниже, но человек при этом должен внести дополнительный вклад в нее от себя. Так что проход махсома в общем-то не групповой, а индивидуальный. Но эту индивидуальную часть каждый добавляет уже от себя, а критический уровень достигается группой.

Тогда каждый входящий в нее и сделавший свою индивидуальную работу проскакивает махсом. То есть для того чтобы проскочить махсом, человек должен создать в себе определенный потенциал. Группа при этом имеет свой потенциал, но он относительно меньше потенциала этого человека, который может проскочить махсом. Поэтому человеку надо подставить ступеньку, с которой он уже сможет вскочить на следующий уровень. Он обязан вскочить на следующий уровень своим индивидуальным усилием, но без этой ступеньки он этого сделать не сможет.

С этой ступеньки, с этого критического уровня, который должна дать группа, уже подскакивают индивидуально. А остальные пока остаются, но группа обеспечивает каждому их индивидуальный прорыв. Прыжок — он самостоятельный у каждого, но с того уровня, который обеспечивает группа.

Где он, этот уровень? Этот уровень полного согласия находиться в эгоистическом и в духовном взаимообеспечении в группе. То есть, мы согласны работать друг на друга, для того чтобы вместе и каждый в отдельности эгоистически достичь своей цели. Этого достаточно.

А индивидуальный прыжок обеспечивается тем, что человек желает оторваться от всего своего эгоизма: даже не представляя себе, что это такое, он согласен с этим, желает этого — таким образом себя настраивает. Это происходит уже под воздействием личного ор Макиф, который помогает сделать еще и этот скачок.

Итак, есть среди нас десятки людей, которые находятся в том состоянии, когда могут совершить этот индивидуальный скачок, однако общего уровня группа им предоставить не может. Каждая группа в отдельности, где бы она ни была, недостаточна по мощности. Поэтому нам необходимо объединить все группы вместе и поднять их общий уровень. Но дело скорее не в подъеме, а в объединении.

- **Вопрос: Есть ли все-таки возможность, будучи в маленькой группе, перейти махсом?**

Нет никакой возможности перейти махсом, не доведя группу до определенного критического размера. Масса в наше время определяет все, потому что мы пришли к такому состоянию, когда весь мир, все души должны подниматься до уровня Творца. Мы находимся на пороге общего исправления, а не частного, которое происходило в течение всех предыдущих веков. Каббалисты отработали на себе частное исправление мира и подготовили наш мир к тому, чтобы являться проводниками Высшего света в него.

Неважно, живут они сейчас вместе с нами или уже не находятся в телах. Они являются теми душами, которые, находясь в нашем мире, достигли своего личного Гмар Тикуна, и поэтому замыкают третье состояние, Гмар Тикун, на наше — второе состояние — и проводят в него достаточный ор Пними (внутренний свет). А мы своими занятиями и своими групповыми действиями, вызываем на себя ор Макиф (окружающий свет).

Все, что должны были сделать каббалисты — провести в наш мир, в наше состояние, ор Пними, — они сделали. И этот ор Пними находится уже в нашем мире в достаточном количестве Сейчас этот внутренний свет, который проводят каббалисты в наш мир, начинает возбуждать изнутри все большие и большие массы людей к поиску духовного. И постепенно весь мир начнет подниматься.

Не нужны уже больше каббалисты-одиночки в этом мире. Они пришли и сделали свое. Есть определенное количество «трубочек» (душ), через которые в наш мир входит ор Пними. И этот свет нас всех изнутри подталкивает, вызывает в нас решимот. Кроме того, этими же душами притягивается и ор Макиф. И таково общее состояние мира.

Поэтому, начиная с конца 20-го века, нет расчета с каждым человеком в отдельности, а есть расчет с массами людей, устремляющих к Творцу. Если бы этого не было, то у нас в Бней Барух не возникло бы особой потребности создавать где-то группы: они бы возникали в результате общего устремления, распространения, но довольно пассивного. Но нам самим теперь жизненно необходимо создать определенную критическую количественную массу, для того чтобы выйти в Высший мир: любая группа, где бы она ни была, сегодня не может сделать этого самостоятельно. Общее управление имеет свои законы.

- **Вопрос: Если у меня будет группа в сто человек?**

У тебя может быть группа хоть из двухсот человек. Я не думаю, что сегодня это поможет. Группа должна быть связана с группами другой ментальности, других географических и общественных условий. Сегодняшняя группа должна представлять собою как бы мини-человечество, иначе не дадут нам прохода. По крайней мере, это то, что сегодня я чувствую.

Я не раз подчеркивал, что не знаю на самом деле, каково будущее, потому что это еще никогда не было овеществлено. Но мне кажется, что должно быть так. Я четко вижу, что есть люди, которые достойны проскочить махсом. Если бы они жили в предыдущем поколении, если бы они жили вместе с моим Учителем, то есть всего лишь 15-20 лет назад, они бы проскочили.

Но сегодня совершенно другие условия. Управление миром с конца 20-го века поменялось. Теперь свыше к нему относятся как к общему творению. Индивидуалистов нет. Значит, вся наша работа должна быть больше направлена на расширение, наружу, то есть на обретение большей массы, но, с другой стороны, и на возвышение нашего качественного уровня.

Я еще раз говорю, что десятки людей на сегодня внутренне подготовлены своими прошлыми состояниями. Они уже прошли достаточное количество гильгулим, кругооборотов жизни, достаточно собрали, вобрали в себя информацию, страдания, устремления к Творцу, которые в них сейчас проявляются. И теперь буквально маленькое направление, маленький, но общий подъем, может вывести их за махсом.

- **Вопрос: Какими действиями маленькая группа может включиться в большую, чтобы действительно включиться в нее и получать все, что есть в большой группе для своего личного продвижения?**

Отношение маленькой группы к большой группе — это как отношение человека к группе, то есть полное принятие того, что существует в общей группе, понимание полной зависимости от общей группы: общая группа определяет мысли, чувства, внешнюю память, она — все, что выводит из бессознательного состояния в сознательное, все, что представляет образ Творца. То есть абсолютно то же, что и в отношениях человека и группы — нет никакого отличия.

Есть духовное правило: «клаль у-прат шавим», — общее и частное подобны друг другу. Все состоит из десяти сфирот, делится еще на десять, еще на десять... и все законы между ними абсолютно идентичны. Нет других законов, есть один закон на всех: притяжение-отдача, свойство Бины — свойство Малхут, — больше ничего нет. Творец и творение.

Работа между нами на самом деле простая: в ней нет множества запутанных связей. Если мы четко поймем ее и будем шлифовать, то нам большего и не надо — оно в нас уже приготовлено. Надо только убедить всех нас и настроить.

Любой механизм, любую систему, когда ты ее готовишь к работе, важно настроить. А когда она уже запущена, то начинает сама себя поддерживать. В ней даже создаются такие связи, которые сами себя исправляют, корректируют, не дают выходить за пределы, то есть она уже самолечащаяся. И если какой-то ее элемент пытается выйти из строя, общая работа системы уже корректирует его и возвращает обратно в более исправленное состояние.

Значит, самая главная наша задача — осуществить запуск этой системы. А потом она уже пойдет — пока ковыляя, как маленький ребенок, — но она уже не будет рассыпана, как сегодня. Тогда сразу же она вызовет на себя окружающий свет, ор Макиф, который будет относиться к ней, как к единому организму, и будет ее уже держать. Я надеюсь, что мы в эту нашу встречу этого достигнем.

- **Вопрос: Значит ли это, что «ашгаха пратит» (личное управление) отменено?**

Ни в коем случае личное управление не отменено.

Есть общее и личное управление Творца (см. рисунок на стр. 219). Общее управление Творца осуществляется в нашем мире через окружающий свет, ор Макиф (на рис. — **О"М**), а частное управление Творца распространяется на каждую отдельную душу. Это ор Пними (на рис. — **О"П**), который мы не ощущаем, но он индивидуально относится к каждому из нас.

Ни в коем случае частное, личное управление каждым из нас не отменяется. Но сейчас, когда все человечество, весь этот мир должны слиться с ор Макиф, и этот ор Макиф должен стать нашим ор Пними, внимание обращено не на одного человека, не на отдельную личность, как в прошлые века, а на весь этот мир, на то, насколько он подготовлен вместе с этим человеком.

Сейчас не спрашивается с человека, что он делает. Сейчас спрашивается, находится ли он в соответствии с этим миром. Мы вышли на такой исторический уровень, когда весь этот мир должен вобрать в себя ор Макиф как ор Пними. Поэтому индивидуальное управление сегодня не определяющее.

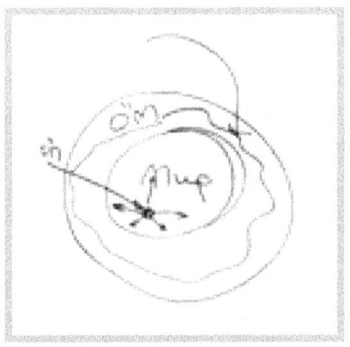

Я просто это вижу, и вы увидите это. Я вижу это по тем людям, которые прилагают огромные усилия и готовы отдать все. Но не хватает нашего подобия общему управлению.

- **Вопрос: А еврейский народ находится под частным управлением?**

Нет, еврейский народ — это совсем другое дело. Об этом как раз говорит рабби Эльазар. Есть два управления: общее (ор Макиф) и частное (ор Пними). Раньше, частное управление относилось или к человеку-каббалисту, или к народу, как к группе каббалистов, которая должна была передать методику человечеству. В наше время, когда все переходит на общее управление, мы больше идем согласно рабби Эльазару, а не рабби Шимону. Рабби Эльазар — это сын рабби Шимона, его следующая ступень. Он всегда говорит о возвышении человечества относительно Творца.

На сегодняшний день каббалистическая методика должна уже быть представлена всему миру и развиваться. На самом деле, она всегда была предоставлена всему миру. Мы можем это видеть на примере древних каббалистов или каббалистов средневековья. В те времена, а это были времена крестовых походов, времена преследования евреев, — у них уже были группы. Рамхаль, Абулафия организовывали группы из неевреев и обучали их Каббале. Абулафия обучал Каббале Папу Римского.

Еврейскому народу принадлежит его культура, его обычаи, у которых есть Высший корень. Из этих обычаев можно видеть (тому, кто может видеть), что на самом деле означают эти внешние обычаи в Высшем мире.

У Моше Рабейну была группа учеников, так называемых старейшин. Он обучал их Каббале, тому, что получил, тому, что его озарило. А народу он изложил это в зашифрованном виде, так, чтобы это было понятно и простому человеку и каббалисту. Простой народ находился на уровне механического выполнения. Он считал, что так надо, что это дано свыше. Те же, у кого возникало желание понять, что это такое, устремлялись к этому, могли и дальше обучаться.

Постепенно все это вошло в народные обычаи. До начала 20-го века не было рава, который бы не был за махсомом. До Ашла (18-й век) не было ни одного автора еврейских религиозных книг, который бы не находился на серьезном уровне постижения Творца, то есть выше уровня хазе дэ-Ецира. А поскольку с 20-го века начался совершенно другой период в исправлении душ, и весь мир должен был начать поворачиваться к исправлению, поэтому то, что мы называем управлением, ор Пними, прекратилось, ушло в течение нескольких лет.

Мой Учитель говорил, что в 20-х годах прошлого века, когда его семья приехала в Палестину, в Иерусалиме еще были люди, находящиеся в ощущении Высшего мира. Но потом они начали умирать, исчезать... Мир уже начал двигаться к самостоятельному подъему.

Методика восхождения на уровень Творца

Я не зря называю своего Учителя «последним из могикан». Он, в общем-то, замкнул собой весь этот период, всю эту тысячелетнюю цепочку. Она была довольно мощной. Сами же каббалисты не позволяли себе идти в массы: они понимали, что время распространения и развивития Каббалы еще не пришло. Поэтому и Книга Зоар была скрыта. Но другие каббалистические книги не были скрыты, они продавались в любом месте. И сегодня вы можете зайти в любой магазин и купить все, что хотите.

Мы не делаем ничего нового, когда выставляем всю каббалистическую информацию наружу — она всегда выставлялась. На протяжении всей истории каббалисты привлекали к себе учеников, конечно, насколько это было возможно в их время. Представьте себе 15-16-ый век, и где-то в дремучей Европе или еще где-то, происходит вдруг соединение между евреями и другим каким-то народом, хотя между ними всегда были антагонистические и запутанные отношения. И каббалисты начинают кого-то обучать. Это все связано с большими проблемами. Однако Абулафия, великий каббалист, учил Папу Римского. Хотя его потом убили...

Каббала — она для всего мира, и об этом говорит рабби Эльазар. Вся проблема только в том, каким образом ее передавать, когда ее передавать.

Каббалистическая группа, которую создал Авраам, потом стала называться народом. Биологической основы в этом нет. Эта группа обязана была передать методику всему остальному миру, помочь ее освоить. Потому что, как сказано в Мидраше (Иносказаниях), «Творец обращался ко всем остальным народам, но не смог найти такого, который бы принял Тору». Что это значит? Ни в одном эгоистическом желании не может возникнуть самого по себе желания принять методику самоисправления естественным путем, а можно только внести свойство Бины внутрь этого эгоистического желания.

Роль проводника свыше свойства Бины в наш мир, хотя мы и не видим этого, и выполняет та самая каббалистическая группа, которую создал Авраам. То есть вся

Каббала, как и вся Тора, предназначена именно всему миру, а евреи являются только посредниками — Творец избрал их для этого.

Тора ни в коем случае не предназначена еврейскому народу. Согласно своему корню, этот народ совершенно в Торе не нуждается — вот что парадоксально.

- **Вопрос: Продолжает ли существовать угроза для еврейского народа?**

Уничтожение европейского еврейства и все те проблемы, которые все время существуют у еврейского народа — результат несвоевременной реализации решимот относительно всего остального мира. И это происходит систематически со времен крушения Первого Храма, в той мере, в которой мы запаздываем с реализацией наших коллективных решимот. Отношение к нам во все века было как к единому целому.

Как только мы запаздываем с реализацией тех решимот, которые должны реализовать относительно себя и других народов, так сразу же через эти народы мы получаем удар. И это, надо сказать, совершенно верно и справедливо. Это же ждет нас в будущем, если мы не будем делать того, что надо. Закон есть закон.

- **Вопрос: Каким должно быть взаимодействие групп между собой?**

Это все мы пытаемся сейчас определить и наладить. И в течение ближайшего времени, после того, как разъедемся, мы обязаны всю эту систему создать, причем связать все жестко. Она должна быть построена четко, согласно той духовной системе, которой мы должны быть связаны.

Я понимаю, что у вас могут быть другие мнения на местах, но эти мнения, к сожалению, в расчет нами приниматься не будут. Захотите — будете в этой системе, не захотите — тогда вы не с нами.

Мы примерно уже знаем, какой должна быть эта система, и потихоньку начинаем ее создавать. Мы будем объяснять ее вам, но, в принципе, особого понимания с вашей стороны и не требуется — вам надо практически слепо следовать ей.

Мы постепенно начнем видеть, как эта система совпадает с картиной Высшего мира. Мы увидим, как с ее помощью адаптируемся к этой картине, что просто приподнимаемся, поскольку наши связи становятся подобными тем видам связи, которые есть в Высшем мире. И если в каких-то формах и связях мы почувствуем неудобство, то будем их корректировать.

- **Вопрос: Как скоро может возникнуть критическая масса?**

Критическая масса может создаться буквально в течение нескольких месяцев. Это зависит только от нас: насколько мы начнем заботиться о том, чтобы наше Общее кли дало каждому из нас то давление, которое позволит ему проскочить махсом.

Вы должны почувствовать, что находитесь в руках своих товарищей, что сами ничего не можете сделать, что полностью зависите от них. Вот если такое внутреннее чувство необходимости в товарищах будет, то будет все.

А я чувствую это в себе. Я чувствую, что завишу от вас. Конечно, не настолько, как вы, но это абсолютно так. Потому что и мне дают возможности, дают силы в соответствии с тем, что я могу реализовывать вместе с вами.

Хотя у меня и есть своя личная связь, которая появилась еще до группы, но мои уровни все равно зависят от того, кому, как и сколько я могу передать. Я это четко понимаю. И необходимость совместно сделать практически то, для чего создано все мироздание, на меня давит. Мы с вами находимся в таком состоянии, важность которого трудно вообразить.

- **Вопрос: Если кли формируется только над махсомом, тогда как мы ощутим свою неполноценность, ощутим, что еще далеки от махсома?**

А это не ощущается. Вы ведь знаете рассказ о выходе из Египта, который повествует о нашем духовном пути.

Есть Фараон, который бьет, — есть необходимость убегать. Евреи преследуются египетским войском в полночь — человек убегает из своего предыдущего состояния, не зная куда, когда совершенно отсутствует всякое понимание того, что он делает. Весь народ бежит за Моше — человек бежит абсолютно со всеми своими свойствами, но не знает куда бежит, хотя впереди него вроде бы Моше, который вытаскивает, — потому что уже начинает бояться — он уже не может оставаться в предыдущем состоянии. Перед ними возникает «Ям Суф» (Конечное Море) — ему ничего не остается делать. Так описывается это внутреннее наше состояние.

Есть такой герой в Торе, такое свойство в нас, которого зовут Нахшон. Он прыгает в это море, он готов утонуть, только бы уйти с этой земли, из этого эгоистического свойства. И тогда расступаются воды, и все свойства человека входят в ярую Бину. В Бине есть два свойства: Гвура и Хесед (Милосердие). Гвура — суд строгий, но справедливый. Так вот, человек сразу же входит в это свойство Бины, которое не пропускает человека, не желает принять его в свойства Милосердия. Но эта преграда, Гвура в Бине, сразу же исчезает, и человек входит в свойство Милосердия в Бине. Люди проходят через Конечное Море, то есть там, где кончается эгоизм, и человек вступает уже в начало альтруистических свойств.

А до того, как они выходят из Египта, в течение несколько последних дней, — перед махсомом наступают несколько последних состояний, и когда эти состояния проходят, он тоже не понимает, что впереди уже махсом. Вообще все прохождение махсома — оно такое сумбурное, такое внутренне потрясающее!.. По вам, наверное, и сейчас **так** иногда проходят... что только потом вы начинаете это как-то немножко осознавать.

Вообще-то только после махсома, в процессе создания уже настоящего парцуфа, в этом парцуфе начинают адаптироваться какие-то переживания. А затем, с помощью «моха вэ-либа» (разума и сердца), то есть при организации системы рош парцуфа, человек и начинает понимать, что с ним происходит: обрабатывает эту информацию, ощущает ее, правильно сопоставляя данные с чувствами, и уже владеет ею.

- **Вопрос: Какова роль отдельного человека в обьединении всех групп? Или ее вообще нет?**

    Задача человека — включиться в общую работу. Никакого отдельного человека быть не должно. Это просто невероятно, что здесь человек может оставаться отдельным. Наоборот...

    Мы же не зря кричим «Ле-хаим» за одного, за второго... за десятого (мы просто не в состоянии сейчас поднять всех людей, которые работали для организации этой нашей встречи). Это не зря нами заведено. Мы должны знать, что делает каждый из нас, какую работу он сделал для группы. И это не только для того, чтобы поощрить человека, ведь Бааль Сулам указывает в статье «Последнее поколение», что надо обязательно поощрять таких людей. Мы желаем еще и возвысить эти его свойства. Мы желаем не просто отблагодарить его, мы хотим взять с него пример.

    Роль каждого человека — только в меру его слияния с группой, в меру его работы ради нее. Ничего другого нет. То, что вы сами занимаетесь, знаете прекрасно материал, никому ничего не дает, никому это не нужно. Не надо гнаться за количеством и качеством усвоения материала: если вы этот материал не можете применить к своим внутренним движениям, то он совершенно бесполезен, он, я бы даже сказал, вреден. Это называется «Хохмато меруба мимаасав» (Его мудрость больше, чем его действия). В Каббале это звучит, как насмешка, как «умник», то есть «мертвый груз»: этот груз только давит на человека, только путает его; человек уже находит все больше и больше отговорок, чтобы ничего не делать, и в итоге себя не реализует, не исправляет. Что при этом в нем происходит? Ничего.

    Есть люди, которые хорошо знают статьи и «Талмуд Эсер Сфирот», но если они не реализовывают свои знания в группе, то эти знания ничего не дают. Человек может прекрасно знать весь материал, но, умирая, ничего с собой не забрать. Вся животная память пропадает, умирает вместе с телом. Не зря говорится, что только добрые действия человека ведут его дальше, то есть в другой мир, потому что те исправленные свойства, те устремления, которые он накопил и реализовал в группе, остаются с ним. Это и определяет его духовный уровень, который уже не снижается.

Если вы уходите с урока, чувствуя большее давление, большую обязанность включиться в группу, обязать ее действовать на вас, обязать себя действовать на группу, связаться с ней больше ради того, чтобы уподобиться Творцу или хотя бы подняться к Нему немножко (мы не должны забывать об этой Цели ни в коем случае, группа — не самоцель) — если это все есть в вас, значит, урок прошел хорошо, и он действительно прошел. А если нет, значит, его просто не было: если вы просто получили еще какую-то информацию о парцуфим — это просто ничего не значит.

- **Вопрос: Как можно объединить несколько разных групп в одну группу?**

Мы не объединяем разные группы в одну группу, мы объединяемся в одну большую группу, в одну большую организацию. При этом имеется в виду не какое-то механическое объединение, которое есть сейчас между нами, а внутреннее наше объединение.

Я сегодня настолько эгоист, что мне вокруг необходима большая сильная группа, которая держала бы меня все время на каком-то минимальном духовном уровне и все время вызывала бы во мне все больший и больший внутренний подъем.

Сам я не могу этого сделать. Я могу встать однажды утром уже с совершенно другими мыслями — уже вперемешку с этим миром. Меня начнут интересовать новости, происходящие вокруг, и тысяча других проблем. И я буду думать об этом, как о чем-то очень важном, буду пытаться это срочно решить, что-то с этим сделать. То есть я подставлю себя под влияние внешнего мира. Чтобы этого не произошло, мне и нужна сильная группа. Группа должна быть такой, чтобы ежесекундно всю жизнь могла держать меня на каком-то духовном уровне, в возвышенном состоянии, чтобы я мог, не убегая от внешнего мира, существовать в этих двух мирах одновременно, как в одном, чтобы я один мир видел сквозь другой. Представляете, какая для этого нужна сила, гибкость в нашем воздействии на каждого из нас.

У нас в Бней Барух для этого есть очень много средств: мы созваниваемся друг с другом, посылаем сообщения, есть ежедневные занятия утром и вечером. Человек начинает свой день в 3 часа ночи у нас в Центре; после этого идет на работу; после работы, как правило, у него есть какие-то обязанности — и он снова с нами.

Наши отделы поначалу создавались довольно искусственно. Это потом они начали превращаться уже в действительно рабочие отделы. И сегодня, если есть какая-то работа, мы специально берем ее на себя, для того чтобы у нас было как можно больше чего-то общего. Вкладывая свои силы в общую работу, на этой общности продвигаешься.

Поэтому, если какая-то маленькая группа, несмотря на расстояние, связана с нами, но не достаточно объединена, то должна найти для себя какие-то общие действия. Например, было время, когда мы брали со стороны какую-нибудь работу: вместо урока за огромным столом мы собирали коробки, заготовки которых брали на картонной фабрике, — для того чтобы вместе что-то делать. Нам платили за это копейки, но никто с этим не считался — на самом деле, нам бы следовало приплачивать этим работодателям. То же самое культивировалось и у моего Учителя. Это необходимая вещь, которая намного важнее, чем занятия. Нельзя, конечно, только этим заниматься, но это тоже нужно. То, что мы создали, создали именно благодаря коллективному труду, нашей общей работе.

- **Вопрос: Почему к вам нельзя обращаться по духовным вопросам?**

Если у вас личный вопрос, то, пожалуйста: если я смогу, то посоветую что-то или помогу. А о том, что находится за махсомом, я вам объясняю на своих занятиях. Вам не надо никакой другой связи. Если у вас духовные проблемы — моя помощь для всех одинакова: через ваши вопросы на занятиях, так как все духовные вопросы, которые есть у вас, есть и у остальных, потому что мы все вместе — одно общее тело. А индивидуально я на них никому не отвечаю.

Не может быть индивидуальных вопросов и ответов. Я не могу из себя выдавить какой-то индивидуальный ответ. Я могу человека успокоить, дать какой-то ответ лишь в особо критическом состоянии. А так, в этом нет совершенно никакой необходимости.

Никакие частные контакты со мной вам не помогут, я уже объяснял это много раз. Сегодня все воспринимается наверху через наше Общее кли. Творец в упор не видит каждого в отдельности. Он видит нас всех только вместе. Он видит нас в той роли, которую мы должны исполнить относительно всего остального человечества. Только в этом нашем виде Он будет помогать нам. В той мере, в которой мы будем стремиться к распространению знаний о Творце во всем мире, в той мере Он нам будет помогать.

Индивидуально Он относится к нашему единому телу, а отдельному человеку помогать не будет, потому что Его задача сейчас — чтобы человечество поднялось к Нему. В той мере, в которой мы будем выполнять эту задачу, в той мере Он нас будет поднимать. Мы с вами избраны для этой роли. Мы с вами называемся «Исраэль» — устремленными к Творцу. Это то, что пишет рабби Эльазар. И поэтому нам некуда деваться — мы должны это сделать обязательно. И в этой мере, для этого, Он нас поднимет.

- **Вопрос: Может ли человек понять, что перешел махсом?**

Когда переход состоится, вы это сами узнаете. У некоторых появляются различные иллюзии, что они уже в мире

Бесконечности... и так далее. Естественно, когда человек полностью находится во власти своего эгоизма, ему кажется, что он в мире Бесконечности: он выполняет все, что приказывает ему Творец через его эгоизм.

Когда ты переходишь махсом, то ощущаешь одну Единственную силу, которая облачается в весь мир, ты сливаешься с ней, ты готов выполнять все, что находится в ней, и твое «Я» пропадает: оно включается в эту Высшую силу. Это состояние может появляться и до перехода, но переход махсома... Вы это увидите, услышите, почувствуете.

- **Вопрос: Как технически обеспечить связь между группами?**

Мы должны на сайте сделать доску объявлений, на которой бы выставлялись все сообщения, задачи, которые конкретно сейчас мы должны решить, и все могли бы это видеть.

Я очень рад, когда мне присылают сообщения о том, что где-то прошла лекция, где-то возникла группа и т.д. Неважно, маленькие наши достижения или большие. Они нам необходимы, мы не можем их взвесить в духовном — они измеряются не количественно. Эта мощность измеряется умножением количества на качество душ. Поэтому самые маленькие вещи могут, на самом деле, оказаться не маленькими. Нам надо обязательно быть в такой связи между собой.

И потом есть очень много вопросов, которые наш Центр в Израиле решить не может, а вы можете решить — так мы поможем друг другу. То есть связи должны быть напрямую. Должна быть такая часть в Интернете, которая позволит нам учиться друг у друга, видеть друг друга. Не должно быть чего-то такого в одной группе, что не касалось бы других групп.

- **Вопрос: Критический уровень группы должен быть таким, чтобы каждый был готов отдать любому в группе свой ор Макиф?**

Да. Что это значит? Я абсолютно четко понимаю, что мое духовное благополучие, продвижение, духовная ступень, жизнь, судьба находятся в руках группы. Если я почувствую, что нахожусь в их руках, это и будет означать, что я им отдался.

Я на самом деле нахожусь в этом состоянии, только я должен дойти до этого: я должен понять, что это так, и в соответствии с этим действовать. Значит, я не создаю никакие условия, я просто дохожу до такого уровня, когда вижу, что это действительно так, что я в их руках, что я внутри них. А затем я дохожу до такого уровня, когда соглашаюсь, чтобы это было так.

То есть я должен дойти до такого уровня, когда все равно согласился бы быть зависимым от других: даже если бы не было этой духовной круговой поруки, даже если бы не должен был зависеть, я захотел бы, чтобы так было. Это значит, что я одобряю структуру действия Творца и желаю в этом находиться. Именно это я выбираю, как единственно правильное и доброе.

Если я согласен с этим, то тогда действительно считаюсь освоившим эту духовную ступень, тогда я нахожусь на ней, то есть из всех возможных состояний выбираю именно то, что на ней происходит. Я выбираю руководство собою группой. Я полностью согласен быть в их распоряжении, быть в кли.

- **Вопрос: Расскажите, пожалуйста, об отношениях в каббалистической семье.**

Нет разницы в прохождении всех этих состояний мужчиной и женщиной. Есть специфика в психологии женской и мужской, но это только внешние проблемы. На духовном уровне их нет.

В нашем мире роль женщины — основная: размножение, воспитание детей и т.д., а роль мужчины вспомогательная. В Каббале — наоборот. Активное распространение — это роль мужчины, и эта роль главная. А роль женщины вспомогательная.

Женская группа должна быть вспомогательной, и она у нас очень активно помогает. Работа, которая ближе к духовному: подготовка книг к выпуску, чистка материала, преподавание в группах для детей и многое другое — это все женщины. Они находятся как бы на более интеллектуальной работе, чем мужчины, и выполняют все намного лучше. Они более исполнительные, более добросовестные. Мне лично удобнее работать с ними.

Если вы поговорите с нашими женами, то узнаете, что они практически остаются совершенно без нашего внимания. Если женщина знает, что муж, не появляясь месяцами, приносит домой миллионы, то соглашается с этим: ей нужны миллионы, он обеспечивает семью. А здесь женщина знает, что муж действительно занят самой высокой в мире работой, что он обеспечивает ее, ее детей, себя, да и все человечество самым важным, что только может быть. Наши жены видят мужей буквально час в день, то есть практически их не видят. Они видят их через призму группы. Я очень благодарен нашим женам. Они действительно героини!

- **Вопрос: Обязательно ли надевать кипу?**

Нет. Просто у нас в Бней Барух такой обычай. Покрывать голову — это обычай у всех восточных народов. Это делается как бы перед Творцом в знак скромности, боязни.

Это обычай. Ничего в нем нет. Когда приходишь в другое место, то ведешь себя согласно местным обычаям. Но мы никого не заставляем надевать кипу. Мне лично совершенно неважно, в кипе человек или без нее. Это внешнее проявление. Все, кроме души, не имеет значения.

Другое дело — скромность. Чтобы не вызывать в нас различные животные, естественные инстинкты, мы просим соблюдать скромность. Мы сейчас хотим заниматься духовными проблемами, а не телесными.

Мы не требуем никаких национальных и религиозных ритуалов. Каббала находится над всеми этими вещами. В статье «Последнее поколение» Бааль Сулам говорит о том, что каждый народ может оставаться при этом в своей религии, ведь Каббала говорит об исправлении сердца.

- **Вопрос: Могут ли внутренние постижения группы сбивать индивидуальные? Есть же еще и личный внутренний рост. Или мы все вместе проходим?**

  Мы не проходим все вместе. Каждый проходит индивидуально. Но каждый, проходя индивидуально, обязан опираться на общий уровень группы. Мой скачок может быть не больше, чем уровень группы, и только в той мере, в которой я вкладываю в нее. Если вклад оказывается достаточным, я проскакиваю махсом.

  Махсом означает мое полное растворение в Творце, мое полное растворение в группе, полную отдачу. Есть общая отдача группы, а мой уровень отдачи как бы на скачок выше, поэтому я и проскакиваю махсом. То есть я работаю в том же направлении, что и группа, только прилагаю еще больше усилий. Этот мой индивидуальный скачок тоже происходит внутри группы. А иначе, что же это за проход махсома, если не аннулировать свое «Я»?

- **Вопрос: Является ли кипа символом экрана?**

  Все является символом. Все духовные законы Моше специально записал таким образом, в виде законов иудаизма, и дал их народу, чтобы народ их выполнял. Откуда он мог взять их? Он взял их из своего духовного постижения. И поэтому все законы иудаизма, а их очень много, что-то символизируют. Например, в Талмуде описаны различные сельскохозяйственные работы (неживой, растительный, животный уровни), приготовление и употребление какой-то пищи (человеческий уровень). Это описано, какие исправления должен пройти каждый из уровней, для того чтобы достичь наивысшего уровня.

  Наивысший уровень называется «Коэн». Это работа в «Святом Храме». В него собираются все исправления, для того чтобы сделал там свое самое последнее исправление относительно Гмар Тикуна. Все это описывается в очень сложных трактатах. Но для нашей духовной работы это все совершенно не нужно.

  Все это описывалось каббалистами для того, чтобы люди в течение тысячелетий занимались анализом этих условий на своем неосознанном уровне. Поэтому одни каббалистические книги были скрыты, а другие раскрыты. В наше время происходит наоборот: происходит абсолютное неприятие изложения Высших законов языком Талмуда и всеобщая тяга к пониманию их изложения языком Каббалы. Бааль Сулам пишет о четырех языках изложения Высших законов в нашем мире.

- **Вопрос: Как строится масах на каждое решимо?**

  По закону: ибур — еника — мохин. Авиют Шореш, Алеф, Бет, Гимел, Далет. Снова решимо — снова авиют Шореш, Алеф, Бет, Гимел, Далет. Если имеется в виду масах и решимо, то это изучается в ТЭС.

- **Вопрос: Если мужчина и так почти все время занят работой и распространением, как же он может вложиться в группу?**

  Не только мужчина занят, женщина тоже занята. У женщины очень много работы дома. И эта работа и воспитание детей учитываются в зависимости от ее намерения.

  Неважно, чем занят человек, если всю свою жизнь он посвятил только духовному восхождению. Если человек занят своей обязательной работой, то это равносильно тому, что он находится на работе в группе, что он делает эту работу для человечества. Он находится восемь часов на работе и еще пару часов бегает по разным делам... Но это необходимо, чтобы просуществовать в нашей жизни, таким образом она создана. Главное — чтобы человек вдохнул в нее свое намерение, и тогда она абсолютно вся подключится к духовному миру, потому что весь наш мир, наше состояние, создан в четком соответствии с Высшим миром.

  Набор занятий в этом мире у каждого индивидуален. Кроме того, согласно структуре души человека, на него сваливаются различные земные проблемы. Но если он будет только добавлять к ним намерение «устремиться к Творцу» и ради этого все свое свободное время посвятит работе в группе, этого будет достаточно. Если человек действительно может отдать только полчаса в сутки, если он правильно заполнит их работой в группе, этого будет достаточно. Все остальные часы он может заниматься другими делами, но находится ли он сердцем в группе — это с него спрашивают.

Так что ты можешь спокойно оставаться на своей работе, не надо с нее уходить. Ты хочешь посвятить себя духовной работе? Посвяти, это внутренняя вещь. Наш мир для того и создан, чтобы мы в нем, именно в таком примитивном виде, находились в постоянных трудах. А вся духовная работа — она внутри нас.

ДАРОВАНИЕ ТОРЫ

14 октября 2003 года (продолжение)

12. Чтобы уподобиться корню, человек должен очиститься от эгоизма, от заложенной в нем абсолютной любви к себе.

Подобие Творцу строится в наших свойствах очищением от того, что нас отделяет от Него. В нас есть кли, и в нас есть частичка света. Если это кли является противоположным по свойству Творцу, значит, это единственное, что нас от Него отрывает. Исправляя это свойство, мы достигаем подобия Творцу.

Все движения человека изначально для себя, без какой бы то ни было отдачи ближнему, и поэтому он полярно удален от корня, противоположен ему. Ведь Творец, корень — абсолютный альтруизм без желания получить, а человек полностью в получении для себя, без искры отдачи. Поэтому такое состояние человека считается самым низменным в нашем мире, как противоположное Творцу.

Ниже нашего состояния на всей этой иерархической лестнице нет. Мы находимся в самом, самом плохом состоянии. Хуже этого быть не может — все другие состояния лучше.

И всегда каждое следующее состояние, насколько бы оно не казалось нам, в наших ощущениях плохим, оно все равно ближе к Цели.

Всегда следующая секунда — еще ближе к Цели. Если человек может чувствовать эти секунды, то он начинает ощущать, как внутри они наполнены его изменяющимися свойствами. Как говорится в одной хорошей песне: «Не думай о секундах свысока».

Исправление человека заключается в очищении от эгоизма; если человек находится в среде, ценящей отдачу ближнего, то начинают его воспитание с поощрения, спасения, изучения Каббалы и с выполнения действий отдачи.

Прослушав предварительные лекции, уроки, человек попадает в подходящее для себя каббалистическое общество, в группу. Наша работа над новичками и наша работа над собой состоит из двух направлений:

1) поощрение изучения Каббалы — мы изучаем Каббалу, уроки, беседы, письма;
2) выполнение действия отдачи.

Эти два основных направления в свою очередь можно разделить еще на несколько составляющих

Мы изучаем, преподаем сами... В уроки включается и обучение, и распространение Каббалы. Действие отдачи — это тоже и обучение, и распространение, и работа в группе **с намерением получить награду в этом или в будущем мире.**

Естественно, что все наши действия, отношения в группе, с самим собой, к учебе — изначально только ради себя, потому что в начале невозможно по-иному научить человека этим действиям. Человек должен знать, что, обучаясь, обучая, отдавая группе, он этим делает для себя хорошо, он в итоге получит. Он получит наслаждение, почет, этот мир, будущий мир.

Мы должны культивировать в приходящих к нам людях эгоистическое желание наполниться итогами своей каббалистической работы. Это состояние называется ло лишма — ради себя. Такое эгоистическое состояние — это состояние использования максимального эгоизма. Оно еще больше, еще хуже, чем у человека на улице, который живет, сам не осознавая точно, ради чего и как. Но по-другому человек не приходит в Каббалу — ведь он приходит потому, что ему плохо. А здесь, он надеется, что ему будет хорошо и согласен ради этого на любые действия. То есть, как бы обманным путем «затаскивают» человека в Каббалу.

Его убеждают свыше, что вроде бы его эгоизм здесь получит свое наполнение. Ни от чего в мире уже толком насладиться нельзя: ни от денег, ни от славы, ни от чего — все это уходит. Возникает вопрос о вкусе к жизни — его нет. Как ни крути — все только для того, чтобы забыться. Смысла просуществовать и с каким-то результатом закончить эту жизнь, нет. А в Каббале, наверно, есть. Вот я приду туда — у меня будет этот мир, будущий мир, я буду выше всех людей, выше всего человечества, я достигну, я получу... В итоге, первые шаги человека, они в «ло лишма» — «ради себя», ради эгоистической награды. И так его и надо тянуть.

Когда же в процессе изучения Каббалы и выполнения действия отдачи (привлекая на себя окружающий свет), ***он начинает постепенно духовно расти, тогда открывается ему, что желательно от действий отдачи с намерением ради себя, прийти к действиям отдачи, с намерением ради Творца.***

Это ощущение, эта цель, это стремление возникает в нас независимо от нашей воли. В этом и заключается чудо изучения Каббалы. Я начинаю заниматься ею, желаю завоевать весь этот мир с помощью Каббалы, узнать свое будущее, настоящее, завладеть своей судьбой, управлять всем миром, знать, кто я был и кем я буду в этом круговороте, в следующих круговоротах — я желаю все это узнать, подняться над всем. А в итоге, вместо того, чтобы наполнить все свои такие хорошие эгоистические, здоровые желания, я вызываю на себя окружающий свет и, сам того не подозревая, постепенно превращаю себя в альтруиста.

Начинаю понимать, что желание захапать все себе — ничего не даст. Я начинаю ощущать, что освобождение от оков, от ограниченности, от низменности, выход в Высшее, в свободное существование — это перестать думать о себе. Просто оторваться от своего «я», как будто нет у меня никаких проблем. Вообще, у меня нет ничего своего — я все забыл. Это ощущение мы пытаемся сейчас создать в нас искусственно, а оно, вообще-то, приходит постепенно с окружающим светом. Ор Макиф дает нам это ощущение, потому что он приходит из свойства Бины. И тогда, желаем мы или нет, в нас возникает это свойство.

Исправление намерения в человеке, освобождение от эгоистической любви к себе, происходит вследствие особого свойства, заложенного в занятиях Каббалой, и выполнением действий «ради Творца». И в той степени в которой возвеличиваются в нем все желания и действия, (только ради отдачи) *в той же степени даже то немногое, что получает, сливается также с намерением отдачи.*

Что хочет сказать Бааль Сулам? Что происходит трансформация нашего намерения. Мы настолько начинаем желать не в себя, а от себя (это происходит естественно, не насилием над собой), что затем человек вступает в состояние, когда постепенно перестает думать о себе. Он начинает жить вне себя. И вот это ощущение жизни вне себя и воспринимается вечностью, свободой, совершенством.

По мере того, как человек переселяется из себя наружу, то есть из Малхут в тет ришонот (в первые девять сфирот), он сливается там с Творцом, со светом. В этом состоянии он выходит из своей Малхут, ощущает себя в Высшем мире — выше Малхут.

Он ощущает себя в духовном мире, потому что там эти первые девять сфирот — это свойства Творца, свойства отдачи, духовное. И тогда, естественно — ощущение себя, как абсолютно неограниченного, не находящегося в каких-то рамках, не пытающегося все время подумать и вспомнить для себя, о себе. Существование вне себя и является настоящей свободой, бесконечностью, вечностью, совершенством.

К этому приходят постепенно, только под воздействием окружающего света. Ничего иного нет в нашем мире, под махсомом, способного создать из нашей природы духовную природу — только воздействие ор Макиф.

Хотя есть два действия отдачи, которые помогают человеку привлечь на себя ор Макиф...

Почему действия отдачи привлекают на себя ор Макиф? Мы искусственно играем в действия отдачи: отдаем, распространяем, объясняем, якобы любим товарищей. Якобы. На самом деле мы эгоисты, но понимаем, что и это надо, чтобы духовно продвинуться. Будем лгать друг другу, что мы друг друга любим. И не скрывать того, что мы лжем. Но настраивая себя таким образом, мы вызываем окружающий свет.

Окружающий свет вошел бы в нас, если бы наше намерение было настроено на других, а не на себя. Тогда бы он стал ор Пними, нашим внутренним светом.

А поскольку наши намерения эгоистические, то этот свет ощущается нами издали, окружает нас. И он постепенно меняет наши намерения. Как только наши намерения перескакивают с «ради себя» на «ради других» или на «ради Творца», мы мгновенно ощущаем тот свет, который был окружающим, — как внутренний. А эти намерения, направленные на отдачу окружающим — становятся нашими девятью первыми сфирот.

Наше «я», от которого мы отталкивались — это наша Малхут, десятая сфира. И мы ее использовать не можем, и исправить ее не можем до Гмар Тикун. И эта Малхут все время постепенно растет. Снова меня тянет, якобы, назад, но я, усилиями в распространении, в учебе, в группе вызываю на себя ор Макиф, и он снова меня приподнимает и снова делает во мне дополнительное правильное намерение не «ради себя», а «ради Творца», и я получаю дополнительный ор Пними.

Еще получаю внутрь дополнительное эгоистическое желание. Снова должен усилиями в группе, в учебе, в распространении привлечь на себя окружающий свет. Снова он создает из эгоистического намерения альтруистическое, которое присоединяется к первым девяти сфирот, они становятся мощнее, я получаю больше ор Пними по закону Нефеш, Руах, Нешама, Хая, Ехида. И так я расту. И всегда, когда у меня прибавляется эгоизм, я строю над ним дополнительные, все более мощные девять сфирот, вплоть до того, что весь эгоизм, который должен был во мне проявиться, проявляется. Я на него построил все свои девять сфирот — это состояние называется Гмар Тикун — конец исправления.

И после этого еще происходят дополнительные исправления. Я просто давил этот мой эгоизм и, отталкиваясь от него, обращался наружу и только снаружи, в девяти первых сфирот я жил и существовал духовно. Вдруг этот эгоизм потом тоже получает альтруистическое намерение.

Как это происходит, невозможно объяснить, потому что это мое исконное свойство, которого не было в Малхут мира Бесконечности, ощущавшей стыд, не понимавшей, как она может вообще быть подобной Творцу, сделавшей все, чтобы Ему уподобиться, и в итоге понявшей, что все равно уподобиться не может и сама себя изменить не может, — тогда она изменяется После того, как она сделала всю работу, она стала максимально подобна Творцу. Как это происходит непонятно — но это происходит.

И тогда все десять сфирот становятся наполненными намерением «ради Творца», подобными Творцу и наполняются абсолютно НАРАНХАЙ. Начиная с этого момента и далее, все происходит только под воздействием на нас окружающего света.

Поэтому в нашем мире мы должны думать только об одном: как привлечь на себя более мощный окружающий свет, как можно еще больше уподобиться этому окружающему свету. В мере подобия он нам больше светит.

Значит, для этого необходимо знать его состояния, знать, что он такое, и здесь нам говорит Бааль Сулам:

Есть два вида действия отдачи: между человеком и Творцом; между человеком и ближним, но имеют они одну цель — привести человека к конечной цели, к слиянию с Творцом. Для человека, выполнение действия отдачи Творцу или ближнему, эти два действия совершенно одинаковые, (Почему? Потому что человек не чувствует никакой разницы в своих действиях: работает ли он из любви к товарищу или из любви к Творцу.) *ведь в обоих случаях он не извлекает для себя никакой пользы.*

Все что находится вне моего тела, ощущается мною, как несуществующее. Если я должен отдать, и мне взамен не будет ничего, то мне неважно, кому это достанется — для меня это просто пропадает. Поэтому для меня Творец или ближний, или целое человечество или кусочек пищи, если я не получаю от них никакой обратной выгоды, — все они для меня абсолютно идентичны. И если я могу отработать свои намерения относительно человечества, относительно ближних, относительно группы, — на отдачу, — значит, у меня будет абсолютно идентичное отношение к Творцу — оно ни в чем не изменится.

Мне не надо будет себя переделывать: к группе я отношусь с отдачей, к товарищу — с любовью, а теперь посмотрим — как к Творцу. Это абсолютно то же самое! В той же группе, в тех же отношениях к ней, я встречу Творца, потому что только в ней Он и проявляется, в этом общем кли, которое создал, в этой общей душе. А группа являет мне маленькую модель этого общего кли. Она как бы представитель этого общего кли.

Допустим, существует 600 000. Эти 600 000 душ находятся передо мной в виде моих 20-30-ти товарищей, и они все включают эти души. После перехода махсома каждый увидит, как точно это устроено Творцом.

Не думайте: у нас маленькая группа, у вас большая, вы там все можете... Все устроено так, чтобы в любой группе была возможность отработать действие «возлюби ближнего», независимо от ее величины. Просто в большой группе это легче — впечатлиться ее работой. Но такое поверхностное впечатление помогает только на животном уровне.

А на духовном уровне даже маленькая група из десяти человек, как в Австралии, или даже из трех-четырех человек способна внутри себя друг с другом отрабатывать намерение, вызывая на себя достаточный ор Макиф.

Значит, для человека выполнение действия отдачи Творцу или ближнему совершенно одинаково, потому что он не чувствует никакой разницы в своем действии, если отдает наружу от себя. *Потому что закон природы любого творения таков, что все находящееся за пределами его тела, считается им, как несуществующее, а каждое движение, которое совершает человек из любви к ближнему, он совершает ради какого-то ожидаемого вознаграждения. Поэтому такие действия никак не могут называться любовью к ближнему, а подобны, на самом деле, действиям за плату.*

Это то, что происходит у нас в группе: я пригну свою голову, я попытаюсь их любить, буду выполнять какие-то искусственные действия. Ничего не поделаешь, говорят что надо — я буду это делать.

Но, естественно, я при этом преследую абсолютно четкую цель — заработать. Неважно, что заработать: Высший мир, возможность управлять судьбой, избавиться от своих депрессий, нестабильного состояния, — человек не может четко сформулировать, что именно он ищет в этом.

Однако совершить какое-либо действие из любви к ближнему без какой-либо надежды на вознаграждение совершенно невозможно в силу нашей природы.

И, поскольку любовь к ближнему находится вне границ нашей природы, то все милосердие к ближним исходит не из любви к ним, а из любви к самому себе.

14. *Итак, человек не ощущает разницу в выполнении действий «ради ближнего» или «ради Творца» — в обоих случаях оно ощущается пустым и бесполезным. И только изучение Каббалы, распространение Каббалы, работа в группе с намерением доставить радость Творцу* (то есть, слиться с Творцом, соединиться с Творцом, как причина и как конечная цель), ***постепенно поднимает человека выше его эгоистической природы. Он обретает вторую природу — любовь к ближнему*** (на самом деле) ***и удостаивается конечной цели — слияния с Творцом.***

Причем отношение человека к ближнему более способно привести его к желаемой Цели (чем отношение его к Творцу).

Если у меня возникает вопрос: «Как я отношусь к Творцу? Я хочу Его любить? Я хочу Ему отдать? Я хочу с ним сблизиться? Я хочу увидеть, понять, почувствовать Его?» — переадресуйте его вашей группе. Обратите те же самые слова, те же самые мысли, те же самые чувства к вашей группые, и вы увидите, насколько вы врете, поймете, что никакого Творца вы не хотите — вы хотите просто своего эгоистического наполнения. Поэтому-то Творец скрыт, а группа раскрыта, чтобы мы могли себя проверить, и убедиться в том, насколько мы желаем не Творца, а просто самонаполнения.

Если бы мы желали Творца, то отношение к Творцу и отношение к группе у нас были бы абсолютно одинаковыми. Поэтому говорится, что если ты хочешь на самом деле себя исправить посмотри, как ты относишься к группе, к тому, что вне тебя.

Эти твои отношения быстрее приведут тебя к желаемой Цели, поскольку:
— *Они не постоянны и не определены.*
— *Они востребованы окружением*, то есть тебе напоминают, как и что надо делать. Относительно Творца тебе никто не напомнит, кроме самого Творца а Он этого делать не будет или делает это очень редко, что уже считается не сближением с Творцом хорошим путем, а напоминанием путем страдания.
— *Цель их более близка*, то есть ты можешь отработать все эти действия относительно товарищей в ясном для тебя виде и убедиться, насколько ты эгоист, и насколько ты этого не желаешь, и попробовать все-таки сделать что-то подобное.
— *Контролируются и критикуются группой.*

Отношение человека к Творцу, если человек желает действительно настроить себя на связь с Творцом:
— *Должно быть постоянно*, потому что должно быть подобно Творцу, а Творец находится в состоянии абсолютного покоя.
— *Нет ощущения, требующего их выполнения*, — Творец не раскрывается, как требующий от тебя каких-то

определенных действий. А группа — да, может потребовать от тебя определенных действий отдачи.
— *Человек быстро привыкает, это в нашей природе.* И *действия*, если он к ним привыкает, даже очень сильные, требующие очень больших усилий — *не приносят никакой пользы* — они не считаются усилиями, потому что привычка заставляет человека это выполнять.

Поэтому отношение человека к Творцу, может реализоваться только после того, как оно полностью реализовано относительно группы. И когда человек на своих попеременных, случайных (получается — не получается) пробных действиях, взаимодействии с группой, с контролем, критикой, постепенно адаптирует себя — он видит, насколько он погружен в свой эгоизм. Притягивая на себя окружающий свет, он начинает относиться к группе все более альтруистически, начинает критиковать себя, начинает смотреть на товарищей, и ему становится стыдно за то, что он эгоист — это очень интересное чувство.

Неважно, на каком уровне они находятся, а он смотрит на них и ощущает, что он желает их использовать ради себя. Это уже является началом правильного отношения к группе. После того, как он это делает, если он дошел до постоянного правильного отношения к группе, если независимо от поведения группы, он постоянно к ней относится с любовью, — то есть вышел за пределы своего эгоизма в группу, находится в ней, окунул себя в нее, — тогда, в то же мгновение, когда он может сделать этот прыжок из себя в группу, — там он ощущает Творца. Он падает прямо на руки Творца.

15. Теперь можно понять ответ Гилеля человеку, желающему достичь слияния с Творцом, что сутью Каббалы является закон «Возлюби ближнего, как себя». А остальные 620 исправлений желаний человека — есть подготовка к исправлению, к исполнению главного общего исправления — «возлюби ближнего».

То есть, все наши 612 остальных желаний (у нас всего 613 желаний), шестьсот двенадцать частных эгоистических желаний, которые отрабатываются на группе и 613-е — является обобщающим. Когда человек исправляет постепенно, поочередно свои 612 желаний с намерением ради группы, вот тогда и называется, что он падает на руки группы или на руки Творца, находящегося там. И поэтому шестьсот тринадцатое желание и формулируется нами: «Возлюби ближнего, как себя».

В той мере, в которой постоянно заботился о себе, был интровертом, направленным только на себя, теперь все направлено на ощущение мира — того, что находится во вне. А во вне находится, на самом деле, и не группа, и не человечество, а Творец! То есть, исправив свои 613 желаний, мы, таким образом, обрели общее кли, соединили себя со всеми с остальными душами. А что в них ощущается? Ощущается наполнение Высшим светом — абсолютно полный НАРАНХАЙ — НАРАНХАЙ дэ-НАРАНХАЙ.

Исполнение заповеди «Возлюби ближнего, как себя» является конечной целью, достигнув которой человек немедленно удостаивается слияния с Творцом. А 612 исправлений любви к ближнему — это любовь к Творцу, исправление келим. В чем причина того, что конечная цель не определена высказыванием: «Возлюби Творца всем сердцем и душой»? Почему сказано: «Возлюби ближнего, как себя»? Ведь наша цель — достичь подобия Творцу, выйти на Его уровень вечности и совершенства, а не на уровень ближнего?

Почему же в таком случае, мы должны достигать только этого свойства? Может быть, за этим следует еще следующий этап: «Возлюби Творца всем сердцем и всей душой»?

Причина того, что конечная цель не определена высказыванием: «Возлюби Творца всем сердцем и всей душой» в том, что для человека, находящегося еще в эгоистических желаниях нет разницы между любовью к Творцу и любовью к ближнему, так как все, находящееся вне его, является для него нереальным, несуществующим.

А поскольку желающий достичь слияния с Творцом, спросил у Гилеля, у этого мудреца, о сути всего исправления, чтобы точно определить цель и прямой путь к ней, как сказано: «Научи меня всей Каббале, пока я стою на одной ноге», то Гилель определил ему эту цель, как любовь к ближнему, как цель наиболее близкую, достижимую, поскольку на пути к ней человек застрахован от ошибок. И может проверять себя постоянно — находится ли действительно на пути к цели.

- **Вопрос: Как происходит прыжок в группу?**

Человек выпадает из «себя» — это и называется проходом махсома. А затем человек исправляет подбавляемый ему к Малхут эгоизм и растит на нем девять сфирот (на рис. — **9 сф**). С первым устремлением проходим махсом, бросаемся на руки Творца или на руки товарищей.

Как это происходит?

Эти девять сфирот начинаются с точки, как зародыш. Потом растет Гальгальта вэ-Эйнаим плюс АХАП, и так далее. А как только мы на наш земной эгоизм можем сделать намерение «ради Творца» или «ради группы», мы сразу же проскакиваем махсом. А затем, к нашему земному эгоизму начинают подбавляться с левой стороны клипот, наш духовный эгоизм — три мира клипот, которые здесь стоят: Асия, Ецира и Брия (на рис. **Брия — Б, Ецира — Е, Асия — А**). Вот они сюда подбавляют нам эгоизм уже относительно духовных ступеней. А мы, растя на него намерение «ради Творца», возвышаемся, возвышаемся постепенно, в той мере, в которой нам подбавляется левая линия. Откуда мы возвышаемся? Беря силы с правой стороны, с плюса.

В этом заключается вся наша методика, все наше исправление. Сейчас нам пока дан земной эгоизм, и мы на нем должны пройти махсом. А затем еще есть целые миры клипот. Миры — так это называется, нечего пугаться — просто еще дополнительный эгоизм. Но тот эгоизм уже находится против Творца. Сейчас ты воюешь, якобы, со своими животными качествами: деньги, секс, знатность, власть или знание, а потом будут уже другие проблемы. Но, благодаря им, растешь.

- **Вопрос: Что ускоряет смену состояний?**

  Смену состояний ускоряет свет, а не мы. Смена состояний зависит только от интенсивности Высшего света. Мы раскручиваем нашу спиральку, наш духовный ген. Он развивается или по земному календарю, то есть с общим, медленным развитием событий, или мы его ускоряем за счет привлечения ор Макиф (на рис. — **О"М**) — окружающего света. Чем больше ор Макиф, тем быстрее мы будем развиваться. Ну, а этот ор Макиф зависит уже от того, насколько моя группа вместе со мной сообща работает и тянет на себя этот Высший свет.

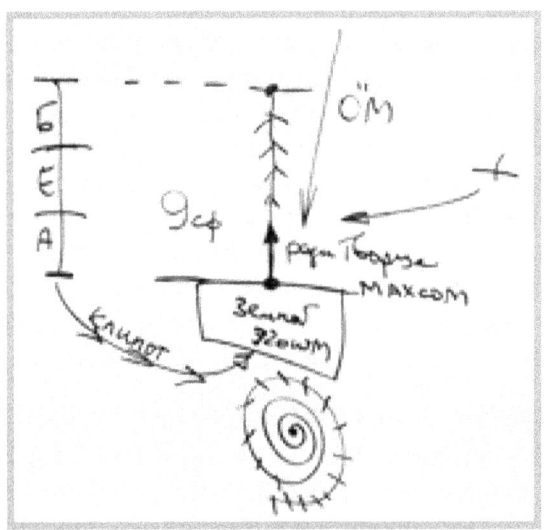

- **Вопрос: Вы всегда говорили, что группа должна ставить ощущение величия Творца самой важной своей целью, единственным, о чем нам надо говорить, что надо возвышать. Почему?**

  Потому что величие Творца, как Цели, единственность Управления, ощущение того, что действительно, все в мире, во мне и вокруг меня определяется только Им, — это на самом деле то, что я должен почувствовать, увидеть.

И это действительно то, что чувствует и видит человек, как только он выходит на уровень махсома, приподнимается, — он сразу же начинает видеть. Потому что пытаться увидеть величие Творца, пытаться увидеть, как во всем нашем мире властвует только одна сила, только одна мысль — значит развивать соответствие той действительности, которую чувствует и видит человек, вышедший на уровень махсома. И все мы передвигаемся в этой, реально присутствующей, но пока скрытой от нас действительности. И в той мере, в которой она меняется, все выполняют свою роль.

Представь, что ты заходишь на почту. В той мере, в которой у тебя есть связь с Творцом и ты находишься на уровне Творца, ты видишь, как служащий идет и выполняет все, что ты ему, якобы, говоришь. Ты ему ничего не говоришь, но поскольку твои мысли совпадают с Творцом — ты вышел на этот уровень — и, значит, ты видишь, как все люди выполняют как бы твои мысли. Они не твои — Творца, но ты же с Ним совпал, и поэтому ты видишь, как все в мире претворяется и абсолютно все как бы подвластно тебе — это называется управлением судьбой. Ты ничем не управляешь — ты просто поднялся на тот уровень, когда ты включился в общее управление.

- **Вопрос: Что такое стыд?**

Стыд — это то состояние, которое ты поневоле испытываешь, когда со своей точки, с Малхут, чувствуешь, каким образом ты относишься к товарищам, если тебе добавляется твой неисправленный эгоизм. И это тебе дает мгновенную реакцию, мгновенное ощущение того, что тебе надо исправлять. Это не простой стыд, он очень многогранен. Он тебе дает полную информацию о том, каким образом тебе надо его компенсировать, то есть в чем ты должен проявиться, как дающий.

Стыд — это отрицательное кли, на которое ты должен сделать исправление. Без этого ощущения ты бы не понимал, как восполнить свой минус. Это объемное ощущение по характеру, по глубине, имеющее внутри себя очень многое, чем-то подобно стыду в нашем мире, хотя мы не можем в нашем мире его так раскрыть.

- **Вопрос:** Что мы должны делать дальше?

Мы должны на все возникающие сейчас проблемы (очень хорошо, что они проходят и возникают над нами), продолжать делать усилие по объединению в общее кли, в общее желание к общей цели, к общей силе, к общей мысли. Не то, что мы друг друга, якобы, искусственно просто так любим — мы должны понять, что в нас во всех находится Творец, и мы должны Его почувствовать, и мы Его почувствуем, если вместе к этому устремимся. Тогда Исраэль — наше устремление к Творцу и Его проявления в кли — мы одновременно ощутим. Это я и пытаюсь сделать своими занятиями.

Я вижу, что люди становятся к таким вещам более чуткими, начинают пытаться войти в эти ощущения, нащупать их где-то. Действительно ли Он находится среди нас? Действительно ли здесь есть такая мысль, такой замысел, такая сила, которая движет нами и все делает с нами? И эти ощущения уже близки к истиным. Что мы должны делать? Стремиться это ощутить.

Внутри себя человек должен постоянно быть на это направлен, это называется «цепита ле ешуа» — то есть, стремление к спасению, ожидание спасения. Написано в книгах, что когда человек заканчивает свой земной путь, и родные с друзьями закопали его тело, душа поднимается наверх, и там задают ему один единственный вопрос за весь его земной путь. Вопрос звучит так: «Цепита ле ешуа?» — то есть, ожидал ли ты спасения? От своего эгоизма, имеется в виду. Что значит спасение? От чего тебя спасать? То есть, находился ли человек в движении вперед, к свойству Творца — это единственное, к чему нам надо устремиться.

- **Вопрос:** Невозможность отдать в духовном вызывает страдания?

Да, потому что духовное — это желание отдать. Значит, невыполнение желания отдать вызывает страдания. Любое невыполнение желания вызывает страдания у нас. Но я страдаю оттого, что мои желания получить не выполняются. А что значит, что не выполняются желания отдать? Желания отдать не выполняются — по двум причинам:

1) Я не в состоянии создать в себе настоящее желание отдать, так чтобы мне было что отдать.
2) Мне некому отдать.

Относительно кого это реализуется? Относительно Творца или относительно творений, когда человек уже проводник Творца к творениям? Если он ощущает со стороны Творца, тогда он начинает действительно чувствовать страдания от невозможности отдать — те страдания, которыми страдает Творец, называемые страданиями Шехины. Естественно, что эти страдания огромны, потому что НАРАНХАЙ и общее кли, которое существует в Творце, оно абсолютно пустое, черное, незаполненное — так оно ощущается, потому, что мы находимся в таком состоянии. Это подобно примитивному примеру с ребенком, когда он не понимает, что болен и находится в смертельно опасном состоянии, а мать его знает и страдает. А он не знает, еще играется, ему может быть хорошо. Но это совсем другая тема.

- **Вопрос: Должны ли мы искать этот общий замысел?**

Короче говоря, что конкретно мы сейчас должны делать для того, чтобы приблизить и, может быть достичь хоть минимального явления Творца нам? Мы должны всеми силами, насколько это можно, попытаться вместе, внутри нас, между нами, ощутить Его. Не думать о том, что такое отдача, потому что мы все равно этого не понимаем, не думать о том, что надо нам любить ближнего, любить всех — мы этого тоже не понимаем.

Включим наше самое большое эгоистическое желание — чтобы вместе, среди нас, ощутить эту Силу, которая пронизывает все мироздание, которая управляет, которая на самом деле наполняет нас всех. Давайте попытаемся просто это ощущать, прислушаемся к Ней. Внутренне затаимся и начнем Ее слушать. Это возможно услышать, хотя бы на краткие мгновения. Мы можем это сделать. Это такой психологический тренинг.

Это возможно, об этом и Бааль Сулам пишет, и я это знаю из собственной практики. Большим эгоистическим желанием человек способен на краткое время вызвать явление Творца. Это может быть проявлено и в особых критических ситуациях. Это может быть проявлено вследствие огромного стресса. Это может быть проявлено вследствие огромного желания. Творец может проявиться, но поскольку это состояние не будет вызвано нашим экраном, нашим действительным намерением, то оно будет очень кратковременным. Но оно проявится в нас, мы сможем его как-то ощутить и затем сможем дальше с этим работать.

Это зависит от того, насколько мы ждем Его во всех наших действиях — что бы мы ни делали: пели, плясали, кушали, кричали «Лехаим». Внутри себя, нахожусь ли я, затаив дыхание, в ожидании этого ощущения. Ищу ли я его в себе, в своем отношении к другим, вместе между нами. Если мы так начнем себя более чутко изнутри настраивать — мы это можем ощутить. Мы неплохо подготовлены к тому, чтобы начать уже ощущать Творца. А потом, дальше мы уже начнем работать с другими проявлениями.

- **Вопрос: Имеет ли значение количество устремленных к этому людей?**

Должна быть определенная мощность устремления. Мощность — это количество, умноженное на частную силу каждого. Поэтому, естественно, чем большее количество, тем мощнее призыв, то есть, желание людей. Бааль Сулам пишет, что на любое желание людей Творец откликается, только неявно. Есть пример с кибуцниками в Негеве. Когда начали строить израильские кибуцы-колхозы в пустыне Негев, то мой Учитель спросил Бааль Сулама, своего отца — что же они там делают, там же нет воды, дождя не бывает. Бааль Сулам ответил: если там будут находиться люди, они будут молиться, и будет дождь. Что значит молиться? Они будут просить Творца. Тогда мой Учитель ему возразил, какая молитва? Они безбожники, приехали социалисты и строят свои колхозы. Бааль Сулам сказал: «Это неважно, если человек желает страстно, и ему это необходимо, как жизнь, он вызовет ответ Творца, только неявный, потому что кибуцники не задумываются о том, к кому они обращаются, чего им надо». Мы же явно задумываемся, понимаем и желаем чего-то определенного от Него. Чего? **Его проявления**. И потому мы можем этого достичь с нашим эгоистическим желанием.

НЕДОЗРЕВШИЙ ПЛОД

15 октября 2003 года

О важности работы с текстами

Самое главное в нашей учебе — это работа с текстами. Урок хорош, но каким бы интересным он ни был, он проходит. И даже если есть возможность повторять его в видеозаписи, желательно просматривать сам текст. Причем я бы советовал вам просто брать текст и прорабатывать, как бы редактировать его или выписывать из него важные для вас части, то есть все-таки работать со словами, с текстом. Тогда каждый из вас будет являться не читателем, а писателем или редактором — это очень помогает углубиться в текст.

Я, например, если не прочел какую-то статью Бааль Сулама раз 200, значит, ее просто не читал. Вам кажется, что текст уже полностью знаком: вам известны в нем все запятые и точки, вы его как угодно уже крутили, — но при очередном углублении в него он вдруг так повернется к вам, что вы просто проваливаетесь в его глубину и начинаете там жить уже на другом уровне. И так происходит много раз.

Работа с текстом просто необходима каждому: не только преподавателям и каким-то особым людям, а всем.

- **Вопрос: Видите ли вы Каббалу как единственный путь, с помощью которого человек может продвигаться к Цели творения?**

Существует теория, что есть Творец, что Он Единственный (это все не доказано). То, что Он постигаем, что у Него есть какая-то Цель, что существует управление и так далее — все это мы принимаем на веру, а затем начинаем видеть в этом определенную логику: даже из нелогичности, из противоположности нашим чувствам, нашим свойствам, начинаем видеть этому подтверждение.

У Бааль Сулама есть интересная статья «Мехкар модаи аль эхрахиют аводат а-Шем» (Научное исследование о необходимости работы на Творца).

Человек стоит маленький, голенький, растерянный как ребенок посреди этого мира и не знает, куда ему двигаться. Для него все методики и любые учения абсолютно равноценны. Что-то его может привлекать больше, что-то меньше; его больше может тянуть к научному объяснению мироздания или к чувственному, или к чему-то среднему между ними, в зависимости от его внутренней структуры.

Каббала сразу и четко говорит: «А все, что увидите, — вы увидите, и никто другой» (из стихотворения Бааль Сулама). То есть пройдете махсом — увидите.

До этого — ничего не видишь. Конечно, видишь на себе более-менее то, что Каббала предсказывает, но видишь только отрицательные свойства, качества, этапы прохождения. Хотя эти ощущения не называются видением: они не явные, они — просто наши ощущения.

На самом деле видение, которое раскрывается человеку, — это уже видение Высшего мира: оно явное, постигаемое, измеряемое, повторяемое, передаваемое, воспроизводимое заново и так далее — то есть оно абсолютно четкое. Причем это такое ощущение, по сравнению с которым наше сегодняшнее состояние кажется нереальным, как бы не существующим.

То, что сегодня мы чувствуем себя реально существующими в нашем «Я», в теле, в мире, который нас окружает, на самом деле рассасывается, когда переходишь махсом. Человек, конечно, не теряет связи с этим миром: он в нем существует, вращается среди людей, — но все связи, все свойства, все указания природы, все реакции людей на эти указания информационного поля, на так называемую Мысль Творца — когда все это проявляется — видятся совсем другими.

Недозревший плод

А до тех пор, пока человек не придет в это состояние, ему можно только говорить об этом: в эту секунду он начинает себе что-то представлять, но не более того. Поэтому на вопрос «Есть ли другие пути?» я своим ученикам отвечаю так, как говорил мне мой Учитель: «Иди и проверяй». Мы никого не держим. Человек должен все внутри себя прочувствовать. А сомнения у него будут все время, пока он не пройдет махсом, и все большие и большие.

Написано в Пятикнижии, что перед вручением Торы евреи стояли под горой Синай: гора — на иврите «ар» — от слова «ирурим» — сомнения, размышления. То есть под огромным количеством сомнений стоит человек и смотрит на эту гору, и не представляет, каким образом он может преодолеть ее. Ведь если он не преодолеет эти сомнения в себе, он не получит Высшего света, который бы начал исправлять его.

Я тогда, следуя совету своего Учителя уже давно объездил всех израильских каббалистов и знал, что это такое. Я побывал везде: у Берга, у Баба Сали — действительно большого каббалиста, который был еще жив в то время. Были в то время еще сильные и действительно находящиеся в духовном люди, и были просто всякие шарлатаны (как и сегодня) или владеющие различными психологическими методиками, продающие нам якобы билет в духовный мир. Но человек должен все это посмотреть, пройти: если его к этому тянет, лучше быстро убедиться, а не пребывать в сомнениях. Поэтому ответ на этот вопрос очень простой: «Идите и убедитесь. Если для вас там находится еще что-то притягательное, то оставайтесь там».

Если человек, пройдя тысячи лет своего развития, все еще находится во всяких верованиях, в исканиях, значит, он еще не прошел их — ему надо искать. Те люди, которые приходят к нам, а потом уходят дозревать на стороне, потом снова вернутся: не завтра, не в этой жизни, так в следующей. Не надо об этом сожалеть, это все надо пройти, надо отработать все эти состояния по порядку.

Ари говорит, что если человек, который еще не дозрел, находится в каббалистической группе, чисто механически, как ребенок, включается в нее, понимая, что он еще, может быть, не созрел для нее, но, поскольку здесь находятся такие «большие» дяди, хочет быть таким, как они, то он себя быстро развивает. И такой «маленький» в такой большой и сильной группе действительно может проработать в себе очень много решимот и дойти до своего созревшего состояния.

Но до тех пор, пока не вышло его настоящее решимо, человек еще как бы не считается включенным в группу. Поэтому мы видим в наших группах людей, которые еще просто не готовы: они сидят, они учатся, они что-то делают, но делают, просто глядя на остальных, потому что им сказали — не из внутреннего осознания того процесса, который в них происходит. Они не входят в него, не принимают его явно в себя. И это определяется не их желанием, большим или маленьким, это определяется будущими решимот, которые еще где-то на подходе — еще не начали в них проявляться. Но они проявятся. Надо ждать — давить нельзя.

Поэтому нет и не должно быть никакого насилия в духовном — группа должна своими общими усилиями таких людей подбадривать. А они должны максимально, пока что искусственно, участвовать в работе группы, и таким образом они ускорятся, привлекут на себя больше ор Макиф, быстрее созреют их решимот.

Самое страшное — когда человек абсолютно далек от этого, а уже каким-то образом попадает в каббалистическую группу. Что-то его держит в группе, и он в ней остается. Двигаться вперед — он не двигается, а занимается какими-то своими теориями, моделями, и его довольно сложно удалить из группы. Такое состояние называется «недозревший плод».

В статье «Последнее поколение» Бааль Сулам пишет, что вся проблема, источник всех наших ошибок, в том, что мы «кушаем недозревший плод». То есть мы пытаемся совершать действия, которые еще не в состоянии совершить, к которым еще не подошли, до которых еще не доросли. Это исходит из духовного.

Недозревший плод

Все в нашем мире нисходит из Высшего мира — и хорошее, и плохое (вообще-то, хорошего и плохого не существует в нашем мире — это мы все так воспринимаем). Источники всех явлений, и хороших, и плохих, находятся в Высшем мире, а в нашем мире — уже только следствия.

Самое главное действие, которое произошло с нашей Общей душой, — это ее разбиение, так называемое «грехопадение». Почему оно произошло? Конечно же, оно произошло специально для того, чтобы сейчас у нас была возможность самим достичь уровня Творца и таким образом, научившись у Него Его свойствам, понять всю Его высоту и самим из себя создать весь этот огромный парцуф, полностью подобный Творцу. Но причина разбиения и падения должна быть нами хорошо изучена, потому что она является причиной и всех наших падений, и всех наших ошибок. И эта причина всего лишь одна. Эта причина так и называется — «недозревший плод».

Так повествуется в Торе: «Адам съел плод с Древа познания добра и зла». Если бы он съел его созревшим, то есть если бы у него был на это экран, были бы все условия, когда он ел, — если бы получил в себя весь свет с помощью экрана, при правильном вычислении всех своих возможностей против этого света, то, конечно, тогда бы настал Гмар Тикун. Однако этот Гмар Тикун был бы неосознанным, не с полным пониманием того, кто такой Творец и как Ему уподобиться.

Когда полный свет Гмар Тикуна стоял против пустого кли, эти две огромные силы, наслаждения и желания, соприкоснулись, и желание разбилось, то есть лишилось своего экрана (намерения на отдачу). Это произошло именно потому, что оно не было подготовленным.

В своей статье Бааль Сулам пишет об обществе последнего поколения. Но общество последнего поколения и группа — это одно и то же, потому что наши группы постепенно формируются в это общество — они должны им стать.

Бааль Сулам пишет, на каких условиях нам надо строить принципы отдачи в нашем обществе. ***Не настанет спокойная и надежная жизнь общества, пока разногласия между*** *его членами не будут решаться только мнением большинства.* Общество должно быть готово к этому.

Он приводит в пример Россию, где произошло разбиение, подобное разбиению духовного кли, потому что духовные законы там насаждались насильственно, как и в израильских кибуцах, и во многих других мини-общинах, которые создавались тут и там.

Если общество изнутри непригодно к тому, чтобы принять эти законы, то оно их настолько искажает и ломает, что в итоге постепенно само разрушается, причем это разрушение ужасное: оно подобно разрушению общего кли, Адама.

Отчасти это видно на примере России и других стран, в которых насильственно насаждались идеи альтруистического равенства. Происходившее в России и крах идеи еще не доказывают, что сама идея (то есть стремление к альтруизму) *не истинна по своей сути, ведь недозревший народ пытался принять истины Высшей справедливости.*

Народ был совершенно не в состоянии действовать в соответствии с идеей социального равенства. Отсюда вывод: все страдания и неудачи происходят только вследствие недостаточного развития общества, его непригодности к применению идеи общности и равенства.

Поэтому и в группе мы должны действовать постепенно: ставить перед собой целью только поднятие на самую маленькую, следующую, ступеньку, пытаясь подражать ей, пытаясь выполнять внутри себя такие законы, которые являются всего лишь небольшим шагом на пути продвижения вперед.

Например, одно время в Бней-Барухе мы пытались сдавать маасэр без подписи от кого и сколько, то есть просто бросали деньги в коробку, кто сколько бросит. Несколько месяцев мы собирали больше обычного, но потом все пошло на убыль. Эгоизм все время растет, а ты не видишь отдачи оттого, что бросаешь все больше и больше, и поэтому начинаешь бросать все меньше и меньше.

Недозревший плод

Потом мы пытались поселиться в бывших кибуцах. Все кибуцы в Израиле на сегодня уже умерли, а их места в пустыне и на особо опасных территориях сохранились. Но нам не важно было, где они находятся, — нам казалось, что мы были готовы к любым некомфортным состояниям, были готовы на все. Мы брали автобусы и вместе с семьями ездили туда; создавали внутри уже какие-то свои министруктуры, ходили на занятия кибуцного движения, даже сдавали экзамены на годность нашей группы быть кибуцным обществом, то есть обществом, в котором нет никакой личной собственности, а все общественное.

Были разного вида кибуцы, кибуцное движение испробовало очень много всевозможных видов общности. В одной из книг на русском языке я посвятил этому много страниц — приводил примеры именно для того, чтобы читатель просто подумал о том, каковы законы, и как эти законы выглядят со стороны: на самом ли деле они альтруистические, или они эгоистические, а можно ли каким-то внешним силовым регламентом вводить альтруистические правила, свойства, заставлять человека ограничивать себя, чтобы не пользоваться эгоизмом, — ведь у нас очень мало материала об обществе будущего.

В своей статье Бааль Сулам как раз говорит о том, что общество должно созревать, и по мере своего созревания продвигаться вперед. Но если надо созревать, тогда я буду сидеть и ждать. А если я буду сидеть и ждать, на меня двинется «каток истории» и задавит страданиями и вынудит меня кричать «караул» и бежать искать спасения — это будет продвижение вынужденным путем, путем страданий, а не добрым путем — путем Торы, путем света.

Но если я буду слишком убегать вперед, не считаясь со своей природой и со своими сегодняшними состояниями, то перескочу в другую крайность, когда буду представлять себе, что уже готов для Гмар Тикуна, и тогда буду мучиться вопросом: почему я не в нем?

Для того, чтобы правильно, последовательно уподобляться в наших усилиях только следующей своей ступени — чуть повыше — нам и нужна правильная методика, которая сконцентрирована на том и служит для того, чтобы мы не прыгали вверх и не брали на себя непосильные решения, исправления, а делали только то, что именно сейчас мы должны совершить. Определение более или менее правильного следующего состояния и уподобление ему вызовут на нас настоящий ор Макиф, а не кажущиеся нам какие-то «высшие» силы будут действовать на нас.

Если мы прямо сейчас начнем жить в таком обществе, которое описывает Бааль Сулам в статье «Последнее поколение», то вполне возможно, что мы на несколько дней впадем в такую эйфорию, что нам будет казаться, что это — уже все, мы уже в Гмар Тикуне. Почему? Да потому что мы действительно вызовем на себя очень сильный окружающий свет. Но он будет не наш, он будет с нескольких ступеней выше. Он не будет нас исправлять. Исправлять может только тот свет, который находится в АХАП Высшего парцуфа: оттуда нисходят на нас все свойства, все законы, весь свет, который нас подтягивает туда. Мы должны максимально принять образ АХАП Высшего.

Поэтому «недозревший плод», то есть состояние, когда человек желает перепрыгнуть ступеньку, является основной причиной всех наших проблем. Необходимы правильное ведение группы, правильная постановка задач, стоящих перед группой, конечно же, насильственное, потому что оно против нашего эгоизма, но насильственно-осознанное, возвышающее на следующую ступень.

Мы должны понимать, что для того, чтобы приподняться немножко выше, к нашим сегодняшним свойствам надо прилагать всего лишь небольшие дополнительные усилия, и тогда мы продвинемся на маленький шаг вперед, а потом еще немного и еще чуть-чуть. Это не зазорно. Хотя человеку всегда хочется скакнуть вперед. Не получится. Пока мы постепенно, одно за другим не отработаем все решимот, мы никуда не двинемся — движение обязательно должно быть последовательным. Мы можем ускорять прохождение, но не перепрыгивать через решимот.

Бааль Сулам много говорит о «недозревшем плоде». И мы должны обратить на это наше внимание.

Недозревший плод

Наш разговор начался с вопроса: «На самом ли деле Каббала является единственным методом входа в духовный мир? Может быть, есть другие методики?» Этого объяснить невозможно, доказательств этому нет. Человек, который созрел для Каббалы, подсознательно чувствует, что она для него. Это значит, что он уже как «созревший плод» для этой методики, науки, которая будет развивать его дальше. Но если он еще «недозревший плод», то ему, естественно, может казаться, что есть и другие методики, что он должен это проверить.

Не зря мой Учитель отвечал мне: «Иди и проверь». Выполняя его наказ, я поехал однажды в Холон: там был какой-то якобы каббалист. Тогда я был уже не «маленьким» человеком: я уже прошел многое, прочел довольно много серьезной литературы. Я не был еще в ощущениях Высшего, но, по крайней мере, Птиху, первую и вторую части Талмуда Десяти Сфирот, Книгу Зоар, отдельные статьи я уже читал, уже проходил, а до этого прочел много трудов других каббалистов. Значит, сомнения все равно остаются до тех пор, пока ты не начинаешь ощущать явно.

Так вот, я встретил этого каббалиста в Холоне. Молодой мужчина, лет 35-ти, (мне тоже тогда было лет 30). Интересно, что он на самом деле говорил правильные вещи; он правильно объяснял, что такое «альтруизм», но я вернулся к своему Учителю. Вернулся к Учителю, все ему рассказал, дал брошюрку того каббалиста. Оказалось, что он просто из тонкости своих ощущений, из своего малого эгоизма, правильно ощущал нормальные человеческие отношения и где среди них находится Творец. То есть у него это происходило чисто инстинктивно, как у первых поколений на Земле, которые могли с легкостью ощущать духовный мир, но в его внешнем проявлении, как, например, флюиды, как какие-то движения вокруг себя.

Это не каббалистическое постижение Высшего мира через развитие эгоизма, когда именно весь эгоизм постоянно растет, добавляет свои дополнительные помехи, авиют, когда ты в этот авиют с помощью правильного намерения накачиваешь Высший свет, и таким образом внутри тебя существуют все миры, внутри тебя существует Творец, внутри тебя существует все мироздание.

Нет, это не та методика, с помощью которой можно ощутить Высшие миры. Эта методика построена не на применении эгоизма, а на его отрицании: меньше двигаться, меньше употреблять, меньше думать о разных вещах; отбрасывать от себя все посторонние мысли, не адаптировать их, не принимать их авиют в себя; отделяться, уходить куда-то в сторону, не участвовать в этом мире, в этой жизни. Так делали и каббалисты в свое время, и в древних методиках это применялось. Элементы этих древних методик остались еще во всевозможных восточных учениях. У человека, который еще не дозрел, эгоизм небольшой. Или эгоизм может быть очень большим, но земным, а не духовным. Приходят люди, которые могут быть лидерами или политиками или бизнесменами, у них огромный эгоизм, большие потребности в нашем мире, а вот к духовному миру их эгоизм почти нулевой. Они не понимают каббалистической методики в ее истинном виде, а просто не используют эгоизм, отрицают его, идут только на ощущении — не через привлечение науки Каббала. Можно встретить и таких учителей, но каждый раз мы будем это проверять, и вы будете получать объяснения.

У каждого из нас существуют решимот, которые мы должны отрабатывать в соответствии именно с нашим истинным состоянием, ни в коем случае не перепрыгивая — для этого Бааль Сулам касается понятия «недозревший плод». Поэтому те, кто создают группы, те, кто в них занимаются, должны понимать, на каких стадиях они находятся, и учитывать опыт других. А для этого они должны постоянно советоваться, правильно ли они что-то делают или нет, посильные ли задачи, действия берут на себя, или это может сломать их в итоге, как сломало Россию, или израильские кибуцы.

Надо советоваться относительно всех тех маленьких шагов, которыми должны идти каждая группа и каждый из нас. Этим мы сбережем себя от многих падений, ударов.

Недозревший плод

- **Вопрос:** Вы говорили, что свет, который нисходит на нас во время изучения книг Бааль Сулама, — это свет со ступени Гмар Тикун. Так он тоже не для нас? Что значит свет от АХАП ступени над тобой?

Если Бааль Сулам писал свои книги с уровня Гмар Тикун, то это не значит, что при чтении его книг мы получаем свет с уровня Гмар Тикун. Когда я пишу свои статьи, то пишу их с того уровня, на котором нахожусь я, а не с того уровня, на котором находился Бааль Сулам. Поэтому я советую изучать оригинальные источники — кроме моих книг, читать его статьи. Я пытаюсь их адаптировать с наименьшим искажением, насколько я могу это сделать. Однако этого достаточно для того, чтобы идти вперед, по крайней мере, до того состояния, в котором нахожусь я.

Свет Бааль Сулама, свет рабби Шимона, рабби Эльазара, свет Ари, свет Рабаша — это свет и Авраама, и Моше: вся эта череда — это практически, одна и та же душа, которая нисходила в наш мир и теперь постоянно светит нам, выдавая каждый раз все новую и усовершенствованную каббалистическую методику.

Конечно, это свет с самой наивысшей ступени — Гмар Тикун. Об этом, что интересно, сказано еще в Книге Зоар, в главе «Видение рабби Хия». Там есть вопросы: «Как может быть такое, что рабби Шимон не достиг Гмар Тикуна? И как же может быть, что он достиг Гмар Тикуна, если все человечество в действии этого еще не достигло? Этот Гмар Тикун — частный Гмар Тикун, только рабби Шимона, или он общий: та ступень, на которой уже находится все человечество?». И на примере выяснения этих вопросов показывается устройство всех этих ступеней, и что такое ступень Гмар Тикун по сравнению с нашей и со всеми промежуточными ступенями.

Так вот, свет исходит из состояния Гмар Тикун, но, проходя через все ступени, он проходит через АХАП Высшего. А для вас АХАП Высшего — это я — это то, что я организую, это то, что я фокусирую на вас, то, что я делаю — это все то, что я готовлю для вас. Поэтому вы получаете все не с той Высшей ступени, а всего лишь со ступеньки выше вас. Но все ваши представления о духовном мире, какими бы они ни были, на самом деле лишь искаженная миллиардная часть той маленькой, сопряженной с вами, Высшей ступени.

Итак, если вы пытаетесь что-то внедрять в ваших группах, пытаетесь, что-то делать, я вас очень прошу советоваться или брать за образец прошлый опыт нашей группы. Ведь мы специально не сдерживали себя, пытались проходить абсолютно все. Просто трудно даже вспомнить, чего мы только не делали: какого вида общие предприятия, мероприятия, устройства нашей жизни не обсуждали и не пытались претворить. Можно сказать, что Высшее управление нас оберегало, стерегло, не давало нам войти в эти состояния в действительности, чтобы мы не запутались в них окончательно и не разрушились.

Поскольку наша группа должна вести всех вперед, она должна теоретически пройти все эти состояния, отработать их на себе. И теперь, когда они на нас уже отработаны, вам не надо всего этого опять отрабатывать. Ведь не обязательно всем знать, как сшить рубашку, как сделать стол, построить дом, — можно пользоваться тем, что уже сделано человечеством, и тем, что делает для нас окружающее общество. Вы можете пользоваться тем, что мы сделали, — подключаясь к нам, вы уже пользуетесь готовым.

Подключаясь к Бней Барух, вы очень многое проходите внутри себя и очень быстро отрабатываете все те состояния, которые мы прошли. Вы можете просто, как ребенок на руках у взрослого, сразу же подскочить до уровня Высшего. А потом, когда вы уже будете на этой Высшей ступени, внутри себя вы это отработаете. То есть путь сокращается мгновенно.

Вы сами знаете, что те группы, которые создаются сегодня, могут буквально в течение полугода стать равноценными группе, которая существует уже 10 лет. И это происходит не потому, что новые группы такие умные, а потому, что они включаются в нас. У них уже другие решимот, они отрабатывают это все внутри себя очень быстро, конечно,

Недозревший плод

не замечая, не понимая, что с ними происходит, и где там внутри все это быстро отрабатывается, но это так.

Поэтому чем дальше мы будем продвигаться, чем больше в нас будет включаться групп, тем меньше мы должны будем обращать на них внимания: они будут более подготовленными, чтобы включиться в нас, и мы будем более подготовленными включить их в себя, абсорбировать их в себе.

ДАРОВАНИЕ ТОРЫ

15 октября 2003 года (продолжение)

16. Теперь поймем, почему Каббала обязывает нас исполнять невозможное — «возлюбить ближнего как себя».

Мы говорили о том, что исправление человека, возвышение его до уровня Творца, желает он того или нет, произойдет все равно: его вынудит к этому история, то есть его собственное развитие будет давить на него так, что он обязан будет захотеть, — «палкой к счастью», что называется. А если послушается, то начнет сам в себе культивировать это желание: убеждать себя, что это хорошо и необходимо. Но в любом случае он будет стоять перед осознанием того, что это невозможно.

Чтобы это стало возможным, методика исправления (Тора или Каббала) вручена не одному человеку Аврааму, который первый задумался об исправлении*, а когда возник целый народ в 600 000 человек старше 20-ти лет...* То есть нам дается условие.

Конечно, тот народ, который вышел из Египта, — это не тот народ, который должен прийти к Гмар Тикуну, конечному исправлению. Просто то, каким образом это происходит, показано на историческом примере какой-то одной каббалистической группы, на нулевом уровне ее эгоистического желания. Ведь духовный корень должен обязательно коснуться своей земной ветви, своего земного следствия, и тогда это воспроизводится на Земле, то есть в неживой материи.

Воспроизведение это обязательно должно быть, потому что, начиная с самой Высшей ступени, с Гмар Тикуна, через все ступени миров эта информация должна пройти, должна воплотиться во всю толщу эгоизма и начать с самой низшей ступени подниматься вверх.

Подъем вверх происходит уже сознательно: он осознается каждым лично. А воплощение сверху-вниз задано по воле Творца, безо всякого осознанного участия со стороны человека. Оно происходит потому, что должно произойти. Высшая ступень — корень — должна облачиться в низшую ступень — в ветвь. Это и происходит исторически, в данном случае на потомках Авраама.

Итак, методика исправления была вручена не одному человеку, а когда возник народ, то есть огромное количество людей, и этот народ страдал от эгоистического рабства.

…когда этот народ вышел из Египта, был спрошен каждый из народа, согласен ли он на эту возвышенную работу (то есть удовлетворять желания ближнего, а не свои), *и каждый всем сердцем и душой согласился с этим и воскликнул: «Сделаем и услышим».*

Есть определенные условия, только согласно которым возможно восхождение на ступень, которая называется «духовное существование». Если эти состояния (условия) мы в себе пройдем, отработаем, то поднимемся выше махсома.

600 000 человек — имеется в виду, конечно, группа. Почему 600 000? Потому что это цельная структура.

Выход из Египта — это когда все мы действительно своими свойствами, своими желаниями, своими чаяниями принимаем решение выйти из эгоизма, оторваться от него, и в группе каждый из нас согласен на это дело, на этот результат. И мы согласны приподняться над нашей ступенью и взойти на следующую ступень на основании правила «Сделаем и услышим»: то есть сначала — действие, а потом — понимание его результата, — потому что иначе не может быть.

Мы не можем уже сейчас, находясь на эгоистическом уровне, заранее видеть, что такое альтруистический уровень: у нас нет кли, для того чтобы увидеть, услышать, понять, принять. Для этого нам необходим экран, а его нет. Поэтому сначала совершается действие, а потом в него происходит получение света. Сначала обретается экран, а потом с помощью экрана происходит получение ор Пними.

Если мы выполняем все эти условия, *в таком случае появляется возможность выполнить требование любви к ближнему, ведь если 600 000 человек перестанут заниматься удовлетворением собственных потребностей, и не будет у них другой цели в жизни, кроме как стоять на страже интересов их ближних* (имеется в виду ограниченная группа: 10, 20, 50, 100 человек, неважно количество), *чтобы те ни в чем не нуждались, то, несомненно, нет никакой необходимости заботиться о собственном существовании.*

Когда мы адаптируем этот закон для себя, мы принимаем его только в духовном виде, иначе мы будем как «недозревший плод». Ни в коем случае нельзя начинать принимать в группе закон духовного общежития. Мы совершенно к этому не подготовлены — это не наша ступень. В статье «Последнее поколение» говорится, каким именно путем необходимо вживаться в это в нашем земном существовании.

Не в наших намерениях быть друг в друге, оказывать друг другу помощь, содействие. Тогда как в земных наших действиях, условиях применять правила духовного общежития? Ни в коем случае мы этого сейчас не делаем!

Только после того, как уже соберется огромное количество людей, которые будут проникнуты этой идеей и будут находиться на духовном уровне, — только когда создастся определенная критическая масса таких людей, как говорит Бааль Сулам, можно будет начинать строить общество последнего поколения.

В статье «Дарование Торы» об этом не говорится, говорится только о том, что мы должны быть группой, должны между собой, внутри себя создать такие условия, которые назывались бы нашим духовным отношением друг к другу. Значит, в наших сегодняшних условиях группа представляет собой какую-то духовную категорию, духовный объект, которая не осязаема явно, не существует явно ни в нашей жизни, ни между нашими семьями, ни в наших семьях — нигде. Человек посторонний, просто зашедший, никаким образом не сможет этого увидеть.

Это та общность интересов, стремлений, которая существует между нами духовно. То есть ни в коем случае не говорится о реализации на земном уровне, о наших правилах, о замене земных правил духовными. Говорится только о том, как сделать такими внутренние отношения, отношения человека к его группе.

Поэтому, как только народ согласился, получили методику исправления для слияния с Творцом, так как стали способными исполнять ее.

Но прежде, чем выросли до размеров целого народа (то есть прежде чем в группе появилась критическая масса, готовая к такому проявлению взаимоотдачи друг другу), *не были способны исправляться и выполнять условие любви к ближнему, так как малым количеством людей невозможно исполнение заповедей между человеком и ближним в полном объеме заповеди «возлюби ближнего своего как самого себя», и поэтому не была вручена им методика исправления.*

Так и мы должны достичь определенного критического состояния. Если эта масса по мощи и по количеству будет достаточной, мы действительно получим методику.

Мы находимся в том же состоянии, в котором находилась группа людей, вышедшая из Египта. Только они получали все это абсолютно неосознанно, — на их нулевом уровне авиюта отыгрывалась программа творения. Они должны были это пройти, должны были это сделать неосознанно — и они сделали это. Это называется нисхождением Высшего корня до самой его низшей ветви, до облачения в материю нашего мира.

Этот народ не поднимался к Творцу самостоятельно. Это отыгрывалось на группе, на огромном количестве людей, которые только в нашем земном понимании называются «Исраэль»: на самом деле они были устремлены к Творцу не своими собственными желаниями, не от своего собственного эгоизма, не от собственного страдания; они не прошли три-четыре тысячи лет отработки всех решимот. Просто в наш мир должна была спуститься методика исправления, и группа каббалистов должна была передать нам эту методику тогда, когда в нас уже заговорят решимот самых последних стадий авиюта.

И вот сегодня, имея эти самые решимот, мы в своих внутренних устремлениях уже на самом деле начинаем соответствовать тем условиям, которые тогда спустились сверху-вниз и проигрывались на тех людях абсолютно независимо от них, безо всяких устремлений с их стороны.

Из того, что описывается в Торе, мы можем понять, в каких условиях, в каких состояниях мы должны находиться, только уже своими желаниями, а не определенными свыше, как в те времена, когда просто все силы природы таким образом соединились в воздействии на эту группу людей. Мы нашими внутренними усилиями должны подготовить в себе все к такому же состоянию, только снизу-вверх. И эта работа, как пишут каббалисты, начинается с конца 20-го века.

17. И из сказанного сможем понять, почему весь народ Израиля ответственен друг за друга. На первый взгляд это совершенно не справедливо, что если кто-то согрешил, Творец взыскивает с тебя (с другого)*! Почему я ответственен за грехи совершенно чужого и даже не знакомого мне человека?*

А рабби Эльазар, сын рабби Шимона, говорит, что человек и мир судятся по большинству: исправивший хотя бы одно желание, склоняет себя и весь мир к заслугам; употребивший его для самонаслаждения — склоняет себя и мир к вине. То есть рабби Эльазар говорит, что весь мир ответственен друг за друга что каждый добавляет своими действиями заслугу или вину всему миру (то есть не только один народ или одна группа; рабби Эльазар всегда говорит относительно Гмар Тикуна — ступени над рабби Шимоном).

Это исходит из того, что каждое из 613-ти требований исправления относится к выполнению только одного условия — «возлюби ближнего как себя», а оно само находится за пределами осуществимого, если только весь народ целиком и каждый из него не будут готовы к этому.

Возникает вопрос: а возможно ли такое, чтобы каждый из нас и все мы подготовились к такому состоянию и действительно были в нем, чтобы сверху на нас снизошел свет вручения Торы, вручения Каббалы, вручения методики исправления, то есть раскрытия Творца? Об этом Бааль Сулам рассказывает уже в следующей статье, которая называется «Аравут» («Поручительство»).

Я очень рад, что у вас сегодня такая путаница в голове, что вы уставшие и с трудом заставляете себя раскрыть немножечко одно ухо, приоткрыть один глаз — это очень хорошо. Потому что те маленькие усилия, которые вы прилагаете сейчас, они не на самовозбуждении, не оттого, что вы готовились приехать сюда и быть всем вместе. Сейчас вы уже работаете именно с тем, что в вас создается сегодня. Это новые ощущения, это новые келим, они совершенно неосознанные: вы не чувствуете, что есть у вас сегодня, но потом это начнет проявляться.

Человек, когда у него появляется духовное зрение, больше всего радуется вот таким состояниям, потому что они самые плодотворные: в это время в нем происходит формирование следующей ступени. Он ощущает ее такой пустой, запутанной, себя — уставшим, эгоистичным, немножко потерявшим интерес: а где моя прежняя жизнь? Это на самом деле очень хорошо! Вы даже не представляете, насколько! Не надо отгонять от себя подобные мысли. Если вы будете отгонять их, то не будете использовать тот авиют, который к вам сейчас приходит, — вы должны вместе с ним «в мире и дружбе» сейчас дальше продвигаться.

Попробуйте адаптировать его в полном согласии с собой. Очень легко оторваться от этого мира и летать в облаках. Или, наоборот, оторваться от этих облаков и спуститься в этот мир. Надо жить одновременно в том и в этом, то есть во внутреннем согласии, с тем, что все так и должно быть. Творец должен облачиться в этот мир. Он должен спуститься ваш мир, наполнить его во всех ваших состояниях: на работе, в семье, — в каких бы вы ни были.

Вы не должны что-то ломать внутри себя и играть внутри себя: сейчас я занимаюсь духовным, а вот потом займусь уже этим миром, где все более реально. Нет такого, это одна и та же реальность, просто мы не можем духовную реальность спустить в материальную так, чтобы она нам виделась. А на самом деле это должно быть.

Если мы оторвемся от этого мира, то останемся точкой и таким образом прекратим свое духовное развитие.Духовное развитие строится только на том, чтобы вмещать духовность, Творца, ощущение Высшего во все, что находится здесь, в нашем мире, начиная от самых низменных наших земных состояний и кончая самыми Высшими.

То есть где бы вы ни были, какими бы делами не занимались: бизнесом, любовью, какими-то склоками, продвижением, — если в это вы не помещаете Творца, не делаете усилий, чтобы Его поместить, значит, это не духовная работа. Духовная работа заключается в том, чтобы в нашем мире, в наших состояниях, ни откуда не уходя, вмещать во все Творца.

То, что мы сейчас уединились и находимся здесь, — это для того, чтобы просто подкрепиться, чтобы набраться здесь самых наилучших ощущений, и не теряя их, начать потом помещать силой внутрь нашей жизни — заполнять нашу обычную жизнь этими духовными ощущениями до тех пор и настолько, пока не начнем сквозь них ощущать Творца — живую силу, которая на самом деле все оживляет и двигает.

Поэтому сегодняшние наши состояния — это как бы модель того, что с нами будет происходить, когда мы вернемся к себе домой к прежней жизни. Нам будет снова плохо? Нам не будет плохо. Мы должны уже сейчас, в нашем сегодняшнем состоянии, когда мы немного уже выдохлись, когда мы уже не в такой эйфории, начинать это свое состояние совмещать с тем наилучшим состоянием, которое у нас было. Это не значит уходить в прошлое, оглядываться назад, это значит самое наивысшее состояние облачать в свое сегодняшнее наинизшее.

Вам будут потом добавлять еще больший авиют, еще более и более низкие состояния. Пытайтесь их одухотворить. Сегодня вам дается для этого возможность — лаборатория. Делайте сейчас в вашей внутренней лаборатории такие действия. А потом, когда вы вернетесь к себе домой, сделайте это со всей своей жизнью.

Вы не должны на два часа в неделю или на два часа в день убегать в Каббалу, чтобы отрываться от этого мира. Нет! Вы должны убегать в Каббалу на два часа в день для того, чтобы потом весь день, все остальные 22 часа, жить, совмещая все с тем, что вы получили. Всю энергию, всю возвышенность, все впечатления вы должны помещать во все остальные 22 часа — только тогда будет считаться, что ваша жизнь действительно правильно реализуется.

Не те два часа в сутки, которые вы проводите за занятиями Каббалой или за распространением, учитываются, а учитывается то, как именно полученное за эти два часа, вы помещаете, вталкиваете насильно во все остальное, как вы пытаетесь жить этими двумя часами все остальные свои 22 часа.

Поэтому наша жизнь устроена так, что мы восемь-десять часов обязаны работать. И каббалисты обязывают человека работать, участвовать во всей жизни окружающего общества, ни в коем случае никуда не удаляться, не отрываться от окружающего большого мира, который якобы его пугает.

Мы думаем, что будет хорошо, если мы от внешнего мира отвалим куда-то в сторону и будем там спокойно существовать, создадим для себя искусственный мир. Ни в коем случае! Творец ничего не сделал зря: жена, дети, начальник, теща и так далее — это все нужные нам помехи: в них нужно вдохнуть духовное и наоборот.

- **Вопрос: Что это за методика, построенная на отрицании эгоизма?**

Такая методика не дает нам продвигаться. Она говорит только о том, чтобы оторваться от эгоизма, сосредотачиваться только на одной мысли, а иные вообще советует отбросить. Каббала же говорит нам включить Творца во все свои помехи: Он внутри них, и когда ты с ними работаешь, ты работаешь с авиютом, — там ты Его находишь, там Он тебе раскрывается.

Он тебе может раскрыться только на твоем «мясе», только в твоем эгоизме, внутри него, и не сразу. Он у тебя раскроется ни на нулевой и ни на первой стадиях авиюта, а только на второй, на третьей, на четвертой. И даже начав работать с этим, не сразу ты Его начнешь ощущать. На нулевой, на первой стадиях Он будет ощущаться каким-то далеким, окружающим.

Поэтому меня радует, что я вижу вас в таком уставшем и поникшем состоянии — это очень хорошо. Теперь вот только надо начинать работать. А если человек ждет, когда у него снова появится вдохновение: ну, где там группа, которая начнет петь, плясать и меня, таким образом, как-то подбодрит, — это совершенно неправильно!

Выход в духовный мир — это выход из самого отчаянного состояния. Из самого отчаянного! Нет большей тьмы, чем перед выходом в Высший мир, когда человек действительно понимает, что у него нет никаких собственных внутренних возможностей, и тогда он уже кричит Творцу.

Это еще не наше состояние. Мы можем еще как-то найти Творца в нашем мире. Мы можем в нашем внутреннем состоянии где-то Его с собой совместить. Когда мы этого совершенно не сможем, несмотря на все наши попытки, тогда они и будут настоящим криком о том, чтобы Он раскрылся. Так что начинайте внутри себя работать. Знаете, улыбочка, и вперед.

- **Вопрос: Можно ли еще раз объяснить, что такое духовное общежитие, для которого мы на сегодняшний день — «недозревший плод»? С другой стороны, вы говорили, что задача каждого на сегодня — вытащить из себя свое «Я» и растворить его в членах группы.**

Да, человек должен вытащить из себя свое «Я», растворить себя в группе — выкинуть себя из своего «Я» наружу, в группу. Мы должны сделать так, чтобы наши «Я» остались вне группы.

Группа — это такой круг, в который мы пытаемся броситься, оставляя свое «Я» за пределами этого круга. Мы делаем это только в наших внутренних усилиях, ни в коем случае не применяя это в жизни. Мы не заводим общую кассу, как кибуцы, или какое-то другое общежитие, не пытаемся создать одну общую семью, какую-то общность в нашем мире — это все относится к проблеме последнего поколения, мы и к нему когда-нибудь подойдем.

Мы строим не каббалистическое общество, а каббалистическую группу, которая занимается только внутренними усилиями (каждый — в себе) и сопряжением этих внутренних усилий между собой, чтобы достичь критической массы и вызвать раскрытие Творца. А раскрытие Творца сразу же поднимет нас на следующую ступень.

Как только на следующей ступени мы снова достигнем критического желания и подготовим себя своими внутренними усилиями к Общему кли, Творец сразу же снова нам раскроется и снова нас исправит, и таким образом мы снова наполнимся Им на следующей ступени. И так далее каждый раз. Методика практически одна и та же на каждой ступени.

Мы сейчас не занимаемся исправлением нашей жизни: каждый из нас остается жить в своей семье, каждый из нас остается на своей работе. Мы не собираемся заводить общее имущество, создавать какие-то свои общинные учреждения — ничего этого мы не делаем. Мы только создаем духовную общность, невидимую, где наши общие желания, устремления к Творцу складываются вместе, вызывая на нас большой окружающий свет. Это единственное, что мы сейчас делаем.

Но для этого надо выполнять какие-то совместные действия. Однако совместные — не значит относящиеся к нашим житейским проблемам. Это то, что мы делаем вместе: например, сукка, работа по распространению, создание нашего общего Центра, — то есть все то, что относится к духовному, но является при этом внешней его оболочкой. Это можно делать, но ничего более. Это и означает «не есть недозревший плод», не лезть на «Древо познания добра и зла». Нам на него еще нельзя залезать, но потом придется.

Начиная с этого времени и далее, вы начнете видеть, насколько быстрее пойдет ваше развитие, насколько быстрее начнут сменять друг друга состояния. Вы увидите, как то, что раньше должно было занять месяцы и годы, полетит вперед.

- **Вопрос: Что значит пытаться ощутить Творца между нами?**

Творец проявляется между нами в той мере, в которой мы пытаемся его ощутить. Пытаться ощутить Творца — это значит пытаться ощутить свойство отдачи. Если мы попытаемся каким-то образом смоделировать его в состояниях, в отношениях между нами, и попытаемся, каждый и все вместе, прийти к этому свойству эгоистически, «ради себя», то начнет проявляться ор Макиф, который подтянет нас уже к внутреннему исправлению, и в нем облачится ор Пними, Сам Творец проявится таким образом.

- **Вопрос: Вы говорите, что нельзя опережать события, но мы же ищем...**

Мы опережали события, когда хотели организовать кибуц. Мы пытались прыгнуть на много ступеней выше себя, но нам этого не позволили свыше.

Когда у нас в группе возникают какие-то задумки: давайте сделаем так или этак, — как я обычно отвечаю?

- **Реплика: Делайте.**

Делайте! Совершенно верно! Пробуйте! Потому что мы первые, мы должны все испробовать. Мы не должны, конечно, лезть в абсолютно утопические планы или действия, но если нам кажется, что тем или иным образом мы можем что-то улучшить на нашем общем пути, что появится большая общность, сплоченность в группе, то всегда на такие действия я согласен и говорю: «Да, действуйте». Если у кого-то есть какие-то идеи в этом направлении, я никогда не сдерживаю, но надо, конечно, смотреть, какие идеи. Как правило, мы пробуем. И мы опробовали тысячу разных идей. То, что вы видите на сегодняшний день, — это их результат.

На самом деле, это результат как минимум десятилетнего труда, причем очень энергичного. Мы в этом живем и живем все время: не раз и не два раза в неделю. Мы живем и постоянно в этом варимся, и все силы прикладываем для того, чтобы создать для себя такие условия, когда мы действительно вместе работаем и учимся, и все делаем для того, чтобы быть как можно ближе друг к другу и чаще друг с другом. Поэтому если возникает возможность еще каких-то совместных действий, мы это всегда приветствуем. Я ничего не запрещаю. Иногда что-то отпадает само собой.

Чего мы только не проходили внутри группы. Например, всевозможные попытки разбиться на подгруппы (на пятерки, десятки), чтобы устроить соревнования между ними. Или, например, я брал человек 15 и говорил, что только это — группа, а для всех остальных я не Учитель: по мне они пусть хоть исчезнут — никто из них мне не нужен. Примерно сотня человек оставалась как бы за бортом.

Какие только драматические пертурбации мы не проходили. Это все интересно послушать. Я не знаю, насколько это будет понято, когда не пройдено на себе, но если вы включитесь в нас глубже, весь этот опыт войдет в вас и вам не надо будет этого проходить: у вас не возникнет мыслей о том, чтобы пройти все это; у вас просто уже сразу же возникнет понимание того, что это на самом деле, как будто вы это тоже прошли.

Путь вперед — это путь методом проб и ошибок, как сказано: «Эйн цадик баарец ашер аса тов вэ ло ихта» — «Нет праведника на земле, который бы перед этим не согрешил». Праведником называется исправленное состояние, грешником называется неисправленное состояние, когда человек окунается в собственный эгоизм и понимает, что он — грешник, то есть делает «ради себя», а праведник делает «ради Творца». Только устремлением намерения отличается праведник от грешника.

Так вот, у человека не бывает такого состояния, в котором бы он не падал, не понимал, что ошибается, что неверно делает, что находится в эгоизме, в противоположном относительно Творца состоянии, и не начинал исправлять себя.

Но эти состояния можно проскочить за короткий промежуток времени и подсознательно за мгновения отработать в себе все эти решимот, если включаешься в основную группу. А для того, чтобы пройти все это самостоятельно, конечно, понадобятся месяцы и годы. Поэтому включение в общую группу дает поразительные результаты для новеньких.

И мы на самом деле видим, что люди приходят, попадают в наше общее поле — и уже схватывают все быстрее, для них это все становится очевидным: «Чего это вы пять лет там делали? Все и так понятно». И это хорошо. Мы их сразу же можем включать в себя.

Прошла первая половина конгресса, осталась вторая и менее интенсивная. Что нам надо сейчас делать? Сейчас, именно с сегодняшнего дня, нам надо работать в действии, несмотря на то, что нам тяжело, что мы запутанные, что мы уставшие.

Что значит запутанные, уставшие? Нет таких понятий, как «запутанность», «усталость». Все отрицательные состояния, то есть когда не ощущается полное совершенство, полнейший покой, полнейшая ясность, вызываются добавлением эгоизма. Поэтому мы чувствуем тяжесть, хотим спать, запутаны, мозги не соображают, мы уставшие вообще от всего. Мы уже перестаем слышать, не можем уже воспринимать — это добавление эгоизма, не усталость.

Бааль Сулам пишет об этом в книге «При Хахам. Маамарим» (Плоды Мудрости. Статьи), в статье «Сгулат зхира». Это все не от усталости: ничего такого нет в организме и вообще в мире. Это происходит или потому, что эгоизм добавляется, или потому, что он исправляется: или прибавляется абсолютно неисправленный, пустой, в который не светит никакой свет, или наполняется исправленный.

Мы сейчас находимся в таком состоянии, когда нам добавляется эгоизм, и против него еще нет ор Макиф. Сейчас мы должны искусственно вызывать на себя этот ор Макиф.

Постепенно он будет образовываться, постепенно он начнет светить снаружи эгоизма внутрь. И тогда мы начнем ощущать как бы новый день, просветление, нам все станет более ясно, усталость будет проходить, появится какое-то воодушевление, устремление вперед, какая-то надежда. Что значит надежда? Светит ор Макиф, который будет ор Пними.

Но это все зависит от нашего усилия. Если мы будем действовать пассивно, то эти состояния будут меняться раз в год, в два, а, может быть, и в поколение. Если мы будем действовать своими усилиями, значит, будем идти уже сами и не путем страданий, а путем света, путем Торы. Вот это мы и должны с сегодняшнего дня делать.

В течение первой половины конгресса мы получали воодушевление за наши усилия, которые приложили для того, чтобы приехать сюда, за то, что мы вкладывали в это мероприятие — за это нам светил ор Макиф. Теперь следствием этого является следующее состояние, когда нам добавляется авиют. И вот сейчас мы должны начать действовать с этим авиютом. Это начало следующего дня, а день начинается с вечера: «И был вечер, и было утро — день второй».

Мы должны на основании сегодняшнего своего авиюта, ни в коем случае от него не отрешаясь, прилагать усилия достичь такого же по своей мощи состояния, какое было раньше.

Я повторяю: ни усталости, ни забывчивости, ни отрешенности, ни злости — ничего нет. Это просто изменения эгоизма. Есть только изменение толщины эгоизма и, соответственно этому, изменение интенсивности света. Никаких изменений, кроме этих двух параметров, больше нет. Или это в виде решимот, или это в виде ясных параметров авиюта и света. Больше ничего в природе не существует.

Поэтому человек должен понимать, что если сегодня он находится в таком полубездыханном состоянии, значит, ему добавили авиюта, против которого нет света. И если он будет ждать этого света, то может ждать десятки лет. Значит, своими усилиями нужно вызывать на себя этот свет, тогда он будет считаться действительно нашим, нами заработанным.

Но если сейчас у тебя появляется такой авиют, то может появиться и желание все это бросить, удрать, выйти из сукки и вообще из всего этого. «И вообще, чем тут люди занимаются? Зачем тут собрались? Все настолько нереально и далеко. Ну, побаловались — хватит, попели песни — пойдем домой». Я знаю — все это было у меня внутри. Так вот, эти состояния — самые хорошие состояния, только если они осознанные.

Вся эта жизнь кажется нам действительно ужасной, абсолютно бесперспективной и безысходной. И если бы не помощь Творца, то мы никогда бы не собрались здесь. Слава Б-гу, что Он вместе с авиютом добавляет нам удаление окружающего света: происходит раздвижение мироздания в обе стороны от своего нулевого уровня.

Когда-то, при выходе евреев из Египта, было совмещение нашего мира с духовным на нулевом уровне. Все было очень просто, все прекрасно понимали, что Творец — это то, что вокруг них, что это разумная сила, которая ими управляет. Все было совершенно понятно для людей, которые существовали на нулевом, на маленьком, уровне эгоизма: ни к чему особенному не стремились — только бы прожить.

Но с тех пор мироздание раздвигается в обе стороны: от этого нулевого уровня ор Макиф удаляется вверх, а авиют растет вниз. И человечество ощущает все большую боль, все большую безысходность, все большую тьму.

Отрываясь от нулевого уровня, от света, эгоизм, начинает выдумывать для себя всякие теории существования: каким образом просуществовать, какие подпорки для себя выдумать, для чего стоит жить. И вот все ищут: происходит культурное, технологическое развитие — якобы в этом мы сможем найти какое-то наполнение.

И все доходит до последней крайности: до такой тьмы, когда уже больше ничего нет. Это уже начинает проявляться в наше время. Сколько бы ты ни учился, тебе на следующий день не хватает твоего образования; ты женился —

на следующий день ты понимаешь, что неправильно сделал. Это не просто так, это развитие эгоизма. И так будет на всех уровнях жизни, это усугубится. Останется единственное — наркотики, чтобы отключить себя, и больше ничего не желать. Это будет самой главной проблемой человечества, потому что ничего, кроме этого, не останется.

Если сейчас, когда я сижу здесь, накапливая в себе большую духовную энергетику, стремление к Творцу, ощущение товарищей, у меня начинает прибавляться эгоизм, и я вспоминаю о работе, о деньгах, о семье — обо всем том, что есть в моей жизни, вне пределов группы, что я должен делать? Я должен пытаться во всех своих состояниях быть на самом большом духовном уровне. Это значит, что я должен присоединить авиют, который мне сейчас добавили, к устремлению к Творцу. Если я пытаюсь сделать это, то этим вызываю на себя окружающий свет, и он начинает мне светить.

Каким образом я пытаюсь сделать это? Я вам приводил пример с моим Учителем: когда он был в мрачном состоянии, то запирался в комнате и начинал танцевать. И это делал большой каббалист, который хотя и находился в мире Ацилут, но тоже переживал такие состояния. Ведь эти состояния переживает любой человек, который просто еще не полностью исправил свое кли, еще не дошел до Гмар Тикуна.

Учитель просто начинал петь, танцевать, как умел. Ему было тогда 85 лет. И таким образом он на всех уровнях: на физическом, на ментальном, на духовном — выводил себя из этих состояний, то есть вызывал в себе другие состояния, которые на всех уровнях уподоблялись следующему духовному состоянию.

У нас нет другого выхода. Каждый раз до махсома и после него у нас будут одни и те же проблемы. Но это не проблемы, это дается нам, потому что мы уже побывали на хорошей ступеньке, уже немножко ощутили какое-то сближение с Высшим. Теперь нам дают на самом деле, на практике, осуществить следующий этап.

Мы можем упираться, ждать, пока он придет. И он придет в итоге, потому что все равно каждый из нас каким-то путем вернется к своей обычной, привычной для него, духовной работе. Мы будем снова учиться, распространять, давать лекции, что-то читать, через некоторое время вновь здесь соберемся, будем участвовать во всем этом. Однако это будут не наши усилия, или наши, но совершенно не той интенсивности, с которой мы должны это сделать.

Во второй половине конгресса мы должны прийти к нашему вчерашнему состоянию, но с сегодняшним авиютом. Это будет называться следующей ступенью. То есть наше сегодняшнее состояние ни в коем случае не должно быть ниже вчерашнего — самого наивысшего за все эти дни.

И так каждый день, каждый раз в своей жизни ты обязан это делать. На работе, в учебе, с семьей — где угодно, внутри любых помех ты обязан жить в полном постоянном контакте с Творцом.

У рава Зюси была жена, которая все время на него ворчала, ругалась. И когда его спрашивали, как он может жить с такой женщиной, рав Зюся отвечал: «Да вы что?! Я же благодаря ей всего достиг». Этот пример приводится каббалистами действительно как образец.

Однажды Рабаш (мой Учитель) рассказывал, как его первый раз привели заниматься в начальную школу, хедер (класс). Рабаш был таким своевольным, что ему никто ничего не мог приказать. Школьный учитель один раз просил его назвать букву, он ответил, что не хочет. Учитель еще раз попросил — он отказался. Тогда учитель взял линейку и стукнул его — он опять ответил, что не хочет. Когда учитель еще раз стукнул его, то делать было нечего — он ответил. А потом учитель дал ему руку и сказал: «Поцелуй эту руку». Надо было поцеловать ту руку, которая держала линейку, палку. Таким было воспитание.

Мы должны благодарить за те удары, которые получаем. Человек на самом деле должен прийти к тому, чтобы радоваться, что его авиют возрастает, что удары, которые он получает, это вовсе не удары, а то его внутреннее «мясо», тот эгоизм, в котором он может ощутить Творца.

Как я смогу подняться, если не наступлю на тот авиют, который мне сейчас добавили? Ведь только в этом и заключается возможность: я должен приподняться на нем, не аннулируя его, не забывая, не нивелируя, не убегая от него. Я должен взять все, что накопил за два утренних часа учебы, и в течение всего дня постоянно, ежесекундно, внедрять это во все, в весь мир. Это будет означать приход к состоянию, когда «весь мир создан для меня». И тогда я обнаружу, что все в мире выполняет Творец, и все заполняется Творцом, Его силой.

Ты встречаешься с Ним везде, даже в самых своих низменных состояниях, если не забываешь о Нем. Ты можешь быть с женщиной, можешь быть на работе, но если ты пытаешься не отрываться от мысли уподобиться Творцу во всех состояниях, даже в самых низких, то там ты Его и находишь. Как сказано: «Эйфо ше ата моцэ гадлуто, шам ата моцэ анватнуто» — «Там, где ты находишь Его величие, там же ты обнаруживаешь Его скромность», — то есть именно в самых низменных, в самых больших уровнях авиюта.

Поэтому прибавление нам авиюта — это благо на самом деле. Но для того чтобы, несмотря на то, что мне плохо, страшно, жутко надоело, что я устал, одновременно с этим помнить о причине, воевать с этими состояниями, исправлять, наполнять их, нужна группа. Потому что у человека в этом добавленном новом авиюте нет точки в сердце.

Точка в сердце дается только один раз. А когда прибавляется новый авиют, еще «10 килограммов» всяких земных желаний, то вместе с этим не добавляется духовного возбуждения, одновременно обе части — Малхут и Бина — не приходят к тебе, а приходит только Малхут.

А где сейчас ты возьмешь это духовное воодушевление? Как ты сможешь вспомнить? Ты можешь вспомнить, может быть, через неделю о том, кто ты, что ты, что есть духовное, и с этим надо что-то делать. Поэтому ты должен создавать группу, которая бы постоянно напоминала тебе об этом.

Если мы хоть на секунду находимся в плохом, в отрешенном, в «разбитом» состоянии, выдохлись, значит, группа на нас не действует — мы не вложили в нее достаточно усилий и не создали ее такой, чтобы она постоянно держала нас в состоянии тяги к духовному, всегда в полной боевой готовности, ведь это зависит только от группы, тут человек сам ничего не может сделать.

Когда добавляется эгоизм, ты уже все — мертвый, никуда не денешься. Только если ты заранее вложил в группу, как в банк, как в больничную кассу, заранее проплатил так сказать за лечение, выплатил страховку, для того чтобы товарищи потом за тобой ухаживали, — тебе помогут. Тогда получается, что их обслуживание тебя — это, практически, возвращение тебе твоего вклада. Ты вкладываешь именно на этот случай.

Все это исходит из духовного принципа: «Пну элай вэ ани порэа» — «Обратитесь ко Мне, и Я воздам» (или «Одалживайте на Мой счет, и Я расплачусь»). У Рабаша есть много статей о том, что человек вкладывает в группу, а группа потом в меру вклада ему отдает.

Вся методика нами уже пройдена, но напоминать о ней самому себе тысячу раз — это не поможет. Если человек с группой не готовится к таким состояниям, и группа не готова оказывать каждому именно эту услугу: заставлять, напоминать, все время трясти каждого по поводу того, в какой мысли относительно Творца он находится, — то это не группа, потому что эта услуга — самое главное, что группа должна делать с каждым из нас! И все те сообщения, которые мы посылаем друг другу и телефонные звонки нужны для того, чтобы быть связанными между собой, напоминать друг другу. Утренние и вечерние занятия, совместные работы, которые мы делаем, — все, в итоге, только для этого.

Однажды Ари сказал своим ученикам: «Если мы сегодня, в пятницу, сделаем рывок и поднимемся в Иерусалим, то вызовем Гмар Тикун на весь мир». Все пошли домой собирать вещички, чтобы идти в Иерусалим. Ари сидел и ждал их. В итоге к нему не пришел никто: у каждого дома возникли какие-то обстоятельства... Гмар Тикун! Какие обстоятельства?! Разве могут быть отговорки, что жена не пускает?! Отговорки у учеников Ари?!

Со стороны это может казаться такой глупостью. На самом деле, когда эгоизм сваливается на человека своей бетонной толщей, то тот уже не в состоянии делать какие-либо расчеты.

То же самое было и у Бааль Сулама. Один раз он сказал своим ученикам: «Мы можем совершить Гмар Тикун, только нам надо какое-то время находиться в состоянии максимального духовного устремления к этому состоянию». И они действительно уже успешно стали к этому продвигаться, внутри себя соблюдая все условия взаимной поддержки, но... вдруг один из них вздохнул. В результате все пропало. Один маленький вздох!..

Работа со стороны группы должна быть направлена на каждого из ее членов так, чтобы он ощущал, что находится под постоянным контролем, под постоянным духовным принуждением, чтобы он вынужден был держать себя правильно. Ему должно быть стыдно смотреть в глаза товарищей в случае, если он их подведет, «сверля дырку в общей лодке», ведь тогда все могут утонуть. Поэтому очень помогает, когда в группе все напоминают о том, насколько они зависимы друг от друга.

Если я сижу сейчас понурый, мне тяжело и плохо, я какой-то разочарованный, отрешенный, уставший, я должен понимать, что этим я просто отключаю кислород своим товарищам, и мне должно быть стыдно перед ними. Чувство ответственности надо постоянно в себе культивировать, развивать. И вот сейчас нам дана возможность испытать это чувство. Так что я считаю сегодняшнее состояние очень хорошим. Давайте сейчас вместе попытаемся это почувствовать, и вы увидите, насколько это просто.

На самом деле усталости нет. Что значит Гмар Тикун? Человек что, не спит, не ест, не пьет? Находится в постоянной эйфории, в каких-то полетах? Что при этом происходит? Бывает ли у него усталость или нет? Хочется ли ему отдохнуть от духовного? Ведь когда ничего не меняется, это тоже не очень хорошее состояние: какое-то болезненное, гиперактивное перевозбужденное?

Гмар Тикун — это такое благое состояние покоя, внутреннего равновесия между тобой и Творцом, ведь только этим равновесием и достигается состояние покоя. На каждой ступеньке равновесие ощущается на какое-то мгновение. Но потом, когда снова возрастает эгоизм, и исправление возрастает, и они совмещаются, то на какое-то время вновь ощущается покой. И так далее, пока не дойдем до вечного покоя.

Мы должны достичь того, что состоянием покоя будет постоянное устремление вперед: оно будет нами ощущаться, как абсолютнейший покой.

- **Вопрос: Экраны у различных людей различны?**

Конечно, различны. Потому что у каждого человека свой, индивидуальный, набор эгоистических свойств.

- **Вопрос: Как реагировать на состояния сонливости, радости, безразличия, которые все время сменяют друг друга? Есть ли на каждое из них конкретное действие?**

Все наши состояния сменяют друг друга совершенно произвольно, независимо от нас, и не надо ими управлять. Надо управлять только одним — своим намерением во время каждого состояния. И в каком бы состоянии мы ни были, в какие бы состояния сейчас нас не забросили, нам должно быть это совершенно не важно.

Я всегда беспокоюсь о том, как бы мне не стало хуже. Мне не станет хуже, если я в любом состоянии могу восстановить связь с Творцом. Я не должен думать о том, что может быть хуже: я должен заботиться только о том, чтобы была связь с Творцом, которая всегда обеспечит меня хорошим состоянием. А если я, наоборот, оторвусь от Него, то будет плохо, даже если какое-то время будет еще хорошо в моем эгоистическом состоянии.

Будущее зависит от настоящего: если я сегодня вкладываю достаточно усилий в себя и в группу, для того чтобы в любых своих следующих состояниях мог сразу же восстанавливать направление на Творца, значит, я всегда буду находиться в хорошем состоянии. И неважно, что ко мне придет.

Естественно, любые следующие состояния будут большими по авиюту, и мне от этого не убежать. Каждое следующее решимо будет, конечно же, больше, чем предыдущее, и, конечно же, хуже и удаленнее от Творца. Но если я каждый раз все лучше буду подготавливать себя к этому, значит, таким образом мгновенно компенсирую толщину решимо своим увеличенным намерением.

Никаких плохих состояний быть не может. Плохое состояние, левая линия, должно мгновенно восприниматься не как плохое, а, наоборот, как нечто полезное. Это просто тебе дают еще авиют, это часть продвижения.

- **Вопрос: Как подключиться к мировому кли?**

Подключение к мировому кли — это создание такой внутренней духовной общности между мной и этим кли, когда мы заботимся друг о друге, когда я понимаю, что любые группы в мире, как бы физически далеко они от меня не находились, определяют мое следующее состояние, без них я не в состоянии духовно возвыситься, то есть я просто завишу от них, я как тяжело больной нахожусь в их руках.

Если у нас будет такое отношение друг к другу, появится такая забота друг о друге (эгоистическая, естественно), этого будет совершенно достаточно, чтобы общее кли уже было, и чтобы я был в него включен. На самом деле это так.

- **Вопрос: Как я могу получить свет от вас? Как мне включиться в вас?**

Так же, как мы включаемся друг в друга, как мы включаемся в Творца. Во взаимном включении существует один и тот же принцип — уподобления. Если человек желает включиться в другого человека, он должен взять его желания, взять его мысли и начинать работать в них, работать на них. Так же включаются в группу, в Учителя, в Творца.

Физическая связь тут совершенно ни к чему. Человек может жить где-то далеко, общаться со мной очень редко, но при этом быть действительно очень близким ко мне. Причем это не зависит ни от пола, ни от чего другого.

- **Вопрос: Является ли восстановление связи с Творцом реализацией, отработкой решимо?**

Это и есть реализация решимо! Все наши решимот оттого, что изначально мы были связаны с Ним в одном кли, которое называлось «Адам». Мы — это то кли, внутри которого был свет или Творец.

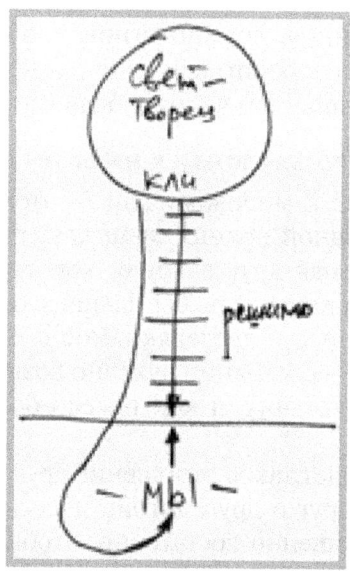

Но мы упали с того уровня, где были полностью связаны, до того уровня, где находимся сейчас — в состояние под махсомом. По мере нашего падения от прошлого состояния образовывались решимот. И теперь они в нас в обратном порядке, с самого низкого до самого высокого, возбуждаются, и мы должны их отрабатывать. Отрабатывая решимот, мы возвращаемся к нашим прежним состояниям.

Что такое решимо? Запись от какого-то состояния, которое мы прошли по мере падения. Мы должны отработать все решимот, до самого последнего, до самого высокого, реализуя которое окажемся в первоначальном, совершенном состоянии. Но мы сделаем это сами, мы сами его заработаем, мы сами в него поднимемся.

Конечно, реализация всех этих решимот и является восстановлением связи с Творцом. Все на самом деле очень просто. Имеются лишь два параметра: Творец — творение, или свет — кли. Или это явно, как кли и свет, или это не явно, потому что экран разбился. Тогда остаются только решимот. Кли существует в виде решимот. Свет существует в виде ор Макиф.

- **Вопрос: А как группа может знать, кто нуждается в подъеме?**

Кому сейчас я должен оказывать знаки внимания, кого должен подбадривать, похлопывать? Не надо даже об этом и думать! Если в группе постоянно существует такое внутреннее давление, любой из ее членов будет этим подпитываться, он будет просто это чувствовать.

- **Вопрос: Как же с этим добавленным эгоизмом сегодня уезжать домой?**

Приехал такой воодушевленный, а теперь уезжает с «тяжелым чемоданом». Что делать? На самом деле достаточно секунду побывать внутри группы, для того чтобы создать связь с ней и потом уже всю жизнь быть с ней связанным.

Попробуйте это преодолеть. Это чисто внутренний психологический барьер — на вас сейчас сваливается дополнительный эгоизм и начинает вас подтачивать. Что говорит Фараон? «Кто такой Творец? Существует ли Он? Почему я должен Ему подчиняться, применять на себе какую-то методику, чего-то делать?» Все эти помехи, все эти мысли, которые против, — усталость, отрешенность — это все вместе называется «Фараон».

Просто начинайте исходить из обратного. Смотрите, как он внутри вас работает. Это очень интересно! И в соответствии с этим ищите методы, каким образом против него работать. Что значит осознание зла? Это осознание того, что он вас отталкивает от продвижения вперед. Попытайтесь сопротивляться ему.

Или вместо Фараона представьте себе Творца: представьте, что это Творец делает. На самом деле внутри Фараона, внутри вашего злого ангела, внутри вашего авиюта, эгоизма, сидит Творец. Он ведь это все вам специально подбавляет, чтобы вы учились на этом эгоизме уподобляться Ему, Его мыслям, Его действиям. Как же еще вы научитесь? Только таким образом. Он обязан вам это подбавлять.

Помните письмо Бааль Сулама, в котором говорится, как царь желал возвысить своего раба? Царь создавал такие ситуации, будто на него, на царя, кто-то нападает, а раб должен защищать его, будто царь полностью находится под угрозой уничтожения, смерти, и от этого раба все зависит. Однажды царь устроил так, что якобы грабят его казну злодеи, воры, а раб должен защищать эту казну. В этой ситуации раб мог бы сделать все: чтобы убили царя; чтобы раб стал царем вместо него, он мог украсть казну и стать самым богатым и могущественным, — но он этого не сделал — он делал все ради царя. И тогда он действительно стал равным царю, первым рядом с ним.

Все эти помехи посылаются нам Творцом в таком виде, чтобы мы научились быть полностью подобными Ему. Поэтому нам надо их любить, нам надо их изучать. Эти помехи — обратная сторона (ахораим) настоящего образа Творца. Он не может по-другому проявить Себя.

Если бы Он проявил Себя «паним», со своей лицевой стороны, то мы просто оказались бы во власти этого света, этого наслаждения. Мы бы слепо продолжали пользоваться им, работать на Него, делать все, что угодно, не из состояния войны, не из тьмы, учась вопреки эгоизму быть подобными Ему, а автоматически, вследствие нашего эгоизма. То есть здесь никоим образом не проявлялось бы наше «Я», мы бы не росли, не было бы выхода.

Поэтому надо понимать, что тяжести, которые сейчас на нас сваливаются, отрешенность, усталость, всякие помехи против духовного — это обратная сторона следующей ступени. Нет другой формы. Это не просто большой эгоизм.

Все те каверзные вопросы, которые у вас возникают, нежелания — по всей своей структуре это обратная сторона, отпечаток от матрицы — патрица. Есть «хотем вэ-нехтам» — печать и отпечаток, так вот они полностью отпечатываются в виде обратного образа Творца. Поэтому все заключено в нашем эгоизме, только в обратном виде.

И нам сверху необходим только свет, только сила. Свет — это безымянная сила, в нем нет никаких своих свойств, только отдача, пустая отдача. Что значит пустая? Бесформенная. А форму ей придают наши свойства, наши состояния: тяжесть, отрешенность, незнание, непонимание, нежелание. Если мы выворачиваем их наизнанку, в них и является образ Творца, наша следующая ступень.

- **Вопрос: Возможно ли во время Конгресса продолжить практику ежедневных девизов?**

В центральной группе Бней Барух на каждый день есть свой девиз, лозунг, задание дня. Мы ставим на день перед собой конкретную задачу. Допустим, сегодня мы думаем о том, что «нам необходимо взаимодействие друг с другом, для того чтобы во время учебы чувствовать локоть товарища и ни в коем случае не окунаться в учебу ради учебы, чтобы учеба была только средством духовного возвышения».

Мы ставим перед собой такой девиз и в течение дня пытаемся об этом все время думать, сколько можем. Этим мы уже заранее отрабатываем какие-то мысли, какие-то определенные черты нашего духовного поведения.

ВОПРОСЫ ПО ОРГАНИЗАЦИИ ГРУППЫ

15 октября 2003 года, вечер

Сегодня мы обсудим вопросы об организации группы, о работе внутри группы, о связи с Бней Барух, о проведении собраний, о проведении лекций, уроков, мероприятий, пикников, о сдаче средств.

- **Вопрос: Не ясно, куда направлять деньги?**

Средства направлять на свой групповой банковский счет. Никто от вас денег не требует, нам просто надо знать, что все соблюдают закон духовного продвижения. Никто не собирается пользоваться вашими деньгами, а может быть, даже у нас будет возможность помогать кому-то, и мы это будем делать. Из практики вы можете знать — центр Бней Барух у вас никогда ничего не требовал. И все выпускаемое нами огромное количество информационных материалов, и аппаратура, которую мы приобретаем и используем для распространения, все это мы делаем не за счет каких-то групп, хотя группы пользуются плодами этого труда.

Поэтому, в первую очередь, мы думаем о том, чтобы наше продвижение осуществлялось согласно указаниям, согласно закону духовного мира, когда десятая часть отдается наружу и не тратится на себя. Мы хотим знать, что это действительно соблюдается так же, как устав, который мы должны будем выработать, внедрить и постоянно его изменять.

Знание законов Высшего мира, того, каким образом мы должны к ним адаптироваться, и наш устав — это то, что постоянно ведет меня к поиску. Как адаптироваться

Вопросы по организации группы

к Высшему миру, как стать подобным Ему? А если я не знаю точно, что это за рамки следующего парцуфа — АХАП дэ-Элион, чему я должен соответствовать?

Этот АХАП дэ-Элион — свойство более высокой ступени. Оно должно быть выражено в уставе. Таким образом, я постоянно смогу себя с чем-то сравнивать, с чем-то соизмерять. Если этого нет, или я этим пренебрегаю, но я четко вижу, что я этим пренебрегаю, я могу себя скорректировать, я должен буду найти себе какое-то оправдание. То есть все эти рамки, в которые мы должны себя втискивать, — это нужно для более конкретного, более быстрого продвижения.

Мы изучаем, что, в принципе, Творец мог бы сделать все наоборот. То есть, чем отличается принцип нашего продвижение в работе «возлюби ближнего как самого себя» от конечной цели — «возлюби Творца всем сердцем и душой»? Это является конечной ступенью, когда отношение человека к Творцу и отношение Творца к человеку абсолютно равноправны, равны.

Дана нам работа в группе, чтобы благодаря ей достичь ступени любви, слияния, подобия Творцу, потому что в этом случае мы можем себя проверять, мы можем получать обратную связь от наших товарищей, мы можем критиковать их, они могут критиковать нас. Мы можем вкладывать в них усилия, и потом эти усилия в тяжелые минуты возвращаются к нам. Мы можем быть в разных состояниях — подъемов-падений, и, когда могу, тогда я что-то делаю для группы, когда не могу, тогда группа помогает мне, и так далее.

Относительно Творца все эти методы не абсолютно работают. Относительно Творца: ты перешагиваешь ступень, ты сделал на себя экран — значит, в этой мере ты с Ним; не сделал — значит, ты не с Ним. И все. Нет никаких промежуточных состояний, никаких возможностей как-то варьировать: мне плохо — мне хорошо, иногда да — иногда нет.

Относительно Творца не бывает: иногда да — иногда нет. Все должно быть абсолютно. Каждая ступень, каждая мера связи с Творцом сама по себе совершенна. Поэтому нам дана возможность это все промоделировать и сделать в группе: тут мы можем в нашем состоянии двигаться различными путями.

Хотя есть два действия отдачи: между человеком и Творцом, человеком и ближним, — но действия человека относительно ближнего, относительно группы важней, чем действия, направленные к Творцу.

Почему? Потому что действия по отношению к Творцу меня сегодня запутают, я совершенно никак не могу относиться к Нему: Он на меня все равно не реагирует, и я на Него никак не реагирую. Единственное, что я могу сделать, это через отношение к ближнему создать в себе все предпосылки правильного отношения к Творцу. Поэтому и говорится, что отношения к ближнему могут привести нас к последней, самой высокой ступени, потому что наши непостоянные неопределенные состояния востребованы окружением.

Группа требует от меня правильного отношения к ее членам. Они требуют от меня, чтобы я их любил, чтобы я к ним правильно относился. Цель более близкая, я вижу ее, она осязаема мною. Мои положения, состояния, отношения к группе в различных вариациях подлежат контролю и критике, как мною, так и окружающими. В то время как относительно Творца я вообще не знаю, где нахожусь, в каких отношениях с Ним состою. Я себя могу как угодно сопоставлять с Ним, врать как угодно самому себе.

И в этом-то и отличие между коротким путем и не эффективным. Если человек правильно принимает данную ему возможность, то делает это через группу. Или же он идет длинным и не эффективным путем: у меня есть Творец, я буду отдельно сидеть, разбираться сам в этой науке Каббале, вы меня не трогайте, я сам умный. Единственная возможность, которая нам дана, чтобы эффективно, четко отработать себя — это группа. И если человек от этого убегает, то тут уж ничего не сделаешь.

Есть такое простое правило в Торе: «О хеврута, о мэтута», то есть или ты находишься в группе, или ты мертвый, духовно мертвый — третьего не дано. И тут и происходит, что те умники, которые отказываются от этого, они потом через 5-10-15 лет (и у меня есть такие примеры) вдруг начинают постепенно понимать, что прожили эти годы зря и не смогли наступить на собственный маленький эгоизм, чтобы просто отдаться этой работе.

Ничего не поделаешь: надо на себя наступить, надо себя пригнуть. Это неприятно, от этого хочется убежать любыми путями и каждую секунду. Ничего не поделаешь — другого пути нет. Специально разбита общая душа — для того, чтобы дать нам возможность при отработке наших отношений с другими душами найти там свойства Творца и там же ощутить Его, и слиться с Ним. Только там — в этом общем кли.

Отношения человека к Творцу, как пишет Бааль Сулам, должны быть постоянны, то есть они должны быть абсолютны: как неизменны по времени, так и постоянны по своему вектору.

У нас нет ощущения, что требуется что-то выполнять — Творец скрыт от нас. Я не знаю, для кого я что-то делаю, и от кого я что-то получаю — я тоже не знаю.

Тут есть возможность для любых фантазий, можно изобретать что угодно. Я слышал и слышу на протяжении всей своей практики от людей, которых обучаю, насколько они могут запутываться и выдумывать такие состояния, что они якобы уже в Эйн Соф и где-то там посреди духовных миров. А на самом деле совершенно еще не начали работу над своими свойствами.

Человек быстро привыкает к действиям, а действия, исходящие из привычек, не приносят пользу. Относительно Творца, когда я один, я руководствуясь своими иллюзиями, придумываю себе всевозможные доводы, обряды, ритуалы и т.д. Люди выдумывают такие культы, якобы взаимоотношения с Творцом, прямо строят новую религию.

А должно быть просто ясное понимание, что кроме как в группе, среди равных себе, у меня нет никакого другого пути сближения с Творцом. И не будет никогда у человечества, нам это явно показано на «швират а-келим» (разбиении сосудов), разбиении общей души. Данная нам работа состоит в том, чтобы мы ее склеили — это единственный путь возврата в то совершенное состояние, в котором она находилась, только в авиюте Шореш (0). А мы, когда возвращаемся обратно в то же состояние, мы уже возвращаемся в авиют Далет, в четвертую стадию авиюта.

И все это должно быть отражено в уставе. Насколько мы будем продвигаться дальше, насколько наша группа будет отчетливее понимать и правильно реализовывать духовные требования, настолько наш устав будет меняться. Это может быть не висящий на стенке устав и не лозунги, которые мы каждый день друг другу посылаем по телефону.

Но устав — это наше внутреннее согласие с тем, на каком духовном принципе находятся сегодня наши отношения. И если они не меняются, значит, мы с вами не меняемся. И они всегда должны быть чуть повыше нас. А откуда брать это «чуть повыше нас»? Из статей, из того, что нам показывают наши учителя. В основных 20-30 статьях, написанных Рабашем, а также в статьях Бааль Сулама есть все необходимое для нашей работы. Опираясь на опыт учителей, работая в группе, мы и начнем ощущать, что самом деле есть в «Талмуд Эсер Сфирот», и не будем думать или представлять себе это как иллюзию, как что-то, что мне только кажется. Мы будем действительно в этом жить.

То есть самая главная наша работа — это работа каждого в группе. Поэтому, я очень прошу, попробуйте впечатлиться тем, что вы здесь видите, как работает центральная группа Бней Барух, и давайте выравняем все наши группы до такого уровня. Тогда мы все окажемся совсем на другом духовном уровне.

- **Вопрос: После выполнения девиза дня есть сила, энергия. Как ее максимально использовать?**

Самая большая проблема — это работать не тогда, когда у нас есть какая-то энергия, когда мы наполнены воодушевлением, Высшим светом, когда Творец дает нам хорошее чувство: мы проснулись утром, все вокруг светится, хорошо, у меня хорошее настроение, я готов на все.

Вопросы по организации группы

Это не я, это меня так подняли, это мне так создали мои внутренние условия, и если я буду с их помощью действовать, это не будет за мой счет, это за счет так называемого «итарута дэ-лиэла». То есть, когда свыше нисходит свет, и человека приподнимают. Состояние хорошее, состояние легкое, приятное, я с вами согласен, но это не отработка решимот, это не то.

Находясь в этих состояниях, вы можете только быстро смотреть трудные места в книжках и видеть новые, более глубокие знания, связи между элементами творения, между неживыми, растительными, животными, человеческими уровнями. Вы можете, наконец-то, понять, о чем говорит Бааль Сулам или я, или самые запутанные места в каких-то книгах.

Если у вас такое воодушевление, вы можете, наконец-то, понять, каким образом надо относиться к товарищам и к другим. Попытайтесь только не просто плавать в этих состояниях, а ввести сейчас в них свой разум, свой критический подход, свое разумное отношение, а не просто чувственное, и запишите эти состояния.

И потом посмотрите, а что с вами происходит, когда свыше у вас забирают это, и все становится серым, тусклым — нет энергии. Энергии подчас нет настолько, что вы просто лежите и не можете пошевелиться. Пусть вас убьют, но вы не можете пошевелить пальцем. Если отдаляется духовный свет, человек остается абсолютно безжизненным, не в состоянии двинуть ничем, поэтому надо записывать эти состояния иногда и смотреть, контролировать себя: кто же я такой?

Каким образом, со мной могут сверху играться, и почему со мной так играются? Это мне показывают, как я должен сам, от какого низшего параметра до какого высшего параметра руководить своими внутренними состояниями — я с помощью окружающей меня среды.

Я сам — ни в коем случае, никогда. С окружающей меня средой — да, я могу достичь того, что независимо от того, как будет со мной играться Творец, а Он все время будет меня вытаскивать из хороших состояний, специально подбавляя эгоизм, а я, в свою очередь, должен достичь состояния независимости.

Что значит свобода личности? От кого свобода? Свобода от Творца? Эгоизм это или альтруизм, не важно, но это свобода от Творца. Он единственный всем управляет. Так вот, свобода от Него! Есть такая статья в «Даргот Сулам» — «Домем, цомеах, хай, медабер».

Чем отличается маленький духовный уровень от большего, от еще большего и так далее? Степенью независимости от Творца! От Творца! Когда человек становится равным Ему, самостоятельным, наравне с Ним. Так вот, Творец, когда Он нас дергает вперед и назад, вверх и вниз, дает нам хорошие состояния, эйфорические, и плохие, когда вытаскивает из нас всю жизненную силу, этим Он нам показывает, насколько мы от Него зависимы, насколько мы подвешены на ниточке. Знаете, есть такой мячик на ниточке, им дети играют. На иврите он называется «ее».

Творец нам этим показывает границы между нашим верхним и нижним состоянием, в которых мы на сегодняшний день уже должны свободно, независимо от Него существовать. То есть Он может выкачать из меня всю энергию, а я могу подняться все равно сам, самостоятельно, до самого высшего уровня, который мне задан: вот эта дельта, вот эти параметры. А на следующем уровне это будет еще выше и еще выше, и так далее.

То есть ни в коем случае не может быть такого состояния на самом деле, когда человек находится в полной власти Творца. Это может быть только как пример со стороны Творца или как неисправленное состояние человека. Места для хандры, места для каких-то упаднических состояний не должно быть. Группа обязана требовать от каждого своего члена быстрее справляться с этими состояниями, потому что он в этом тянет всю группу назад.

Что значит требовать? Она должна культивировать, развивать в себе, внутри всегда такой огонь, что никто из окружающих, из ее членов, не смог бы существовать спокойно, продолжать болтаться где-то там внизу, хандрить в какой-то духовной депрессии.

Вопрос был такой: а как мне быть, что мне дальше делать? Вот сейчас для вас, после этого конгресса, и начинается самая настоящая, осознанная работа над освоением собственного духовного уровня независимости.

- **Вопрос: Став самостоятельным, человек становится в состоянии генерировать свои желания?**

Да, абсолютно точно. Он сам является полностью свободным, как бы независимым от Творца. Почему? Да потому что он эти состояния, эти решимот, отработал в себе так, что они являются уже его внутренним, собственным энергетическим ресурсом. У него как бы своя внутри электростанция, свой собственный источник питания, он уже настолько связался с группой, настолько вложил в группу, что он может из группы потреблять и отдавать, в зависимости от того, в каких состояниях он находится.

Он спустился чуть-чуть ниже относительно группы, упал, потому что прибавил ему Творец эгоизма — он теперь за счет группы может подняться. Как только поднялся соответственно на более высокий уровень, чем был раньше, значит, по закону совмещающихся сосудов переливается из него теперь в группу — он отдает свое духовное накопление.

И таким образом не боится, что упадет в следующий раз — у него уже есть запас в группе, и как только он упадет, он может черпать из нее энергию для того, чтобы вновь подняться. Возникает интересный треугольник — Творец, я и группа. И вот я нахожусь между ними, и на самом деле левая линия — это то, что делает мне Творец, а правая линия, оказывается, — группа.

Невозможно не связывать себя с Творцом, потому что Творец дает левую линию и Творец дает правую линию, то есть и кли, и ор исходит из Творца, а от человека зависит свобода выбора, как он ее реализует, чтобы совместить свойства света со свойствами кли.

- **Вопрос: Все, что вы говорите о группе, взаимоотношениях, правилах существования группы: устав, маасэр и так** далее — все эти рамки — это для мужчин. Для женщин многие из них неприемлемы. Есть ли какие-то жесткие рамки существования женской группы? Может ли она функционировать как мужская?

Почему-то опять и опять возникают недопонимания в женской группе относительно того, как себя вести. Или женщины пытаются найти для себя какие-то более мягкие условия, или они считают, что вопрос о смысле жизни, который возникает у них, не исходит из Творца? Или они какие-то особые создания, не из той же единой души, где и мужская, и женская часть находились и находятся на том же уровне? Хотите убежать от этой работы — не работайте, если хотите ее выполнять, так в чем проблема? С кем женщина будет работать, если она не будет работать внутри группы?

- **Вопрос: Когда приходят помехи, мы должны раскрыть в них воздействие на нас Творца. Что делать, когда наступает тишина?**

Если наступает тишина, это говорит о вашем бездействии, не может быть такого, чтобы наступала тишина. Творец, то есть ор Макиф, Высший свет, находится в абсолютном покое. Ему не надо делать никаких движений, действий для того, чтобы возбудить в вас следующее решимо. Как только вы предыдущее решимо на себе отрабатываете, сразу же выскакивает следующее.

Если вы чувствуете в себе неизменные состояния, медленные, вялотекущие — это значит, что так вы работаете. Или не работаете, или работаете очень медленно, неэффективно, и поэтому у вас и состояния медленно меняются. Смена состояния зависит только от человека. Какая максимальная смена состояний может быть? Я уже говорил — до нескольких сот в минуту. Вплоть до того, что они становятся настолько частые, что пропадает ощущение времени.

- **Вопрос: Как понять, что я отработал свои решимот?**

Если у вас они постоянно меняются, если каждую минуту внутри вас все время появляются новые и новые помехи, и они вас возбуждают одновременно на новые и новые связи с Творцом, и вы постоянно, не смотря на них, находите контакт с Творцом, с товарищами, с общим кли, — значит, вы их отрабатываете. А вот относительно того, что наступает тишина внутри дня — это страшное дело, значит, вы просто остановились в своем духовном развитии.

- **Вопрос: Как бороться с мешающими мыслями, уводящими в сторону?**

Нет такого понятия — мешающие мысли. Мы называем их помехами. На самом деле это не помехи, это то, что нам дается как дополнительный авиют для реализации нашего большего подъема.

- **Вопрос: Мешает ли в продвижении в духовное отсутствие детей, неполная семья?**

Нет, не мешает. Если это происходит естественным образом, это уже не ваша проблема.

- **Вопрос: Почему с приездом к вам в третий раз, мои впечатления от духовного огрубели, я уже не плачу, как раньше, а все очень жестко внутри, цинизм, как у хирурга?**

Да потому, что вам добавили эгоизм, и вы теперь должны добавить к нему «закут» — тонкость. Маленький ребенок плачет или смеется по любой причине. Чем больше человек становится, тем у него глубже и его грусть, рыдания, действительно серьезные, или радость, счастье, смех.

Раньше вы были таким маленьким ребенком. Вас было очень просто завести, чтобы вы плакали, чтобы вы смеялись, чтобы радовались, а сегодня нет — добавился авиют, вы начинаете изнутри него, оценивать свои состояния. И выйти на серьезный уровень тонкости этого авиюта, то есть добавить ему экран на уровне этого огромного авиюта, жесткости, цинизма, жестокости — всего, что дает нам эгоизм, и все равно достичь слияния с Творцом, ощущения духовности, ощущения связи с товарищами — это очень непросто.

Мы сейчас проделали огромную, гигантскую работу. Мы продвинулись... я не знаю, нет слов, выражающих этот огромный рывок, который мы сделали. Сейчас ожидайте большого авиюта, появляющегося в вас, и решение его может быть только в группе.

Хорошее усилие всегда кончается большим падением и затем очень медленным, самостоятельным возвышением. Вот это медленное самостоятельное возвышение сейчас мы в первый раз вместе должны осуществлять. И оно должно нас привести к раскрытию махсома. Если мы вместе это сделаем, это будет первое, единственное наше самостоятельное действие — совместное, с большим кли, с большим авиютом, который сейчас нам дается.

- **Вопрос: А где же махсом, обещанный нам?**

Он прав. Махсом сейчас будет нами осваиваться. Творец создал нулевую стадию, потом первую, вторую, третью, четвертую, сделал в ней Цимцум, разрушил сосуд, который Он создал, — до самого низшего уровня — и дает все возможности нам (людям) подняться.

То же самое произошло с нами. Мы собрались, мы приложили определенное количество усилий, Он нам помог сбиться в одну группу. В течение нескольких дней мы здесь занимались тем, что пытались вместе жить одной идеей, быть как можно ближе друг к другу. Этим мы создали первое наше общее кли.

Сейчас оно должно пройти разбиение. Сейчас на этом уровне, на котором мы создали эту общность, еще маленькую, но все-таки какую-то, вложив достаточное количество средств, внутренних и физических сил, сейчас мы должны вместе ощутить огромное духовное падение — отторжение, бессилие, разочарование.

Оно будет ощущаться всеми. И от нас зависит, сможем ли мы его восстановить. Если мы его сейчас начнем восстанавливать до самого наилучшего состояния, которое было здесь между всеми нами, до самого лучшего мгновения — тогда это состояние будет достигнуто нами, а оно давалось нам в первый раз Творцом.

Всегда любое духовное состояние сначала дается по закону «пну элай вэ ани порэа», то есть, сначала оно дается Творцом. Высшая сила, НЕХИ дэ-Има, так называемые АХАП ахораим дэ-Има, спускаются вниз, показывают. Это как мать или отец показывают ребенку, как надо действовать, а потом он пытается и, в конце концов, делает сам. Это пример нашего мира, но он исходит из духовного мира.

Так вот, то же самое сделано с нами. Нам даны были определенные духовные состояния, более возвышенные. Если мы их начнем совместно реализовывать из нашего общего эгоизма, который сейчас у нас начнет проявляться, то, тогда это будет действительно состояние, достигнутое нами, а не данное свыше Творцом. И вот тогда мы и ощутим махсом.

Но каким образом справляться с этими состояниями? Ни в коем случае не ждать, чтоб мне стало еще хуже. Когда у меня будет свой настоящий авиют, во всей мощи, во всей жесткости и цинизме, когда я совсем ничего не захочу, вот тогда я напрягусь, и тогда я подпрыгну.

И наоборот, если вы в тот же момент, при получении самого минимального отключения от самого наивысшего, духовного вашего состояния, не сопротивляетесь этому отключению, этой регрессии, этому падению, значит, дальше вы продолжаете падать не по собственной воле, и не по собственной воле будете подниматься. Вы уже проигрываете в пути.

Самое главное — это ощущать самые минимальные падения. Как только они начинают происходить, сразу же кричать «караул», сразу же требовать возвышения, сразу же из себя изыскивать какие-то ресурсы, сплачиваться с группой, снова что-то делать. Немедленно, не ожидать глубокого падения.

- **Вопрос: Как можно предотвратить падение?**

Падение можно предотвратить. Есть пример со стариком, который идет, наклонившись к земле, как будто он что-то потерял. На самом деле он ничего не потерял. Так что это значит? Надо искать в себе дополнительные возможности духовного подъема. И тогда ваши состояния будут включать в себе и подъем, и падение.

Вопрос в чем? Я находился на каком-то уровне, получил какое-то падение, и сейчас я из него поднимаюсь. Получил большее падение и опять поднимаюсь. А могу я подняться не падением? Можете. Если вы, начиная с того уровня, на котором находитесь, будете искать: а каким образом я могу приподняться?

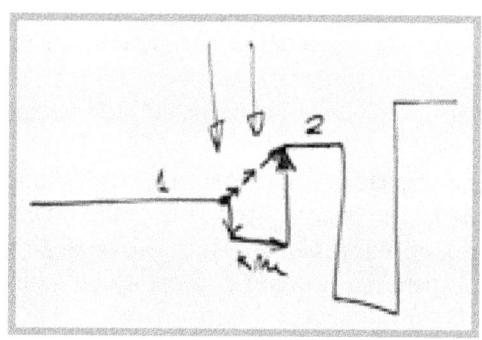

Тогда вам не надо будет падать. Вам сразу же дадут свет, который придет свыше и возбудит в вас сначала решимо, кли, а потом даст свет для его исправления. То есть вы спускаетесь, какое-то время находитесь в спячке, начинаете возбуждаться, начинаете что-то делать и приходите к какому-то новому уровню.

Если вы будете действовать так, что вы уже сейчас ищите, каким образом вы сможете подняться, то этот же свет, который вызывает в вас и авиют, и потом дает вам свои силы для его исправления, сразу же будет вас вести вперед. Только надо как старик уже с самого начала искать, в чем бы я мог улучшить свое состояние?

Необязательно ждать падения, ни в коем случае не надо этого ждать. Поэтому настоящие каббалисты, которые действительно привыкли работать над собой, у них по 400, по 500, по 700 переключений в минуту. С такой скоростью они работают.

Вопросы по организации группы

- **Вопрос: Как быть с тем, что тосты, которые произносятся во время трапезы, может быть, даже искренние, вызывают порой раздражение, и это очень мешает?**

  Это верно. Но надо сделать определенные поправки на то, что и вы, и ваши товарищи еще не находятся в исправленном духовном состоянии. И они не хорошие ораторы, и вы тоже. Я вам скажу, есть очень четкое, золотое правило: «аль коль пшаим техасэ ахава», то есть все раздражения, все плохие отношения, состояния — все это должно покрываться ЛЮБОВЬЮ. Если люди относятся друг к другу с любовью, то они практически не замечают такие вещи.

- **Вопрос: Были ли случаи совместного массового перехода махсома?**

  Не было случаев таких, к сожалению, мы — первые. Может, не к сожалению, мы богоизбранные, но не было такого случая, и не с кого брать пример, а одиночный переход махсома в наше время практически невозможен. Если он будет кому-то доступен, то это ввиду особой какой-то роли, я не знаю. Насколько я понимаю, этого быть больше не может.

  Случаи перехода махсома могут быть только массовые, только из группы. Бааль Сулам пишет об этом практически во всех своих статьях: «Матан Тора», «Поручительство», «Мир», «Последнее поколение». Наше время уже такое, что не может быть индивидуального входа в Высший мир, только групповое. Это я понял от своего Учителя, и я не вижу иного пути.

  Я учу тому, что понял от него, тому, что я понимаю из своего духовного постижения. Это то, что я вам передаю.

- **Вопрос: Как наработать авиют, которого явно не хватает?**

  Ни в коем случае не надо думать про авиют! Авиют у вас появится в той мере, в которой вы будете отрабатывать тот авиют, который у вас есть.

- **Вопрос: Как быстрей преодолеть пассивное состояние?**

  Только включением в группу. Об этом пишет Рабаш. Начинайте танцевать сам с собой, идите в группу, возбуждайте каким-то образом своих товарищей, включитесь в работу на кухне, в распространение, во что угодно. Самое лучшее, что позволяет человеку выйти из пассивного состояния, — это распространение. Идите, договаривайтесь где-то давать лекции, уроки, передавайте то, что у вас есть, наружу, это вызовет в вас раскрытие дополнительного кли, которое немедленно начнет получать Высший свет. Ничего другого нет. Эти советы вы уже слышали, наверное, много раз.

- **Вопрос: Где сейчас другие ученики Рабаша, бывшие противниками распространения? Изменили ли они сейчас свое мнение?**

Практически они своего мнения не изменили, они раскололись и существуют как отдельные группы, собираются между собой и учатся. Есть такие, которые занимаются два раза в неделю. Есть такие, которые встречаются только по субботам. А кто-то время от времени или в новолуние (рош ходеш) занимаются.

Мои ученики знают, где это происходит, я могу вам дать адреса, можете туда подойти. Они не принимают к себе, практически, никого с улицы. Если принимают, то только на очень жестких условиях: вы должны соблюдать все заповеди, вы должны стать ортодоксальным евреем. У них есть очень много всевозможных ограничений. Они все настроены на то, чтобы сохранять свою внутреннюю структуру такой, которая практически не позволяет извне к ним войти.

- **Вопрос: Как выражается внешне начало падения, как это начало почувствовать?**

Если вы находитесь все время в одних желаниях с вашими товарищами, как будто вы все время делаете одно и то же дело, устремлены к одной и той же цели, вы, все вместе — вашей душой и сердцем — тогда малейшее отключение от этого «вместе», совместного устремления, можно считать началом падения.

Причем, вы должны приучить себя к тому, чтобы существовать одновременно как бы в двух измерениях: я вместе с ними, я в том же устремлении, к тому же Творцу. Я в предчувствии, я в ожидании, я в том, чтобы ловить Его как можно острее, чутче, ближе. Я в себе — с одной стороны, с другой стороны — я занимаюсь всякими жизненными проблемами, хожу, разговариваю, работаю, общаюсь с людьми. И эти два моих образа: я с группой и с Творцом, через группу зацикливаюсь на Творце, пытаюсь подтянуться к Нему, и я относительно всего этого мира, эти два состояния должны во мне жить абсолютно свободно и постоянно. И я должен достичь такого, что не чувствую в этом никакого дискомфорта до тех пор, пока они у меня явно не сольются. Но они сольются у меня вместе, когда явно проявится Творец, тогда я увижу Его, заполняющим оба эти состояния. Его одного.

- **Вопрос: Мы, сбившиеся все в одну группу, — это одно общее кли, но где же мое индивидуальное развитие, рост, раскрытие света Творца? Как отдельно направлять мысли?**

Нет у вас ничего индивидуального, вы поймите. Индивидуального раскрытия Творца нет. Творец раскрывается в том кли, которое вы склеили вместе со своими товарищами, а если в идеале говорить, то со всем человечеством. Творец не раскрывается в «Я», на эгоистическое «Я» был Цимцум в Малхут дэ-Эйн Соф. В это «Я», в этот эгоизм, свет не проходит, это то, что мы в нашем мире пытаемся безуспешно наполнить.

Что бы я ни купил, что бы я ни приобрел, что бы я ни сделал в нашем мире, наслаждение тут же пропадает, потому что не может наполнить свет Малхут. И мне надо снова искать, снова чего-то достигать или даже выдумывать для себя какой-то хисарон, какое-то желание, чтобы немножко его наполнить, где-то ухватить и почувствовать хоть маленькое наслаждение, которое мы называем жизнью.

Перестаньте думать о том, что вы можете наполнить свое «Я» — это самая главная ошибка всего человечества. Поймите, что в девяти первых сфирот, выше Малхут, только там существует свет, только там он может наполнить нас. Поэтому думайте о том, как эти девять сфирот сделать нашим общим кли. А оно наше, общее, — не может быть другого. Никуда не денешься!

Это общее правило Торы — «возлюби ближнего как себя». Свет может существовать только в этом общем кли. Что поделаешь? Все равно другого пути нет, другого правила нет, таким образом создано мироздание. Разбилось общее кли, склеишь его — в этом склеенном сосуде почувствуешь Творца, почувствуешь свою вечную жизнь, не склеишь — будешь пытаться, как глупец, все время наполнять свою Малхут. И она останется все равно пустой.

- **Вопрос: Если я вижу что-то плохое в товарище — это моя неисправленная часть души Творца?**

И да, и нет — это неважно. Но, естественно, после того, как вы выходите за махсом, вы видите своего товарища как абсолютно выполняющего все желания Творца. А что еще может быть, если он абсолютный эгоист? В чьих руках находится его эгоизм? В его собственных? Конечно же, нет. У человека появляется независимость, начиная с махсома, он начинает строить экран, и это называется мерой его независимости. От нуля: ибур, еника, мохин — и так далее, до полного парцуфа.

Мера нашего духовного роста — это и есть мера нашей независимости от Творца, а под махсомом мы все на 100% зависимы, поэтому не спрашивается с вас за эту вашу жизнь. Если вы не прошли махсома, с вас не спросится ничего. Ничего! Чтобы ни делали вы или самые большие грешники, убийцы, и самые большие праведники (в наших глазах), если они не прошли махсом, они находятся под уровнем жизни, как неживые, то есть, не существующие в духовном. Так с кого спрашивать?

- **Вопрос: Является ли моя группа той линзой, через которую я больше понимаю свои исправления, свои искажения?**

Да, на самом деле это так. Мы можем видеть свои настоящие состояния только во взаимоотношении с товарищами по группе. Они должны меня критиковать, я должен

Вопросы по организации группы

их критиковать, мы не должны ничего друг от друга скрывать, мы должны постоянно требовать взаимного устремления, взаимного слияния. Поэтому группа является нашей лабораторией. Смогу ее сбить, смогу в ней существовать, как неотъемлемый элемент со всеми остальными — раскроется Творец. Вы должны четко для себя это решить раз и навсегда и не возвращаться к этим вопросам. И на этом основании создать свой устав.

- **Вопрос: Чем отличается явное раскрытие Творца от короткого состояния ощущения отдачи и выхода из своего «Я»?**

Человек понимает, ощущает иногда такие состояния: духовное проходит, уходит обратно, вроде бы, он перескакивает куда-то в другое состояние, другое измерение. Потом снова это проходит — это, конечно, не переход махсома, потому что переход махсома, в итоге своем, необратимый. Обратного пути нет, за ним начинается подъем, который тоже состоит из падения и подъемов, но они уже не такие, что человек проваливается под этот мир.

- **Вопрос: Человек вне группы находится продолжительнее, чем вместе с ней, наверное. Как обеспечить единение с группой, если ощущаешь падение во время нахождения вне группы?**

Кричать: «Караул!», звонить по телефону, пытаться что-то делать, включить музыку, напевать наши песни, может быть, урывками что-то прочесть. Вы находитесь на работе, вы не можете ничего сделать, ну, выйдите потихонечку что-то прочтите, пытайтесь. Я не знаю, главное — наши попытки. Пытайтесь не соглашаться с вашим состоянием, и вы увидите, какие возможности у вас появляются.

Да, вам это все Творец «подсовывает», Он вам и подскажет, каким образом «вылезти», только вы попробуйте искать. Как? Он подскажет. У вас появятся мысли, Он вам это даст, а потом и явно проявится, что это Он вам делает и то, и другое. Тогда вы достигните единства Творца, то есть из всех этих противоположностей увидите единое поле, единую мысль.

- **Вопрос: Каким образом будет укрепляться связь в мировой группе в промежутках между Суккотом и Песахом?**

Она будет постоянно укрепляться, она обязана быть постоянной, и она обязана быть на таком уровне, на котором мы находимся сегодня, вчера, позавчера — все эти дни. Не может быть такого, чтобы вы уехали и исчезли из нашего поля зрения. Это просто катастрофа, если это будет, значит, мы ничего не сделали.

- **Вопрос: Научите, как благодарить Творца и как не забывать о Нем, когда хорошо или когда плохо?**

Попробуйте читать псалмы царя Давида. Царь Давид, Давид а-Мелех (Мелех — это от слова Малхут), олицетворяет собой все возможные состояния Малхут. Его 150 псалмов передают абсолютно все состояния всех душ, которые должны пройти их от самых низших до самого наивысшего. Поэтому во всем мире псалмы инстинктивно приняты, как выражающие отношения, чувства, связь человека с Творцом.

Я вам очень советую, попытайтесь их читать. На них практически невозможно сделать комментарий, потому что это настоящий свет, это огромный духовный уровень, включающий в себя совершенно все души. Поэтому каждый из вас, неважно, кто он, там себя найдет. Я очень советую.

Что еще? Любые статьи Бааль Сулама, начните читать его письма, и тогда у вас появится связь, вам дадут свыше понять.

Что от нас требуется? Нас привели, а дальше хотят от нас, чтобы мы захотели. Как идти, мы все равно этого никогда не поймем и не сможем понять. Как я могу, находясь на какой-то ступеньке, знать, что такое «выше меня», если еще не нахожусь там? У меня ни знаний, ни озарения, ни ощущения — ничего нет. Откуда я могу знать, что это за более высокая ступень? От меня требуется только желание, а каким образом туда пробраться, мне подскажут.

- **Вопрос: Что делать, если Ваши слова по истечении короткого времени забываются?**

Не питаться только моими словами. Конечно, у вас есть огромное количество информации в Интернете, но

Вопросы по организации группы

самое лучшее — это читать статьи. Пытайтесь их конспектировать, пытайтесь делать из них краткие выводы: начало, конец, середина, взаимосвязь между мыслями. Почему таким образом связаны части статьи, которые рассказывают о мироздании? Творение, его замысел, каким образом он осуществляется? Почему разбился Адам? Почему мы должны склеивать между собой его частицы, почему мы должны в группе это делать? И почему я не один, а с Творцом, в чем моя свобода воли?

Возьмите и начните обобщать эту методику. Задайтесь целью: я хочу это изложить для себя так, чтобы это было явно, абсолютно четко и максимально кратко, лаконично. Попробуйте это сделать, и вы увидите — не нужны вам мои мысли, у вас появятся свои собственные. Вы начнете из себя, изнутри, раскрывать ту же самую картину. Пытайтесь ее потом расширять с помощью ваших вопросов, убедитесь в том, что она действительно правильная, единственная и верная, что нет никакого другого варианта. Ищите от противоположного, из критики всей этой картины мироздания. Вы увидите, что все равно вы к тому же обязаны прийти. Не бойтесь ошибаться.

- **Вопрос: Для того, чтобы выйти из себя и почувствовать группу сейчас, во время Суккота, можно воспользоваться тем, что мы видим друг друга и находимся рядом. Как это сделать, когда мы разъедемся, что можно использовать в помощь?**

Вы будете смотреть фотографии, наши фильмы. Они в вас не возбудят того духовного состояния, которое было в эти дни. И не надо оглядываться на эти прошлые состояния и пытаться именно их оживить в себе. Это невозможно, и это не получится. Будьте более взрослыми, будьте более здравыми. Не может человек вернуться к прошлому. Он должен в сегодняшнем своем состоянии достичь подобия прошлому, но чтобы это было новое состояние. Не переживайте ни в коем случае о том, что прошло, и чего сейчас нет. Это неправильно. Творец нас ведет постоянно к лучшим и лучшим состояниям. Мне очень горько слышать, что вы будете сожалеть, что это прошло. Это неправильно.

У нас впереди самые лучшие состояния, самые возвышенные. Никогда не будет хуже того, что было. Меня тут встречают на улице и говорят: «Как-то страшно, как я отсюда уеду, во что я снова окунусь?» Неправильно все это. Вы окунетесь в помехи, но на основании этих помех вы войдете в лучшее состояние. К этому нас ведут. Нехорошо так думать. Это говорит о еще недостаточном духовном развитии.

- **Вопрос: Может ли небольшая, слабая с финансовой стороны, группа отделять маасэр от общих групповых средств, а не каждый из ее членов отдельно?**

Нет. В Торе сказано очень просто: любой человек, даже нищий, неважно кто, обязан отделять маасэр — десятую часть своей чистой прибыли. Никуда от этого не денешься. Это правило. Сделаете меньше — ваша проблема, сделаете больше — это ваше. Вы можете дать больше. Дать меньше — не имеете права.

То есть, мы должны отдать на распространение Каббалы, на Творца, эту десятую часть. Она относится к Нему, потому что Он исправляет нашу Малхут, а не мы сами. Мы сами исправляем девять сфирот, поэтому в нашем мире мы относительно этих девяти сфирот — 90 % оставляем себе. Якобы я могу 90 % своих средств сам правильно реализовать, ради духовного. Это по подобию корня и ветви. А десятую часть в духовном мире я никак не могу исправить — ее исправляет Творец. Соответственно в этом мире, если я эту десятую часть не использую, а отдаю на распространение, то ее исправляет Творец.

Я вам более того скажу. Человек, который не работает духовно, а отдает десятую часть, он включен в духовную работу, потому что это действительно его вклад в общую духовную работу относительно корня и ветви. И наоборот, тот, кто эту десятую часть недодал на распространение Каббалы — духовно ограбил себя.

Никуда от этого не денешься. Вы можете быть с этим согласны или нет, но это правило. Оно неукоснимо. Вы можете это встретить в любых каббалистических источниках, в том числе и древних.

- **Вопрос: Очень много вопросов о бессилии...**

Ребята, ну нет такого понятия — бессилие. Вы поймите, что мы сами по себе не существуем. Существует авиют снизу, и существует свет сверху. А мы — это точка, которая ощущает соотношение между ними. Это «Я». Больше ничего.

Поэтому говорить о том, что я бессилен или я полон сил — нет такого. Все зависит от соотношения между кли и светом. Не может быть у человека состояния, когда у него нет никакой возможности его изменить. Приди в группу, садись, пассивно там сиди.

Я никогда не сержусь на человека, который сидит у меня на уроке и спит, только чтобы не храпел. Пускай сидит и спит. Он мне не мешает. Он, конечно, пассивен, он не вкладывает себя вместе с группой в намерение, но если это его сегодняшнее состояние и это максимально, что он может вложить в группу, — у меня к нему нет никаких претензий.

Он пришел, он добрался на четвереньках, он сидит в три часа ночи, он хочет хоть как-то сдвинуться с места. Он вкладывал до этого себя, и теперь он надеется, что группа ему даст эту оживляющую силу, и он начнет двигаться дальше. И поэтому у меня к нему нет никаких претензий. Если только это не происходит в течение года, или там полугода.

У нас были подобные случаи. Мы таких людей просто выбросили из группы. Вынуждены были от них избавиться, потому что это уже не то, что он дает или не отдает сейчас: сегодня — да, завтра — нет. Это просто превратилось в систему. Но если человек сегодня в таком состоянии, завтра в другом — это легитимно, так может быть. Поэтому не бывает такого состояния, чтобы человек оказался абсолютно мертвым.

У нас в группе есть дежурный, который отмечает всех при входе: «А, Хаим пришел, Серега пришел, Паша пришел, Учитель пришел». Если кого-то нет, надо звонить домой, надо его привозить, может, надо что-то делать, чтобы спасти человека, который не пришел. И группа обязана вытаскивать, силой вытаскивать человека из дому, даже если он будет сопротивляться, говорить: «Нет, я больной». Силой приводить его на занятия, если это необходимо. А потом он скажет: «Спасибо, ребята».

И он должен подписаться под тем, что он отдает себя во власть группы. Это устав, никуда от этого не денешься. А если ты не хочешь подписаться, тогда не надо. Значит, ты во внешней группе, к тебе нет претензий, твое дело.

И у нас изо дня в день проверяются присутствующие на уроке. Есть особая ведомость, уже отпечатанная заранее на месяц, со всеми именами и количеством дней. И мы точно знаем, кто когда был, кто не был. Каждый день есть дежурный, который отмечает. Я это советую в каждой группе ввести. Не может человек просто так не присутствовать.

Группа должна обеспечить каждого из нас чувством безопасности. Об этом пишет в статье «Поручительство» Бааль Сулам. Там говорится, почему Тора, то есть методика самоисправления, не была вручена Аврааму, а была вручена народу, группе? Почему только в группе мы можем раскрыть Высший свет? Почему только группой мы можем подняться, пройти махсом?

Те каббалисты, кто проходил до нас, это были отдельные люди, которые по заданию спускались в этот мир, по заданию получали Каббалу, по заданию ее развивали в этом мире. А на самом деле исправление мира происходит вот такой группой. Почему? Потому что есть поручительство.

Что значит поручительство (аревут)? От слова «гарантия», когда группа каждому из своих членов дает гарантию его духовного восхождения, что он не упадет. Что в той мере, в которой он вкладывает себя в группу, группа будет его держать, он никуда не денется. Мы будем его держать, мы его поднимем вместе с нами вверх. Поэтому мне очень больно слышать о таких вещах, что вы боитесь ехать домой, что вы куда-то пропадаете, выпадаете из нашего общего кли. Значит, вы не ощущаете, что мы вас будем держать и поддерживать, не чувствуете себя внутри нас.

- **Вопрос: Сказано: «Земля наполнится знанием Творца». Что это значит?**

Это значит, что сама Малхут тоже будет исправлена, и в нее войдет весь ор Хохма.

- **Вопрос: Когда человек достигает личного Гмар Тикуна, поскольку он не исправляет лев а-эвен, он не считается совершенным?**

Нет. Гмар Тикун — это значит, что свой лев а-эвен он исправил, только он не исправил включения в него всех остальных лев а-эвен, потому что весь остальной мир еще не исправлен. В таком случае есть еще Гмар Тикун а-клали (общий конец исправления).

- **Вопрос: В прошлый Суккот вы сказали, что через год нам стоит попробовать читать саму Тору. Почему мы этого не делаем? Еще не созрели?**

Я не созрел, откровенно говоря. Что значит, я не созрел? Я пытаюсь тут и там начать излагать Тору простым языком, не каббалистическим, как написана Книга Зоар. Если вы возьмете Книгу Зоар, вы прочтете, там написано: «Книга Зоар — комментарии на Тору». Что я буду писать? И кто я такой по сравнению с Рашби?

Я хочу изложить это очень простым языком, по крайней мере, чтобы человек знал эти 10 сфирот, то, что мы изучаем в кратком курсе Птихи, и чтобы было ему уже понятно, о чем говорится в каждой строчке Торы. Для этого не существует еще предпосылок.

Моя группа знает, что в той мере, в которой они исправляются, или когда я еду куда-то по миру и набираюсь там впечатления, авиюта из других групп, я приезжаю, я даю совершенно другие уроки. У меня появляется другая возможность, способность выразить все более ярко, более просто. Значит, не хватает ваших требований ко мне. Не просто — дай, а более прорезавшегося хисарона, желания.

- **Вопрос: Три состояния: я ниже товарища, я выше товарища, мы равны. Можно разобрать эту работу?**

Если я выше товарища, значит, я его рав, если я ниже товарища, то я его ученик, и если я равен ему, то я ему товарищ. И все три состояния должны быть у нас относительно каждого из нас. Если он упал, я его тащу. Если я упал, он тащит меня. И если мы равны, то мы работаем над тем, что называется, любовью к товарищам.

- **Вопрос: Ощущение стыда за свой эгоизм человек чувствует сам или это ощущение, посылаемое Творцом?**

Это ощущение, которое возникает в нас только в мере раскрытия Творца. Сам эгоизм не в состоянии почувствовать свою ущербность, только относительно чего-то — относительно света, относительно Творца.

- **Вопрос: Человек потерял работу. Должен ли он отчислять маасэр с накопленных ранее средств, если он уже с них отчислил маасэр при их получении?**

Нет, не должен. Маасэр отчисляется с прибыли: или мне дает богатый дядя, или я где-то своровал, или я попрошайничал на паперти, неважно. С этого всего я должен отчислять маасэр. А если я заработал миллион, из него сто тысяч отдал и остальное положил в банк, и теперь я с этих 900 000 живу — я с них уже отчислил маасэр.

- **Вопрос: А с процентов — нет?**

По Каббале нельзя брать проценты. Вы говорите о процентах или игре на бирже? Банковский процент считается работой. Это так же, как игра на бирже, потому что за тебя кто-то там играет. Ты просто отдаешь свои деньги в рост. Это твой заработок. С того, что ты заработал — 10 %. Но двойной маасэр, такого понятия нет.

- **Вопрос: Сколько должен быть человек в группе для группового перехода махсома?**

Нет такого понятия. Я думаю, это все зависит от нас, от наших усилий. Человек может в группе быть и 20 лет, и ничего с ним не произойдет.

- **Вопрос: А как в случае отец-сын? Может ли он стать другом, Учителем или учеником?**

Не имеет значения: отец или сын могут быть относительно друг друга Учителем, хавером, учеником. Если они смогут себя так настроить, то на самом деле это не имеет значения. Потому что относительно духовного мира между ними этой животной связи — «отец-сын» не существует.

- **Вопрос: Если группа слабая, что делать: искать новую, пытаться переделать слабую, создавать свою?**

Если группа связана с нами, но она слабая, ни в коем случае нельзя ее покидать. Это предательство товарищей, вы не найдете ничего лучшего. Если только она верная, но слабая, значит, ее надо укреплять. Она может быть маленькая, но сильная. Укреплять группу — укреплять связь ее со всеми остальными группами, не ее саму. Это вы тоже должны хорошо знать.

У вас внутри группы может быть сильная спайка, вы можете прекрасно учиться, помогать друг другу, делать все, что угодно — ничего не поможет, если у вас не будет связи с остальными группами. Сильная группа — это значит сильная связь ее с другими группами, а не она сама по себе.

Поэтому не хвастайтесь нам, что вы сильные где-то там в Канаде или в Волгограде. Это не значит, что вы сильные. Если бы вы были сильными, вы бы искали связи со всеми остальными. А так, вы просто эгоисты, находящиеся на самообслуживании.

- **Вопрос: При продвижении мы больше сливаемся по свойствам с Творцом. А откуда же возьмется свобода воли, ведь мы все больше сливаемся с Ним?**

Свобода воли растет вместе со слиянием с Творцом. Кто принимает решение о том, чтобы слиться с Творцом? Я. То есть, я отделяюсь от своего эгоизма и потом использую его для слияния с Творцом. Еще больше мне добавляется эгоизма, я решаю над ним слиться с Творцом. В итоге получается, что я становлюсь равным Творцу и абсолютно свободным.

Мы же выходим из эгоизма, который властвует над нами, — в этом заключается свобода. И эта свобода заключается в свободе от Творца, то есть мое уподобление Творцу я выбираю абсолютно самостоятельно. Что значит, самостоятельно? В духовном состоянии, в духовном мире вам предлагается абсолютнейшая свобода. Хочешь, чтобы Творца не существовало, хочешь, чтобы ты был вместо Него, хочешь, чтобы ты был выше Него, хочешь властвовать над всем, в том числе и над Ним? Пожалуйста.

Если человек желает быть равным этой силе по отдаче, по отречению от своего «Я», по выходу из него, то он обретает свободу и становится равным Творцу. А предоставляемая человеку свобода в духовном мире на самом деле абсолютная — то есть, что хочешь, то и делай.

Как в примере царя со своим рабом, когда царь прикидывается, что он отдает этому рабу все — свою казну. Нападают на него воры, убийцы, и только от этого раба зависит, защитит ли он своего царя, убьют ли царя, ограбят ли его полностью. Вот такое состояние нам дается в духовном мире. Вы можете говорить: «Оно обманчивое, все равно там Творец стоит за этим и все «крутит». Но мы это воспринимаем абсолютно достоверно, и поэтому решение совершенно свободное. И не думайте, что вы вспомните о том, что это Творец вам постраивает — этого не будет.

- **Вопрос: Когда мы читаем статьи в группе, часто каждый настаивает на том, что его понимание правильное. В итоге, это продуктивная работа или кормежка эгоизма?**

А вы читайте статьи, а потом не говорите друг другу, кто прав. Прочитали, и все. И не надо друг друга убеждать в своей правоте. Не надо вводить эгоизм, даже если это обсуждение может каким-то образом выявить, объяснить какие-то более глубинные слои в тексте. Если вы чувствуете, что этим вы подкармливаете свой эгоизм, не надо этого делать.

Вы прочли все вместе, вы перед этим договорились, что будете над этим текстом думать о совместном устремлении к Творцу, чтобы с помощью этого текста вызвать на себя окружающий свет — вот и хорошо. Вызвали его во время чтения, не надо больше ничего делать, что бы могло начать между вами прокладывать какие-то разделительные полосы, чем-то отталкивать.

Не включайте в ваши отношения никаких таких проблем. Нет заповеди о том, что мы должны сами выявлять свой эгоизм, нет заповеди о том, что мы должны в него погружаться, нет заповеди, заниматься самоедством. Не надо ждать, пока у вас будет такой огромный эгоизм, чтобы тогда уже с ним справляться.

Надо устремляться только вверх, вперед, даже если в вас сейчас прорезался маленький эгоизм, пытайтесь сразу же над ним вознестись, потому что там, куда вы устремлены, там на самом деле вы и находитесь. А занимаясь самоедством, вы находитесь внутри своего эгоизма, хотя вам и кажется, что вы его исследуете.

Вы от него страдаете? Это клипа дает вам такое наслаждение, которое называется относительно вас страданием. На самом деле это не страдание. Если б было страданием, вы бы из этих состояний быстро пытались убежать. Доказательством того, что это не страдание, является то, что вы остаетесь в нем, и вам нравится быть в этих состояниях. Это клипа, это на самом деле нечистая сила, которая доставляет вам таким способом удовольствие, и еще гордость: «Как я страдаю!» Это жуткие состояния, и они, к сожалению, для начинающих естественны.

- **Вопрос: Что делать, если не все члены группы являются «ближними» для меня? Достаточно полюбить именно «ближних», или вся группа должна стать «ближней»?**

Это очень сложный вопрос, потому что в группе может быть, допустим, сотня человек. Я пришел в группу, я хочу включиться в нее. Но, во-первых, как я могу держать в своем поле зрения такое большое количество людей? Кто-то ближе ко мне, кто-то дальше по своим свойствам, характеру, по роду работы, деятельности. Я с одним сталкиваюсь, с другим нет.

Что делать? Группа — это не сами люди. Группа — это та духовная идея, которая всеми нами руководит. Попытайтесь не смотреть на людей, не видеть их лиц, не видеть их тел, не чувствовать их животного характера, который не имеет к душе никакого отношения. Характер не меняется.

Вы будете великими каббалистами, а ваши характеры останутся теми же, во всех своих пороках. Что значит в пороках? Допустим, раздражительность, нетерпение, или наоборот, медлительность — все это останется. Это чисто животные свойства. Попытайтесь не видеть вообще людей, попытайтесь видеть их устремление к Творцу, то, что называется «душой».

А душой и называется устремление к Творцу. Старайтесь видеть это в группе и с этой идеей сливаться. И тогда постепенно вы увидите в человеке именно это. И не будет вам противна какая-то физиономия одного или приятно красивое лицо другого, или толстый живот третьего, или обвислая губа четвертого. Просто вы не будете этого видеть.

Для того чтобы настроиться, начинайте смотреть на их устремления. Не обращайте внимания на их внешность и характер. Характер — это то же самое, что и внешность. Характер относительно души тоже считается внешним.

- **Вопрос: Можно ли обсуждать святые тексты после совместного прочтения?**

Да, можно. Но обсуждать их, а не свои отношения с Творцом. Конечно, можно, только если не начинает возникать эгоистическое стремление показать, насколько я прав, а другой — нет, или наоборот.

- **Вопрос: Можно ли пытаться вступить в дискуссию с товарищем, пытаться переубедить его, если он на все вопросы отвечает: «Это все от Творца»?**

Ну, если все от Творца, так пускай сидит дома и ждет. Если что-то изменится, то тоже от Творца, нет — нет. Зачем тогда он находится в группе, если он считает, что все от Творца? Он пришел в группу для того, чтобы реализовать свою свободу воли, потому что согласно статье «Свобода воли» только в группе можно ее реализовать. Если и в ней, и в нас есть одна степень свободы воли, то это мое отношение через группу обратно к себе, мое отношение через группу к Творцу. Только это. Значит, если я нахожусь в группе и говорю, что все от Творца — тогда мне нечего в группе делать. Выгоняйте такого человека. И нисколько не жалейте, что вы его выгоняете.

- **Вопрос: Таинство миквы для мужчин и женщин в духовном развитии?**

Глупости. Поймите, мы находимся в этом мире, в наших неисправленных земных чувствах. Если меня такие вещи настраивают, помогают мне, воодушевляют меня в большем устремлении к Цели, к Творцу, то мне стоит это делать. Для этого-то и созданы в нашем мире обряды. Людям объяснили, что надо их выполнять. Почему? А вдруг к человеку придет желание, вдохновение и он начнет спрашивать: «А почему? Какой духовный корень у того или иного обряда?».

Ничего другого в этих обрядах не существует. Никакого таинства, никаких Высших сил. Все это зависит от вас. Миквой называется водоем, типа моря, или делают особый бассейн, в котором вода с неба. Не из водопроводного крана, а с неба, так называемая «ашкая». Человек окунается в микву. Что это значит? Как будто ты окунаешь сосуд в Бину. То есть, Малхут-кли окунается в Бину.

Мы являемся тоже кли — вместилищем души. Окунаясь в воду, мы как бы очищаем себя светом Хасадим. Весь ритуал в этом заключается. Если вам будет казаться, что после миквы вы стали обладать светом, свойством Бины — окунайтесь.

Если вам кажется, что вас это настроит по-другому, если вам это как-то психологически поможет — делайте. Тогда это оправдано, а иначе — нет. Если я полагаю, что сейчас окунусь, а за это мне Творец даст что-то хорошее в будущем мире, приготовлено уже будет там для меня что-то и в мой «банк» положено на счет, — тогда лучше ничего не делать.

- **Вопрос: Возможно ли пройти махсом вместе с Бней Барух?**
Ну, так мы этого и ждем.

- **Вопрос: Ребята самоотверженно и героически работали в течение десяти лет, а мы учимся значительно меньше, и полное впечатление, что качество усилия у нас меньше?**
Это не имеет значения — меньше или больше. И нисколько мы не должны делать какие-то расчеты: Бней Барух работал десять лет, а мы один год всего, и вот мы такие нахлебники. На халяву, понимаешь ли, сейчас въедем через махсом. Бней Барух не виноват в том, что он десять лет работал, и почему Творец ему подсунул такую работу, и вы тоже не виноваты.

Каждый из нас делает свое дело с того момента, когда ему это дали. Если мы вместе устремляемся к Цели, мы абсолютно равноправны. Детям не стыдно у родителей брать, пока они дети. И когда они вырастают, они или помогают родителям, или своим детям помогают, и так далее. Таким образом устроено все человечество и переход с нижней ступеньки на Высшую.

А когда нижняя ступенька поднимается на Высшую, она снабжает Высшую своим хисароном и, таким образом, Высшая наполняется. Мы нуждаемся в вас, вы нуждаетесь в нас. Нет здесь никакого стыда, никакой иерархии сверху-вниз. Эта иерархия потому, что у нас больше опыта, а не потому, что мы «деды». Дедовщины нет.

- **Вопрос: Чем маасэр отличается от миквы?**
Вопрос верный. Если миква — это чисто ритуал, то маасэр — это духовная вещь. Как это может быть? Вытаскиваю из кармана десятую часть — и это духовная вещь, потому что когда ты платишь маасэр, ты поступаешь **против** своего эгоизма, а в микву когда ты окунаешься, ты можешь окунуться **ради** своего эгоизма. В этом разница.

Вопросы по организации группы

- **Вопрос: Как нам более эффективно провести Йом Кипур?**

Приезжайте к нам. Я предлагаю еще раз: если у кого-то, где-то существует какая-то возможность посетить нас в течение года на неделю, в наши будние дни, в то время, когда мы работаем, учимся в нормальном режиме — вы приезжайте. Это очень хорошо. Вы увидите, что мы делаем, как мы живем. Но минимум, неделя. На пару дней — ничего не даст. Если вы включитесь в нашу работу, вы уедете с таким впечатлением, которое в праздники никогда не получите.

- **Вопрос: Что означает Пурим?**

Все, что происходит под махсомом, то есть без экрана, не имеет никакого влияния на Высший мир. Поймите этот простой принцип. Вы будете руками и ногами делать духовные действия? Только с экраном. С экраном — духовное действие. Без экрана — животное действие, это влияет только на наш мир: перемещение в нашем мире воздуха, объектов и не больше.

Теперь насчет Пурима. Что значит Пурим? Пурим — это состояние, соответствующее Гмар Тикуну. Когда вся Малхут и все девять сфирот абсолютно наполнены: все НАРАНХАЙ дэ-НАРАНХАЙ — Высшим светом. Творец полностью вмещается во все творение. Все творение полностью подобно Творцу.

Оба отдают и оба получают друг от друга. Творение и Творец — нет никакого отличия одного от другого ни по одному параметру. Такое состояние называется Пурим. То есть, свет Хохма заполняет совершенно все желания. В нашем мире ор Хасадим — это пища, и ор Хохма — это крепкие напитки, вино, но в наше время вино — это уже не крепкий напиток, значит, водка, допустим. Все, что связано с алкоголем.

Пурим в нашем мире — это вмещение всего ор Хасадима, в котором проявляется весь ор Хохма. Он проявляется в том, что человек пьет, ест без всякого разбора и без всякого ограничения. Таким образом, проходит этот праздник Пурим. То есть, в этот праздник есть заповедь наесться и напиться до такого состояния, что ты сам себя не будешь помнить: где ты, где твой товарищ, где Творец и, вообще, где что. Хорошая заповедь.

Вы видите, что значит наполнение, насыщение идеи, внутреннее наполнение, духовное наполнение. Оно не оставляет никаких других потребностей. Нет просто этого. И так будет со всем остальным. Когда человек начнет раскрывать для себя Высший источник наслаждения, пропадет, вообще, потребность во всем.

Есть одна рубашка, какие-то брюки. Я даже не ощущаю, как я существую. Это наполнение действительно дает все. Так вот, Пурим — это полное наполнение едой, питьем и проявление, конечно, максимального устремления к любви, к товарищам. В Пурим мы должны пить, плясать, петь до такого состояния, когда забываем собственное «Я».

ВПЕРЕД И ВВЕРХ!

16 октября 2003 года

Подъем, который мы получили благодаря своим усилиям и совместной работе, естественным образом перешел в падение, которое называется осознанием. И из него своим устремлением мы снова должны перейти в работу.

И опять после этой работы наступит уже совершенно другое качественное усилие, после которого, естественно, будет еще большее падение, и затем уже такое осознание бессилия и устремление, которое называсяся «МАН». И тогда уже мы получим проход.

Мы сегодня прошли первый этап, ощутили общий подъем, у нас были общие надежды, мы думали, что что-то удастся, что-то будет хорошо, мы притянули на себя Высший свет. Этот Высший свет спустился на нас и дал нам первый раз один общий хисарон, одно общее кли — раньше никогда такого не было. Вся эта работа, проделанная первый раз вместе и здесь, и, вообще, в мире, таким количеством людей — это было общее взаимное устремление. И таким образом мы создали положительное и отрицательное состояния сообща, нашим общим усилием.

Свет, притянутый нашим желанием измениться и изменить что-то в нас, вызвал высвечивание нашего эгоизма, но это был уже общий эгоизм, это было уже общее кли. Теперь мы должны осознать, в каком состоянии мы находимся, и из этого общего состояния снова проделать определенную работу. Эта работа уже будет отличаться от предшествующей строительством на фундаменте общего хисарона, общего кли.

Наша работа «снизу-вверх» происходит по той же системе, что и «сверху-вниз». Творец создал общее кли (из нулевого состояния — первое состояние). Оно существует, в нем вроде бы, есть уже наполнение светом, но желание происходит от Творца и наполнение происходит от Творца, поэтому нет здесь творения, как такового. Затем происходит разбиение этого желания — «швира», свет уходит вверх, желание падает вниз. И вот они разделены между собой махсомом. И теперь должны начать снова соединяться между собой и достичь такого же состояния, когда свет полностью входит в кли. Для того, чтобы свет полностью вошел в кли, оно должно начать соединяться с желанием.

Это мы и делаем: Мы начинаем ощущать разницу между светом и кли, именно в том нашем кли, которое желаем создать внутри себя. Каждый из нас до настоящего времени, сам, хаотично, из общей души, называемой Адам, стремился к Творцу. Я искал Его, и мои товарищи, и отдельные группы в мире искали. У нас не было этого общего кли, даже не было для этого никаких предпосылок.

Сейчас начинают завязываться связи. Они уже завязались, и неважно, что мы это иногда не чувствуем. Эти связи есть, и они сейчас будут работать. Мы уже начали создавать между собой эту схему, структуру, это упавшее кли. И оно — уже не просто разбитые осколки: это разбитые осколки, уже пытающиеся связаться между собой, они уже как-то представляют структуру этого кли.

В той мере, в которой мы будем действительно представлять собой кли (это может быть 200-300 или 2000 человек в мире — количество неважно), насколько эта спайка между нами будет подобна общему кли — когда здесь, внизу под махсомом, внутри оно образуется, подобное кли общей души, в миниатюре — в этой же мере на него будет воздействовать общий свет.

Свет, который высветил эгоизм — это уже был свет, который действовал на общее кли. У нас есть общие устремления вверх, а затем появляется общее разочарование, раскрытие общего эгоизма. Это уже не частный эгоизм, который раскрывался в каждом из нас, и не частные маленькие разочарования, которые были когда-то — это уже общий эгоизм, общий хисарон, общее кли. Вот это нам надо было сделать в этот раз на нашем собрании, и этого мы достигли.

Теперь мы должны осознать наше состояние и понять, что если мы на него не получили ожидаемого постоянного духовного озарения, абсолютно четкого, проявляемого в нас, значит, наше кли на сегодняшний день к этому не готово. Это состояние, ощущение неготовности нашего кли, сейчас должно пройти через нас.

В чем же должно быть разочарование? В том, что между нами не существует общности, не существует достаточной связи. Такой, чтобы в соответствии с качеством этой связи, пришел бы исправляющий нас свет АБ-САГ.

Что значит, свет АБ-САГ, вытаскивающий за махсом? Свет вообще — аморфный, в нем нет абсолютно никаких стилей, в нем нет никаких особых проявлений: красный, желтый, милосердие, разум, свет Хасадим, свет Хохма, — нет такого. Свет — это просто свет. Проявляется он в тех или иных свойствах относительно кли. Желание определяет ощущение света в кли.

Если раньше мы ощущали и желали, чтобы этот свет дал каждому из нас его личное, собственное, продвижение, то теперь мы потихоньку должны начать понимать, что личного, собственного продвижения нет. Продвижение есть только в той мере, в которой я связан с остальными, в той мере, в которой общая сила, команда, группа желает продвинуться вперед, то есть сблизиться больше между собой, больше почувствовать друг друга, выйти каждый из себя и упасть на других, просто отдаться другим своими желаниями, своими возможностями. Это значит, немножко продвинуться вперед.

Если у нас будут именно эти желания, что и называется любовью к ближнему, тогда этот свет АБ-САГ на нас подействует, потому что у него есть именно эти свойства, на другие желания он не отзывается. Проблема в том, что мы желаем не то, что свет может дать, не то, что он несет на самом деле.

Желание, возникшее сейчас у нас, еще маленькое, оно вдруг забывается, нам кажется, что его уже нет, мы снова эгоисты, уже ни о ком не хотим думать, мысли где-то уже не здесь. Это правильно, это и есть минус, но этот минус уже возникает на том плюсе, который был раньше, и он все-таки у нас останется. и мы будем ожидать, думать, вспоминать о необходимости проделать этот путь вместе. Мы будем сожалеть, нуждаться в друг друге и в общем кли. И в мере нашего желания к соединению этот общий свет, находящийся в абсолютном покое, проявится как свет АБ-САГ, иначе он будет нам незаметен. И как сегодня мы существуем в океане бесконечного света, и не ощущаем его, так и не будем ощущать. Нет у нас этого желания — свет не проявляется.

Это подобно тому, что сейчас рядом со мной могут быть птички, жучки, паучки, а мы можем между собой общаемся, пребываем в любых мирах и состояниях. А рядом со мной спокойно спит кошка, она совершенно ни о чем не подозревает, не знает, и на нее это не действует. Так и мы, в состоянии выпадения из желания к духовному, не чувствуем на себе проявление этого Высшего света, который и сейчас нас окружает и проходит сквозь нас.

Поэтому наше общее желание должно быть желанием абсолютно явным, осознанным. Осознание устремления — это осознание устремления к совместному желанию, постижению, к необходимости ощутить Творца. А это возможно только на устремлении друг к другу. Каждая точка сама по себе не ощущает ничего, это мое «я», и оно только для того, чтобы на нем построить наши взаимные связи.

Мы прошли этот этап и сейчас мы должны начать осознавать, в какое именно желание приведет к переходу махсома. «Я приехал проходить махсом» — это должно быть в наших чувствах, в наших мыслях — я приехал соединиться со всеми.

Почему со всеми? И почему именно с этими людьми? Потому что они все устремлены к тому же, что и я, они хотят выйти в Высший мир. Значит, мы постепенно начинаем давать более правильные формулировки: что значит

Высший его мира, что значит духовного, что значит пройти махсом?

То есть, выйти из себя, найти остальных, устремляющихся к тому же, создать вместе с ними одно общее большое желание. Без этого ничего у нас не получится.

Это одно большое желание, устремление к нему, работа над ним — и есть наш следующий этап. И это, в первую очередь, осознание зла. Какое осознание зла? Осознание того, что я неправильно представляю себе, что значит духовное, общее кли, исправление. Осознание этого и устремление к правильному представлению о том, что такое кли — что кли это связь между нами. Это не просто мое эгоистическое желание чего-то большего, чего-то лучшего — это именно выход каждого из себя для создания связи между нами. На этих внутренних связях мы затем ощущаем исправление и Творца.

Этому будет посвящена наша последующая работа. Мы должны собрать наше общее кли. Сегодня оно уже проявляется, оно есть. Оно забывается, естественно, мы находимся в падении, но оно будет понемногу проявляться в подъеме. И мы должны принимать то состояние, в котором мы находимся, где бы мы ни были, на Миссисипи или на Волге, в Австралии или в Уренгое. Мы должны принимать все эти состояния, условия, удаленность, как данные нам свыше.

Мы не понимаем, почему и для чего мы все так созданы и почему нас всех так разбросало. С одной стороны, мы были когда-то одной общностью, одним народом с одной ментальностью, одной культурой, понимали друг друга, и вдруг нас теперь так разбросало, мы удалены. Но эта удаленность, очевидно, задана Творцом свыше.

Она, видимо, и должна создать в нас такие предпосылки, напряжения, устремления вперед, которые создадут это общее кли. Ведь несмотря на расстояния, с одной стороны, с другой стороны, создан Интернет, для нас специально сделано так, чтобы мы могли эту связь восстанавливать, создавать и над ней желать ощутить друг друга, выйти в общее устремление к Творцу и ощутить Его.

Это наш следующий этап и для этого дается сейчас то время, которое у каждого из нас будет уже на местах. Поэтому мы должны сейчас очень четко определить, как мы будем дальше действовать. Это первое. А второе: мы сами, в течение времени, предстоящего нам провести в усилиях, должны создать как можно более крепкие связи.

Где бы я ни был, и что бы ни делал: расклеивал объявления, давал лекции, учился, слушал виртуальные уроки, — сейчас уже я должен думать не только о себе и о моей маленькой группе, не о том, как ее увеличить, или что-то с ней сделать, а о нашем общем мировом кли, потому что именно оно должно нам дать выход в Высший мир.

Все наши действия не должны быть замкнуты только на мне или на тех моих товарищах, которых я вижу, но и на тех, которых я не вижу, которых я должен мысленно себе представить. Мысленно представить это огромное общее желание, специально сделанное таким виртуальным, потому что он ближе к духовному. Такая своеобразная тренировка на отдаление от своего эгоизма, на приближение к духовным категориям.

Поэтому не стремитесь куда-то падать в более мелкие состояния — наоборот, чем больше, чем отвлеченней вы будете представлять себе наше общее кли, тем вернее, тем ближе к духовному вы, на самом деле, окажетесь лично, вместе с нами.

Таким образом, наша общая работа состоит из двух частей: с одной стороны, это административная работа по созданию необходимых каналов связи, по которым мы соединяемся, контактируем, связываемся в определенное время или в определенных работах, усилиях. Как это сделать — это забота администрации. Она будет нам в этом помогать, готовить такие способы связи, чтобы по ним мы могли легче связаться между собой и над этим базисом строить свою духовную настройку.

Необходимо, естественно, иметь и механические связи друг с другом. Поэтому у нас внутри группы есть хозяйственно-экономическая деятельность. Она связана с остальными группами, а над ней мы уже строим наши личные отношения и пытаемся сделать это во всех видах деятельности, по крайней мере, так это происходит внутри нашей центральной группы.

Ни одно движение, ни одна форма деятельности, связанная с группой, с духовным, не проходит без того, чтобы человек предварительно не настроил себя — для чего он должен это делать, какую цель он преследует, что именно ему для этого хотелось бы видеть в конце своих действий, как результат своих действий, намерение.

Сейчас наше намерение должно быть не внутри маленькой группы, а связано с общей, мировой. Но с другой стороны, я вас очень прошу, относитесь к этому очень осторожно, чтобы не получать в день по 100-200 сообщений, которые вас просто завалят и вы должны будете отталкиваться от них как-то, и у вас не останется времени на собственную внутреннюю работу, на анализ вашего состояния и состояния всей мировой группы.

Мы должны, с другой стороны, щадить друг друга и очень осторожно пользоваться возможностями нашей связи. Мы должны создать максимально эффективное поле любви, такое, которое бы не отвлекало человека, а только мягко побуждало бы его к обратной положительной реакции. И все эти помехи, которые у нас будут сейчас возникать в разных странах, в разных состояниях каждого, в разных группах, — они должны восприниматься нами как наше отрицательное эго, из которого, именно преодолевая помехи, связывая все между собой, мы и привлечем свет АБ-САГ.

Как только ор АБ-САГ на нас подействует, то есть окружающий свет подействует на нас в виде ор АБ-САГ, он сразу же протянет нас сквозь махсом. Этот ор АБ-САГ может исправить абсолютно все виды эгоизма, кроме лев а-эвен. Лев а-эвен исправляется действием называемым «рав поалим у-микабциэль». То есть, когда абсолютно все желания, кроме лев а-эвен исправлены, и все они совершают на себя общий зивуг, на это суммарное желание, кроме лев а-эвен, отчего привлекается свет уже на лев а-эвен и он исправляется.

Но АБ-САГ — это не только свет, исправляющий лев а-эвен. Любые проявления света, исправляющего все наши 613 желаний — это свет, называемый АБ-САГ. Естественно, что он в состоянии исправить наш маленький земной эгоизм, находящийся под махсомом. Он исправляет и еще больший эгоизм, который мы потом будем получать от духовных миров и каждый раз подниматься над ними. Поэтому наше уподобление этому свету АБ-САГ — это то, что нам надо сделать!

Что представляетсобой свет АБ-САГ? Он представляет собой свойство Бины — САГ, то есть полное отречение от своего Я, с таким расчетом, чтобы весь мой эгоизм использовать на благо общей группы и товарищей уже по ту сторону Бины.

Я не должен находиться в этом состоянии, оно во мне не исправлено. Я представляю себе, я хотел бы, мне кажется, я думаю, что оно хорошее, что оно полезное. К этому осознанию, устремлению я должен подойти. В этом состоянии я быть не могу, я просто должен себе его наиграть. Что это значит? Искусственно пытаться быть подобным этому, тогда свет сверху подействует и действительно нас в это состояние втянет. Вот для чего сейчас нам дается этот следующий этап нашей работы.

- **Вопрос: Общее желание имеет название?**

Общее желание имеет название — устремление к Творцу, общее кли. Это общее желание называется Нахшон. Это тот человек, который первым бросился в Красное море, для того, чтобы вырваться из Египта.

- **Вопрос: Чтобы нам создать теперь общее устремление для привлечения на себя света АБ-САГ, для исправления, что для этого нам надо?**

Для этого мы должны создать между собой все формы связи, какие только возможно. Это значит:

— Первое — постоянно напоминать об этом, стремиться во всех действиях уподобляться духовным законам.

— Второе — постоянно стремиться к духовной связи между нами.

Не должно быть такого, чтобы какая-то группа вдруг исчезла, как это было до сегодняшнего дня, чтобы она отказывалась даже писать. Они считали себя самодостаточными, полагая, что они при этом духовно продвигаются, а они духовно отодвигались.

Я не хочу называть эти группы, я их за это ругал, я думаю, что сейчас они понимают, что в таком состоянии они просто заигрываются, как маленькие дети в своем маленьком углу, и вообще никакого духовного движения в их работе нет. Если они хотят идти путем страданий, то это их дело. Но тогда мы не будем считать их своей частью.

Конечно, мы будем пытаться их как-то вернуть, чтобы они это осознали, чтобы они вспомнили, по крайней мере, что говорит Бааль Сулам об общем кли в статьях, которые мы «Дарование Торы» и «Поручительство». Это самые первые его статьи, обращенные к человечеству в наше время, в новое время. Причем ко всем абсолютно, не зависимо ни от пола, ни от национальности, ни от возраста, ни от образования, ни от вероисповедания и ни от чего другого, только для того, чтобы создать это общее устремление к Творцу — критическую массу.

Если кто-то из наших товарищей будет об этом забывать, как забывают, заигравшись, дети, то нужно им об этом напоминать. И если не получается, то оставить их, и пусть тогда через какое-то время они сами увидят, где они находятся. Ничего не поделаешь, бывает и такое.

Если наше любое действие, любая организация, лекция, общественная работа, будет без намерения, без отчета, без оповещения о способе, качестве ее и цели, без связи с нашей общей группой, не для нее, не для всех — то такое действие совершенно лишено духовного устремления. Так мы и будем воспринимать их работу. То есть, они могут привлекать на свои занятия по сотне учеников, расклеивать миллионы флаеров — это чисто механическая работа которая, не даст никакого духовного эффекта. Весь конечный, духовный эффект зависит только от нашего намерения, так что нужно принимать это во внимание.

Следующее: активное изучение науки Каббала, обязательное посещение виртуальных уроков, использование для обучения рекомендованных нами каббалистических источников.

Это очень важно. Для того, чтобы была общность между нами, связь, мы не должны изучать ничего другого, кроме: Сефер Ецира, Книги Зоар, Талмуда Десяти Сфирот, все сочинения Ари, Бааль Сулама, Рабаша или наши, сейчас издаваемые сочинения. Можно переходить на иврит, на английский, на любой из языков, на котором это будет опубликовано. Если нет никакой другой возможности, тогда изучайте на русском языке, есть возможность — обращайтесь к оригинальным источникам.

Я ни в коем случае, в том числе, в нашей группе, не привязываю человека к своим книгам. Наоборот, мы никогда внутри нашей группы не изучаем книг на русском языке, хотя они объясняют те же самые статьи в более популярном виде.

После того, как вы изучили, допустим, статьи «Дарование Каббалы» или «Дарование Торы», — «Поручительство», «Мир», «Свобода воли» и так далее, я советую читать текст оригинального перевода на русском языке. У нас, кроме моих обработанных русских текстов, есть практически подстрочный перевод. Начните читать их. А если будет возможность — можете переходить и к оригиналу на иврите.

Я считаю себя как бы мостиком между современным человеком и оригинальными каббалистическими, тяжелыми для восприятия, источниками. Тяжело в них разобраться начинающему, тяжело их читать. Даже сабры, коренные израильтяне, для которых иврит — родной язык, приходят первый раз на занятие и в течение какого-то времени не умеют читать эти каббалистические тексты. Они не умеют правильно произносить слова, не знают, что они обозначают. Не то, что является их духовным смыслом, просто — это язык настолько особенный, не применяемый в обычной жизни, что они его не знают. Они не могут нормально прочесть фразу, предложение, хотя знают вроде бы все слова. Но иногда там есть и такие слова, что они их даже и не знают.

Конечно, оригинальные тексты сложны, но в них находится огромная внутренняя сила. Вы начнете видеть в этих оригинальных текстах, как проступают дополнительные слова, дополнительные значки. Вы, в самом деле, начнете видеть, как будто типография отпечатала и просто спрятала их внутри, отпечатанные таким же типографским шрифтом проступающие дополнительные слова. Вы начнете видеть их. Это, конечно, не чудеса, это потому что **вы видите,** вы высвечиваете своим внутренним кли эту дополнительную информацию.

Вы начнете видеть за этим слоем, который вы читаете, следующий слой, дополнительный. Все наверно видели фильм про Гарри Потера. Там есть картинки, открываешь книжку — на фотографиях люди двигаются, и следующая страничка, и там тоже на фотографиях люди двигаются.

Вот таким же образом вы начнете видеть, не как в книжке, конечно, но вы действительно начнете видеть за этими текстами весь механизм работы всей системы мироздания. И вы увидите, как эти слова, буквы, как бы расползаются и дают вам узлы этой машины, силы, мысли, законы, действия, приказы.

Так что я ни в коем случае не считаю свои книги святыми и не советую ими ограничиваться. И если родной язык только русский и другого языка нет, читайте статью, допустим, «Дарование Торы» (или Каббалы), в ее самом сжатом, в самом понятном виде, а потом переходите к оригинальному переводу, соответствующему полному тексту оригинала, не сокращенному и не переделанному для облегчения вашего понимания. Вы увидите, насколько они одинаковы, эти два источника, но чем ближе текст к оригиналу, тем он все-таки сильнее духовно. А я только обобщаю, объясняю и приближаю к вам выражение и форму. Но, естественно, не сравнить ту силу, которую я могу вложить в тексты, по сравнению с силой Бааль Сулама. Это огромные духовные уровни. А я хочу вас именно к этому притянуть. И мы вместе именно к этому должны прийти. Так что пытайтесь понемногу приобщаться к оригиналам.

Мы не занимаемся никакими психологическими тренингами. Мы изучаем оригинальные каббалистические источники, или мои книги и переводы, или переводы на другие языки, но максимально приближенные к оригиналу. Таким должно быть устремление.

- **Вопрос: И это есть в Интернете?**

В Интернете выставлены обе версии. И не надо использовать ничего другого. Есть еще несколько дополнительных источников, которые я могу вам посоветовать, но они на иврите. Кроме Книги Зоар, Сефер Ецира, Ари, Бааль Сулама, Рабаша, моих книг, — это книги Рамахаля и книги Агра. Вот, пожалуй, и все.

Агра я вам даже не советую начинать, это невероятно сложная литература. Агра — это Виленский Гаон. Есть переводы Рамхаля на русский язык, можете попробовать, но Рамхаль ценен не своим языком и не объяснениями, а именно включением в него, даже при полном непонимании..

Я изучал со своим Учителем «Адир ба Маром». Есть такая книга Рамхаля — «Адир ба Маром». «Адир» — это громадный, величественный, «ба маром» — на высоте. Это говорится о Творце — «Величественный на высоте»! Представляете, о чем говорит книга с таким названием?! Он начинает с Зеир Анпина мира Ацилут и идет дальше, еще выше и выше. В то время, когда мы изучали ее с Учителем, я в ней, практически ничего не понимал. Не то, что не понимал в механике, как мы с вами рассказываем — что такое мир Ацилут, этого и не надо было понимать. Рамхаль читается, как читаются псалмы, для того, чтобы это на тебя подействовало, и все.

Остальные каббалистические тексты мы читаем для того, чтобы понять, связаться с материалом, запомнить, адаптироваться к нему, вспоминать потом, как-то понимать, связывать между собой различные проявления, системы, миры, сфирот, парцуфим, рождения, различные состояния.

Вперед и вверх!

А есть чтение каббалистических книг, это книги Рамхаля, понятные только тем, кто находится за махсомом, начиная с определенного высокого уровня. Когда читал с Учителем книги Рамхаля, для меня в начале это было практически непонятно. То есть, я хочу сказать, что есть каббалистические книги, которые читаются для общего впечатления, просто для воздействия. Как будто встаешь под «световой» душ.

Далее, естественно, посещение виртуальных уроков. Проработка виртуального урока, и даже не один раз, является просто необходимой.

Дело не в том, знаете ли вы материал, а в том, что одновременно с вами то же самое проходят, изучают, над этим сидят, над этим трудятся еще тысячи человек в мире и это совместное устремление, эта совместная работа над одним и тем же материалом, она и создает предпосылки для наших связей. Это одно общее кли.

- **Вопрос: Посещать виртуальные уроки лучше именно в то время, когда Вы даете или посещать их в другое время, более удобное? Быть внутри, вместе со всеми остальными или можно при этом находиться где-то дома одному?**

Самое лучшее, если вы будете сидеть вместе, обнявшись и слушать меня, глядя на большой экран. Небольшой компанией, чтобы не потерять связь, когда вы действительно вместе, обнявшись, сидите и слушаете. По-моему, тут не надо ничего объяснять. Чем больше ваше удаление друг от друга, и чем в большей группе вы сидите и слушаете, тем хуже. Тем хуже, потому что человек не в состоянии держать в поле зрения большее количество людей, чем пальцев у него на руках. Он может себе представить группу и еще 20, еще 30 человек. Он может начинать сливаться с ними тогда, когда он уже не чувствует количества людей, и они все для него приобретают уже какой-то единый образ. Но это будет потом.

Желательное прослушивание виртуальных уроков в совместном устремлении к одной цели, когда мы знаем, что вместе с нами подключены и другие, когда мы видим на экране еще много различных групп, пытаемся чувствовать одновременно друг друга, и вместе с этой нашей попыткой объединиться, мы еще слушаем из одного источника.

Все эти условия должны быть нами соблюдены. Если нет никакой возможности, кроме как прослушать его в другое время — значит, слушайте в другое время, но пытайтесь сделать то же самое. Если вы дома один, ничего не поделаешь, но это несомненно хуже.

А вот большим группам, для которых нужен кинотеатр, я бы советовал проверить, не пропадает ли это чувство, и не возникает ли другое, что ты приходишь просто на киносеанс.

Мы стараемся в Бней Барух расставить столы таким образом, чтобы все видели друг друга. Все сидят друг против друга, насколько позволяет помещение, и все видят меня. Все задают вопросы и можно видеть того, кто спрашивает. Урок все-таки должен быть групповым, вы все вместе одной группой слушаете преподавателя. И эта общность, чувство локтя, обязано быть, и если это есть у вас и в кинотеатре, и с большим количеством людей — хорошо. Форма не имеет значения, главное, чтобы это давало тот же результат. Это вы должны решить для себя сами.

Это касается и мужчин, и женщин. Зря думают, что женщины не должны вместе работать между собой. Ни в коем случае, это не так. В духовном мире, когда теряется вот эта внешняя оболочка — платье, тело — остаются именно устремления к Творцу. Устремления к Творцу, если они действительно к Творцу, они и не женские, и не мужские.

Женские и мужские, захар и нуква в духовном совершенно не соответствует ориентации в нашем мире. Поэтому наше несовершенство, неисправленность, наш уровень не позволяет нам быть в чистом духовном соприкосновении друг с другом, когда пол как бы пропадает, не имеет никакого значения.

Это сейчас невозможно сделать, это будет где-то высоко, над махсомом, когда можно будет уже не принимать во внимание пол, где мы будем встречаться бесполыми, где каждая душа будет состоять из мужской и женской части.

Будет все-таки разница и там, но эта разница уже, не могу даже объяснить, она не гормональная, как сегодня нам представляются различия захар и нуква.

У женщин так же есть группы, и у женщин так же есть взаимные обязанности, взаимозависимость, связи между собой. Надо понять, что лишь те помехи, возникшие при контакте между нами, диктуют нам условия, по которым мы должны быть отделены друг от друга — и больше ничего. На самом деле, в чистой духовной работе все человечество, независимо от пола, устремляется к Творцу и объединяется, дополняя друг друга.

Дальше: Создавать условия для постоянной связи между товарищами во всех каббалистических группах.

Любая каббалистическая группа обязана это делать, это духовно-организационная задача. Нужен общий устав, который все должны обсуждать, и не надо торопиться что-то принимать. Осмысление, понимание тех связей, которые должны возникнуть между нами — это и есть наша работа. Заканчивать работу, выполнять ее — это уже всегда делает Творец. С Его стороны есть постоянная готовность произвести над нами следующее действие. Как только мы к этому действию готовы, как только пожелали и, наконец-то, поняли, что Он с нами должен сделать — Он немедленно это делает.

А мы хотим, мы устремляемся, как правило, не к тому, чтобы понять, как и к чему готовиться, как себя под Него подставить, чего желать от Него. Мы не ставим себя в положение нуквы относительно Него: «Ну, сделай надо мной то-то и то-то...». Мы ставим себя в положение: «Я сейчас с собою что-то делаю, я сейчас себя леплю...». Ничего я из себя не леплю, ничего я из себя не делаю.

Вот это неправильное отношение к нашей миссии, к нашей работе на каждом этапе, уводит нас совершенно не в ту сторону. Мы представлем себя действующими в мироздании. На самом же деле, мы не действующие, мы должны ощутить: а что сейчас должно проявиться и подействовать? Поэтому все наши связи между товарищами внутри групп и связи между группами должны строиться в соответствии с этим. Я должен себя подготовить как кли.

Вот выводы, сделанные в процессе работы руководителями групп: на их совместной встрече.

Всем группам и всем членам групп принимать активное участие в мировом производстве по распространению Каббалы. Добиться, чтобы каждый имел задание в работе по распространению.

Нет ничего более сплачивающего, связывающего нас с Творцом, чем распространение знания о Нем во всем мире, потому что главная и единственная цель Творца, — это Его присутствие во всех творениях и наполнение всех творений. Значит, наша подготовка и проявление всего мирового кли относительно Творца, устремления всего человечества к Нему — это единственная работа, которая у нас есть.

В книге «Каббала для начинающих» на иврите, мы выбрали и отметили самые главные абзацы, вы увидите, каковы они по мощности, как кричит в них Бааль Сулам. Есть еще книга, которая скоро выйдет, она называется «Раскрыть Добро». В ней собраны высказывания каббалистов о важности распространения Каббалы, являющейся единственным лекарством для нашего мира, для каждого из нас. И нет ничего более эффективного, более помогающего, чем распространение. И распространение должно быть совместным, в нем заключается вся наша деятельность.

В Бней Барух даже кухня работает на распространение. А в Москве есть отдел, занимающийся изданием книг. Есть очень много людей и за границей, и в Израиле, которые «чистят» материалы, готовят их к публикации, есть переводчики, которые работают по всему миру. Сегодня электронная связь позволяет нам быть одним мировым предприятием, где бы мы не находились.

Участие в совместных проектах крайне важно.

Вы проводите какую-то важную лекцию или мероприятие, вам необходимы силы, средства, необходимо что-то придумать, написать — советуйтесь со всеми. Это, может быть, создаст какие-то сложности, с одной стороны, но надо найти такой оптимальный вариант, работающий на связь между нами. Главное — это совместная работа, то есть, совместное действие.

Находясь рядом со своим Учителем, я тоже занимался распространением. Из той группы моего Учителя никто больше этим не занимался. Я приводил к нему новых учеников, был их куратором, распространял, печатал. В 1983 году я впервые издал свою книжку. Я давал лекции всюду: Тель-Авив, Димона, где я только не был. Именно это, в общем, формирует человека.

Не потому что, рассказывая, ты больше понимаешь и, вообще, растешь, как и в нашем мире, а потому, что ты при этом вызываешь на себя окружающий свет. А если ты при этом еще и предполагаешь, что ты хотел бы поднять этим всю мировую группу, то вызываемый тобой свет будет в миллиарды раз больше, в мере твоего намерения, настоящего, намерения.

...Всем группам и всем членам групп добиться, чтобы каждый имел задание в работе по распространению.

Не умеешь писать — читай остальным. Не умеешь писать для других и читать для других — стой у метро, раздавай материалы. Не умеешь раздавать — расклеивай. Что-то ты должен делать — стулья расставлять на лекциях, неважно что. Каждый обязан хоть в чем-то участвовать в распространении. Жалко, если вы не будете этого делать хоть в чем-то. Даже если вы «чистите» какой-то материал, и он потом идет в Интернет, — это тоже распространение.

Всем членам групп ежемесячно выплачивать маасэр, который используется исключительно на распространение.

Маасэр — это средство нашего объединения. Мы должны быть прозрачны друг для друга, мы должны видеть, понимать наши общие проекты, как и что делается, кто это делает.

Мы должны помогать, советовать друг другу, и в конечном итоге, будем двигаться, я надеюсь, к общему фонду, к общей кассе и к общему решению — куда лучше направлять наши финансовые потоки в соответствии с нашей общей задачей в ту или иную часть мира. В итоге это будет необходимо, и мы должны быть заранее готовы: обдумывать и постепенно формировать эту схему. Для того и существует руководство, которое постепенно должно это делать, а мы ему должны помогать.

Так что сдача маасера необходима, если вы хотите участвовать в духовной работе. Это условие не мое и не моя прихоть. Сдавать маасэр нужно ответственному в группе, который вкладывает деньги на счет группы в банке, и это все абсолютно прозрачно.

Но ни один участник группы не имеет права потребовать у ответственного показать отчет — кто сколько заплатил. Использование же средств должно быть прозрачно, все это должно быть совершенно ясно между нами. Это как одна семья, которая живет из своего кармана. Все приносят в общую кассу. Я надеюсь, что мы этого достигнем и тогда сможем проводить особые акции там, где посчитаем нужным для нашего наиболее эффективного развития — на Аляске, в Африке, неважно где.

И не имеет значения, что на Украине один доллар — это большие деньги, и они сдают один доллар в месяц, главное, чтобы это было десять процентов, тогда эффективность одна и та же. Эти десять процентов — на совести человека, потому что от этого зависит его духовное развитие.

Духовная ценность одного рубля из десяти рублей заработанных за месяц — точно такая же. Участие человека в духовном мире то же самое. Творец тебе дает в итоге заработать эти 100 % — десять процентов ты должен отдать на того же Творца, на его работу над тобой. Из 90 % ты, якобы, делаешь девять первых сфирот, а десятую — отдай, потому что Он в тебе ее исправит. Это расчет до махсома.

После махсома будет другой расчет. Вы сами увидите, что будет с вами происходить после махсома. Вы потеряете вкус к этим материальным ценностям. Вы поймете, что их ценность — только в максимальном, эффективном использовании для продвижения вперед.

Кроме того, нужно принять во внимание, что все наши проекты создание фильмов, поддержка сайта и пр., кроме книг, идет с маасэра. Книги мы продаем и таким образом покрываем затраты на их издание.

Создать единый бюджет мировой группы. Каждая региональная группа имеет прозрачный бюджет, планирует работу, расходы, средства по согласованию с руководством мировой группы.

Я думаю, что постепенно мы к этому придем, пока же говорить об этом рано. Мы не знаем точно, каковы проекты и планы, все должно организовываться постепенно. Необходимо определить наиболее эффективное использование средств: оставлять средства в регионах или направлять финансовые потоки в ту или другую сторону, на определенные проекты. Самое главное то, что общий бюджет сделает из нас одну общую семью, поможет нам в этом.

Все региональные центры входят в единую, мировую организацию Бней Барух.

У нас есть опытные менеджеры и в России, и в Америке, они и займутся организацией.

Все региональные группы еженедельно информируют руководство мировой организации Бней Барух о своей работе и ежемесячно сдают отчеты.

У нас любой человек в Бней Барухе имеет обязанности. Эти обязанности заранее распределены. На досках вывешено огромное расписание, в нем сто человек и для каждого расписано время — где, когда, что он обязан делать: на кухне, на занятиях. У нас в центре постоянно есть люди. Каждый вечер приходит бригада, которая моет, чистит, убирает наше помещение. Трое дежурных, наших товарищей в те часы, когда мы не бываем в центре — с десяти вечера до трех часов ночи — полностью его моют, и мы приходим уже в чистое, проветренное, свежее помещение. И так каждую ночь новая тройка.

Есть люди, ответственные за закупки, за ремонт, для каждого все расписано. Кроме того, у каждого расписано, какую общественную работу он должен выполнять. Есть группа, которая работает с коренными израильтянами, целые команды расклеивают и раздают флаеры, публикуют объявления в газетах, отвечают за связь с прессой, организуют лекционные залы, проводят лекции, собирают затем людей в группы, и так далее. В общем, все расписано по направлениям и темам и все четко организовано по плану. Мы надеемся, что общие планы будут у всех.

С другой стороны, мы понимаем, централизация тормозит развитие инициативы на местах. Надо сделать так, чтобы торможения не было, но чтобы работа была взаимно и максимально эффективна.

В любом случае, существует очень важное требование: любая печатная продукция, какой бы красивой она вам ни казалась, даже для вашего внутреннего, группового использования, хотя бы и 300 экземпляров, не может выйти в свет прежде, чем будет получено согласие нашего центра, мое личное! Я не могу допустить никаких осложнений, вы работаете от имени Бней Барух, вы можете нам всем навредить.

И дело не в том, что вы можете испортить отношения с какими-то религиозными или государственными органами, вы можете навредить нам в первую очередь духовно. Поэтому любая продукция, любое печатное слово, даже если оно распространяется, якобы, внутри группы должно быть отредактировано, поскольку если это внутри группы, оно тем более важно для нас.

И в этом вопросе не может быть никакого самоуправства, это должно быть подчинено моему жесткому контролю. Нарушения будут пресекаться, и если это правило не будет соблюдаться, вы не сможете оставаться частью нашей группы. Не может быть никаких местных газет, которые вдруг мне преподносятся как сюрприз. Вы не представляете всей тонкости каббалистической информации.

Если вы посоветуетесь со мной, вы обретете намного большее понимание, чуткость к тому, какой она должна быть, и увидите, в чем ваши ошибки. Давайте вместе учиться. Я предупреждаю всех и очень прошу соблюдать это правило.

Все руководители региональных групп и организаций назначаются по согласованию с руководством мировой организации Бней Барух.

У нас есть два канала связи: один канал — это чисто хозяйственная деятельность: финансовая, организационная, управленческая. И второй — это духовная надстройка над ней. У нас есть люди, которые руководят нашей хозяйственной деятельностью. Я же занимаюсь учебным процессом.

Я только прошу вас поосторожней общаться с государственными и религиозными организациями — мы должны постепенно строить свой имидж. К сожалению, Каббала имеет различные оттенки, ее связывают с чем угодно. Я прошу вас постепенно заботиться о том, чтобы она приобрела свой истинный имидж — это очень нелегко. Но именно в этой шлифовке мы себя строим.

- **Вопрос: Можно ли слушать урок и одновременно заниматься чем-то, играть на компьютере, например?**

Ну что за глупости? Может ли человек проникнуться уроком, играя в это время в какие-то игры?

Ни в коем случае ничто не должно отвлекать от урока, если только человек не занят более необходимой работой. Поэтому я и не хочу, чтобы мои ученики, во время урока занимались другими делами. Наш урок снимают тремя камерами, пять человек обеспечивают передачу по Интернету, еще десять человек работают на кухне. Это все надо сокращать — не может быть никакой деятельности во время урока, кроме самой необходимой.

Допустим, максимум раз в неделю, я могу вместо урока быть на кухне или руководить трансляцией, или еще чем-то, а остальные дни недели — другие люди вместо меня. Потому что наш эгоизм постоянно нам предлагает всевозможные уловки, каким образом вместо учебы заняться чем-то более интересным для него. Это надо пресекать!

Ни в коем случае нельзя позволять ни одному человеку отсутствовать на уроке, если только в этом нет крайней необходимости. А если она есть, то установить дежурства на этой должности.

Я слышал, что есть группы, в которых во время урока люди выходят покурить и обсуждают футбол или нечто подобное. Таких нужно вообще выгонять. Человек может спать на уроке, если он устал. Надо попробовать его разбудить, но если нет — пускай спит, ведь он на уроке, он пришел на него, а не в клуб.

И не решать во время урока никакие групповые вопросы, ссылаясь на то, что они, якобы, настолько нам важны, и у нас нет для этого другого времени. Нет другого времени — не решайте. Значит, вы не имеете права решать, назначим других решающих — у нас это очень жестко.

Все, что делается систематически, должно быть распределено между всеми по графику, как можно равномернее. Для приготовления чая должно быть установлено дежурство, это не должен делать один и тот же человек.

Нужно стараться подменять и людей, занятых на работах по трансляции. И вообще, это вредно все время находиться на такой работе, где от тебя зависят остальные. Я знаю, что трансляцию обеспечивает огромная команда, это вы видите только меня, а кроме этого, еще работают десять-пятнадцать человек: группа переводчиков на иврит и английский, кинооператоры, люди на миксере, трансляторы.

И этих людей надо менять. Хорошо, если они это делают с намерением, с душой, и тогда это включается в их духовные усилия. Но в принципе, если невозможно при этом их присутствие на уроке, а оно обязательно, если бы они не были в то же время слушателями этого виртуального урока, я бы им этого не позволил. Невозможно, если ты занимаешься техникой, одновременно думать и о группе, и о том, что сейчас изучается. Примите это во внимание.

- **Вопрос: Что наиболее эффективно для распространения? Писать статьи самостоятельно или направить эти усилия на редактирование текстов или иную...**

Самое полезное — это редактирование правильных каббалистических текстов, потому что это уже полусырой материал, готовый к выходу. Пока вы начнете писать, и писать правильно, вы увидите, что пройдет очень много времени, а ваша эффективность пока нулевая.

- **Вопрос: Будет ли у нас новое имя вместо Бней Барух?**

Предлагайте свои названия, возможно, они смогут заменить это имя «Бней Барух», которое многим непонятно, которое надо объяснять. Я дал это имя маленькой группе моих учеников, потому что все, что я имею, я перенял от своего Учителя и поэтому считал, что той группе, которую я создаю, я смогу все это передать.

Сейчас это имя распространяется на всю мировую группу. Уже много раз были попытки найти какое-то другое имя. Академия Каббалы, что-то еще. Если у вас есть какая-то такая идея, если блеснет что-то особенное, и действительно найдет оправдание свыше... Что значит, найдет оправдание свыше? Если действительно привьется, будет принято нами и вживется в нас больше, чем сегодняшнее «Бней Барух», это будет хорошо. Почему бы нет?

Нужно, чтобы это было более понятно всем людям на Земле. С другой стороны, это имя дано в честь самого последнего каббалиста, завершившего всю великую плеяду каббалистов, нисходивших сверху-вниз, создавших и передавших нам эту методику, по которой мы уже идем снизу вверх. Кроме того, Барух — это имя Творца (Благословенный). Так что это имя в то же время очень важное и по глубине. Это имя, которым назвал Бааль Сулам своего первенца. Так что будем первенцами.

- **Вопрос: Помогает ли духовно подниматься частое прослушивание каббалистической музыки и песен?**

Если это вам помогает, то помогает. Если нет — то нет. Я думаю, что не надо прослушивать совместно и особенно этим увлекаться. Это каждый человек должен решать сам. Это должно быть достаточно интимно, в какие-то свои минуты, когда это приятно, интересно. Можно, конечно, всем вместе, когда проводится собрание группы, прослушать какую-то одну мелодию, это зависит от состояния группы.

Все руководители региональных групп назначаются согласованно, общим собранием всех руководителей и по согласованию с руководством мировой группы — организации Бней Барух. И учеником М. Лайтмана считается лишь тот, кто выполняет принятые съездом решения.

Это автоматически — ученики не назначаются. Я не могу сказать, кто ученик. Ученик — это тот, кто выполняет условия, необходимые для духовного возвышения.

- **Вопрос: В какую группу лучше ходить жене занимающегося? В группу женщин-жен, или в общую женскую группу?**

Не знаю. Бывает такое, что в одном и том же месте, допустим, как в Москве, может существовать несколько различных групп. И я это, вообще-то, приветствую.

Кстати говоря, в нашей центральной группе, несмотря на то, что мы учимся на иврите, большинство составляют русскоязычные, приехавшие из России. И сейчас создается совершенно независимая, отдельная израильская группа. Есть и среди израильтян такие, которые хотят быть вместе с нами, но это избранные. Между нами говоря — это избранные. Основная масса очень трудно соприкасается с любыми другими группами. Дело здесь не только в языке, дело в иной ментальности.

Израильтяне — это особый народ. В чистом виде — это жестоковыйный народ, который вообще ни подо что не гнется. Те, действительно избранные из них, которые могут, хотят, понимают, что лучше соприкасаться с этой общей внешней мировой группой, те с нами вместе. А для остальных, которым это трудно, и нет другого выхода, надо создавать особые условия. И мы так и поступаем. Сейчас мы начинаем открывать особые группы только для израильтян.

То же самое у вас на местах. В тех реалиях, которые есть в России, необходимо создать отдельные группу для более образованных людей, отдельную для более простых, может быть, отдельную для людей богемы, и так далее. В России этот разброс очень большой, сегодня общество там поделено чуть ли не на касты. И очень трудно общаться людям, полярным по общественному положению. Поэтому желательно создать разные группы, чтобы помочь людям прийти в Каббалу наиболее удобным путем, а потом уже не имеет значения, с кем ты рядом сидишь, выпиваешь и обнимаешься. Что сделаешь, если такие условия уже существуют.

Поэтому приветствуется создание разноплановых групп. Та же самая проблема будет и в Америке, и во всех остальных странах. Надо учитывать те реалии, которые существуют, чтобы максимально облегчить людям путь в Каббалу.

Поэтому неважно быть в этой женской группе, или в другой или в какой мужской группе. Я лично приветствую желание создать особую группу в Москве для того, чтобы привлекать туда политиков, бизнесменов, известных людей, которые не могут позволить себе в глазах общества, просто ходить на какой-то завод и смотреть какое-то каббалистическое кино.

Общество не позволяет им это сделать, они находятся под влиянием общества, в начальной стадии развития. Ничего не поделаешь, надо пойти им навстречу, создать другие условия. Возможно, в виде клуба или элитного кружка. Остальная московская группа не имеет к этому никакого отношения, занимается по нашей программе, участвует в виртуальных уроках. У них свой маасэр, все свое. Это абсолютно две разделенные группы.

У нас также функционирует женская группа, абсолютно отделенная от нас. Мы иногда участвуем в общих акциях, они, естественно, во многом нам помогают. Мы, если надо, помогаем им финансово, организационно или физически. Но это совершенно отдельная группа.

- **Вопрос: Я начал чувствовать, что вроде бы открывается экран...**

Это кратковременное ощущение, которое мы все, каждый из нас в какой-то мере прочувствовал. И они еще будут у нас появляться и исчезать. Это будет, пока мы не создадим настоящее желание к настоящему свету АБ-САГ, к настоящему исправляющему свету.

Что же, на самом деле, он должен в нас исправить? Если это будет нами полностью осознано, и затем мы к этому устремимся, ничего больше не надо. Действие производится свыше Светом, Творцом.

- **Вопрос: Как вы относитесь к смерти?**

Когда я пришел к своему Учителю, буквально через недели полторы, умер один из членов группы. Потом умерла мать у нескольких братьев, учившихся там.

Я был поражен, насколько эти люди бессердечны. Умер товарищ, выпили, и как будто забыли. Умерла мать у четверых или пятерых братьев, что занимались вместе. Я пришел к ним на «шиву» (семь дней траура), когда близкие родственники сидят неделю скорби. Они сидели, болтали между собой, со мной разговаривали о каких-то отвлеченных вещах. Я до этого тоже заходил в семьи, где скорбят по усопшим. Там были слезы, все сидят так тихо, в такой скорби. А здесь нормальная обстановка.

Потом я уже понял, но сначала было очень непонятно отношение к таким вещам, к расставаниям. Потому что мы все идем вперед, в лучшее. Идем в будущее. Никогда нет ухода от хорошего к плохому. Есть только от хорошего к лучшему. Это не то, что я вас сейчас настраиваю, даю вам какую-то психологическую подпитку — это на самом деле так. Потому что даже самое худшее состояние, которое сейчас будет проявляться в нас, это всего лишь кли, а проявления кли — это более высокое состояние, лучшее, выше прошлого.

Поэтому надо постоянно жить по модулю, а не по знаку — плюс это или минус. А жить по модулю означает, что я всегда нахожусь все в большем состоянии.

И это обязательно, без этого не может быть оправдания действий Творца. Без этого человек не может быть близок к Творцу. Если мне плохо — значит, это же Творец делает плохо! Кто же еще делает? Этим я удаляюсь от Творца. Если мне плохо, но я понимаю, почему он мне делает это плохо, я ему благодарен за то, что он меня проводит через такие низкие состояния, значит, я уже это заслужил, я уже могу это вынести и оправдать Его. И, значит, мне тут же становится хорошо. Каждое состояние, хорошее или плохое — оценивается, ощущается только в мере введения в него Творца.

В любое, самое страшное состояние введите Творца! Начните немножко понимать, немножко осознавать, что это исходит от Него, что Он — единственный, который вам это дает, и мгновенно это состояние смягчается, становится сладким. Это так и называется — «амтака». Маток — сладкий. Сразу же — потому что вообще все отрицательное — это отдаление света, отдаление Творца.

Приблизьте Его к себе, и вы увидите любое состояние, как хорошее. А тем более, когда Он все время увеличивает ваш эгоизм, старается понизить, а вы все время сближаетесь с Ним, вот тут вы и растите себя. Он давит вниз, расширяет ваш эгоизм, а вы при этом устремляетесь все больше вверх. Ваш уровень, ваш парцуф растет.

Поэтому никаких слез, никаких прощаний тут с нами быть не может. Мы должны чувствовать на самом деле себя, все группы все время, как мы вместе сейчас чувствуем себя. Пытайтесь начинать видеть друг друга внутри, в нашем общем устремлении. И вы вдруг обнаружите, что оно действительно есть — это общее кли, потому что оно существует, а вы его не видите. Я вам говорю, исходя из того состояния, в котором вы существуете на самом деле. Уберите вот эти тела, и вы увидите одно общее устремление вверх. Живите в нем, мы уже должны перейти на этот образ существования. Вы тянетесь назад. Перестаньте, обрубайте все концы!

И так же не будет иметь значения живые мы или мертвые, это ни на что не будет влиять, есть тело нет ли тела. Да сейчас их уже нет, этих тел, в наших ощущениях. Нет, мы не относимся друг к другу через тела, и все.

- **Вопрос: Важно ли читать материалы про себя или вслух?**
Не имеет значения.

- **Вопрос: Материалы оборванные или не оборванные?**
Тоже не имеет значения. Ничего не имеет значения, только ваше устремление. У меня есть обрывочки от Бааль Сулама или от моего Учителя, небольшие записочки. У меня их много, целые папки оригиналов. И я читаю малень-

кую записочку, там всего два-три слова. А главное то, что во мне это вызывает.

- **Вопрос: Если два человека имеют внутренние группы, то как объединить эти две внутренние группы в двух разных людях в одну группу?**

Я не знаю, надо ли объединять? Не всегда одна большая группа лучше, чем две разных. Пускай эти две разные группы стремятся быть, как одна, но не будут одной. Для них, в таком случае, есть возможность работать на это объединение. Это важнее, чем созание: «О, мы одна группа. Нам нечего работать внутри — мы группа». А так вам будет ясно, что вы разные.

Почему Творец создал нас всех разбросанными сейчас по поверхности земного шара? И разными, и в разных местах? Для того, чтобы мы стремились к объединению. А на самом деле, если б мы вот так собрались в одну коммуну, на иврите это называется «хамула» — коммуна или клан — ничего бы из этого хорошего не получилось. Мы должны устремляться. Устремляться, а не физически объединяться.

Устремляйтесь вперед! Каждый пусть проявляет свою индивидуальность. Общими между нами должны быть намерения! Физическое объединение нескольких групп не нужно. Если в Нью-Йорке, скажем, десять групп, пусть будет двести групп. Какая разница? Каждый в своем районе, куда удобней и ближе добираться. Организовывать какие-то акции здесь же на месте, где он находится, советоваться с остальными. Собираться вместе со всеми в одну большую компанию, пожалуйста. Но я не считаю, что объединение само по себе дает результат.

- **Вопрос: Что можно сделать, чтобы не привязываться к старым состояниям?**

Их нет, старых состояний. Просто нет — и все. Нет старого, нет прошлого. Вы видите, как в Торе наказана жена Лота — превратилась в соляной столб. Оглядываться назад нельзя!

- **Вопрос: С одной стороны, мы должны постараться сейчас ощутить стыд, с другой стороны — не уходить в левую линию. Как это совместить?**

Левая линия, стыд — это очень хорошие состояния, над которыми мы должны строить себя. Стыд — это постоянное чувство, которое должно быть у вас. И проявляться как чувство ответственности перед всей мировой группой. Если я нахожусь где-то, в каком-то месте, в действиях, а особенно в мыслях, которые не связывают меня со всеми моими остальными товарищами, я должен ощущать стыд. Значит, я сейчас, хотя и нахожусь в одной лодке с ними, но гребу в обратную сторону, сверлю отверстие, наношу им вред. Любое отклонение, любое прерывание даже на одну минуту нашего совместного усилия, устремления — это предательство.

Мой Учитель всегда приводил пример о том, как муж говорит жене: «Пять минут в неделю я провожу время где-то в другом месте». Согласится ли на это женщина? Это значит, что все остальное время он тоже не с ней. Так ведь? В устремлении, в любви, в слиянии не может быть перерыва. Если он есть — это уже брак, повреждение. Это очень правильный пример из нашей жизни, потому что корень и следствие в нашей жизни, — они точно такие же.

Мы должны понимать, что свыше нам дается все. Творец предоставляет абсолютно все условия, самые оптимальные в каждое мгновение, высчитанные относительное всех нас и каждого из нас, и всех нас вместе. Поэтому не надо искать других обстоятельств, следующего мгновения или какого-то лучшего внутреннего состояния, моего или мировой группы, еще каких-то обстоятельств худших или лучших, которые нам помогут в чем-то. Каждое мгновение оптимально по своему проявлению к нам.

Часто спрашивают: «Ну, а конкретно, что нам делать?». А конкретно, нам надо все время оставаться в самом целеустремленном, возвышенном состоянии с ощущением общности, локтя друг друга. И сквозь это ощущение жить, действовать — дома, на работе и в наших группах, в распространении, во всей нашей жизни. Давайте обмениваться впечатлениями, опытом в этих усилиях и поддерживать друг друга.

Тогда мы быстро и успешно найдем соответствие не просто исправляющему окружающему свету. Что такое свет АБ-САГ, который должен на нас подействовать? Он может подействовать в мере нашего сопряжения с ним, нашего подобия ему, когда наши желания будут действительно такими, которые он может исправить. Тогда он сразу же и подействует на нас.

Насилия в духовном мире нет! Свет не может подействовать и исправить меня насильно. Я должен пожелать именно того исправления, которое он должен мне принести. Поэтому это зависит только от нас. Сформируем это желание — проскочим, потому, что всю первую часть мы в этот раз прошли. Объединенная мировая группа прошла целый период, целый цикл состояний. И я этому очень рад. Я не думал, что мы успеем это сделать. Оказалось, что три-четыре дня для этого достаточно.

Я очень вам признателен. Я очень доволен проведенным здесь временем, на самом деле очень эффективным. Поразительно, сколько мы смогли сделать, мы были к этому готовы и получили помощь свыше. Насколько нам действительно повезло провести эти дни в максимальном устремлении, в движении!

Как себя вели люди! Насколько они пытались, старались! Насколько наше общее намерение быстро возвращало их внутрь. Как они даже за порядком следили, чтобы не разбрасываться внутренне и внешне. Это поразительно! Я этого не ожидал, действительно здорово. Надо благодарить Творца за то, что Он это сделал для нас. И это залог того, что мы действительно являемся той частью, той основой, из которой и будет создано последнее поколение.

Сейчас мне совершенно ясно, до какого этапа мы дошли, и что надо внутри нас формировать. В ближайшее время этому будут посвящены виртуальные уроки и наша переписка, будем отрабатывать все эти действия в себе.

Был также вопрос — переход махсома. Переход махсома — это следующее состояние, наше общее кли. У нас его не было совершенно. Нам сейчас надо создавать это общее желание. Нам надо было полностью пройти из нашего общего желания то эго, которое мы получили в первый раз. Сейчас мы получили общее эго.

Мы получим общее падение на то возвышение, которого вместе достигли. Поэтому первый раз создана какая-то связь между нами и первый раз, сейчас, будет проявляться разрыв между нами. Если мы на нем создадим устремление к тому, чтобы построить эту связь между нами, убрать этот разрыв, тогда мы естественным образом вызовем проявление окружающего света в виде света АБ-САГ и исправимся.

Должен ли переход махсома обязательно произойти тогда, когда мы находимся вместе, когда мы собираемся на Песах, в Суккот или еще какие-то праздники? Не обязательно. Оно может произойти в любое время: через неделю, через месяц, неважно, когда. Мы не должны для этого вместе сидеть, выпивать и танцевать.

Поэтому ждите его ежесекундно. Так и сказано, что человек должен ежесекундно ждать появления Машиаха, то есть, Избавителя, вот этого света АБ-САГ — он называется Машиахом, который вытаскивает человека, исправляя его, поднимая на уровень Высшего мира.

Сегодняшняя ночь называется «Лель Ошана раба» — «Ночь Большого Спасения». Мы будем читать Книгу Зоар, книгу «Шаар а-Каванот» Ари, обсуждать практически те же вопросы о создании группы, о переходе, о том, что называется выходом из Египта.

Что такое праздник Суккот? Что представляет собой эта ночь, в которую выходит, завершается исправление всего З"А? Я расскажу вкратце. Мы изучали, что человек выходит из Египта. Сначала он погружается в Египет, в минусовое кли, потом получает плюс — Тору. Затем строит себе идола и все разрушает. Это то, что мы сейчас будем ощущать на себе, — разрушающие связи.

И потом понемногу входим в пустыню, начинаем строить, доходим до строительства Храма, когда Малхут и Бина полностью совмещены вместе. Человек строит себя в течении шести дней, что соответствует шести сфирот: Хесед, Гвура, Тиферет, Нецах, Ход, Есод. Это шесть дней Суккота, когда на него действует окружающий свет. А когда он входит в Малхут, этот окружающий свет, он называется «Лель Ошана Раба». Седьмой день, когда свет входит в Малхут называется праздником Симхат Тора — Веселье Торы, Веселье света.

Какое же есть веселье у света? Когда он может войти в кли. И это происходит на седьмой день. После исправления всех шести свойств в течении шести дней, на седьмой день Малхут входит и наполняет сам эгоизм, но этот эгоизм она заполняет всего лишь в ВАК, то есть не полностью весь свет Хохма, а ВАК дэ-Хохма, слабый свет. Тут отсутствует еще Кетер, Хохма, Бина.

Кетер, Хохма, Бина присоединятся в праздник Пурим. И этот переход от шести дней к седьмому произойдет сегодня ночью. А завтра мы уже будем праздновать Симхат Тора, и в этот день выходим из сукки.

Завтра вечером мы должны покинуть сукку и по закону нельзя будет в ней больше находиться, потому что человек уже перешел в следующее состояние. Нечего сожалеть об этом, нечего стремиться обратно к этому. Только вперед и выше!

КАК ПОДНЯТЬСЯ НА СТУПЕНЬ «ЖИЗНЬ»

16 октября 2003 года, утро

Вы видели, сукка была заполнена множеством людей, и все они из-за границы, а не из Израиля. Когда же прибывают именно израильтяне, то мы видим 30, максимум 50 человек. О том, почему это так, сказано в Торе: речь идет о самом большом авиюте («толщине» желания), о самом «грубом», «толстом», эгоистичном народе. И именно поэтому через него нам дали Тору, систему Каббалы, систему исправления души. Выхода нет, мы обязаны работать с этим народом. Это то, что есть.

Почему же так происходит? Как мы изучаем в науке Каббала, есть единый сосуд, который создал Творец. Существует желание получать и Творец, т.е. свет, создающий это кли. Кроме них ничего нет. Сосуд этот является единым желанием получать, и свет наполняет его. Это состояние есть данность, и оно существует на самом высоком уровне, который называется миром Бесконечности (олам Эйн Соф).

Что же происходит далее? Что предпринимается для того, чтобы желание это достигло уровня Творца? Творец хотел, чтобы творение достигло Его уровня. Это называется: творить благо Своим созданиям. Таков Замысел творения. Творить благо Своим созданиям означает привести творение на уровень Творца. Не делать из него пай-мальчика, не наполнять его наслаждениями, а возвеличить его до такого уровня, чтобы оно воистину стало «сыном Царя», равным Творцу. Как это делается?

Творение должно само добиться и желания, и наполнения, созданных Творцом. Добиться — значит самостоятельно выстроить, «создать». Тогда и по мысли, и по желанию, и по силе, и по опыту — по всем параметрам, свойственным Творцу, творение удостоится этого самостоятельно.

Чтобы прийти к этому, творение должно захотеть этого. А чтобы захотеть этого, оно обязано знать, какова разница между ним и Творцом. Ощущение разрыва между творением и Творцом называется у нас чувством стыда. Итак, если Творец раскрывается — мы ощущаем стыд, разницу между творением и Творцом. Это ощущение стыда становится импульсом, ощущаемым творением, и тогда при помощи этого импульса оно исправляет себя.

Резюме:

1) До тех пор, пока мы не ощутим Творца, у нас нет ощущения стыда и вообще необходимости быть подобными Ему или каким-то образом стараться быть, как Он. Значит, мы обязаны достичь раскрытия Творца.

2) Однако Он не раскрыт. Почему? Он не раскрыт потому, что если бы Он раскрылся сейчас, мы захотели бы Его для себя, захотели бы использовать Его для собственного удовольствия так же, как хотим использовать всякое наслаждение, всякого человека и весь окружающий нас мир лишь для собственного удовольствия. Если бы Творец раскрылся — так же мы отнеслись бы и к Нему: «Как Его использовать?» Поэтому Он не раскрыт.

Что же тогда делать? Вот мы и продвигаемся при помощи средств, действующих в сокрытии — что называется, при помощи окружающего света (ор Макиф).

Таким образом, Творец хочет вывести творение из состояния, созданное Им как мир Бесконечности, где творение все еще пребывает с келим, которых оно не ощущает, и с наполнением, которого оно не ощущает, поскольку все это приходит свыше, от Творца. Творец создал сосуд и создал желание. Если желание не исходит от самого творения, то мы не ощущаем ни желания, ни наполнения. Это называется неживым уровнем (домом), отсутствием ощущения.

Даже сейчас, когда я уже являюсь восприимчивым человеком, который понимает, слышит и реагирует — во мне имеют место такие разнообразные действия, которых я не понимаю, не ощущаю, о которых я не знаю, поскольку не я выстроил их, не я ощутил их в качестве недостатка (хисарон), и не я внес в них наполнение. Поэтому, возможно, они и существуют, но относительно меня, относительно моего ощущения — их нет.

Как же привести к тому, чтобы созданное творение действительно достигло свойства Творца? Свойство Творца — это отдача (ашпаа). Как со стороны творения прийти к отдаче? Кому оно может отдавать? Творцу. Но как? Ведь творение является одним лишь желанием получать. Чтобы придать творению такую способность, Творец разбивает этот сосуд, Он вносит в него дополнительное свойство Бины и приводит сосуд к состоянию разбиения. Речь идет о разбиении сосудов (швират а-келим) и разбиении Адам Ришон.

И тогда происходит следующее. В сосуде, созданном Творцом, имеется желание получать, называющееся Малхут, а также свойство Творца, называющееся Биной — вместе, но разбитые. В чем же это выражается? Это выражается состоянием, в котором то же кли выглядит теперь иначе: существует множество точек, желаний получать, между которыми нет связи.

Раньше они были единым кли, все желания вместе получали внутрь себя свет. Теперь же они разделены, и каждое находится в своей ячейке, не ощущая других, т.е. не ощущая недостатка другого или ощущая его лишь как объект для использования в собственных целях. Речь не идет о таком ощущении недостатка, когда ты живешь другим, как это было в первоначальном состоянии.

Таково состояние Адам Ришон после разбиения, когда его душа разделилась на 600 000 душ, а каждая из них — еще и еще на многие части. Для чего? Если каждое из этих желаний, будучи, по сути, частью Малхут, получит свойство Бины и будет использовать Малхут, исходя из свойства Бины, представляющего собой отдачу — то оно может относиться ко всем остальным частям, как Творец. Иными словами, у него есть возможность уподобиться Творцу в своем отношении ко всем остальным частям того же сосуда. Тот, кто делает это, воистину, согласно уподоблению формы, достигает состояния Творца.

Как же это сделать? Для этого и существует методика, называющаяся наукой Каббала.

По сути, таков весь процесс, таков весь кругооборот творения в целом: от начального состояния — к разбиению, к спуску в этот мир и обратному подъему на уровень Творца, в мир Бесконечности.

- **Вопрос: Значит, речь идет о том, чтобы относиться ко всем так же, как Творец?**

Творение — мы в своем отношении ко всем созданиям — должны уподобиться Творцу, научиться Его отношению и относиться к творению так же. Тогда мы приходим к этому условию: «возлюби ближнего своего как самого себя — величайшее правило Торы». Это, по сути, то самое состояние, то самое отношение Творца к творениям, любовь к творениям.

Что значит: «как самого себя»? Для нас это — критерий. То, в какой форме Творец любит творения, выражается у нас в словах: «как самого себя». «Люби» — да, Он их любит. Но как? До какой степени? На каких условиях, с какой силой, с каким отношением? — «Как самого себя». Значит, я должен узнать, как я люблю себя. Не узнав, как я люблю себя, я не узнаю, как любить ближнего.

Чтобы я узнал, как я люблю себя, мне постепенно все больше и больше раскрывают мое желание получать. Я все больше и больше познаю, до какой степени я готов наполнять его: мне нет дела ни до кого извне, пускай весь мир горит синим пламенем — лишь бы я получил какое-нибудь самое маленькое наслаждение. Так я понемногу постигаю, до какой степени люблю себя. И, постигая свое желание получать, я в соответствии с этим, обязан постепенно исправить его, чтобы в точности в той же форме любить ближнего.

Итак, мне раз за разом раскрывают желание получать, и я, видя, до какой степени люблю себя, исправляю его, чтобы в точности так же любить ближнего. Процесс этот называется подъемом по духовным ступеням, ступеням духовных миров.

- **Вопрос: Но ведь Творец — это сила отдачи. Мы говорим, что группа — это форма отдачи другому созданию.**

Мы постепенно изучаем желание получать, и если мы исправляем его согласно тому, как Творец использует Свое желание отдавать, чтобы наше желание получать относилось к другим так же — то приходим в точности к уподоблению формы. Ты спрашиваешь, каким образом желание получать может стать силой отдачи?

- **Из зала: Да еще такой большой.**

Это очень просто. По величине наше желание получать в точности такое же, как желание Творца отдавать. Ведь именно Творец Своим желанием отдавать, Своим светом создал этот сосуд. Таким образом, свет и сосуд равны. Если я буду использовать сосуд так же, как и свет, для отдачи — то в точности уподоблюсь свету, отдаче Творца. Для этого у меня есть все условия. Мне не нужно привносить ничего извне.

- **Вопрос: Но ведь сосуд разбит на мелкие части. Есть ли у каждой части сила для этого?**

Нет, у моего маленького сосуда изначально нет никаких сил. Я начинаю с такого состояния, в котором вообще не понимаю, о чем речь — скажем, с нашего нынешнего состояния. Однако понемногу мне добавляют желание получать, и я начинаю использовать его. Если я использую его правильно — мне его добавляют и предоставляют возможность узнать, каким образом исправлять и использовать его сообразно тому, как Творец отдает.

По поводу его величины повторяю: в каждом из нас имеется желание получать мира Бесконечности. В каждом.

Из своего желания получать ты, к примеру, сейчас ощущаешь лишь малую его часть. Все остальное сокрыто от тебя, поскольку ты не способен, у тебя вообще нет келим для того, чтобы исправить его.

То маленькое желание получать, в котором ты сейчас живешь, картина, которую ты в нем ощущаешь, называется «этот мир». Это тебе сейчас дают почувствовать, хотя желание получать еще не исправлено. Зачем? Чтобы сообщить тебе некую меру существования, ведь ты обязан с чего-то начать. Так вот, с этого ты и начинаешь. Это не считается ни получением, ни отдачей с твоей стороны, не считается ничем. Поэтому-то в нашем состоянии мы вообще не считаемся живущими. В духовном это не называется жизнью, это называется: ниже уровня жизни, ниже уровня жизненной силы. По отношению к духовному мы мертвы, у нас нет экрана.

Все остальное желание получать раскроется тебе в соответствии с тем, насколько ты будешь готов исправлять его на намерение ради отдачи. Скажем, я учился, прикладывал в группе всевозможные усилия, я — разумеется, как будто бы — хочу и готов. Я все-таки произвел некую подготовку, и тогда свыше приходит окружающий свет, который я вызвал, притянул на себя посредством своих усилий, как и рекомендуют нам каббалисты. Я это сделал.

Тогда мне раскрывают слой желания получать, называющийся, скажем, авиют Шореш (авиют корневой степени). И я начинаю работать с ним. Конечно же, я ощущаю большое падение, я начинаю ощущать духовные наслаждения и то, до какой степени хотел бы получить их с намерением ради получения, я начинаю работать с этими желаниями, приобретая напротив них силу их исправления, чтобы использовать весь этот авиют с намерением ради отдачи. И тогда постепенно желание получать будет исправлено, а если оно исправлено, значит, я пришел к состоянию зародыша (ибур).

Завершил состояние зародыша, авиют Шореш, тогда мне еще добавляют желание получать: авиют Алеф, Бет, Гимел, а затем Далет (авиют первой, второй, третьей и четвертой степени). Это, соответственно, будет означать, что я нахожусь в мире Асия, Брия, Ацилут, пока не достигну мира Адам Кадмон и мира Бесконечности. На каждой ступени желания получать, которую я реализовываю, я ощущаю присутствие Творца.

Если я сформировал намерение ради отдачи, то Высший свет входит в это желание получать. Тогда я ощущаю вхождение света, и это называется для меня миром Асия, это означает, что я нахожусь в мире Асия. Причем мир Асия будет в моем исправленном желании получать.

Так же затем мне добавляют авиют первой степени — это уже называется «малым состоянием» (катнут) или «вскармливанием» (еника). Исправление будет называться вскармливанием, а состояние — малым. Тогда это будет мир Ецира. Иными словами, то, что я буду ощущать внутри желания получать, исправленного на намерение ради отдачи, с первой степенью авиюта — будет называться миром Ецира. И так далее.

Таким образом, конечно же, все желания, все миры, все явление Творца — все это внутри творения, внутри того самого сосуда желания получать, который каждый из нас исправляет. Отсюда возникает вопрос: как я исправляю его, как я приобретаю экран? Ведь как только я буду готов приобрести экран, мне раскроется желание получать, и я смогу исправлять его, поднимаясь таким образом по ступеням Высших миров.

Приобрести экран я могу лишь посредством собственных усилий по отношению к остальным творениям. Я никогда не пребываю в таком состоянии, в котором мог бы обрести экран по отношению к Творцу. Даже находясь в духовных мирах Ецира, Брия, даже поднимаясь в мир Ацилут и уже по-настоящему работая с желанием получать ради отдачи, я все-таки совершаю действия относительно «общества».

Бааль Сулам называет это в «Предисловии к ТЭС»: включиться в страдания общества и тогда удостоиться утешения общества. Никогда я не работаю напротив самого Творца.

Вплоть до конца исправления. Забудьте о том, будто бы вам нужно работать напротив Творца. Всегда есть души.

В нашем нынешнем состоянии, души — это моя маленькая группа, которую я словно бы выбираю, а на самом деле это Творец приводит меня в группу. И тогда, в соответствии с тем, как сильно я стараюсь работать с товарищами, как будто бы желая их блага — я подготавливаю себя к правильной работе уже с духовными силами. Если я сформировал, подготовил себя, если достаточно имел дело с любовью к товарищам, если принял принцип «люби ближнего своего как самого себя» в качестве величайшего правила Торы, если реализовал его в той степени, в какой рекомендуют мне каббалисты — тогда я удостаиваюсь того, что вместо лиц, тел, уже начинаю ощущать, как раскрываются души.

Проходя махсом, человек начинает ощущать внутреннюю часть каждого, что называется, его душу, его желание. И тогда он относится ко всем уже не как к чьим-то физиономиям, телам — он уже видит желания, которые внутри тел, он обращает внимание уже на души.

Однако все же речь идет о той же самой работе: работать от себя наружу, относиться к ним так же, как Творец относится к творениям. И сообразно тому, сколько усилий я вкладываю в эту работу по уподоблению Ему — ко мне приходит окружающий свет и предоставляет такую возможность.

Я никогда не работаю напрямую с Творцом; моя работа всегда состоит в том, чтобы склеить воедино весь этот разбившийся сосуд. В нем, насколько я его склеиваю, насколько выхожу из самого себя и вхожу в других, что называется, приобретая страдания общества — настолько я удостаиваюсь утешения общества, настолько свет входит в эти сосуды. И это будет моим сосудом, т.е. все это кли, по сути, будет мною. Я его склеил.

И ты, и он должны склеить его. После того как каждый из 600 000 склеивает для себя сосуд, у нас имеется 600 000 таких исправленных сосудов, и каждый состоит из 600 000 своих частных точек. Тогда мы совершим единое действие, когда все эти 600 000 частных сосудов склеиваются друг с другом — и это уже состояние общего конца исправления.

И снова: что здесь особенного? Особенно здесь то, что я никогда не строю отношения напрямую к Творцу. С Творцом я встречаюсь здесь — в моем отношении к творениям, которое должно уподобиться Его отношению к Своим творениям. В иной форме у меня нет возможности узнать, Кто такой Творец, ни в какой другой форме я не могу ощутить Его. Его желание принести благо Своим созданиям — это максимум, что мы понимаем и чувствуем. У меня нет иного места встречи с Ним, кроме как внутри желания творений, которых он создал и наполняет.

- **Вопрос: Что же такое раскрытие Творца?**

Раскрытие Творца — это именно раскрытие отношения Высшего света внутри исправленных сосудов, которые я исправил на намерение ради отдачи. Нет иной встречи с Творцом, кроме как внутри парцуфа: от пэ до табура — согласно тому, насколько это место исправлено.

- **Вопрос: Правильно ли будет сказать, что возможен только общий, коллективный, а не частный конец исправления? Ведь количество возможных комбинаций среди 600 000 желаний громадно. Выходит, что одно творение не может прийти к концу исправления — ведь по его завершении у него останутся неисправленные части других.**

Верно. Наш товарищ из Америки задает правильный вопрос, который звучит так: верно ли, что если я исправляю свое отношение к другим, однако другие в это время все еще не исправлены — то возникает различие между тем, как я отношусь к ним, и тем, как каждый из них исправляет себя, а значит, мы никогда не строим отношения к исправленному сосуду?

Дело в том, что, конечно же, для меня в моем отношении не важно, исправленные они или неисправленные. Я никогда не встречаюсь здесь с исправленными душами. Возможно, здесь есть души, которые уже исправили себя. Вижу ли я их исправленными? Нет. Я понимаю и ощущаю их, как неисправленные, поскольку **я** не исправлен — и, несмотря на это я обязан относиться к ним как Творец. Это так, пускай даже я самый последний: скажем, все уже исправили себя, и теперь настала моя очередь, я последний за всю историю исправляю себя.

Таким образом, у каждого есть цельное и полное поле деятельности. Я исправляю свое отношение к ним, и здесь нет никакого расчета на то, до какой степени они исправлены. Можно сказать и иначе: когда человек входит в духовное, то он видит все души исправленными, а сам себя — неисправленным.

Тогда ты можешь сказать следующее: но все-таки имеет место процесс роста общего желания получать в поколениях, окружающие света накапливаются, и это приводит к выходу все большего и большего эгоизма от поколения к поколению. Ведь наше состояние меняется, мы уже не такие, какими были три или четыре тысячи лет назад, когда жили в полях и пещерах. Теперь мы и живем по-другому, и сами другие. Так значит, ситуация меняется?

Да, меняется посредством тех душ, которые уже достигли, пришли к духовному и притягивают больше окружающего света, благодаря чему желание получать также все больше и больше раскрывается. Однако это — в общем, а относительно каждого, кто приступает к исправлению, картина поистине одна и та же: каждый всегда начинает с нуля и обязан пройти весь путь до конца.

- **Вопрос: До какой степени тело отделено или, наоборот, близко к желаниям?**

«Телом» в Каббале называется желание. Общая сумма всех наших желаний и есть «тело». Речь идет не о биологическом теле: если сбросить с меня тело, мои желания остаются, и я работаю с ними.

- **Вопрос: В чем же состоит близость или расхождение между биологическим телом и моими желаниями?**

Здесь нет никакой связи. Разумеется, имеет место взаимное влияние. Старение тела ведет к необходимости сохранения его существования и потому не дает желаниям прорваться наружу. Иначе старики начали бы носиться, как молодые — ты видел что-либо подобное?

Таким образом, наш мир и вообще все миры, то, как это спускается сверху-вниз, действуют согласно низшему уровню каждой ступени. Иными словами, согласно тому, на что способно мое желание неживого уровня, существуют и приводятся в действие все остальные желания. Однако при движении личности снизу-вверх, сообразно тому, с насколько высоким желанием получить я способен работать — все меньшие желания попадают под его влияние и примыкают к нему.

Поэтому если человек восходит по ступеням творения все выше и выше — животный, растительный и неживой уровни присоединяются к нему, освящаются и поднимаются вместе с ним. Сверху-вниз — согласно низшим желаниям, а снизу-вверх — согласно большим желаниям. Так рассматривается каждая ступень.

- **Вопрос: Верно ли, что, согласно принципу «люби ближнего своего как самого себя», как я отношусь к товарищу, так же Творец относится ко мне?**

Это правило, описывающее отношение к Творцу и отношение к творениям, довольно простое. Человечество каким-то образом тут и там чувствует, что правило это существует и что так все работает. Многие религии и системы выросли на этой почве. И вообще, даже сегодня современные движения разного рода также используют это правило, потому что некоторым образом складывается представление о том, что так и должно быть. Из этого, разумеется, были выстроены всевозможные религии, системы и т.д.

Однако правило «возлюби ближнего своего как самого себя» привело к тому, что эгоистичный человек, теряя и заново раскрывая его, конечно же, нашел ему различные виды применения, сводящиеся к следующему: «Если я буду хорошо относиться к другому, то получу от этого выгоду, заработаю будущий мир, Творец станет относиться ко мне лучше» и т.д.

Это абсолютно неверно. Это хорошо для различных религий, включая иудаизм, однако этого никогда не происходит, и нам нечего искать какую-то подобающую оплату в этом мире или в мире будущем. Никогда прекрасные поступки подобного рода не удостаиваются ни малейшего доброго вознаграждения, потому что система законов иная: все измеряется по экрану, а не по приведению в действие своего желания получать.

Я делал столько хорошего в жизни, бегал по больницам, раздавал там продукты, помогал больным, давал деньги на различные фонды. Теперь я перехожу в будущий мир: ну, где же он? И я получаю один большой ноль, просто потому, что ради получения — это ради получения; и это то, что я получаю.

Таким образом, хотя человечество и уловило, что идея: «люби ближнего своего как самого себя» является, вероятно, самым возвышенным из того, что имеется у нас в человеческом строении — однако использует, воспринимает оно это все-таки эгоистически, так как не понимает альтруистической формы, находящейся **над этим миром**. Этого мы не понимаем и не знаем, и потому пользуемся тем, что есть.

Хотя мы все еще и находимся в сокрытии, не понимая, что на самом деле означает «люби ближнего своего как самого себя» — мы тоже должны с каждым разом оттачивать это понятие и проникаться мыслью о невозможности постичь его и действительно пребывать в отдаче и любви, пока Высший свет не появится и не окажет на нас воздействия. Что называется, свет АБ-САГ дает нам экран; и на ту степень авиюта, на ту «толщину» желания получать, на которую нам раскроется свет и на которую у нас будет экран — на ту же «толщину» мы приобретем настоящее желание отдавать, любовь к ближнему, мы будем в подобии Творцу. Никакое иное действие здесь не поможет. Только свет строит сосуд и свет исправляет сосуд.

- **Вопрос: Если вся моя работа производится по отношению к обществу, то, что я ощущаю относительно Творца?**

Иными словами, как я совмещаю свою работу по отношению к обществу и по отношению к Творцу? Прежде всего, что значит «по отношению к обществу»? Если я возьму все общество или весь мир — как пишет Бааль Сулам в статьях «Дарование Торы» и «Поручительство» — если я буду работать таким образом напротив всего мира, то из этого ничего не выйдет. Ведь тогда я должен любить всех и беспокоиться о том, чтобы у самого последнего человека в самой заброшенной глуши не было недостатка ни в чем.

Бааль Сулам объясняет, что и свои собственные нужды я не в состоянии удовлетворить, даже если буду заботиться о них 24 часа в сутки, что я, собственно, и делаю.

Как же человеку это сделать? Это просто невозможно. Выходит, что это повеление, эта заповедь не из числа тех, которые можно выполнить. Что же делать?

Прежде всего, мы ничего не делаем. Мы не носимся туда-сюда и никому не делаем одолжений. Все человечество этим занимается, пытаясь так поступать, и ничего, кроме плохого, из этого не выходит. Бааль Сулам пишет об этом в статье «Мир», приводя в пример, Россию и израильские кибуцы. Он говорит там, что если ты просто так начинаешь делать добро ближнему, то из этого ничего не выходит. Все твое мышление, т.е. все твое действие изначально должно быть устремлено к намерению уподобиться Творцу.

«Люби ближнего своего как самого себя» — это, возможно, вещь хорошая. Ты хочешь любить другого, но если тебе просто так захотелось любить ближнего — это называется клипой. Если же тебе захотелось любить ближнего потому, что ты хочешь продвигаться, приближаться к Творцу, уподоблять Ему и сливаться с Ним — о, это уже называется святостью (кдуша). Таким образом, просто любовь может стать самым большим разрушением — ее обязана предварять цель, причина.

А если так, то в каком смысле и вообще в какой форме мы должны любить ближнего? Действительно ли я должен отдать ему все? И Бааль Сулам объясняет нам, что таким образом мы никогда даже на один маленький процент не реализуем этой заповеди: «люби ближнего своего как самого себя». Иными словами, конечно же, подразумевается не это, а то, что я действительно хочу выйти из самого себя и действительно хочу войти во все остальные души, что называется, во всех ближних.

И тогда я беру группу, в которой все идут, как единомышленники: они похожи на меня, а я на них — в том самом намерении, по той самой Цели найти Творца, слиться с Ним, присоединиться к Нему. И мы начинаем работать таким образом в своем общем желании, намерении — по отношению к Нему, лишь по отношению к Нему.

Если мы соединяем наши желания к Нему, и для того, чтобы прийти к Нему, готовы отказать от своих желаний получать по отношению друг к другу, чтобы уподобиться Ему, чтобы Он дал нам исправление — тогда мы внутри группы, между собой, имеем дело с любовью к товарищам, дабы создать такую ситуацию, когда наши отношения между собой станут такими же, как отношение Творца к нам.

Мы не знаем, что Он относится к нам хорошо, однако на следующей ступени мы это раскроем, а пока что мы будем заниматься этим, играть в это. Если я играю в это, если я как будто люблю товарищей, т.е. как будто хочу выйти из себя и войти в них, жить в них, забыть о себе и быть в них — тогда я, по сути, уподобляю себя более высокому состоянию, ступени. И тогда свет с более высокой ступени воздействует на меня издалека — это называется окружающим светом. Он воздействует на меня таким образом, что постепенно придает мне экран, а затем входит в меня через экран и становится внутренним светом. Ощущение внутреннего света — это ощущение Творца внутри творения.

Итак, мы не действуем просто так, не собираемся раздавать всем созданиям все имеющееся у нас благо. И среди товарищей мы этого не делаем. Это неправильно, это распространенная в мире ошибка.

Нет, мы создаем внутри группы такие отношения и тогда, в соответствии с этим, притягиваем окружающий свет.

- **Вопрос: Когда человек обретает экран, влияет ли это на восприятие реальности в его органах чувств, или речь идет лишь об изменениях в мышлении?**

Человек приобретает дополнительное ощущение, называемое экраном. Для простоты изложения, я назвал его «шестым чувством». Это дополнительное ощущение также называется душой. Как человек работает с эти шестым чувством, сообразуя его со своими обычными органами чувств?

Они работают в очень слаженной и замечательной форме, поддерживая друг друга. Нет никакого различия, ты не начинаешь проводить границу между этим миром и миром духовным. Ты видишь еще один более внутренний слой этого мира, силу, которая действует и приводит в действие все эти тела. Ты смотришь на этот мир, видишь, как каждый сидит, двигается, куда он идет, что делает, ты видишь образы, которые движутся и функционируют согласно тому, как «поле», называющееся Творцом, активизирует их.

- **Вопрос: И я вижу это своими глазами?**

Нет, не глазами. Глазами ты видишь, как эти тела движутся, а более внутренним взором, своим внутренним чувством, ты видишь, почему они движутся. И тогда ты видишь, что все выполняют приказы этого света, этого «поля», этого помысла. Никто не грешник, все праведники. Почему? Все мы слушаемся, не зная, почему.

Однако, видя их таким образом, ты сам начинаешь быть грешником; в тебе возникает желание получать и сила для того, чтобы приводить себя в действие не так, как они. Ты начинаешь замечать, что не на 100 % подчинен приказам Творца. Это правильно, что они подобны куклам, и все, что они делают — это воистину большая игра, ведущаяся свыше или, как ты мог бы сказать, изнутри. Однако ты сообразно этому ощущаешь, насколько сам отличаешься от них — в тебе есть-таки некая внутренняя область свободного выбора, чтобы решить: присоединиться к этим приказам, к Замыслу творения, или нет. И в соответствии с этим ты ощущаешь стыд, ощущаешь себя грешником.

Тогда ты производишь усилие с тем, чтобы присоединиться к ним. Однако, присоединяясь к ним и делая, скажем, то же самое, что и они, и даже больше них — ты совершаешь это уже по своему выбору, из своего желания. Таким образом, ты уже в какой-то мере стал свободным. И обладая этой свободой, ты хочешь, чтобы Творец наполнил тебя.

Бааль Сулам приводит пример в статье «Ахор вэ-кедем цартани» (Своим скрытием и раскрытием Ты создал меня): ты хочешь, чтобы конь скакал вместе со своим всадником, однако конь начинает понимать, что он скачет по приказу всадника... Это будет — согласно ощущению, согласно раскрытию.

Далее, возникают вопросы: что если с одним товарищем я хорошо взаимовключаюсь, с другим — не очень, а с третьим, возможно, еще меньше или еще больше? Разумеется, когда человек начинает работать над этим, у него появляется множество отговорок, мыслишек, он не хочет, не понимает: это на самом деле трудно. Я уже много раз объяснял, что здесь и лежит различие между коротким и длинным путем.

Короткий путь означает, что человек берет на себя в группе эту задачу: «люби ближнего своего как самого себя» и работает над этим, чтобы уподобиться Творцу в отношении товарищей. Это действительно единственное имеющееся у нас поле деятельности. А тот, кто этого не делает и начинает заниматься ворожбой, гематрией и пр. — или совершенно отстраняет себя от правильного пути, или, по меньшей мере, делает его длинным, так, что, возможно, лишь через 10-20 лет, и даже больше, подумает о том, что не зря Бааль Сулам считал эти статьи («Дарование Торы», «Поручительство», «Мир») самыми важными, составил из них свою газету и дал это нам в качестве обращения к народу.

Как мне реализовывать это, когда я уже прихожу в группу и нахожусь в ней? К одному относиться хорошо, а к другому — то ли да, то ли нет? Я стараюсь. И группа должна уважать такие отношения, которые будут абсолютно равными. Сказано: Добрый и Творящий добро плохим и хорошим, и каждому в той же форме, что и другому. Так же должен стараться делать и я. Иными словами, несмотря на то, что мне не очень-то нравится чья-то физиономия, я отношусь к нему так же, как ко всем.

Чем отличается мое взаимовключение с одним от взаимовключения с другим — я не знаю. Действительно, не знаю. Я не знаю, какого типа души у каждого из моих товарищей. Возможно, души тех, которые кажутся мне милыми и пригожими, близки к клипот — кто знает. Я не делаю расчета ни на что. Для меня группа — это группа. Группа — это Исраэль, (букв. «прямо к Творцу»): те, кто стремится к Творцу. И я с ними вместе. Это моя лодка, это моя ракета, в которую я вхожу и лечу к Цели.

- **Вопрос: Значит, группа — это усилитель моего стремления?**

Это усилитель моего стремления — говори, как хочешь. Однако, по сути, в группе безусловно нет различия между людьми. И ты еще обнаружишь внезапно, насколько важны те, которых ты вообще не принимал во внимание — хотя на самом деле различия в их важности нет. Вообще, не надо думать, что группа — это те или иные лица: один с лысиной, другой с бородой. Нет. Группа — это своего рода понятие, наше общее стремление к Творцу. Это и есть группа. И в это стремление, в эту задачу, в эту идею я хочу включиться. Мне не нужно, чтобы ты физически протолкнул меня куда-то. Речь идет о чем-то таком, что существует между нами, не в каждом из нас, а меж нами. В связи между нами и существует это понятие.

- **Вопрос: Как за махсомом происходит мыслительный процесс? Так же, как и до махсома?**

То, как за махсомом происходит мыслительный процесс, мы обсудим после махсома. Зачем сейчас об этом говорить? Это ничего нам не даст. Просто так разбрасываться красивыми или же не очень-то понятными словами...

- **Вопрос: Что означает выполнять внутри себя закон или совет каббалистов: «люби ближнего своего как самого себя»? В чем выражается его внутреннее выполнение?**

Это означает, что я стараюсь найти важность Творца. Важность Творца — я начинаю именно с этого.

Я говорил о том, что мы всегда должны начинать с Творца и заканчивать Творцом. А посередине — группа, как средство. Таким образом, у меня должно иметься такое осознание важности Творца, чтобы я был готов принять на себя это условие: любить других — в качестве средства для сближения, соединения с Ним. И тогда, как Бааль Сулам пишет в «Статье в завершение Книги Зоар», я готов перестать думать о себе, выйти из своего желания, вытянуть себя из заинтересованности самим собой, из мыслей о том, как я живу, о своем существовании — и, вместе со всеми остальными подобными желаниями, стремлениями, мыслями, слиться с Творцом.

В чем состоит игра? Почему я употребил это слово? Игра в том, что мы **как будто бы** любим другого и готовы отказаться от себя, мы **как будто** готовы вообще на все, и Творец для нас **как будто бы** важен. Все «как будто».

Мы, тем не менее, лишь на мгновения способны достичь такой вспышки ощущения, как правило, же мы думаем о своей жизни: «Вот еда, вот деньги, вот наслаждения, вот отдых, вот семья — это те вещи, в которых я существую. А что такое Творец, стремление, группа? Это что-то такое виртуальное. Оно где-то есть, но постоянно пропадает, постоянно остается нереальным». И поэтому, когда я силой, как говорится, верой выше знания, все-таки ввожу себя в подобное внутреннее состояние: над всей этой ощутимой, как будто бы существующей реальностью — такое состояние остается шатким. Оно походит на игру, оно нетвердо, у меня нет для этого органов чувств, доказательств. Это нереально.

И потому мы словно играем в это. У нас нет иных условий, иной основы для того, чтобы это делать. А сила, которую я получаю, для того чтобы войти в это, как в реальный мир — называется окружающим светом. Он каким-то образом извне воздействует на меня, постепенно подводя меня туда. Как он действует, я не знаю. Действует ли вообще — не знаю. Внезапно я получаю какие-то удары, и тут мне говорят: «А это как раз результат воздействия окружающего света». Ладно. Хотя разве люди и без того не получают всевозможные подъемы и падения?

Таким образом, мы должны чутко воспринимать все свои состояния, т.е. придавать каждой вещи правильный вес и оценку. Заниматься духовным в нашем состоянии в этом мире — называется заниматься чем-то нереальным, неясным, возможно, несуществующим. «Может, это и существует, но кто его знает?» Пойди поговори с людьми — для них это вообще...

Понемногу ты приобретаешь к этому какие-то чувства, какое-то осознание важности. Но когда ты входишь в нечто «мнимое» и видишь, что лишь это действительно существует — то как раз вся реальность ниже этого уровня и кажется тебе мнимой. Однако все зависит от твоей реализации. Да и когда это произойдет?

Поэтому всю нашу подготовку мы называем игрой. А затем мы увидим, что игра эта остается и продолжается до конца исправления, о котором сказано: «Творец играет с левиатаном, которого сотворил». Все состояния до или ниже самого высокого состояния, в котором творение и Творец слиты друг с другом, называются ненастоящими или играми. Единственное состояние, которое на самом деле было создано и существует — это лишь то состояние, когда Творец и творение слиты и пребывают в едином совершенстве. А все, что кроме этого, по отношению к творению — фантазии, игры.

- **Вопрос: Когда человек находится в группе, что является важным: лишь его намерение или также и его действия?**

Не может быть, чтобы в нашем мире не были важны действия. Кому известны истинные намерения? Даже сам человек не знает своих намерений. Поэтому наука Каббала и называется тайной наукой. Намерения есть главное: для чего, почему, зачем, в каком направлении я думаю, стремлюсь и направляю свое желание — намерения эти сокрыты от нас, и сам человек никогда не знает о своих истинных намерениях. Он может лишь потом, после действия, по реакции узнать, было ли данное действие правильным. Только потом.

И потому мы обязаны принимать в расчет само действие. Разумеется, на каждое даже самое, вроде бы, плохое действие можно надеть иное намерение. Однако в нашем состоянии, в группе, так как мы находимся пока ниже духовного, то не видим того, что вовне, не видим намерений, желаний, мыслей. Духовный мир — есть мое состояние, в котором я вижу это, как реально существующие вещи, вижу, что есть «поле» единой мысли, единой программы, единого желания, называющееся Творцом, которое действует и приводит в действие все.

Прежде чем я увижу это, прежде чем я включусь в это по своему желанию или против него, в той или иной форме, прежде чем я выйду на такой уровень реальности — для меня очень важны внешние действия людей. На них я испытываю реакцию. Я вижу, как один человек часами сидит за компьютером, чтобы подготовить материал для других; второй спешит проводить лекции; третий делает еще что-то. И я воодушевляюсь от этого, я все еще пребываю в ощущении тел и не вижу мыслей так, как вижу сегодня тело.

Когда я перейду в то, что называется будущим миром, на следующую ступень, когда я увижу мысли и желания, действительно удерживая, ощущая их, и они будут для меня важнее движений тела — тогда, разумеется, мне уже не потребуются тела. Однако пока что внутри группы очень важно то, как мы двигаемся, действуем, выказываем себя по отношению к другим.

А поступать наоборот, т.е. формировать хорошие намерения, в то время как внешние действия как будто бы противоположны — значит пользоваться честностью другого, сбивать другого; и это плохо. Я не могу, например, сделать вид, будто украл что-то; а товарищ пускай заставляет себя думать, что я, наоборот, совершил нечто замечательное, поскольку он обязан оправдывать меня и думать обо мне хорошо.

Такие вещи делать запрещено. По отношению к группе, внешне, я обязан выглядеть хорошим мальчиком, хорошим товарищем и рекламировать группе именно свои внешние хорошие действия: «Я ходил туда-то, делал то-то». Я обязан так поступать, потому что это умножает любовь.

- **Вопрос: Расскажите об этапах развития.**

Я вижу товарища, как эгоиста; затем я вижу себя, как эгоиста, а его — нет; а затем я ощущаю стыд вплоть до того, что не могу глядеть ему в глаза, действительно стыжусь смотреть на него, стыжусь видеть себя желающим использовать его для самонаслаждения, пользоваться им в различных формах; а затем приходит исправление.

- **Вопрос: Что происходит с животными желаниями, и каковым должно быть мое отношение к ним?**

Никакое отношение к ним не должно меняться. С животными желаниями — желаниями пищи, секса, семьи — как и со всеми остальными, мы вообще не должны бороться, не должны обращать на них внимания. Мы должны относиться к ним, как к существующим. Насколько я захочу или не захочу использовать их — это зависит от уровня моего исправления. Я не должен запирать себя в монастырь или вообще становиться отшельником в своей жизни, садиться на диету и т.д.

Правда в том, что правило «нет принуждения в духовном» действует на всю высоту сверху-вниз. Если голова ваша там, где надо, то за мыслями тянутся сердца, а за сердцами — деяния. Например, что касается мужчин, не надо переживать из-за того, что иногда вы совершаете поступки, кажущиеся вам не очень-то хорошими, следуете за телом. Ничего, все уладится и все будет исправлено.

Это называется: «Придет мать и очистит то, что наделал ее сын». Т.е. придет исправление, и этого не будет, или будет, но в иной форме. Не обращайте внимания ни на что, лишь держите голову в нужном месте — в общих с группой мыслях, устремленных к Творцу. Если же иногда что-то случается — значит случается. Это будет исправлено.

Если вы начнете раздумывать и сокрушаться из-за того, какие вы нехорошие — то погрязнете в этих мыслях. А так, по крайней мере, после какого-нибудь поступка или происшествия — неважно, какого — вы снова возвращаетесь к Творцу. Ни на мгновение не сожалеть о прошлом, но идти вперед — таково правило, которое мы обязаны вживить в нормы своего поведения; а иначе вы погрузитесь в отчаяние и станете есть себя поедом. Это называется: «глупец сидит, сложа руки, и поедает свою плоть»: «Неужели я такой? Да кто я после этого?»

Оставь себя в покое, соединись с группой в устремлении к Творцу. Забудь о себе, ты должен выйти из самого себя и не раздумывать о том, «где я и кто я». Ты еще не знаешь, кто ты есть. Ты еще раскроешь это и тогда действительно содрогнешься. Думать здесь не о чем — это просто плохо, это останавливает продвижение.

Вообще, об ушедшем мгновении не думают никогда — только вперед. Нельзя оборачиваться и смотреть на что-то позади. Нельзя. Это делается только если группа или человек назначает определенное время для выяснения того, что с ним произошло, и как он к этому отнесся. Мой Учитель приводил этому в пример свою бабушку. У него была такая сильная бабушка. Когда он проделывал какую-нибудь шалость, она говорила ему только: «Барух, берегись». А через два дня подзывала к себе: «Барух, подойди. Ты помнишь свой проступок? Теперь я дам тебе взбучку». Попробуй делать так же.

Расчет производится, если уж он необходим, без участия нервов и чувств — в разуме, когда вы уже окончательно вышли из оцениваемого ощущения.

- **Вопрос: Как раз за разом воодушевляться работой и усилиями своих товарищей, если я смотрю на них изо дня в день, и мне это уже приедается, надоедает? Вообще, откуда мне постоянно брать воодушевление?**

Нет такого вопроса: «Откуда мне каждый раз брать воодушевление?» Такого вопроса нет: «Как я могу день за днем снова и снова воодушевляться от группы?» А как я день за днем, чуть ли не каждое мгновение, воодушевляюсь от рекламы какой-нибудь сторонней фирмы?

На меня с каждым разом вываливают тонны рекламы, и я не могу с этим справиться, я включаю это в себя, думаю об этом и смотрю опять и опять — потому что внутри я построен из желания получать удовольствие и наслаждение. А раз так, то я естественным образом каждый раз, точно радар, ищу, где взять как можно более хорошее и близкое наслаждение при минимуме усилий и максимуме удовольствия. Я постоянно провожу такое сканирование.

И если группа устроена так, что вся горит — то я, желая того или нет, буду воодушевляться от этого. Я буду воодушевляться тем, что существует некая идея, которая сулит, возможно, самый высокий источник наслаждения. Я буду от этого воодушевляться; такова моя природа.

- **Вопрос: А если этого не происходит?**

Если этого не происходит, значит, ты находишься не в той группе, вся группа получила падение и не может активизировать, пробудить товарищей, сообщить им подъем, воодушевление.

- **Вопрос: А может быть, проблема во мне? Может, это я не могу воодушевиться от группы?**

Нет, мы не говорим, что человек не может воодушевиться от группы. Если он не может воодушевиться таким образом, то мы спрашиваем: а каким образом он все-таки может воодушевиться? И группа обязана сделать так. Группа — это, в сущности, склад, резервуар моих сил. Когда я способен, когда могу — я вкладываю усилия в группу; а когда не могу — группа обязана вернуть мне это.

- **Вопрос: Благодаря чему в эту неделю игра, о которой вы говорите, настолько удалась? Почему было легко воспринимать ее и верить, что это действительно так?**

Потому что приехало множество людей. Это пример того, насколько мы воодушевляемся от общества. Общество приносит нам разнообразные отвлеченные идеи, возможно, совершенно несбыточные; и мы принимаем их, как нечто самое что ни на есть реальное. Это факт: ты взаимовключился здесь с людьми, приехавшими из 25-ти стран. Все в едином помысле хотят одного и того же, готовы соединяться, готовы тратить уйму денег и сил — и не одну неделю в году, а каждый день. И вот, когда они приезжают, это ощущается, это дает силу для сплочения, единения.

Люди готовы соединяться со всеми, несмотря на цвет, пол, расу, характер, ментальность, несмотря ни на что. Они хотят отбросить все, что относится к этому миру, и соединиться душами.

В душе нет всех этих отличий. Нет. Все души — одно и то же. Больше или меньше желания получать, вот и все. В душе есть различные категории, сообразно различию, например, между сердцем и почками, легкими и пищеварительной системой. Отличие, конечно, имеется; но это одно «тело», и в его действиях все едино.

Потому это и ощущалось, как нечто настоящее, давая силу для оглашения каждому входящему — оглашения того, что это так, что это существует и обязано существовать. И потому мы очень преуспели. Здесь были люди, которые кричали: «Где махсом? Где махсом?» Так вот, в моих глазах это был успех действительно выше предполагаемого. Я не ожидал, что мы и поднимемся, и опустимся в те же дни. Я думал, что, возможно, нам удастся подняться и пребывать в некоей относительно ложной эйфории все эти дни; а потом люди с плачем разъедутся — и все.

Но нет, нам удалось и опуститься, и поговорить о падении, и понять, как мы должны существовать и выбираться из этого падения. Таким образом, мы начали ощущать истинное состояние, ощущать, **что** нам необходимо исправить, какое соединение мы должны, скажем так, произвести. Иными словами, мы прошли весь этот виток: и подъем, и падение вместе; и даже начали выходить из падения. Мы увидели, как такое возможно: держаться той же идеи даже тогда, когда нас здесь нет.

В этом ощущении люди и разъехались. Когда они уезжали с Песаха, все лобызали меня, я был мокрый от этих слез. Я говорю серьезно. Сегодня же никто не целовался и никто не плакал. И это лучше всего, это очень хороший признак: они уехали, как будто и не уезжали. Они ушли, осознавая, что необходимо просто продолжать работать и двигаться дальше, все время в гору. И в моих глазах, это очень-очень большой успех. Никто не плакал, никто не почувствовал, словно в нем что-то оборвалось. Это действительно так.

Это означает, что мы уже приступили к выходу из падения к нашему подъему, который мы начали выстраивать. Мы получили свыше падение, уже как общее кли, которого не было раньше. Мы, как общий сосуд, получили падение и начали из этого все вместе выходить. Это уже кли. Это не одиночка и не маленькая группа, и я не ожидал, что это с нами произойдет.

Я говорю серьезно: если нам удастся когда-нибудь сделать что-либо подобное с израильской публикой — это поистине мечта. Будем стараться всеми силами.

Это на самом деле большое достижение. Если сейчас нам удастся произвести соединение со всеми группами в мире, чтобы то же падение помогло нам, чтобы мы восприняли его как подъем: еще чуть-чуть и еще чуть-чуть; если каждый будет поддерживать другого в связи меж нами, и мы постоянно будем продвигаться во взаимовключении друг с другом — то несомненно, мы уже становимся единым сосудом. И это просто входной билет...

Я не ожидал, что мы пройдем это. По правде, между нами говоря, о махсоме я и не думал: как можно за неделю без продолжительной работы над общим падением пройти махсом? Ведь у нас нет кли. Мы сейчас впервые объединили группы для единого усилия, единой задачи. Теперь, если мы будем работать над этим, это уже будет работой над общим сосудом.

На основе чего ты мог бы пройти махсом? На основе какого кли? Приезжали отдельные люди, немного знакомые друг с другом, как это было на Песах. Было здорово: некоторое воодушевление здесь и там. А сейчас у нас была ясная задача и падение напротив этого.

Теперь, после Суккота, вся наша работа будет состоять лишь в том, чтобы усиливать связь, поддерживать друг друга и пытаться ощутить друг друга, ощутить, как мы вместе стремимся к одной Цели. Чтобы у нас было настоящее ощущение. Стремиться ощутить, как все группы действуют во имя одной Цели. Мы словно бы видим внутренним взором, внутренним чутьем ощущаем, улавливаем это единое направление — из всех точек мира. Если нам это удастся — это уже безусловно будет шагом к махсому. Это уже называется: «один народ» (ам эхад), одна группа.

И Бааль Сулам объясняет в статье «Дарование Торы», почему Авраам не удостоился получения Торы: кто он и что он? А вот когда уже есть народ, когда каждый может опереться на другого в единой задаче: слиться с Творцом; когда он знает, что может отбросить свое эго, главное, чтобы его поддерживали, и он сможет войти внутрь этой общей идеи: если это так — то речь идет уже о таком состоянии, в котором может раскрыться Высший свет. Иными словами, Тора может спуститься внутрь такой группы.

И то, что происходит, производит очень большое впечатление. То, что нам свыше позволили сделать такое — это просто говорит мне о таких вещах, о которых я и не мечтал.

Я достаточно реалистичный человек, занимающийся этим делом и находящийся в этих поисках примерно с 1976 года. В 1979 году я пришел к своему Учителю... Таким образом, я уже достаточно времени, скажем, 25 лет занимаюсь этим делом и не мечтаю о каких-то прыжках. Каким бы взбудораженным, беспокойным и нетерпеливым я ни был — я знаю, как движутся эти вещи. Здесь же продвижение было ...Ну, мне нечего сказать — просто невероятный темп.

- **Вопрос: Как действует принцип «люби ближнего своего как самого себя» во время войны?**

Я не понимаю. Война — это когда я воюю с собой, или с товарищами, или с Хусейном? С кем? С Арафатом? Не понимаю, где здесь связь. Все те, кто находится вне груп-

Как подняться на ступень «Жизнь»

пы — это неживой уровень (домем), выполняющий Замысел творения, и мне незачем с ними воевать.

Я не говорю: давайте бросим армию и пойдем лишь изучать Каббалу. Нет. Но я говорю, что все эти арабы выполняют Замысел творения. Что они понимают? Это куклы. Они делают это в самой преданной форме, по приказу Творца, чтобы подстегнуть нас к правильному развитию. Не то, чтобы из-за этого я их больше или меньше любил — просто я отношусь к ним, как к исполнителям приказа. Я не радуюсь, когда, не приведи Б-же, где-то что-то взрывается и люди погибают — я сожалею о том, что они не идут по правильному пути.

Все должно взвешиваться, измеряться относительно Цели. Ты, я, все те, кто получил небольшую связь с Замыслом творения, с исправлением — от нас зависит сейчас продвижение. А все они: и арабы, и израильтяне, и русские, и американцы — кто они и что они? Сказано: «сердца правителей и людей в руках Творца». Разве эти люди, эти семь миллиардов вообще что-то делают? Мы только китайцев считаем роботами, а себя — нет. А почему мы — нет? То же самое.

Таково ощущение, такова первая мера, которую видит человек, когда махсом немного приоткрывается ему. Он видит, что как «поле» действует, так человек и движется каждое мгновение — в том, что касается мышления, желания, характера, раскрытия различных порывов в себе.

- **Вопрос: Если я пытаюсь искусственно любить товарища и нахожу искусственный стыд, который гасит искусственную любовь — то что у меня остается неискусственного?**

Нельзя быть слишком умным. Делай, выполняй, и, благодаря всем этим действиям по выполнению, всем этим играм, ты начнешь становиться хорошим и умным мальчиком. Ты видишь, как дети работают над своим развитием: природа побуждает их к игре. Они все время крутятся, ребенок хочет всего. Он не размышляет, он просто исполняет веления природы и посредством этого развивается.

Так прими к исполнению эти приказы, о которых тебе говорят, и развивайся. Нельзя думать о том, что случится, если... Откуда тебе знать, что случится? Что случится, то ты ощутишь. Выполни то, о чем говорят тебе люди, которые уже прошли махсом и оттуда дают тебе советы. Если бы они не давали тебе советов, ты бы действительно остался беспомощным. Однако у тебя есть советы, к которым можно прислушаться.

А сказали они нам следующее: группа, учеба и распространение — три вещи, которые могут продвигать человека. Начни выполнять это, принимая как можно ближе к сердцу — и ты увидишь, насколько это сразу меняет тебя, сообщая тебе более внутреннее понимание мира, того, что происходит в семье, дома, на работе, как изменяется мир, какое место ты в нем занимаешь. Ты начнешь действительно реальным образом ощущать продвижение. Речь не идет о том, что это случится через тысячу лет.

- **Вопрос: Что значит раскрыть то, как Высший свет относится к другим сосудам?**

Его желание состоит в том, чтобы приносить благо Своим творениям. Начиная даже на самой малой ступени видеть то, как Он относится к Своим творениям, я вижу, что Он относится к ним в наилучшей и самой оптимальной форме каждое мгновение их жизни.

- **Вопрос: Кто это Он?**

Он — это тот помысел, который приводит в действие все создания. Я говорю с тобой о самой малой ступени раскрытия. Это помысел, который сейчас здесь присутствует и действует: такое вот «поле». Каждый сейчас сидит в какой-то позе, размышляет в какой-то форме, хочет чего-то. Все, что наполняет и активизирует нас на всю нашу высоту — это единый помысел. И, что касается каждого, мы выполняем его на 100%.

Ведь желание во мне вытекает из этого общего помысла, все мысли во мне — следствие этого общего помысла, моя жизнедеятельность — следствие этого общего помысла. Инстинкты, движения, все, что сейчас, через мгновение, со мной случится — случится в точном соответствии с изменением относительно меня этого «поля», с тем, как я, неосознанно предугадывая, истолкую, расшифрую его приказы. Таково первое раскрытие, ощущаемое человеком даже при приближении к махсому, еще до перехода его.

- **Вопрос: Как к этому прийти?**

Стараясь раскрыть это, посредством желания выйти из самого себя и включиться во все стремление и желание группы. Быть не внутри, не в себе, а снаружи. Ибо все люди, которые, безусловно, автоматически приводятся в действие этим «полем», этим помыслом, остаются такими потому, что пребывают в себе. А тот, кто прилагает старания, может выйти наружу в какой-либо форме, в какой-либо мере...

Скажем, я могу выйти из самого себя на 20 % — это называется миром Асия. А если я могу выйти из самого себя на 40 % — то это мир Ецира. Иными словами, так я ощущаю это «поле», Творца, этот помысел. «Выйти» — означает, несмотря на свое желание получать, быть вне его. Во мне все время раскрывается желание получать, и я хочу быть вне его.

Это хорошо для упражнений. Пожалуйста, начинайте думать об этом, начинайте воображать это. Это тренинг, это хорошее упражнение. Но в нем есть множество камней преткновения.

- **Вопрос: В начале вы сказали, что, пройдя махсом, человек, кроме тел, уже начинает видеть и души, т.е. желания. О каких желаниях идет речь?**

Что мне добавить к ответу на два предыдущих вопроса? Мы видим общее желание, называющееся общей единой силой, в свою очередь называющейся Творцом. Называй это Творцом — неважно. Ты видишь одну силу или один помысел. И в соответствии с этим помыслом, с этой силой, действуют все, не спрашивая себя, вообще не зная, почему и отчего. И только ты видишь извне, что они действуют таким образом, что все они просто-таки решительно приводятся в действие. В мере того, насколько ты можешь быть над своим желанием, вне его — ты начинаешь видеть это. Ты видишь это на других.

«Ах, как здорово, как хорошо. Я вижу всех в реальном свете...» Ты уже думаешь, что, как говорится, стоишь над всеми. Тут тебе сразу же добавляют желание получать и ты вдруг погружаешься в новое желание получать, и все это исчезает, и тогда — снова работа. И так, пока не накопится достаточная сила: это называется наполнить чашу и действительно перейти в другое измерение существования. Вплоть до того, что теряют значение животная жизнь и смерть, расстояния — это уже иное существование.

- **Вопрос: Нам удалось построить общее кли. Какова следующая ступень, к которой мы должны стремиться? Вообще, может ли каббалист знать, что представляет собой следующая ступень?**

Что такое следующая ступень? Это взаимовключение еще более сильное, чем то, которое было у нас ранее. Иными словами, несмотря на расстояния, на различия, несмотря на все помехи, которые будет получать каждый из нас и каждая из наших групп, включая помехи относительно другой группы — мы обязаны усиливать связь между нами. Это и есть следующая ступень. Если нам удастся выстроить между собой такую связь, когда ничто не сможет нам помешать — мы получим экран.

- **Вопрос: Существуют ли специальные упражнения по выходу из своего «я»? Или каждый самостоятельно ищет путь?**

Это личная работа человека, его внутренняя работа по отношению к группе, по отношению к миру. Можно прибегнуть и к упражнениям. Скажем, утром мы заручаемся определенным девизом и сообразно с ним работаем на протяжении всего дня. Это помогает, поскольку объединяет нас, позволяя крепче сплачивать силы и точнее устремлять намерения. Стоящее дело. Однако и здесь работа остается личной работой каждого. Связь человека с Творцом — это все-таки его личная связь. Каждый достигает своего личного слияния с Творцом.

- **Вопрос: Стоит ли заниматься распространением Каббалы по месту работы?**

Нет. Однозначно. Чтобы это было ясно всем. На работе мы не говорим о Каббале.

- **Вопрос: Возможны ли помехи между товарищами по группе, если на работе один из них — начальник, а другой — его подчиненный?**

Может быть. Это зависит от их исправления. Возможно, на работе один из них — начальник, а другой — его подчиненный; в то время как в группе — наоборот: подчиненный больше своего начальника. Это, разумеется, зависит от того, насколько они могут разграничить одно с другим. Однако, конечно же, это вещи нездоровые.

Легче всего и лучше всего для нас, чтобы в группе не было никаких иных связей, кроме любви к товарищам. Никаких иных связей: ни родственники, ни сослуживцы, вообще не делать ничего другого вместе. Группа — это когда мы соединяемся согласно лишь одной идее. Больше нет ничего, что соединяет или в какой-либо форме связывает нас. Так лучше всего.

- **Вопрос: Как нам сейчас взаимовключиться?**

Сегодня здесь еще остается часть наших зарубежных групп. Кроме того, здесь присутствует наша внутренняя группа — Бней Барух. Наконец, сейчас приезжают наши товарищи из израильских внешних групп и, возможно, какие-то отдельные товарищи. Как нам взаимовключиться друг с другом?

У нас здесь уже есть сила, над которой мы работали, мысль и общее желание, то, что мы вложили на протяжении праздника Суккот и при подготовке к нему. Так вот, именно мы должны помочь им присоединиться к нам, мы должны говорить об этой важности. Если они действительно хотят достичь чего-то в этой жизни и не быть похороненными, как в предыдущих кругооборотах, не оставив памяти, чтобы начать заново — то им нужно присоединяться к нам, а на нас возложено помочь им в этом.

Присоединение к единой силе, единому намерению — кроме этого больше ничего нет. Дай им немножко выпить, введи в круг танцующих и поющих. Начинают с внешней части (хициониют), пока не возникнет внутреннее соединение.

Однако мы обязаны, просто обязаны выйти из своего «я», каждый из нас. Обязаны. Значит, пьянеем, как на Пурим — это знак конца исправления. Мое «я» не существует, и все тут. Устроим это на всю ночь: Пурим и точка. Ошана Раба пройдет у нас вот так. Поверь мне, это лучше. Вместо того, чтобы сидеть читать Книгу Зоар, свершай соединение сердец — это будет ближе к Рашби.

И снова: мы сегодня стоим перед очень тяжелой задачей, с публикой, самой трудной, какая вообще может быть в реальности. Это вещи известные, поэтому они и получили Тору, которую должны были передать всем народам, что, в конечном итоге, только сейчас и раскрывается. Это самый трудный материал, огромное количество покровов на каждом. Ты не можешь его открыть: открываешь, а там еще покров, еще скорлупа и еще, и еще, как у матрешки. И ты никогда не проникаешь внутрь.

Мы это понимаем, и у нас нет выхода. Это все-таки центральное, самое внутреннее, наихудшее желание получать, которое имеется в нашем мире. И мы обязаны всеми своими силами стараться преуспеть в работе против него. Чтобы каждый из израильских ребят понял, кто он в действительности, и понял, что обязан разрушить себя. Наступить на себя и приподняться. Лишь одно намерение, лишь одна мысль, и чтобы сюда не закралось ничего из посторонних мыслей и намерений. Мы лишь в соединении друг с другом: мы сейчас обязаны раскрыть духовное.

И вы увидите, насколько это будет ощутимым. Я обещаю: каждый может сегодня, пускай на краткое мгновение, чуть-чуть, но ощутить что-то из-за махсома. Я, конечно же, не обещаю, что мы будем скакать там по духовным ступеням; но немножко из того, что там происходит, вы можете ощутить. Здесь есть достаточное количество людей, достаточная подготовка, действительно, все необходимые для этого условия. Все зависит от вас. Так давайте постараемся.

- **Вопрос: Зачем нужен алкоголь?**

    Он отключает тебя от разума, и ты немножко перестаешь думать о себе. Вот и все.

- **Вопрос: Почему тогда не наркотики?**

    Наркотики отключают тебя от жизни. Поэтому все против наркотиков. Алкоголь же, если применять его с какой-то определенной целью — помогает. Потому это и принято во всех культурах, и в Каббале как раз тоже. В отличие от этого, употребляя наркотики, ты отключаешься от цели, отключаешься от мысли. В данном случае, ты собираешься выполнить какое-то действие и ожидаешь от него результата. Ты не собираешься напиться и совершенно потерять себя, впасть в небытие. Ты сейчас стремишься потерять свое «я».

- **Вопрос: Значит, пить в меру?**

    В меру. Возможно, твоя мера — два литра. Я не знаю, сколько. Теряй свое «я», а не свой человеческий облик. Ты нужен нам, но без всей этой мерзости. Выплесни ее, хорошо?

НОЧЬ ОШАНА РАБА

16 октября 2003 года

После раскрытия Авраамом принципов науки Каббала, этот метод развивался до Праотцев. Бааль Сулам объясняет, почему еще в то время первый каббалист не получил всю Тору полностью, а получил только метод для внутреннего личного исправления, и таким образом он продвигался со своими сыновьями, учениками.

У него была огромная группа. В Торе говорится, что там были Авраам, Ицхак, Яков и еще несколько сыновей, семья, Элиэзер и некоторые другие, и на основании этого рассказа можно подумать, что это было совсем незначительное количество людей.

На самом деле это была достаточно большая группа, так как за каждым человеком стояла жена, и каждое имя — это целое постижение, особое направление для раскрытия духовного (пример тому Ицхак или Яков). Короче говоря, речь идет о немалом количестве людей, а не какой-то маленькой семье, в которой было только 12 сыновей.

Но все-таки это количество людей не было достаточным для того, чтобы им дали Тору. От Авраама до Моше продвижение происходило в ограниченной группе, и все продвигались в соответствии с их небольшим уровнем авиюта, в таком ощущении и близости к духовному, что им не нужен был метод исправления.

Но когда выросло число людей, выросло желание получать, когда вошли в Египет, взяв оттуда все огромное желание получать египтян — там прошли 7 сытых, затем 7 голодных лет — тогда пришли к тому, что желание получать стало достаточным развитым. Семь учеников — это

Ночь Ошана Раба

соответствие всему парцуфу Зеир Анпин, когда сначала произошло наполнение светами сверху, а затем исчезновение светов, — мы знаем, что за подъемом следует спуск, падение.

А падение — это уже образование келим, когда есть что исправлять. И это называется, что они вышли из Египта с большим приобретением. Что это такое? С огромными келим желания получать, которым уже можно было дать Тору для продвижения, когда им есть, что исправлять. В такой форме Тора повествует о том, что происходило.

И Моше, который был продолжением цепочки каббалистов, был тем каббалистом, которому открылся метод исправления для целого народа, — не для ограниченной группы людей, а метод для открытия Творца, метод для исправления народных масс.

И потому вместе с тем, что он и все его ученики, находились на ступенях внутреннего раскрытия духовного, Моше определил выполнение заповедей и во внешней форме. Этим он, в сущности, хотел соединить ветвь с корнем, чтобы дать этим людям, группе людей, которая достигла размера целого народа, обычаи, ритуалы, имеющие духовные корни.

В сущности, в самом обычае нет ничего, он находится на неживом уровне, и что бы ты ни делал, он останется на неживом уровне. Но тем, что ты его выполняешь, ты помещаешь себя в такие рамки, которые не меняются, они существуют, не давая народу куда-либо сбежать. Таким образом, Моше построил народ, разделив на коэнов, левитов и исраэль, разделив его на десятки, сотни, тысячи, десятки тысяч — создав такую особенную проверенную, жесткую пирамиду, которая соответствует той иерархии, той пирамиде, которая существует в духовном.

Читая то, что он написал для народа, мы изучаим, что происходит в духовных мирах. Эта история должна поднять нас вверх, не давая просто так пребывать на уровне ветвей, когда нет никакой пользы или вреда от того, выполним мы их или нет. Все зависит от внутреннего намерения, внутреннего исправления, внутреннего выполнения тех действий, тех советов, которые оставили нам каббалисты.

Из иносказательного описания последовательности событий этих праздниках мы учим, что после выхода из Египта, после того, как человек выходит из своего желания получать, в своем первом открытии, первом приближении к духовному, он начинает постигать свойство Бины. И постижение Бины происходит в течение 49 дней счета Омера.

В Зеир Анпине есть 7 сфирот, каждая из которых состоит из ее собственных 7, и 7 умноженное на 7 получается 49 дней, когда все сфирот Зеир Анпина начинают получать особые исправления. При счете Омера каждый вечер, когда начинается новый день — ведь день начинается с вечера, с темноты, с раскрытия келим, а затем приходит день, что является исправлением келим — «будет вечер и будет утро — день один» — каждый вечер при счете Омера мы говорим, что сегодня, например, я исправляю такую-то и такую-то сфиру из всех 49 сфирот души: Хесед, что в Хесед, Гвура, что в Хесед, Тиферет, что в Хесед, все остальные сфирот, что в Хесед, затем — в гвуре, затем — в Тиферет, затем — в Нецах, и так — до Лаг ба Омер, который находится в середине и который подписывает все сфирот.

Есть сфирот: Хесед, Гвура, Тиферет, Нецах, Ход, Есод, Малхут. О Малхут мы уже не говорим. Итак, есть 7 сфирот в Хесед, еще 7 в гвуре, и еще 7 в Тиферет, и еще 7 в Нецах — всего 28, и еще 5 — это сфирот от Хесед до Ход, что в Ход. Ход — это Малхут Зеир Анпина, в Малхут дэ-Малхут Зеир Анпина мы отсекаем света. И если мы дошли с исправлениями до сих пор, то есть исправили все предыдущие сфирот, то дальше Малхут Зеир Анпина и Есод, что является суммой всего, что есть в Зеир Анпине, а Малхут будет получать все, что здесь есть, если дошли до 33 сферы — закончили все. Это праздник Лаг ба Омер, и мы уверены, что далее все света войдут внутрь келим, и будут завершены все исправления на весь парцуф Зеир Анпина. Это то, что касается праздника Лаг ба Омер.

Затем мы достигаем 49 сфирот, входим в Малхут — это праздник, который называется Дарованием Торы, Шавуот.

Ночь Ошана Раба

Получаем Тору. Далее происходит в точности то, о чем повествуется в Торе, о том порядке, в соответствии с которым мы продвигаемся.

И несмотря на то, что келим разбились еще в мире Некудим — это разбиение миров, а потом в мире Ацилут произошло разбиение душ, когда разбился Адам а-Ришон.

Мы должны пройти те же состояния, которые соответствуют разбиению келим, как будто у нас есть нечто целое, и мы точно не знаем, что это такое, и хотя мы это чувствуем и постигаем в общем, но чтобы постичь, почувствовать его и приобрести на самом деле полностью, нам необходимо достичь корня разбиения.

Это похоже на то, что нечто разбилось у меня в руках. И человек приходит к этому. И тогда, несмотря на то, что с помощью исправления человек получает Тору и раскрытие Творца, он затем приходит к состоянию, когда, как будто находится в процесс разбиения.

Когда Моше, как описывается в Торе, поднялся на гору Синай (гору Ненависти), народ сделал Золотого тельца из келим, из желаний, света Хохма, больших желаний, желания получать. А когда Моше, то есть свойство Бины в человеке, которое находится в слиянии с Творцом, спустился с горы Синай, все прочие его свойства пока что находились в состоянии — под горой, в связи с клипот.

Разбиение первых скрижалей произошло в период от Шавуот до 17 тамуза, это соответствует первому разбиению мелахим, разбиению царей ДАХГАТ (Даат, Хесед, Гвура, верхняя часть Тиферет), или первому разбиению Адам а-Ришон. Затем мы ждем до первого дня месяца Элюль, когда вновь появляется связь с Высшим светом — это когда Моше во второй раз поднимается на гору Синай и получает вторые скрижали.

Есть разница между первыми и вторыми скрижалями. Всегда первое разбиение — на келим Хохма, а второе — на келим Хасадим. Как и разбиение Первого Храма — было на мохин дэ-Хая, а Второго Храма — на мохин дэ-Нешама, дэ-Хасадим.

То же самое и здесь: вторые скрижали, которые получает Моше, когда во второй раз находится в соприкосновении с раскрытием духовного, это раскрытие уже иное. И во вторых скрижалях уже нет той силы Торы, которая была в первых, потому что на самом деле необходимо получать Тору именно так, как она пришла во второй раз, когда она готова для исправления ВАК келим.

Моше во второй раз спускается с горы, после того, как находился там 40 дней (это было и в первый и во второй раз). 40 — это символ Бины, и это буква мэм, форма которой говорит нам о Бине, когда человек входит в эту букву. Есть мэм и самех — две особые буквы, и когда человек находится внутри мэм или самех, он находится внутри свойства буквы, которая окружает его со всех сторон, и такова ее природа. Самех и мэм — эти буквы относятся к свойствам Бины, и если человек доходит до этого уровня, свет Хасадим хранит его, и он уверен, что находится в состоянии, когда никакое желание получать не может ввести его в заблуждение и привести к разбиению или к греху.

Во второй раз Моше спускается с горы Синай в Йом Кипурим. Те келим, которые открываются в Йом Кипурим, — это келим, готовые к Гмар Тикун, но еще не исправленные. И поэтому мы в Йом Кипурим ограничиваем себя — постимся — не едим, не пьем, не надеваем вещи из кожи.

Если рассматривать наше тело в толщину, в нем есть костный мозг, кости, связки, мясо и кожа. Что соответствует сфирот Кетер, Хохма, Бина, Зеир Анпин и Малхут. И этой последней ступени — ор (кожа), мы не касаемся, так же, как питья, еды и не надеваем обувь из кожи. Когда мы находимся на уровне парса, не касаясь ее, — это называется «неелат сандаль» — нам запрещено использовать одежду и обувь из кожи.

Кроме того, запрещено умащивание тела, что тоже относится к коже и ее внешнему покрытию маслом, которым смазывают тело. Как правило, это масло, приготовленное из маслин. Запрещены и супружеские отношения. Поскольку нет у нас готовых келим с экраном, мы, конечно же, не можем производить зивуг, совокупление между Зеир

Ночь Ошана Раба

Анпин и Малхут, между светом и келим, в нашем корне «ташмиш мита», или зивуг — это близость между мужчиной и женщиной.

Таковы 5 запретов Судного Дня, Йом Кипурим. И если на животном уровне мы их выполняем, то находимся в соответствии с Высшими корнями. И тогда нам раскрываются правильные келим, соответствующие Пурим, Гмар Тикун. Между Йом Кипуром (Йом ки-Пурим — «как Пурим») и Пуримом есть еще исправления, которые необходимо пройти. И эти исправления называются Суккот и Ханука.

В Суккот мы исправляем келим Зеир Анпина. «Арба миним», четыре вида растений: «лулав» — побег финиковой пальмы, соответствует зеир анпину, «этрог» — плод великолепного дерева — соответствует Малхут, «адасим» — ветвь густолиственного дерева, мирта и «аравот» — ветвь речной ивы, которые сооветствуют ХАГАТНА (Хесед, Гвура, Тиферет, Нецах, Ход) Зеир Анпина.

Человек берет эти «арба миним», (человек — это душа) в левую руку... Существует много законов, которые надо выполнить. Человек входит в сукку. Сукка олицетворяет собой окружающий свет. Ее делают из «отходов гумна и винодельни» — это то, что человек поднимает над своей головой. Это символизирует то, что он идет верой выше разума. И он пребывает под этим покрытием — «схах» — получает окружающий свет в соответствии с арба миним, исправляя таким образом свои келим.

Если вы помните, в Песне Песней написано, что «левая рука Его под моей головой», то есть левая рука находится под нуквой, а «правая рука Его меня обнимает». «Левая рука Его под моей головой» — это все открывающиеся от Малхут келим получения, а «правая рука Его меня обнимает» — это «хибук ямин», объятия справа — это именно сукка, которая построена в соответствии с рукой человека — есть предплечье, пальцы. В соответствии с теми же законами, по каким построено тело человека, так построена и сукка — это «хибук ямин», после «хибук смоль».

А «хибук ямин», объятие справа продолжается в течение 7 дней — это время, в течение которого окружающие света входят во всю структуру Зеир Анпина: Хесед, Гвура, Тиферет, Нецах, Ход, Есод и Малхут. И мы сегодня находимся в 7-ом дне, это день входа светов в Малхут, когда все света из Есод, который является суммой всех предшествующих исправлений, входят в Малхут. И когда они входят, это подписывается, что называется Симхат Тора, когда все света Зеир Анпина входят в исправленную Малхут. И это состояние называется Симхат Тора, когда свет Хохма находится в исправленных келим.

Но это пока находится в ЗАТ, или в ВАК. Это значит, что все эти свойства — это еще не Гмар Тикун, так как отсутствует ГАР, это все пока еще находится в Зеир Анпин, а надо достичь еще ГАР. А ГАР достигаем только в Пурим, когда раскрываются большие келим, соответствующие 10 сыновьями Амана.

И когда эти келим проходят исправление, то есть когда известно, что запрещено их использовать, и невозможно человеку их исправить, а только уничтожить их, то есть не использовать, оставить их пустыми, удалив из них света, все искры, которые там находятся, тогда приходим к такой радости, которая ничем не ограничена, когда все келим уже исправлены, и во всех них открывается весь свет Хасадим и все сто процентов света Хохма. Это уже называется Гмар Тикун или Пурим.

Это то, что происходит в течение всего года от Песах до Пурим. Стоит подчеркнуть, что в нашем мире, все корни уже проявились во всех своих материальных ветвях, и ничего не осталось в нашем мире, что должно открыться, кроме Пурима.

В соответствии с корнями уже был спуск в Египет, подъем из Египта, построение Храмов, их разбиение, четыре изгнания в соответствии с 4 стадиями, которые есть в АВАЯ, были 4 подъема, и 4 спуска, и мы были уже в последнем изгнании. То есть в этом мире мы не должны как в материальном, так и в духовном, выполнять никакого конечного действия: необходимо только наше внутреннее исправление, чтобы достичь духовного. И во внешнем мы

Ночь Ошана Раба

должны выполнить только наше последнее исправление — достичь Гмар Тикун в действии на земле.

Все остальные корни уже открылись в своих ветвях до нас. И мы находимся, в соответствии с тем, что пишет Бааль Сулам, в стадии последнего поколения. Это поколение, до которого закончилась вся подготовка, и мы должны только закончить все, что нам подготовили каббалисты, все, что мы подготовили во всех предшествующих кругооборотах. А с этого нашего кругооборота и далее все человечество начинает продвигаться к Гмар Тикун. И мы первые, кто это делает.

Давайте, сделаем еще один шаг: будем читать Книгу Зоар с мыслью о том, что посредством ее изучения мы притянем окружающие света, которые ускорят наше развитие и исправление.

Не важно, что мы понимаем во время учебы, а что — нет. Бааль Сулам пишет об этом в конце «Предисловия к ТЭС».

154. ...И заслуживает того, чтобы ты знал, что большинство авторов книг по Каббале адресовали свои книги лишь тем изучающим, которые уже удостоились раскрытия лика и всех высших постижений. И не следует спрашивать: если они уже удостоились постижений, то ведь знают все из собственного постижения — так зачем же им еще изучать каббалистические книги других?

Но не от мудрости этот вопрос, ибо это подобно занимающемуся открытой Торой и не имеющему никакого познания в делах этого мира в категории мир, год, душа, что в этом мире...

Так же и в том вопросе, который перед нами: хотя человек и удостаивается постижения, и даже постижения из Торы мира Ацилут — в любом случае он знает оттуда лишь то, что касается его собственной души. (Только то, что он постиг сам. Это похоже на то, что каждый из нас, находясь в мире, знает о нем только небольшую часть и ничего, кроме этого).

Однако все еще должен познать все три категории: мир, год, душа — во всех их случаях и поведениях, совершенным познанием, чтобы смог понять вопросы Торы, относящиеся к тому миру.

Каббалисты пишут один для другого, чтобы человек, находясь в каждом из миров, знал, где находится, и вместе с тем, что он это знает, делал бы исправления, подготавливая себя для достижения конечного исправления. В Каббале каждый каббалист изучает сочинения разных каббалистов.

155. И посему следует спросить...

Если каббалисты пишут книги один для другого, то зачем мы должны это читать, ведь мы еще не каббалисты? Я еще не нахожусь в мире Ацилут, я только открываю его для себя, желая теперь сравнить с тем, как это сделали другие каббалисты. Это подобно тому, будто я приехал в какую-то страну, путешествую по каким-то тропам, дорогам, горам, но есть другие люди, которые открыли другие места, и, конечно же, мне об этом будет интересно читать.

И если я — каббалист, и они — каббалисты, то нам есть о чем поговорить друг с другом. Но он справшивает о том, зачем это нам, если мы не понимаем о чем идет речь? Мы никогда не были в Высшем мире, не знаем, что это такое вообще. Нам рассказывают разные вещи, а мы и не знаем, верно ли это, а может быть и нет, и существует ли он вообще. Так зачем нам читать это?

Однако есть в этом великая и достойная оглашения вещь: ибо есть неоценимо чудесное свойство для занимающихся наукой Каббала: и хотя не понимают того, что учат, но от большого желания и стремления понять то, о чем учат, — пробуждают на себя света, окружающие их души.

И эти света исправляют душу. Поэтому мы начинаем учить Книгу Зоар, читаем отрывки из книги «Врата намерений» святого Ари, из Книги Зоар Рашби с комментариями Бааль Сулам. Это одна и та же душа, которая перевоплощается и приходит каждый раз в наш мир, чтобы показать нам путь и исправления в соответствии с тем поколением, в котором мы каждый раз находимся.

Мы были с вами в поколении Рашби, Ари, мы так же были и в поколениях между ними, и сегодня мы находимся

Ночь Ошана Раба

в одном поколении. И одна и та же душа каждый раз нас сопровождает, это особая душа. В одном поколении это была душа рабби Шимона, в другом — душа Ари, в третьем — Бааль Сулама. Эта душа ведет нас к конечному исправлению.

И конечно, если мы изучаем те источники, где есть вместе и Книга Зоар, и Ари, и Бааль Сулам, — эти источники могут принести нам огромный окружающий свет. И не важно сколько мы понимаем.

Ибо есть неоценимо чудесное свойство для занимающихся наукой Каббала...

Считается, что мы все равно занимаемся Каббалой, хотя мы и не каббалисты.

и хотя не понимают того, что учат...

Мы не понимаем того, что учим. Мы будем читать, и просто законченная глупость думать, что мы понимаем то, о чем говорится. Книга Зоар пишет такими словами и такими рассказами, языком Мидраша, языком иносказания, что во многих местах кажется, что это какая-то книга по воспитанию, или книга нравственности, поэтому многие думают, что Книга Зоар — это мусар в соответствии с Каббалой. Нет большего легкомыслия так думать.

Язык Книги Зоар непонятен нам. Услышав то, что там написано, мы не можем вынести из этого никакого постижения, никакого понимания. Однако если мы, тем не менее, стремимся к этому и понимаем, что Книга Зоар написана в такой вот скрытой форме...

Не просто так она считается особенной книгой, и все человечество полагает, что в ней заключены большие тайны. Если мы будем стремиться постичь их... Ведь просто при помощи внешних ключей мы не поймем ничего. По Книге Зоар уже писали доктораты, его перекраивали в обоих направлениях, разбирали с точки зрения гематрии, выдергивали из него и соединяли каждое второе, пятое или десятое слово. Чего только ни делали с Книгой Зоар и Торой. Все эти упражнения не приводят ни к чему и лишь запутывают людей.

Если вы хотите знать, то для этого нужно учиться, стремиться знать, т.е. стремиться попасть на те уровни, о которых Книга Зоар говорит. Если мы достигнем мира Ацилут, если мы увидим там, о чем говорит Книга Зоар — то, безусловно, поймем эту книгу. А сейчас мы должны без всякого понимания читать и стремиться быть на уровне Книги Зоар. Окружающий свет приходит к нам согласно желанию достичь чего-то, а не согласно нашим фантазиям, будто бы мы уже там. Поэтому неважно, что мы не понимаем, о чем речь.

То же самое касается и языка: неважно, понимаем мы его или нет. У Бааль Сулама были ученики, которые не знали языка, на котором он объяснял. Он вообще говорил на идише. Читал на арамейском, а объяснял на идише. Когда я пришел к своему Учителю, ситуация была такой же. Там сидели 6-7 старцев. Попав туда в первый раз, я не мог дождаться конца урока, не мог высидеть рядом с ними. Они говорили на идише. А идиш — такой язык, который очень трудно понять. Они общались половинками слов.

Кроме того, мой Учитель говорил на подлинном «польском» идише. У него было четыре дочери, и он мог общаться с одной так, что другая его не понимала. Идиш позволяет говорить таким образом с людьми. В нем очень много различных форм и особенностей... Учитель вообще произносил четверть слова; полслова — это уже много. По четвертинке от каждого слова в предложении. Это какое-то чудо. Даже для тех, кто хорошо понимал язык, если Учитель переходил на половинки слов, это было тяжело; а четвертинки слов никто не понимал, кроме нескольких...

Так что, вы понимаете, на какой урок Каббалы я попал. Читают на арамейском, а объясняют его на идише, да еще на таком идише.

И у Бааль Сулама было то же самое. У него был один ученик, выходец из Йемена, очень известный; и один — из Ирака, он потом женился на дочери Бааль Сулама. Они не знали языка, хотя потом, возможно, немного подучились. Так вот, Бааль Сулам всегда говорил, что это неважно, что они не знают языка. И действительно, именно они стали

Ночь Ошана Раба

ведущими в группе. А тот, который женился на дочери Бааль Сулама, был очень велик, он действительно был каббалистом. Он умер в очень молодом возрасте. Однако оба они учились без всякого знания языка, лишь из стремления узнать, о чем тут говорится. И таким образом они поистине приобщились к постижению мудрости.

Поэтому неважно, сколько мы сейчас поймем из того, что будем читать. Я постараюсь тут и там вставить несколько слов, но это пустяки: я даю объяснение только для того, чтобы поднять заинтересованность, чтобы вы немножко проснулись — а потом можете снова засыпать.

Кроме того, я хочу рассказать об обычаях моего Учителя в ночь Ошана Раба, а также в ночь на Шавуот. Три раза в году у нас бывает такая особая ночь: ночь Ошана Раба, ночь выхода из Египта на седьмой день Песаха и ночь получения Торы на Шавуот. Есть три праздника, которые именуются на иврите словом «регель» («нога»). Когда-то на эти праздники весь народ восходил в Иерусалим, в Храм («Алия ла-регель» — паломничество в Храм, букв: «восхождение пешком»).

У моего Учителя было так: мы приходили к полуночи, в 23:30-24:00, и приступали к трапезе часа на полтора-два. После трапезы, возможно в течение четверти часа — получаса, выдерживали чтение Книги Зоар — это было нормально. Потом люди засыпали, кроме нескольких упрямых старцев, которые учились до утра. Мы же в два часа уже расходились. Таким образом, мы начинали в полдвенадцатого и заканчивали в два — и это включая трапезу.

Эти обычаи предназначены для народа, чтобы он привыкал, чтобы знал, откуда это идет, зачем это нужно, чтобы задал себе несколько вопросов: для чего мы бодрствуем в эту ночь? что это за ночь? и т.д. Тогда, возможно, у него возникнут вопросы о духовном, о духовном корне, о том, для чего он существует. И потому мы проводили эту ночь, преимущественно, не за учебой, а за трапезой. Большую часть времени занимала трапеза со множеством рассказов, разговоров и песен; а малая часть отводилась под учебу.

Тот, кто не выдерживал, уходил потом спать. Обычно от половины второго до двух ночи мы расходились.

Это особенная ночь: однако, не надо обращать внимания на то, что вы знаете или не знаете, понимаете или не понимаете. Давайте, соединим намерения. Все зависит от намерения. Важно стремление. Бааль Сулам пишет, что благодаря желанию узнать, хотя и не понимая написанного, мы пробуждаем окружающие света, которые и выводят нас в духовный мир над махсомом. Итак, все зависит от нашего стремления. Так давайте внутренне перестроимся и захотим подпрыгнуть, чтобы кто-то взял нас и вывел наверх.

Мы все вместе в едином большом желании действительно хотим ощутить эти света.

ВРАТА НАМЕРЕНИЙ

стр. 314, п. 6 (Ночь Ошана Раба)

Есть парцуф Зеир Анпин дэ-Ацилут, который называется Кадош Барух Ху. Он дает нам весь свет. А напротив него — его нуквы: Рахель и Лея. Рахель — это малая нуква от хазэ Зеир Анпина и ниже, до его сиюма. А Лея — это большая нуква Зеир Анпина. Наверху же находится Има — Бина, спускающая свои «ноги»; т.е. НЕХИ дэ-Има спускаются внутрь Зеир Анпина.

Вы понимаете, что там, где есть НЕХИ дэ-Има — Има, т.е. Бина, дает сосудам получения покрытие (кисуй) своего света Хасадим. Если я пребываю в желании получать, но в меня вошли НЕХИ дэ-Има, то я воистину «покрыт», «привит», обладаю иммунитетом против любой возможной проблемы. Да, верно, у меня есть желание получать; однако у меня есть и прививка — НЕХИ дэ-Има, свет Хасадим, который находится во мне, благодаря чему я просто не хочу использовать свое желание получать, я свободен от него. Стопроцентное здоровье. Это то, чем обеспечивает нас Бина.

По правде говоря, всегда должно быть так. Ведь не может быть такого, чтобы желание получать когда-нибудь просто стало хорошим. Просто так оно не может быть хорошим. Вот если в него входит свет, в том или ином количестве, с тем или иным качеством, и свет этот сообщает желанию получать удовлетворение...

Таким образом, желание получать не может просто так внезапно стать хорошим или плохим. Но если оно получает какой-то свет свыше — окружающий или внутренний — то, в соответствии с тем, насколько свет льется внутрь желания получать, оно вакцинировано против самого себя. Почему? Потому что оно получает удовлетворение от наполняющего его света.

Мы иногда впадаем в такое состояние: «Мне ничего не нужно, мне хорошо. Я хочу ощущать духовное, быть в духовном мире. Этот мир меня не интересует, пускай все горит огнем, мне ни до чего нет дела». Как такое возможно? Просто мне слегка подсвечивает свыше некое духовное свечение, вследствие чего я чувствую, что духовное стоит намного больше материального, и мне хорошо. Желание получать выбирает это. Или наоборот: духовное отступает немного вверх, и я остаюсь в желании получать, которое становится сильнее отдалившегося света. Тогда у меня нет выхода, я хочу наполнения для своего желания получать.

Итак, все зависит от игры Высшего света, от того, насколько он ближе ко мне или дальше от меня. Это определяет все мое отношение к духовному: стоит оно того или нет? что предпочтительнее: материальное или духовное? Все зависит от приближения ко мне или отдаления Высшего света.

Поэтому вся наша работа заключается в том, чтобы приблизить Высшие света, дабы они светили на нас. А если мы достигнем такого состояния, когда в нас облачатся НЕХИ дэ-Има — то вообще можем быть спокойны. Это дает покрытие, иммунитет против всего желания получать, какое только возможно. Оно никогда не сможет захватить меня и заставить, как сумасшедшего, идти на поводу у всяких глупостей. НЕХИ дэ-Има дадут мне такое удовлетворение, что никакое мое эго, никакое мое свойство, никакая помеха не сможет запутать меня.

Это и происходит здесь, в состоянии, которое мы сейчас обсуждаем. Нуква Зеир Анпина Рахель вместе с самим Зеир Анпином находятся в таком состоянии, когда, как он пишет: *«внешние не зацепляются за Иму, и потому приговаривается весь мир и записывается или к жизни, или к смерти; и тогда в этом основная часть суда».* Таково состояние перед ночью Ошана Раба.

Что вообще дает нам эта гематрия? Есть четыре буквы: «йуд-хэй-вав-хэй», в соответствии с четырьмя уровнями внутри сосуда: Хохма — Бина — Зеир Анпин — Малхут. Их корень Кетер не учитывается, потому что это источник света. Сосуды начинаются с первой буквы «йуд». Что же это нам дает?

Буквы — это сосуды. В каком же состоянии находятся сосуды? Мы ведем счет сосудов с семи нижних сфирот Бины (ЗАТ дэ-Бина), потому что келим начинаются оттуда: с того состояния, когда желание отдавать, имеющееся в сосудах, хочет приступить к использованию желания получать, чтобы приблизиться к Творцу. Таким образом, ЗАТ дэ-Бина, Зеир Анпин и Малхут — это уже сосуды получения. Сосуды ЗАТ дэ-Бина соответствуют буквам от алеф до тет; сосуды Зеир Анпина — буквам от йуд до цадик; а сосуды Малхут — четырем последним буквам: куф, реш, шин, тав. Таковы сосуды, буквы.

Далее, как узнать, каков уровень экрана у этих сосудов? Ведь сосуд без экрана — это ничто, это просто желание получать, в котором свет, конечно же, не пребывает; а пребывает он в лучшем случае вокруг него, или вообще в отдалении от него, сообразно с условием подобия сосуда свету по своим свойствам. Итак, мы должны знать, в каком состоянии находится кли. А это уже гематрия. Речь идет уже об экране, авиюте и отраженном свете. То, насколько прямой свет облачается в отраженный; итоговое число, определяемое вкупе общим состоянием сосуда, исправленного экраном и наполненного светом — и называется гематрией.

Поэтому гематрия — вещь очень важная. Это краткое описание того, о чем идет речь. Например: «пол-литровая банка» — всем понятно. Или что-нибудь подобное. Так вот, каббалисты по цифре уже знают, о чем речь. Очень просто рассчитать сосуд вместе со светом и экраном. Иными словами, это сразу же указывает на название ступени. Поэтому все имена, которыми мы пользуемся в нашем мире и которые являются следствием мира духовного — это гематрия. Возьмите любое название, и вы сможете по его гематрии узнать, каково его духовное действие или какова его духовная форма.

Я уже не говорю об именах людей или духовных объектов и сил, например, Моше, Аарон и т.п. Здесь речь идет уже об особых парцуфах. Например, под именем Моше подразумевается особый парцуф, т.е. душа, достигшая некоего особого уровня, и на этом уровне называющаяся «Моше». На другом уровне она будет «Аароном», на меньшем уровне — «Леви»; имена сейчас неважны. Названия действий — это тоже, в конечном счете, гематрия.

И выходит, что все названия, которые есть в Торе — от первого до последнего — это просто коды. Это действительно коды, однако они говорят или о духовных объектах, или о духовных силах, или о духовных действиях.

Можно ли воспользоваться таким подходом к Торе и начать объяснять ее при помощи данных кодов? Это невозможно, так как мы не знаем, что за ними стоит. Сначала мы постигаем духовный мир, а затем смотрим в Тору и видим, о чем там говорится. Вот и здесь при помощи имен, значения которых мы не совсем понимаем, Бааль Сулам объясняет нам, о чем идет речь.

Существует такой обычай — проверять свою тень. Мы с Учителем никогда не ходили смотреть на свой «образ». Но некоторые устраивают из этого целый ритуал: в ночь Ошана Раба, когда обычно светит луна, они идут туда, где есть только свет луны, и смотрят на свою тень, проверяя, на месте ли все части тени человека в свете луны.

Откуда идет этот обычай смотреть на свою тень в ночь Ошана Раба? Бааль Сулам это объясняет.

...Известно, что у души есть 5 имен, 5 различных уровней один над другим: Нефеш от Малхут мира Ацилут, Руах от Зеир Анпина, Нешама от Бины, Нешама ле-Нешама от Аба, Ехида от Арих Анпина.

Иногда он имеет в виду миры, а иногда — сфирот. Он может давать такие названия: Малхут, Зеир Анпин, Бина, Хохма, Кетер, а может другие: Асия, Ецира, Брия, Ацилут, Адам Кадмон. Не смотрите на это, точности здесь нет. Для каббалиста действительно неважно, в какой форме это называть. Главное — различие между ступенями.

И все эти 5 уровней соединяются и называются душой человека, находящейся в его теле. И поэтому есть в нем эти свойства от мира Брия, 5 свойств от мира Ецира и 5 свойств от мира Асия. И это то, что касается лично его. Но если рассматривать все 4 мира вместе в общей форме, то вся Асия представляется как Малхут, и 5 ее уровней называются «Нефеш», 5 уровней мира Ецира называются «Руах», 5 уровней мира Брия называются «Нешама», а 5 уровней мира Ацилут называются «Хая», что есть «Нешама ле-Нешама».

И вернемся к разбору в частной форме вопроса о 5-ти частях мира Ацилут, из которых построены остальные ступени миров: Брия, Ецира, Асия. Тело человека конечно же относится к женскому роду, «некева», Малхут. И мы видим, что его тело заканчивает формироваться в течение 9-ти месяцев развития зародыша внутри нее. И есть еще 3 других уровня ниже ступени Нефеш, называемые «три тени» в человеке. Высший уровень из них называется «образ» (целем), а каждый из нижних уровней называется «цадик-ламед», и не достает в них буквы «мэм», чтобы получился «образ» (целем). И об этом сказано, что «подобно призраку ходит человек» (Псалом 39, 7). И сказано: «Пока не повеял день и не побежали тени...» (Песнь песней 2-17). Так как они — одна высшая тень над двумя другими тенями.

В Шамати есть известная статья о том, что такое цлалим (тени), что такое цэлем (образ, обличие). Это экран. Если человек укрывает себя от Творца и тем самым дает Творцу возможность раскрыться, то Творец может раскрыться настолько, насколько человек себя скрыл. В конечном счете, соотношение между нами и светом всегда сохраняется стопроцентным.

Когда-то мы были в мире Бесконечности (олам Эйн Соф), где Малхут приняла решение о том, что она сократит себя и никогда не примет в себя свет. Малхут производит на себя первое сокращение (Цимцум Алеф) и говорит: «Свет не придет ко мне. А если придет, то лишь для того, чтобы отдать посредством этого получения, и никак иначе». Теперь происходит следующее: в мере того, насколько Малхут может заслонить себя от идущего к ней света — в этой мере приходит свет.

Иными словами, соотношение между Малхут, творением — с одной стороны, и Кетером, или Творцом, или светом — с другой стороны, всегда такое: если Малхут на 100 % закрыта, то Творец на 100 % открыт; а если Малхут на 100 %, так сказать, открыта, не будучи способной сделать на себя сокращение, то Творец на 100 % закрыт. Или же состояние является промежуточным, когда мера моего открытия или закрытия определяет мою духовную ступень — то, насколько Творец раскрыт. Здесь, по сути, и располагаются миры; от этого зависит в каком мире я нахожусь: Асия, Ецира, Брия, Ацилут, Адам Кадмон, Бесконечность.

Итак, в Бесконечности весь я полностью нахожусь под своим экраном, и тогда Творец может быть раскрыт предо мной. А в нашем мире я совершенно лишен экрана, и Творец полностью закрывает Себя от меня. В интервале же между двумя этими состояниями я нахожусь на тех или иных ступенях миров (оламот), что называется сокрытиями (аламот) и указывает на относительный уровень раскрытия и скрытия.

Это соотношение между раскрытием и скрытием называется «тенью» (цэль). И в ночь Ошана Раба мы проверяем целостность своей «тени». Иными словами, стал ли Зеир Анпин, т.е. «тело» человека, цельным в результате всего своего исправления? Есть ли у него экран на все части «тела», а следовательно — и «тень» от каждой части? Получил ли человек экран на каждое из желаний? Это он должен знать в конце Суккота, потому что на протяжении Суккота вошли все те окружающие света, которые были обязаны выстроить в человеке образ (цэлем) Творца, т.е. экран, достаточный человеку для всех его желаний. Это называется: проверять «тень».

И суть этих трех теней в том, что после того, как были даны 5, ранее упоминавшихся уровней души, называемых НАРАНХАЙ, в результате тайны зивуга в Есод и рехем (матке) некева, и тело человека оформилось там за 9 месяцев периода развития зародыша...

Речь идет о вхождении человека в механизм, называющийся: «Има Илаа» (Высшая мать), ибо, в итоге, именно там формируется душа, как зародыш в матери.

...Тогда продолжилась одна сила, от свечения «печати», формы для оттиска кли, находящейся в Есод некева, что уже объяснялось в разделе, относящемся к Йом Кипуру, созданной из трех имен ЭКЕ: от наполнений «йуд», «алеф» и «хей», которые в гематрии соответствуют «хотам» (печать, форма).

Только в конце Йом Кипура... Сейчас пока исправлений еще нет. Это только раскрытие во всей полноте сосуда Малхут, который нам придется исправить.

И сила свечения этой формы, печати была впечатана в душу самого человека, а не в тело. И когда душа спускается в этот мир, чтобы войти внутрь тела, она приходит облаченная в эту форму для оттиска, и посредством нее оберегается от внешних, чтобы они не прикрепились к ней.

«Этим миром» называется определенное желание получать. Когда душа спускается в этот мир, т.е. спускается в само желание получать — каким образом она может пребывать в нем без ущерба для себя?

И получается, что сами эти тени — это свечение печати, находящейся в женской части (некева).

И кажется мне по моему скромному разумению, что также есть образ мохин Зеир Анпина, образованный для него посредством НЕХИ дэ-Има, который находится в ней в виде печати для оттиска. Так кажется мне по моему скромному мнению.

Он не уверен в этом. Видите, он пишет: *«как кажется, по моему скромному мнению»*. Разве возможно, чтобы такой большой каббалист, как Хаим Виталь — единственный ученик, который понял что-то из слов Ари, и на которого сам Ари указал, как на единственного понявшего, в отличие от всех остальных своих учеников — писал: «по моему скромному мнению»?

Это очень просто. Бывает так, что каббалист не доходит до корня описываемого им состояния, но определенное явление имеет место. Я вижу это явление, знаком с ним, я знаком с тем, как оно проявляется на моей ступени, там, где я сейчас нахожусь. Однако я не дошел до корня данного явления, т.е. не знаю его, не знаком с ним во всех возможных его проявлениях. И потому я не уверен, так это или иначе. Возможно, имеются иные виды проявления данного закона, данного явления.

Поэтому каббалисты очень остерегаются, они не стесняются сказать: «Я не знаю, я еще не прошел всего, еще не достиг того-то и того-то». И тогда они пишут: «как кажется, по моему скромному мнению». То есть, пока это так, однако так мне кажется сейчас; возможно, на других более высоких ступенях это будет представляться мне иначе.

Никто не может знать, что происходит на более высокой относительно него духовной ступени. Более высокая ступень — это совершенно другой мир. Поверьте мне, открытия, которые вас ждут — это приключения, это просто неповторимое измерение. Раскрытия на каждой ступени, в каждом состоянии — они такие, что их невозможно предугадать заранее; настолько они полны приятных сюрпризов.

И нужно объяснить, что эти тени находятся ниже ступени внутренней души, а также являются лишь подсветкой от печати для оттиска, которая есть в Есод, и только от нее. Однако образ мохин — это огромный окружающий свет относительно внутренней души. Из-за того, что он происходит от самих келим Имы и также от келим половины Тиферет и НЕХИ дэ-Има. И выясни хорошенько в другом месте, что сами тени это облачения душ, образованные формой для оттиска, находящейся в кли НЕХИ, как кажется мне по моему скромному разумению.

- **Вопрос:** Что такое раскрытие сосуда. Ведь если мы строим кли, то раскрывается не оно само, а свет в нем? Как понять то, что сосуд раскрывается?

По отношению к кому раскрывается? По отношению ко мне. Раскрывается мой сосуд, мои желания, их причины. Раскрытие сосудов, исправление сосудов, все действия с сосудами совершаются светами. Поэтому вопрос правильный. Мы учим, что Высший свет пребывает в абсолютном покое, в нем ничего не меняется. Так разве может быть, чтобы свет претерпевал изменения? Он не меняется. А если свет не меняется — то и сосуд не может измениться. Ведь, как мы изучаем, сам сосуд есть, в конечном итоге, функция света. Как же на это ответить?

- **Из зала: Сосуд внутри себя чувствует, как что-то меняется.**

Отчего сосуд чувствует, что в чем-то происходит изменение? Какое может быть изменение, если свет неизменен?

- **Из зала: Сменяются решимот.**

Ну и как же они сменяются? Сказано замечательно, но как же они сменятся, если свет не меняется? Сами по себе? Что, есть какая-то пружина, которая их выбрасывает? Каким образом в сосуде могут происходить изменения, если свет пребывает в абсолютном покое?

- **Из зала: Меняется мера недостатка, ненаполненности.**

Как может измениться ощущение недостатка, если свет не меняется? Только относительно сосуда имеется такое ощущение, как будто это окружающий или внутренний свет. Однако, нам говорят, что свет этот неизменен и находится в абсолютном покое. Как же такое возможно, чтобы созданное светом и поддерживаемое светом творение менялось, если свет не меняется?

Когда мы говорим, что свет пребывает в абсолютном покое, это означает, что он всегда на 100 % хочет приносить благо сосуду. В этом он абсолютно неизменен. Именно это называется для него покоем. Однако во всем остальном он постоянно, прямо-таки в бесконечном диапазоне меняется относительно сосуда, чтобы воздействовать на него и делать для него, что только можно.

Я смотрю на своего соседа и вижу, как он любит своего сына, целует его, обнимает, водит его на прогулки, в зоопарк — по-настоящему заботится о нем. Однажды я увидел, как сосед шлепает его, и этот несчастный сын плачет. А в другой раз я снова видел, как он обнимает и целует его. В чем дело? Любит или ненавидит?

- **Из зала: Любит.**

Даже если шлепает? Значит, он никогда не менялся по отношению к сыну, кроме как внешне. Это означает, что он пребывает в абсолютном покое — не меняется. Так же и Высший свет по отношению к нам. Однако в своих действиях относительно нас, чтобы привести нас к Цели, он все время меняется.

Видишь, от примера ты не можешь возвратиться к реальности. Почему? В чем проблема? В том, что здесь это трудно: мне постоянно нужно оправдывать Творца, соглашаясь с тем, что Он всегда поступает как должно?

- **Вопрос: Существует ли разрыв между исправлением сосуда и его наполнением?**

Нет. Потому что ощущение исправления сосуда — и есть само наполнение. Я ставлю на кли экран, исправляю его. Как только я покрыл его экраном — в тот же момент я добыл отраженный свет. Отраженный свет, наполняющий сосуд — это, по сути, и есть наполнение. Что я раскрываю? Я раскрываю свойство отдачи Творца. Если я в своем исправлении достиг этой формы отдачи, то я подобен Творцу. Мне не нужно вдобавок к этому идти к Нему, или заключать Его в объятия, или ждать, чтобы Он пришел ко мне и наполнил меня. Я уже наполнен. Чем? Своим исправлением.

Я измеряю, ощущаю не что иное, как свое исправление. Точно так же, любой прибор, которым мы пользуемся, измеряет собственные параметры относительно внешних. Это то же самое. Скажем, я хочу измерить давление с помощью прогибающейся мембраны. Как мне это делать? Как мне измерить эту внешнюю силу? Я применяю силу противодействия и возвращаю мембрану в первоначальное положение. Эту примененную мною силу я и измеряю. Если я вернул мембрану в первоначальное положение — я измеряю задействованную для этого силу и благодаря этому знаю, какая сила действует снаружи.

Таким образом, я никогда не знаю, что там снаружи — я измеряю противодействие, компенсацию, восполнение изнутри.

В точности то же самое происходит и с моими высшими духовными свойствами. У меня есть экран, и нечто приходит к нему свыше. Откуда мне знать, что это такое? Я образовываю отраженный свет, возвращаю себя в состояние, когда я ничего не получаю, когда весь я в отдаче — и тогда проверяю. Согласно этому сопоставлению, тем самым я и наполняюсь. То, что я сделал, исправление, которого я достиг — это, по сути, и называется для меня наполнением. Что такое наполнение? Экран и отраженный свет. Таково наполнение для Малхут; и у нее нет никакого иного наполнения.

- **Вопрос: Значит, свет Хохма, который творение измеряет в сосуде, приходит в соответствии с имеющимся в нем светом Хасадим?**

Вообще: существует ли свет Хохма, существует ли свет Хасадим — откуда мне знать, что там снаружи? Я всегда проверяю и ощущаю то, что имеется у меня внутри. А что есть у меня внутри? То, что я сам сделал, добыл, выстроил. Ничего снаружи я не получаю. Ничего. Я не хочу получать от Творца, и, по правде говоря, я и не могу получать. Никогда.

- **Вопрос: Тогда как я знаю, что уподобляюсь Ему?**

Только согласно ощущению стыда. Ощущение стыда — это мой сенсор. Если я прихожу к состоянию, в котором не стыжусь — замечательно, расчет окончен. Мое — это мое, Твое — это Твое.

КНИГА ЗОАР

глава «Цав», пп. 113-114 (Ночь Ошана Раба)

113. «Приди и смотри» (бо ве рэ) — эти 7 звуков, являющихся ХАГАТ НЕХИ, зависят от речений уст во все дни года. А сейчас в 7 дней Суккота есть зависимость только от деяний, и мы должны действовать, а не говорить, потому что этим временем, 7-ю днями Суккота благословляется на удачу весь остальной год.

Объяснение: заповеди, связанные с речью, продолжают внутреннюю часть, что является тайной Хасадим, но не протягивают свечение Хохма из левой линии, представляющей собой внешнюю часть.

Различие между внешней и внутренней частью — лишь в авиюте, в сосудах, которые используются.

А заповеди, зависящие от выполнения действий, продолжают внешнее, то есть протягивают свечение Хохма из левой линии, что является мохин дэ-ВАК внешней части. А в семь дней Суккота мы должны исправить внешнюю часть, что является тайной продолжения Хохма с левой стороны. И поэтому нам необходимы заповеди, связанные с действием, способные пробудить это. И это то, о чем написано: «Текущий год зависит только от деяний, и потому нам нужны дела», для того чтобы продолжить исправление внешней части, что является тайной свечения Хохма с левой стороны, «а не слова», так как речения продолжают только внутреннее, являющееся тайной Хасадим. А их мы протягиваем все дни года.

И это то, о чем написано: «Семь звуков зависят от речений уст в остальные дни года», и не нуждаются в дей-

ствиях. А потому что «поскольку такое время», в семь дней Суккота благословляется весь год, так как после того, как протянули свечение Хохма с левой стороны в семь дней Суккота для ХАГАТ НЕХИМ, этого достаточно для всех дней года. Так как Хасадим, которые мы протягиваем за счет заповедей, связанных с речами, во все дни года, благословляются свечением Хохма из семи дней Суккота, и из-за этого становятся «открытыми Хасадим» (хасадим мегулим) и нет больше необходимости в заповедях, связанных с действиями, а нужно только все остальное.

Раскрытие и сокрытие — это ясно? Далее, что касается «раскрытых светов Хасадим» (хасадим мегулим) и «скрытых светов Хасадим» (хасадим мехусим). «Скрытые света Хасадим» — это значит, что света Хасадим покрывают Хохму и дают лишь исправление Бины на сосуды получения. А «раскрытые света Хасадим» — это значит, что есть столько света Хасадим, ГАР дэ-Хасадим, что внутри него может раскрыться и свет Хохма. И тогда они называются светами Хасадим, которые раскрывают Хохму, или «раскрытыми светами Хасадим».

114. В седьмой день праздника, а именно в Ошана Раба, происходит завершение суда над миром, и установления суда выходят из дворца Царя и пробуждаются в этот день гвурот, и от них зависит водоворот вод ручья, от гвурот этих. И нужно возбудить гвурот подействовать на воды, чтобы обогнули семь раз (что соответствует ХАГАТ НЕХИМ) жертвенник, который соответствует Малхут, чтобы совершить орошение жертвенника водами Ицхака, то есть свечением Хохма из левой линии, называемым Ицхак, чтобы воды наполнили колодец Ицхака (то есть Малхут), который в то время, когда получает с левой стороны, называется так. И когда он наполняется, благословляется весь мир водой.

Бааль Сулам использует названия и из Торы, и из Каббалы. Из одного этого отрывка можно составить целый словарь.

Три книги раскрываются на Рош а-Шана: законченных праведников, законченных грешников и средних. Законченные праведники немедленно записываются к жизни.

Тот, кто достиг такого уровня, когда он оправдывает Творца на фоне всего желания получать — называется законченным праведником. Это означает, что у него уже есть «покрытие» Бины на все сосуды получения.

Законченные грешники немедленно записываются к смерти.

Тот, кто не способен, у кого нет исправления Хасадим на желание получать — называется законченным грешником. Не приходит ни свет Бины, ни НЕХИ дэ-Има, у него нет никакого «покрытия» Хасадим в сосудах получения. Тогда — что поделаешь — он грешник. Не то, чтобы он сделал из себя грешника. Просто он не получил исправления, а следовательно, называется «грешником».

«Грешник» — это ступень. Для того чтобы быть «грешником», также необходимо пребывать в Высшем мире. «Праведники», «грешники», «средние» — это состояния. Когда человек проходит махсом и приступает к работе на Творца, там возникают три этих возможности: «грешники», «праведники» и «средние». Речь идет не о нас, даже в том, что касается «грешников». Мы не грешники. Мы просто ноль, мы находимся под тем, что называется линией жизни. О нас вообще не говорится, на нас не распространяется никакое свойство. Книга Зоар ни единым словом не пишет о том, что находится под махсомом.

А средние подвешены и стоят до Судного Дня (Йом Кипур). И о законченных праведниках и законченных грешниках речь не идет...

Почему? Потому что это или правая линия в абсолюте, или левая линия в абсолюте. Говорить не о чем. Это крайние, полярные состояния, которые приходят от Творца, когда или сосуды, или света абсолютным образом зависят от Высшего. Что же зависит от человека? То, как соединить внутри себя два этих свойства, левую и правую линии. Какое оптимальное сочетание он найдет для того, чтобы соединить их, взять сосуды слева и свойства справа и сделать из этого среднюю линию?

...Поскольку уже закончился суд над ними в первый день Рош а-Шана. А все, что говорится — говорится о средних,

которые подвешены и стоят до Судного Дня. Если они совершают раскаяние, то записываются к жизни. А грешники, которые не совершают раскаяния, записываются к смерти.

Человек может достичь такого состояния, когда часть его сосудов, получающих исправление, становится «праведниками», а часть — «грешниками». Одни сосуды будут предназначены для жизни, наполнятся светами; а другие пойдут на «смерть» — будут все более опустошаться вплоть до конца, уйдут во тьму, и из них составится соф парцуфа.

А тайна прощения грехов в Судный День — это тайна протяжения свечения Хохма посредством подъема Малхут в Бину. Нет прощения грехов, иначе как посредством раскрытия света Хохма. И в этом тайна света жизни.

Каково же само действие? От того, что Малхут поднимается в Бину, не возникает раскрытия Хохмы. Наоборот, Хохма уходит и остается малое состояние (катнут).

И потому средние, которые совершили раскаяние, удостаиваются тогда прощения грехов и записи к жизни. Однако еще не заканчивается это совершенно, потому что свет Хохма не светит без Хасадим; а время протяжения Хасадим для облачения Хохмы — в семи днях Суккота. И получается, что на седьмой день Ошана Раба закончилось облачение Хохмы в Хасадим, и тогда завершается запись к жизни, сделанная в Судный День.

И по тому же принципу, для тех, которые не совершили раскаяния и были записаны к смерти в Судный День, еще не закончилась совершенно запись, поскольку есть у них время для того, чтобы вернуться, до седьмого дня Суккота. Ибо до того времени протягивается еще Хохма; и если вернутся — простятся ею их грехи, и удостоятся света жизни. И потому рассматривается день Ошана Раба, как день передачи приговоров ангелам: как к жизни, так и к смерти.

Вначале мы читали о демонах, теперь — об ангелах. У нас нет недостатка в таких вот «громких» словах в духовном. Там есть много хороших и плохих помощников. Все это силы, у которых нет никакого собственного желания получать и никакого собственного выбора. Так они называются: «демоны» (шедим), «духи» (рухот), «ангелы» (малахим), «повелители» (сарим) и т.д. И в правой, и в левой линии есть множество сил, раскрывающихся человеку. Согласно степени их воздействия на человека они получают соответствующие названия. В них, конечно же, нет никакой собственной сущности. Они приводятся в действие лишь посредством Высшей силы, со стороны Творца. И мы не должны бояться их или, наоборот, ждать, что они сделают нам какое-то одолжение.

Можно сказать так: проявление Творца в какой-то определенной форме называется или «ангелом», или «демоном», или «духом». Нет иного кроме Него.

Потому что после передачи приговоров исполнителям их уже не возвращают; и это потому, что после дня Ошана Раба нет больше протяжения Хохмы.

Итак, Ошана Раба — это последний день, последняя ночь, когда исправляют сосуды, и тогда действительно в полночь приходят к состоянию «проверки тени».

ПОРУЧИТЕЛЬСТВО

«Матан Тора», статья «Поручительство» пп. 1-10
17 октября 2003 года

«Возлюби ближнего своего, как самого себя» — *рабби Акива сказал, что это главный (общий) закон Каббалы.*
1. Сказанное рабби Акивой, что исправление эгоизма до степени «Возлюби ближнего, как себя» является общим и главным законом Каббалы, требует разъяснения. Так как слово «общий» указывает на сумму частностей, которые все вместе и составляют это общее.

Это значит, что все остальные 612 исправлений своего эгоизма, которые обязан совершить человек, — всего лишь частные исправления, составляющие все вместе это одно исправление «Возлюби ближнего, как себя» и обусловлены им.

Это возможно верно с точки зрения отношений человека с окружающими, но как могут отношения с окружающими включать отношения человека с Творцом, определяющие суть и смысл творения?

Почему исправление до свойства «Возлюби ближнего, как себя» эквивалентно исправлению до свойства «Возлюби Творца и слейся с Ним»?

Мы знаем, что Целью творения является слияние с Творцом. Что означает — достичь Его уровня, достичь подобия Ему, стать абсолютно подобным Ему на Его уровне во всем: в действиях, мыслях, свойствах, намерениях?

И если так, то какова связь между всеми исправлениями, которые мы должны произвести над собой в отношении ближнего, и тем, что должны произвести над собой в отношении Творца? Почему не была дана нам заповедь, указание производить все исправления в отношении Творца, почему именно в отношении ближнего?

И уж если так, почему исключительно за счет исправлений в отношении ближнего мы можем прийти к исправлению в отношении Творца?

Какова связь между заповедями, выполняемыми мной (т.е. исправлениями, производимыми мной над моим желанием получить в отношении ближнего), и тем, что каждое исправление (которое я произвожу относительно ближнего) подобно, соответствует, или даже выполняется в моем отношении к Творцу? Что за связь между Творцом и ближним, почему эти понятия настолько подобны друг другу?

2. Насколько велико и обобщающее исправление до свойства «Возлюби ближнего, как себя» видно из вопроса к мудрецу Гилелю с просьбой: «Научи меня всей методике исправления, пока я стою на одной ноге». И ответил Гилель: «Ненавистное тебе, не делай другому».

Отсюда ясно, что исправление любого из 612-ти эгоистических желаний не является более важным, чем достижение свойства «Возлюби ближнего как себя», а все они предназначены лишь для достижения этого свойства, чтобы подготовить человека к его исполнению.

То есть, все остальные исправления — части свойства «Возлюби ближнего как себя», без которых, однако, невозможно выполнение «Возлюби ближнего как себя» в полном объеме.

Еще непонятнее. Если я уже выполняю правило «Возлюби ближнего как себя», нужно ли еще что-нибудь добавлять к этому? Возможно, есть некий трамплин, промежуточная ступень между моими исправлениями и моими отношениями с Творцом?

Нет, — говорят мне, — Тебе не придется ничего делать в отношении Творца. Напротив — оставь Его, совсем оставь, не начинай исправлять свои с Ним отношения. Ты хочешь стать ближе к Нему, лучше? Тебе это не поможет. Относительно Него ты не можешь сделать ничего. Но знай! У тебя есть ближний. Если в отношении ближнего ты произведешь все исправления, достигнешь такого уровня любви к ближнему, что перестанет быть важно для тебя — ты это или ближний — этим ты полностью исправляешь свои отношения с Творцом и поднимаешься на Его ступень.

Таким образом, дело не только в том, что эта заповедь, это условие, этот закон: «Возлюби ближнего, как себя» — общий закон всей действительности, и это закон, в соответствии с которым Творец относится к творениям.

Мы говорим о Нем — Творец добр и несет добро и злым, и добрым — это Его отношение к творениям. Тогда подобие Ему, Его любви к творениям для меня будет заключено внутри этого предложения, внутри этого закона: «Возлюби ближнего, как себя». То есть это одно и то же — настолько, что после того как я выполняю это исправление, я не нуждаюсь больше ни в каких дополнениях, чтобы достичь подобия Творцу, — я полностью соответствую, равен и подобен Ему.

Отсюда и далее возникает множество вопросов. Люди, в отношении которых я должен произвести исправление, — предо мной, как Творец? На той же высоте, в том же величии, в том же отношении? Тогда почему последней заповедью, Целью, которую я достигаю, все-таки является «Возлюби Творца и слейся с ним»? Не заповедь, а Цель. Почему бы мне не достичь слияния с людьми, с массой? Почему с Творцом? Может, оставим Творца в стороне и займемся исключительно массами? Передо мной все человечество, и к нему я должен достичь абсолютной любви? Тогда почему же все-таки предо мной есть Творец, как Цель?

- **Вопрос: Сказано: «Что ненавистно тебе, не делай другому». Но если что-то мне и ненавистно, это еще не значит, что оно ненавистно также и другому...**

Все верно, вот один из таких вопросов. Можем ли мы сказать, что сказанное Гилелем «Что ненавистно тебе, не делай другому» и заповедь «Возлюби ближнего, как себя» — это одно и то же? Я так понимаю, что «Не делай другому того, что ненавистно тебе» значит — не делай зла. От любви это далеко, верно? Этакое пассивное выполнение — не делать зла ближнему. А «Возлюби» значит —

открыть, излить свое сердце ближнему. Я должен заботиться о нем, любить, на самом деле любить! Заботиться о полном его наполнении, как сейчас я забочусь о наполнении себя самого. Понятно, что по форме закон «Возлюби ближнего, как себя» и «Что ненавистно тебе, не делай другому» — это не одно и то же.

Подобные вопросы остаются вопросами. Почему любовь к ближнему настолько подобна любви к Творцу? Даже не подобна, а просто равна ей? Настолько, что не нужно никакое дополнительное исправлении, если достиг любви к ближнему?

Если у меня есть группа и мне говорят, что это фактически — мини-модель всего человечества, и если в этой модели я достигаю уровня действительной любви к товарищам, в буквальном смысле, с выполнением всех требований — то этим я достигаю своего частного конечного исправления и приобретаю свойства совершенства, вечности, всего, чем обладает Творец.

Это было бы очень просто — построить такую группу — большую, маленькую — неважно. Не нужно знать миры, сфирот, парцуфим, Творца — все эти скрытые от меня понятия. Есть сколько-то друзей-товарищей, с которыми можно все выполнить, и я достиг конечного исправления!

Но настолько ли это близко в действительности ко мне, только руку протяни? Нам кажется, что за махсомом — миры, духи, бесы, ангелы, ступени, где-то в непостижимом, а здесь — просто группа, отношения с товарищами, которых я вижу, которые так ощутимы, можно проверить друг друга — где мы находимся, в каком виде связи. И все это великое Духовное, все миры, бесконечные расстояния — все собирается, сжимается в маленькой группе, где для меня, возможно, все и закончится?! Действительно ли это так?

- **Вопрос: Что с теми восемью, десятью часами, когда я нахожусь вне группы?**

Все время и то окружение, в котором я нахожусь вне группы, я воспринимаю, считаюсь с ними, как со средой, в которой вынужден действовать согласно законам, существующим в этой среде.

Приходя на работу, я действую так, как принято в этом рабочем коллективе, а не начинаю выполнять, к примеру, закон любви к товарищам — кидаюсь к начальнику и целую его, или бросаюсь помогать своему коллеге. В каждом месте я обязан действовать согласно его правилам.

Другой пример. Ты женат, у тебя есть дети. Выносишь ли ты отношения, существующие семье во внешний мир, относишься ли к другим так же, или нет? То же самое с группой: группа — это мое частное, личное, внутреннее дело. Более внутреннее, чем семья, чем что бы то ни было другое. Сколько времени мы заняты мыслями о заботах семьи, по сравнению с тем, сколько мы думаем, обсуждаем дела группы, находимся в нашей группе? Собственно, семья — это внешнее общество.

- **Вопрос: Я не имел в виду отношение, намерения. Каковы мои намерения во время работы?**

Все мои намерения во время работы находятся в группе, которая у меня внутри, в моем сердце. Я с ней.

Человек должен привыкнуть к тому, что он состоит из нескольких слоев. Самый внутренний слой — это Творец, на нем — группа, следующий слой — семья, а на нем — работа и весь окружающий мир. И человек должен жить одновременно во всех этих слоях, и чувствовать, что находится во внутреннем разъединении, расщеплении. Постепенно, по мере продвижения во внутренней работе он обнаружит, что все эти слои на самом деле — Он один, что одна Сила объединяет и действует во всем.

3. Но выражение «как себя» говорит о том, что надо любить ближнего в той же мере, в которой ты любишь себя, и ни в коем случае не меньше. Это означает всегда стоять на страже нужды каждого человека из народа Израиля, не менее, чем на страже выполнения собственных потребностей.

Но ведь это требование совершенно невыполнимо, так как человеку не хватает времени, чтобы позаботиться о собст-

венных нуждах. *Как же можно возложить на него обязанность работать и удовлетворять потребности всего народа?*

Но требования Творца к творениям сформулированы всегда с абсолютной точностью. Поэтому надо понять, как все-таки выполняется это требование Творца к человеку.

А мы думали, что прийти к конечному исправлению, обрести миры, стать как Творец, Властитель Совершенный и Вечный, это так просто — прийти к этому с помощью любви к товарищам, которую я действительно могу реализовать в маленькой группе. Все верно, но давайте посмотрим, реализуемо ли это правило на деле.

Это не так уж просто. Хоть все и сжалось вдруг: вместо всех миров — этот мир, вместо всего человечества — маленькая группа, и все будто бы находится передо мной, даже в этой маленькой лаборатории я не способен реализовать это правило.

Если я не способен позаботиться о наполнении себя, как смогу я позаботиться, и тем более на самом деле наполнить кого-то?! У меня и желания-то такого нет, а если оно и будет, как написано: «Возлюби ближнего, как себя», то есть заботиться о другом, как забочусь о себе, все равно я не смогу реализовать эту любовь, как не могу реализовать ее в отношении себя.

Как же мне прийти к реализации? Достаточно даже одного человека вне меня — группа не должна быть большой, чтобы показать, что я не могу позаботиться о десяти, двадцати, сотне человек — даже об одном человеке вне меня. Даже о себе самом не могу позаботиться.

Таким образом, Творец как бы говорит: «Ну, прыгай на следующую ступень!», а следующая ступень как бы нереальна, будто нарисована на стене, и подняться на нее нельзя.

- **Вопрос: Сказано — нужды каждого человека из народа Израиля...**

Каждый человек из народа Израиля — имеются в виду те в моей группе, которые всегда стремятся к одной Цели: «Исра Эль» — прямо к Творцу. И только среди них я должен выполнять эти действия. А не в обычном обществе, и уж тем более не в отношении всего человечества. Это невозможно — охватить группу большую, чем несколько человек, максимум несколько десятков.

- **Вопрос: Можно ли сказать, что каждый человек из народа Израиля — это каждый человек, изучающий Каббалу?**

Это не каждый человек, изучающий Каббалу. Речь только об обществе, которое я определил для себя, как группу, и в ней мы находимся во взаимной работе, один относительно другого. И хотя мы сейчас все более развиваемся и стараемся утвердить факт, что наша группа велика, что она включает в себя все группы на планете, человеку все-таки тяжело думать таким образом.

Мы постепенно привыкнем к тому, что нужно соотноситься, быть взаимовключенными во всех, кто стремятся со мной вместе к той же единой Цели; но если я неспособен удержать всех в поле зрения, то достаточно думать о небольшой группе людей. Хотя, разумеется, желательно, и я надеюсь, что в нашей работе мы придем к такому состоянию, что будем думать и ощущать всю группу.

Это не столько зависит от каждого, от его усилия, а от того, насколько вся группа спроецирует свою мощь на каждого. И тогда каждый, кто это почувствует, увидит себя включенным в некую силу, мысль, в одно огромное стремление к Творцу.

Это должно постепенно родиться, выйти изнутри. Это придет. Но я не ставлю это целью каждому, я просто говорю, что каждый человек, там, где он находится, обязан определить для себя некое небольшое количество людей, с которыми будет стараться достичь любви к ближнему.

4. Насколько указание «Возлюби ближнего, как себя» неосуществимо, уточняется требованием предпочесть нужды другого своим, т.е. если у человека есть что-то, и другой в этом нуждается, то несмотря на то, что нуждается и сам владелец, он обязан удовлетворить желание ближнего. То есть человек должен будет расстаться со всем своим имуществом, потому что всегда найдутся нуждающиеся в том, что есть у него.

Таким образом, мы должны понять, насколько это условие, любовь к ближнему — в отношении ли человечества, или Творца, или маленькой группы, или даже кого-то одного, кроме меня, — недостижимо для нас, насколько мы неспособны его реализовать. А если неспособны, то для чего вся игра: вместо Творца должны любить ближнего, вместо всего человечества — только малую его часть, даже кого-то одного? Зачем вообще было давать правило, закон, который я не способен выполнить? Это мы и выясняем. Осознание отсутствия во мне средств, базы, готовности, возможностей к выполнению этого условия, говорит, что сам я не способен построить кли, в котором будет обитать Высший свет и которое наполнит Творец. Я такое кли построить не способен. Так почему же написано мне: «Возлюби ближнего, как себя»?!

Понять это очень важно. Люди все равно думают, что способны прийти к духовному действию, что они должны стараться и всеми силами выполнять его. А нужно идти совершенно другой дорогой, а точнее — не другой, а рядом с ней. Мы не делаем никакого действия. Мы хотим прийти к недостатку (хисарону), к желанию быть **после** этого действия.

Если у нас есть недостаток быть уже **после** действия — я знаю, каким должен быть результат, насколько я не способен этого сделать, и насколько я это сделать хочу, и я правильно представляю себе состояние, в котором бы я мог быть, если бы это действие выполнил — этого достаточно!

Это напряжение — быть в состоянии, в котором я быть не способен — называется подъемом МАН. И тогда это происходит свыше — света исправляют келим, наполняют келим — только света! От каждого требуется только прийти к осознанию настоящего состояния и к правильному представлению состояния будущего, как самого лучшего — настолько, что настоящее состояние становится совершенно ненавистно мне, а будущее состояние представляется таким, без которого я не способен жить. Такой разрыв называется подъемом МАН, молитвой — только такое желание достаточно и нет иного, кроме этого. Такое желание уже вызывает воздействие света на нас.

Поэтому мы так много, часто и разнообразно обсуждаем, насколько этот закон, который мы обязаны выполнять, — единственный, один и тот же на всех ступенях — о котором я всегда должен думать; единственный, в отношении которого нужно себя проверять — насколько он невыполним.

5. Необходимо понять:
— *Почему дана Каббала только народу Израиля, а не всем народам?*
— *Нет ли здесь национальной избранности? Понятно, что только душевнобольной может так думать.*

Мудрецы говорят, что Творец предлагал методику исправления эгоизма всем народам, но никто не пожелал принять ее. Трудно согласиться с таким «детским» объяснением мудрецов!

— *Но если ни один из народов не захотел получить Каббалу, почему народ Израиля назван «избранный Творцом»?*
— *Как можно представить Творца, обходящего древние дикие народы, пытаясь вручить им то, о чем они не имеют ни малейшего представления?*
— *В истории народов не говорится о таком событии!*

Тора рассказывает нам, словно детскую сказку о том, что Творец большой и добрый и был у него некий прекрасный подарок, и Он пришел и хотел дать его всем народам (и где Он их тогда нашел?).

И обратился Он к ним, и спрашивал каждого, но никто не согласился принять Тору, потому что были в ней всевозможные ограничения и указания, а кто же захочет добровольно принимать на себя тяжелую жизнь?! И тогда пришел Он к народу Израиля и сказал: «Вот, пожалуйста, если хотите. Что поделаешь, никто не хочет брать, может, вы возьмете». А уж они-то закричали, обрадовались: «Да, да, давай, мы готовы!».

И правда — рассказ этот хорош только для того, чтобы рассказывать его детям. Но услышать его можно не только от детей. Как говорят: «Что делать с детьми, что состарились». Есть такие «мудрецы», которые несмотря ни на что рассказывают эту историю даже взрослым, и считают, что при этом изрекают некую премудрость.

Все, о чем рассказывает Тора, происходит в духовном мире, над махсомом. И даже не просто над махсомом — как правило, она рассказывает о том, что происходит в мирах БЕА, или в мире Ацилут: как мир Ацилут воздействует на миры БЕА.

Книга Зоар рассказывает об этом и объясняет все определения, термины, которые встречаются в святых книгах. Это разъяснено во «Вступлении в Книгу Зоар». Бааль Сулам объясняет: все, что говорится в святых книгах, говорится о духовном мире. Имеется в виду, что эти понятия находятся не в выси, над облаками или за горизонтом и, разумеется, не в физическом или географическом понимании — галактики и пр. Имеется в виду, что эти понятия скрыты от нашего ощущения, обычного для человека этого мира.

Поэтому духовное называется святостью. Святость — это нечто особенное, для восприятия которое, нам необходимы особенные чувства и органы ощущений. И тогда мы будем ощущать этими чувствами, и близко-далеко в них будет пониматься иначе, чем близко-далеко в чувствах животных, и высоко-низко, или сильнее-слабее — всевозможные образы будут выглядеть в этом органе ощущения соответственно его строению.

Этот дополнительный орган ощущений называется душа. Можно развить ее и начать с ее помощью чувствовать. То, что в ней ощущается, называется Духовный, Высший мир.

Каждый из нас, пришедших в мир, должен прийти к слиянию с Творцом, и не в одиночку, а все вместе, и не просто все мы, но мы должны еще и тянуть за собой уровни — неживой, растительный и животный — потому что они включены в нас и тоже достигают некоего духовного возвышения — так Бааль Сулам объясняет в начале «Введения в науку Каббала».

Есть методика развития «шестого чувства», чтобы жить в нем, находиться настолько, что все остальное станет второстепенным, несущественным — настолько, что я попросту перестаю ощущать жизнь в этом мире, как нечто важное. Как-то я спросил своего Учителя: «Каково это, когда человек достигает духовного ощущения, духовного мира, переходит махсом, — как он ощущает свое тело? Как он ощущает свою жизнь здесь?». И Рабаш объяснил мне, и я всегда возвращаюсь к этому объяснению — оно очень простое. Он сказал: «Это как будто ты пришел домой, принял душ, достаешь из шкафа новую рубашку и одеваешь ее». Точно так, как заведено, как принято у нас.

Так и человек, приходящий на ступень духовного мира и чувствующий жизнь на другом уровне, видит, что со всем комплектом его животных свойств, полученных при рождении, он больше не может продолжать реализовывать решимот, находящиеся в его «духовном гене», от данного момента и до конечного исправления.

И тогда он понимает, что пришло время избавиться от этого тела, «принять душ», и поднимается на уровень Бины, окунается в Высшие воды, а потом спускается обратно, получает тело с новыми животными качествами, то есть рождается, и продолжает путь в этом мире, пока постепенно не придет к конечному исправлению.

Можно прийти к нему за один кругооборот, но может быть и такое, что махсом ты уже перешел, и все равно есть еще у тебя всевозможные обязанности, «миссии», и в одну жизнь ты не укладываешься. Тогда ты «меняешь рубашку» и возвращаешься в этот мир.

А может быть, ты уже закончил свои исправления и знаешь, что пришло время собираться, сворачивать здесь свою деятельность. Возможно, ты уже пришел к конечному исправлению, и тебе не нужны никакие действия на таких ступенях, как этот мир, не нужно находиться одновременно и в теле, и в душе, которая уже совершенно исправлена, но есть роль у всего общего тела, называемого Адам, ради которой и ты должен находиться в обоих мирах; ты понимаешь это, и с радостью спускаешься, чтобы выполнить некую миссию.

В любом случае человек живет в соответствии с ощущением высшего уровня своего существования. Где мысли человека, где его сердце — там он себя и ощущает. В соответствии с этим и живет, а не в соответствии с низкими уровнями. Мы не чувствуем ни неживого уровня в нас, ни даже растительного. Что касается растительного уровня — скажем, ногти, волосы — мы режем их и не чувствуем, нам это не больно. И тем более, если это касается неживого уровня. Только живое в нас мы ощущаем, потому что мы, соответственно нашему телу, находимся на животном уровне — мы животные, согласно нашему биологическому строению.

Но если мы поднимаем себя со ступени «животное» на ступень «человек» (человек — имеется в виду душа), тогда мы прекращаем ощущать всю нашу животную жизнь, наш животный уровень, как нечто определяющее, важное; мы «обрезаем» его, как обрезаем сейчас ногти и волосы. Ощущение то же.

Как нужно пройти все исправления и нам и всему человечеству — всем вместе, или один за другим? Может быть, это подобно тому, как зародыш развивается внутри матери? Известно, скажем, что есть три дня усвоения семени (после того, как оно попадает внутрь матери), и после трех дней, то есть правой, левой и средней — первых трех линий, хотя все еще точечных, — возникает связь между Высшим и низшим.

Это называется, что есть место в матери, где это решимо точно находит с ней свою связь. У матери есть матка — имеется в виду АХАП — очень большая, способная вместить все решимот, все еще находящиеся ниже нее, и человек, соответственно первым своим выполненным правой-левой-средней линиям, точно находит то место в матери, которое относится только к нему. Это называется три дня усвоения семени, когда желание человека уже хотя бы в чем-то выяснено и точно он уже связан с Высшим.

Потом он начинает развиваться. Есть сорок дней образования плода, когда начинают возникать в нем всевозможные желания, свойства; мы это видим также на примере развития плода в этом мире; все наверняка видели рисунки, снимки того, как зародыш развивается в матке.

Далее. Есть три отдела, подраздела: первый, второй и третий — три месяца, еще три и еще три, до девяти месяцев, а месяцы *(ходашим)* — от слова «обновления» *(хидушим)*, которые происходят с человеком, когда он находится на этих этапах, под воздействием Высшего. И за счет этого он приходит к своей законченной форме, настолько, что может выйти и начать существовать свободно, независимо. У него появляется экран на авиют (сила, глубина желания) Алеф, и далее.

Мы видим, что не все органы в зародыше развиваются одновременно — одни — раньше, а другие позже. Развитие зародыша, которое мы понимаем из медицины, анатомии, физиологии, и вообще все, что происходит с нами в животной форме, в точности проистекает из нашего корня в духовном. Как на духовном уровне у нас есть душа, и в душе мы проходим процессы исправления, так это происходит у нас и на уровне животном.

Подобно тому, как неоднородно развиваются части, органы зародыша, которые мы видим своими глазами, так же эти органы развиваются и во всем человечестве, которое является одной душой, одним зародышем, или грудным младенцем (впоследствии — малым, большим), не однородно, а один за другим. И соответственно этому есть группы, скажем, на Земле: одни раньше, другие позже входят в свою работу и свое исправление. И, разумеется, пока не произойдет исправление всех — мы не достигнем конечного исправления.

Но есть, конечно, и мы это видим, какой-то определенный порядок. Мы не знаем, почему этот порядок установлен именно так; мы лишь можем изучать в науке Каббала, какому авиюту соответствует та или иная часть — Далет, или Шореш, к какой линии относится — правой, левой или средней, что это за часть.

Отсюда и вытекает вопрос: почему была дана Каббала народу Израиля, а не другим народам, хорошо это или плохо? Тора, или Каббала — это одно и то же, мы говорим

Каббала, просто чтобы не путаться — само понятие Тора очень искажено. Так почему методика исправления себя и достижения конечного исправления, подобия Творцу была дана отдельной группе древних народов?

Почему вместе с тем, как пишут мудрецы, Творец, видимо, хотел эту методику передать и всем остальным народам, каждому из живущих на планете Земля, но они не согласились? Он хотел, чтобы они ее приняли, а они не захотели. Что же заключено в этой истории, в чем ее внутренний смысл? И почему, если так, Он все равно потом дал ее какой-то группе, для которой эта система или совершенно не подходит, или не нужна? Почему говорится, что этим Он предпочел данный народ всем остальным народам? Он избрал, или они избрали?

История очень уж странная... Как если бы я приготовил кому-то подарок, а он не захотел его принимать. Ну, что поделаешь, не хочет — как хочет, иду к другому: «Может, ты хочешь?» А другой очень даже рад и подарок этот принимает. А потом вдруг говорит о себе, что он — избранный, особенный народ, что Творец заботится о нем и желает его. А ведь изначально история была совсем другой...

Нужно во всем этом разобраться. Разумеется, и Бааль Сулам сразу же спрашивает: может ли быть, что здесь имеет место выбор по национальному признаку? Какой национальный признак, по каким особенным свойствам, относящимся к этому миру, — по животным свойствам?! Конечно же, не может быть, чтобы Творец предпочел некую группу другим группам, которые Он распределил по всей Земле!

В чем же дело? И было ли на самом деле предпочтение определенным народам в получении методики исправления? А когда те ее не приняли, Он пришел к другой группе и все-таки дал им ее. В этом нужно хорошо разобраться, потому что каждый из нас тоже состоит из народов мира и народа Израиля. И мы внутри себя должны понять, как это работает. Ведь на самом деле эта методика исправления предназначена для свойств, которые изначально вообще не способны быть в связи с Каббалой.

Поручительство. Урок 1

Поэтому мы начинаем наше стремление к Каббале, как известно, с точки в сердце, которая называется Бина. Мы стремимся к духовному миру, хотим слиться с Творцом — без четкого осознания этого, но у нас есть стремление, и оно не относится к нашим действиям, желаниям, к нашим животным стремлениям — к деньгам, к славе, к знаниям, к сексу, к еде — нет! Мы чувствуем, что хотим оторваться, отключиться от всех желаний этого мира и прямо-таки взлететь в небеса!

Это соответствует сказанному, что методика исправления на самом деле предназначена для всех наших животных желаний — с одной стороны, а с другой — невозможно, чтобы люди ее приняли. Передать ее им, вживить ее в них можно только через точку Бины, которая называется часть Творца свыше. Она к ним не относится, и вообще не принадлежит человеку.

Точка в сердце дает нам вдруг стремление к духовному, и это вообще не засчитывается на наш счет. Эта точка не нашей природы. Это Творец разбиением сосудов врастил, вживил в нас искру, частицу разбитого экрана. Частицу отраженного света. Эта частица в нас и называется Исраэль. И поэтому она называется частью Творца свыше — она вообще не принадлежит нам!

В ком бы ни была эта частица — она часть Творца. Часть Бины. Но при помощи этой частицы мы начинаем строить связь между Творцом и самим желанием получить. Связь начинается именно в этой точке и выглядит так: под точкой находится все мое огромное желание получить, выше точки — Творец и духовный мир. И получается, что эта точка связывает их. И тогда она способна принять методику исправления, называемую Тора, или Каббала, начать связывать желания получить, каждое — на своем определенном уровне авиюта, со свойствами отдачи, за счет того, что служит связью между желанием получить и Творцом.

Потом мы называем эту точку НЕХИ Высшего, АХАП Высшего, НЕХИ дэ-Има — мы изучали это в ночь Ошана Раба.

Тогда получается, что так же, как и в духовном есть общее и частное — точка Бины и точка Малхут — так и в группах, и во всех народах, во всем человечестве есть определенная группа, которая как бы **обязана** произвести исправление, уподобиться точке Бины, после чего она назовется Исраэль, и выполнить эту роль в отношении всех народов. И это то, что мы сейчас должны сделать.

Но и здесь также есть общее и частное. Есть обязанность, лежащая на всем народе Израиля (Израиль на животном уровне, в этом мире, у кого в паспорте написано «еврей») — принять методику исправления, исправить себя и быть, что называется, «светом для гоев», светом для всех народов, принести им эту методику — как исправить мир и наполнить его светом Творца, то есть действительно быть Исра-Эль относительно всех народов.

Точка стремления к Творцу каждого, к кому приходит это желание, называемое Израиль, тоже состоит из двух частей — часть «Израиль», стремящаяся к Творцу, и часть «Народы мира», находящаяся внутри него.

Что же особенное есть в народе Израиля, по сравнению со всеми остальными народами? За счет чего он и на животном уровне все-таки более других принадлежит науке Каббала, и принял ее, и развился, и на протяжении всех поколений принадлежит ей, или она принадлежит ему, хотя и не особенно ее принимают, хотя и не хотят, и не любят ее, но все же наука Каббала передается через него?

Это станет ясно, если мы изучим решимот, то, как они распределились после общего разбиения Адама. Решимо тех, кто на животном уровне относится к народу Израиля, это самые маленькие решимот — то есть самые светлые. Хорошо то, что раз эти решимо самые светлые, они находятся относительно ближе к махсому. И поэтому в них с большей легкостью могут выйти, проявиться и начать действовать точки Бины. Это с одной стороны.

С другой — поскольку все, что раскрывается, должно раскрыться со своей противоположностью, то и желание получать, заключенное в Израиле, вместе с тем, что оно близко к махсому, раскрывается в наиболее дикой, в худ-

Поручительство. Урок 1

шей форме. Получается, что у народа Израиля, с одной стороны, есть точки Бины, более выдающиеся и сильнее тянущие его в духовное, но, с другой стороны, есть у него точки Малхут, худшие, чем у других. Не то, чтобы он сам был грубее других народов, нет! Просто эти точки Малхут раскрываются в нем раньше, чем в других.

Эта группа особенна тем, что ее келим при разбиении упали на уровень, наиболее близкий к уровню разбиения, наиболее близкий к махсому. Поэтому этот верхний слой келим и называется Израиль. И как следствие, в нашем мире такие тела называются телами «народа Израиля», «ехудим». Их особенность в том, что и Бина, и Малхут выясняются, проявляются более четко и раньше, чем во всех остальных келим, потому что они находятся ниже, глубже всех остальных решимот.

Повторяю. Разбивается Адам Ришон. Все решимот падают вниз — по уровням авиюта Шореш, Алеф, Бет, Гимел и Далет. То, что принадлежит к уровню авиюта Шореш, называется «сыны Израиля». А все остальные — народы мира.

Таким образом, с одной стороны, со стороны авиюта Шореш, это самые светлые келим и заключенные в них Бина и Малхут проявляются быстрее, чем в других народах. Достаточно малому свету воздействовать на них, как они уже «взвиваются». И Биной они пользуются неправильно — мы знаем, что евреи всегда первые в самых разных глупостях, которые делает человечество: все революции, все открытия — никому это не нужно, но евреи это делают из-за Бины, что в них.

А с другой стороны, евреев также притягивает богатство, слава, уважение — и плохое, и хорошее в них выделяется больше. Это потому, что авиют дэ-Шореш раскрывается окружающим светом прежде других.

Итак, в результате разбиения Адама все слои разделились в соответствии со своим авиютом, и в соответствии с этим упали. Это изучается в седьмой части Талмуда Десяти Сфирот.

Все части решимот упали. Сначала малахим ДАХГАТ (Даат, Хесед, Гвура, верхняя часть Тиферет), потом —

ТАНХИМ (нижняя часть Тиферет, Нецах, Ход, Есод, Малхут) — это Первый Храм и Второй Храм. Каждая падающая часть толкала более низкие части падать еще ниже, и все падения произошли относительно свойства Бины. И тогда те, в которых свойство Бины выделялось больше, остались ближе к махсому. Это называется «Заслуги отцов». Что такое «отцы»? Это те самые свойства Бины — Хесед, Гвура, Тиферет — находящиеся в верхней части Адам а-Ришон.

Получается, что особенность эта (народа Израиля) — вовсе не особенность. Просто те решимо, которые приходят в наш мир в одеянии, называемом Израиль, исправляются первыми, и они обязаны передать методику исправления другим, и в этом наша роль, наше предназначение.

Кроме того, поскольку общее и частное равны и все решимот перемешались, то во всех остальных слоях тоже есть Алеф, Бет, Гимел и Далет, во всех остальных уровнях авиюта тоже есть Алеф, Бет, Гимел, Далет, и даже в Далет дэ-Далет! То есть мы можем найти даже китайцев, японцев, представителей каких угодно групп или народов, в которых есть те самые частицы Бины, тот же самый Шореш — корень, называемый Израиль — или в них это будет. Они могут называться Праведники народов мира — неважно, как их называть, но в каждом народе есть люди, которые стремятся к духовному.

И с другой стороны — в Израиле, относящемся к авиюту Шореш уровней Шореш, Алеф, Бет, Гимел, Далет, есть люди, далекие от духовного, хотя и принадлежат к Израилю. Потому что все состоит из всего, включает в себя все.

Поэтому мы видим здесь людей из двадцати пяти стран, и все они относятся к Израилю. К понятию Яшар ле Эль *(Прямо к Творцу; пишется как Исра Эль)* — стремлению к Творцу. И в то же время можно выйти на улицу и увидеть людей, которые по национальности принадлежат к Израилю, но нет им до этого никакого дела, от них можно лишь услышать: «Оставь меня в покое!» Таково их отношение к миссии. Потому что не принадлежат они к части Бины, что в них.

Поэтому и пишет Бааль Сулам, что, «только душевнобольной может так думать» — что это имеет какое-то отношение к национальности. А с другой стороны, все-таки именно народ Израиля обязан передать в этом мире методику исправления, реализовать и передать ее другим народам.

Отсюда понятно, почему на протяжении всей истории евреев всегда бьют больше других, и почему Творец подстраивает им такие удары через все остальные народы. Потому что евреи не реализуют методику исправления и не передают ее этим народам, а ведь она является спасением также и для них. И тогда, разумеется, пресс исправления, это гигантское колесо истории в первую очередь вынуждает евреев выполнять действия исправления.

Итак, написано, что Израиль виновен во всех ужасах, происходящих в мире. (Бааль Сулам; «Предисловие к Книге Зоар», п. 71) Потому что все беды происходят из-за отсутствия исправления, в котором виноваты евреи.

Так что если где-то война или катастрофа — неважно где — это из-за отсутствия исправления, чему причиной являемся мы. Мы — Израиль: то есть каждый, в ком есть желание, но он его не реализовал; в том числе, имеется в виду народ на животном уровне, называемый Израиль, не выполнивший возложенного на него.

- **Вопрос: Так что, пришло время конечного исправления народа Израиля животного уровня?**

Должно быть произведено конечное исправление всего верхнего слоя человечества, стремящегося к духовному, из всех народов. Из таких людей мы строим нашу группу, и она называется Израиль по своей духовной форме. Кроме этого, есть народ, на животном уровне, называемый Израиль, и он обязан выполнить свою миссию на Земле на животном уровне. И пока не сделает этого, будет бит всеми и удары эти он, собственно говоря, сам «заказывает», сам себя бьет.

Когда за махсомом видишь эту картину такой, какова она на самом деле, это выглядит так, словно ты сам берешь палку и себя избиваешь. И получается, что все это средства — другие ли народы, приходящие с желанием убить тебя, или катастрофы, трагедии, происходящие с тобой — ты своими глазами видишь, насколько ты **сам** все это делаешь **себе**.

А все остальные, кроме тебя, все еще находятся на ступени ниже свободного выбора, и поэтому ничего реально от них не зависит — ни от Гитлера, ни от Сталина, ни от Арафата — ни от кого! Только от тебя! А ты ничего не делаешь — и вызываешь все катастрофы, происходящие с тобой и со всеми.

- **Вопрос: Если у человека нет точки в сердце, он не придет учиться. У народа Израиля, у массы есть эта точка? Если нет, то чего можно от них хотеть?**

У народа Израиля эта точка есть, и она ближе к махсому, и выражена ярче, чем у всех других народов! И мы видим это из поведения народа Израиля на протяжении истории — насколько он оснащается глупостями этого мира: открытия в науках, физике, математике и т.п., стремление быть богаче всех, успешнее всех во всем.

А если бы народ Израиля использовал свои духовные свойства, развивал бы их, понятно, что он бы уже привел к общему исправлению весь мир. Свойства — есть, исходные данные, заготовки — есть. Если бы это было не так, если бы у нас не было уже давно возможности произвести исправления. не обрушивались бы на нас все эти катастрофы. Именно отсутствие исправления, которое мы не произвели вовремя, возвращается к нам в столь резко отрицательной форме, не более того. Если я вовремя не реализую исправление — решимо, когда снизу ко мне, в мою точку в сердце приходит авиют, и я должен из этого авиюта (*«толщина», грубость*) сделать закут (*тонкость, прозрачность*) — если я не делаю этого, тогда авиют становится над точкой в сердце, как дополнительное сокрытие, и оно-то и ощущается нами как катастрофы, как тяжелая жизнь, болезни и пр.

Поручительство. Урок 1

Каббалисты двадцатого века в двадцатых-тридцатых годах кричали, предупреждая, что через десять-двадцать лет народ Израиля ждут настоящие катастрофы. Потому что тогда действительно произошел очень резкий переход от жизни в странах рассеяния к другому периоду жизни, когда евреям была вручена страна, они начали ее осваивать, но осваивать в смысле животном, а не духовном.

Бааль Сулам пытался предупредить — и тому есть свидетельства — кричал о том, что может произойти. И это произошло. Потому что если ты получаешь так много условий, чтобы произвести исправления и внутреннюю подготовку, но не делаешь этого, тогда авиют из-под Бины становится над Биной, Малхут поднимается над Биной, и все катится в ад. Я не хочу говорить о том, что еще может случиться, но стоит поторопиться.

- **Вопрос: Как может быть, что народ ближе всех к свету, и находится в наибольшем сокрытии?**

Он не находится в большем сокрытии. Можно спросить: как может быть, что Малхут его так велика при том, что народ Израиля — авиют де Шореш? Этот народ жесток, гонится за славой, за деньгами, хочет проглотить весь мир, евреев всего-то пятнадцать миллионов, а сколько шума делают — на весь мир!

Это происходит потому, что авиют его сейчас проявляется, выходит наружу, находится в действии. У других народов мы этого не видим, не замечаем. Что, например, может быть нужно китайцу? Получает стакан риса в день и слава Б-гу, ничего больше и не нужно. Это потому, что еще не дошел до него окружающий свет, еще не пришел китаец к реализации своего желания. Когда это произойдет, когда раскроется его желание получать, мы увидим — что это будет за желание! Ведь в каждом из нас должно раскрыться желание получить Бесконечность!

То, что раскрывается сейчас в еврейских душах, это общий авиют дэ-Шореш! Но поскольку в евреях он раскрывается, а в других народах нет, кажется, что они хуже всех. Еврейский авиют уровня Шореш, относительно других народов, является сейчас самым грубым. Поэтому он толкает их на все — на революции, на открытия в науке, технике, быть первыми в деньгах, в славе — во всем!

Но когда это начнет раскрываться в более низких слоях желания получать, что будет! Вот тогда тряхнет... Но не тряхнет уже, потому что мы подготовим это авиютом Шореш к дальнейшему развитию.

Поэтому и говорится, что этот народ, этот слой является адаптером, переходным устройством между Творцом и всеми остальными народами. И поэтому они — все остальные, более низкие решимот — изначально не способны начать свое исправление без авиют дэ-Шореш, просто потому, что расстояние невероятно велико.

- **Вопрос: Как сегодня, здесь, где мы находимся, как собрание Израиля из всех народов, мы можем пробудить точку в сердце народа Израиля?**

Прекрасный вопрос! Что сказать? Это самая тяжелая работа. Хоть это и всего лишь слой авиюта уровня Шореш. Только окружающим светом, который мы на себя притянем, можно это сделать. Написано в конце «Предисловия к Книге Зоар» (п. 69): сказано пророком Ишаяху: «И возьмут все народы Израиль и приведут их в место их; и дом Израиля примет их (народы) в наследие на земле Творца, и они принесут сыновей твоих в поле, и дочери твои несомы будут на плечах». То есть другие народы возьмут сынов Израиля на плечи и принесут их в Иерусалим, чтобы те выполнили свою работу.

Неспроста именно таким образом и производится исправление. «Другие народы» — а здесь представители из двадцати пяти стран — в конечном итоге, и должны привести к исправлению следующего слоя, то есть авиют дэ-Шореш, а через него исправится вся остальная масса мира. То есть за духовным народом Израиля — а это мы с вами — на всем земном шаре, придет уровень неживой, народ Израиля животного уровня, а за ним — остальные народы, каждый — соответственно своему авиюту. Только посредством окружающего света, который мы пробудим.

Кто мы? Мы не принадлежим к народу Израиля, мы народ Израиля в духовной форме. Та самая точка во всех народах, которая стремится к духовному. Мы — Шореш, корень, который во всех них — Шореш дэ-Шореш, Шореш дэ-Алеф, Шореш дэ-Бет, Шореш дэ-Гимел, Шореш дэ-Далет. Мы еще увидим, как придут китайцы, японцы — все! Не будет ни одного народа, в котором кто-нибудь этим не заинтересовался бы, и тогда это действительно будет группа, включающая всех. Но народ Израиля — это понятие в духовном, не в материальном. В материальном — это те, кто находятся вне Кфар Ситрин.

- **Вопрос: Мы должны притянуть окружающий свет, чтобы вызвать у израильтян пробуждение точки в сердце. Для этого нужна какая-нибудь особенная мысленаправленность?**

Известно, что этот год мы, группа Бней Барух в Израиле, объявляем годом ивритоязычного распространения. Мы должны начать разрушение барьера, махсома в этой стране. Без этого нельзя. Наша задача — сделать это. Каждая группа сделает это на своем месте, но наша задача — самая сложная!

- **Вопрос: На это нужно направлять свое намерение во время учебы?**

Я бы сказал так — чего я ожидаю? Конечно, я ожидаю как можно большей группы, какой только может быть наша группа — Исраэль, наша общая группа — и всех тех, кто был здесь, и чтобы приехали еще люди, из других стран тоже. Так это и будет — мы видим: вдруг обнаружились люди из Чили, из Бразилии, из Мексики... Человек вдруг начинает чувствовать, находит связь. Это действительно очень особенные души, такова их роль.

А роль всех нас, и особенно группы «Бней Барух — Израиль», заключается в том, чтобы привести еврейский народ в Израиле к духовному пробуждению. Потому что от духа мы должны начинать спускаться в прочие слои, то есть из корня в Шореш, Алеф, Бет, Гимел, Далет — мы должны начинать работать, каждый в своем слое. И если мы не сделаем этого в слое общего авиют дэ-Шореш, мы, конечно, не перейдем к остальным слоям.

6. Каббала — это методика исправления эгоизма. Результат исправления — достижение цели всего творения — слияния с Творцом.

Мир сотворен и именно таким, чтобы дать человеку возможность, соблюдением законов Каббалы достичь Цели творения.

Замысел Творца раскрыть Себя человеку, что ощущается человеком как абсолютное наслаждение.

Постепенно развиваясь посредством Каббалы, человек духовно поднимается вплоть до постижения Творца и слияния с Ним — до окончательного совершенства. Это совершенство называется «слияние».

Я собрал и упростил все слова, каждое предложения Бааль Сулама, внес действительно большие изменения, но, в общем — таков смысл. То есть, цель Творца — раскрыть Себя человеку, раскрытие это происходит согласно подобию формы, а к подобию формы человек приходит, исправляя все свои желания.

Все наши желания должны остаться такими, какие они есть, исправлять желания не нужно, хотя мы и говорим, что нужно их исправить. Это значит, что на каждое желание мы должны установить экран — способ использования желания, намерение его использования.

7. Однако почему мы изначально не сотворены совершенными, в слиянии с Творцом? Для чего и кому необходимы наши усилия в самоисправлении?

Ответ: кто ест дармовой хлеб, ощущает стыд, вплоть до потери своего «Я». А поскольку Творец желает, чтобы творения ощущали себя совершенными, подобными Ему, Он предоставил нам возможность своими усилиями в самоисправлении достичь совершенства.

8. Это похоже на то, как один богач привел к себе бедняка, кормил, поил, дарил ему все, что только мог тот пожелать. Бедняк же, в мере увеличения бескорыстно вручае-

мых даров, испытывал все большее удовольствие и все больший стыд. И когда богач спросил: «Скажи мне, выполнил ли я все твои пожелания?», ответил ему бедняк: «Желание одно осталось во мне: чтобы все это было заработано мною, а не получено милостыней из твоих рук». Ответил богач: «Эту потребность не сможет удовлетворить никто».

Это естественный закон нашего мира: получающий ощущает стыд и нетерпение в момент получения бесплатного дара от дающего из милости или из жалости к нему.

Из этого следует второй закон: не найдется в мире человека, который мог бы полностью выполнить все желания другого, т.к. никак не сможет придать своему дару вид самостоятельного приобретения, что только и может дать получающему ощущение совершенства наслаждения.

Поэтому совершенный Творец приготовил нам возможность усилиями в самоисправлении методикой Каббалы самим достичь совершенства.

В таком случае все благо и наслаждение, приходящее к нам от Него, т.е. все, заключенное в понятии «слияние с Творцом», будет нашим собственным приобретением, доставшимся нам нашими усилиями — только так мы сможем почувствовать себя хозяевами, и ощутим совершенство.

То есть Творец создал желание получать, но вместе с ним создал и стыд — ощущение различия между получающим и дающим. Если бы Он не создал стыд, то есть что-то дополнительное, кроме желания получать, мы никогда не захотели бы измениться. Как животные. Все наше желание измениться проистекает из ощущения различия между нами и Творцом. И когда мы чувствуем это, и даже когда не чувствуем.

Написано о животном: «теленок дня отроду быком зовется». То есть животное, даже если только что родилось, уже умеет стоять, умеет есть, оно уже знает, что плохо, а что хорошо, оно никогда не ошибется, оно знает куда можно идти, а куда нет, знает, что нельзя прыгать с высоты, лезть в огонь — все знает. И не нуждается больше ни в чем для своего развития. И так до конца своей жизни животное остается с тем же характером, с теми же привычками, в одной и той же природе, которая не меняется.

Человек абсолютно отличен от животного. Он рождается совершенно не готовым к существованию. Пока он научится тому, как существовать, как содержать себя в мире, проходит лет двадцать. Только для того, чтобы хоть как-то научиться не делать глупостей! Но потом и это уже не помогает.

Животное нуждается в воспитании? Нужно как-то удерживать его, чтобы не ударилось в наркотики, чтобы не наделало глупостей, от которых и само пострадает, и обществу навредит? Ничего подобного, только человек!

В чем причина этого? Все происходит из ощущения различия между человеком и Творцом, из точки стыда. Эта точка толкает нас на самые плохие «достижения», но если бы мы ощущали Творца, то есть понимали бы, в чем наше от Него отличие, тогда это ощущение придало бы нам настоящее устремление и четкое направление к развитию и исправлению.

Поэтому и истинный стыд, и истинное исправление стыда производится только над махсомом. А под махсомом есть у нас некая копия этого, в наших животных свойствах. И на наше горе это, конечно, несет нам все возможное зло. И исправление только в том, чтобы уподобиться Дающему, иначе не избавиться от стыда.

Этот стыд, как я сказал, сам по себе — уже творение. Если бы Творец, сотворив стадию Алеф, первую стадию четырех стадий прямого света, наполнил бы ее, и не внес бы в нее ощущение, что есть стадия Шореш — Дающий — стадия Алеф не ощутила бы желания уподобиться стадии Шореш — Высшей стадии, Дающему. И тогда бы не было развития — все завершилось бы на стадии Алеф четырех стадий прямого света. Ведь все развитие происходит из ощущения различия между низшим и его Высшим, из желания низшего уподобиться Высшему. Бааль Сулам объясняет это в следующем пункте.

9. Однако, из какого закона природы исходит стыд, который мы ощущаем, когда получаем от кого-то из милости?

Стыд является следствием известного закона природы «Природа каждого следствия, ветви, близка своей причине, корню, и подобна ему». Этот закон действует между любым корнем и его ветвью и не может быть нарушен.

Из этого следует, что:
— *все существующее в корне — желанно, любимо, полезно, приятно, вызовет ощущение наслаждения в ветви, и она устремится к корню;*
— *все несвойственное корню — неприемлемо, нетерпимо, вредно, вызовет ощущение страдания в ветви, и она устремится прочь от этого.*

Отсюда поймем источник всех наслаждений и страданий в мире: поскольку Творец создал все и Он — корень всех творений, то:
— *все содержащееся в Нем и нисходящее напрямую от Него к нам — притягательно для нас и приятно;*
— *все не свойственное Творцу, не исходящее напрямую от Него, а являющееся результатом проявления обратных свойств самого творения — противно нашей природе и вызывает страдания.*

Если стыд — это часть творения, то в какой части творения он находится? Если стыд — это свет, как творение ощущает его?

Я очень ясно выразился: стыд — это само по себе творение. Что это значит?

Желание получать, — желание насладиться светом, создавшим его. Это как оттиск: есть свет — свойства Творца — который желает творению добра, желает дать ему наслаждение при помощи этих свойств Он запечатлевает в творении желания к тем ощущениям, которые хочет ему дать. И творение неизбежно начинает желать того, что есть в Творце, желать насладиться Творцом, ощущением Творца. Если Творец наполняет меня — мне хорошо, если не наполняет — плохо, наполняет больше — мне лучше, наполняет меньше — хуже.

Таким образом, существует неживое, растительное и животное. Уровень «говорящий» (я не говорю о «говорящем» с улицы, я говорю о понятии «говорящий») находится на ступени, на которой чувствует не только то, что ему хорошо от присутствия Творца и плохо от Его отсутствия. Кроме этого он чувствует дополнительный параметр, совершенно не относящийся к «оттиску» Творца в творении. Творец, кроме того, что запечатлел в соответствии с наслаждениями, в соответствии с Его формой противоположную форму в творении, Он еще дал творению дополнительное ощущение — ощущение Самого Себя — «Кто Я, Дающий тебе это?».

Неживой, растительный и животный уровни не ощущают Дающего. А человеческий уровень определяется, как «чувствующий Дающего». Мы еще не на этом уровне, еще не бней адам. Мы еще не «человек». Человек — это значит, что он чувствует Творца как Дающего, и тогда, как результат этого, немедленно, неизбежно чувствует стыд. И в соответствии с силой ощущения стыда побуждение его — уничтожить этот стыд, любой ценой. Потому что стыд совершенно аннулирует все наслаждения.

«Лучше смерть, чем такая жизнь» — я не хочу такой жизни, не хочу ни денег, ни уважения, ни знаний, ни любых духовных наслаждений, если чувствую стыд. Настолько, что Малхут бесконечности, которая была полна всеми светами, сделала сокращение, не захотела всего наполняющего ее света. Почему? Потому что чувство стыда сильнее, чем все бесконечные наслаждения, находящиеся в ней.

Чувство стыда нисходит с более высокой ступени. И если человек исправляет стыд, он удостаивается ступени более высокой, чем собственный воспринимающий сосуд. То есть он приходит с уровня творения на уровень Творца. Потому что именно со ступени Творца исходит это ощущение — ощущение различия, ощущение стыда. Ощущение Дающего.

- **Вопрос: Что перевешивает — наслаждение от подобия Дающему или стыд?**

Желание уподобиться Дающему и стыд — это одно и то же. Но вопрос хороший — получается, что поскольку я вижу, что Он Дающий, а я получающий (а я не хочу ощущать себя получающим, от этого мне плохо), я иду на некие действия, чтобы не чувствовать стыда, не чувствовать себя получающим. И это называется, что я делаю это из любви?! Я делаю это, чтобы действительно уподобиться? Нет! Я делаю это, чтобы избавиться от неприятных ощущений!

Поначалу это так, потому что мы пребываем в форме, противоположной Творцу. Моя ненависть к получению — я стыжусь этого, это сжигает, попросту убивает меня, я чувствую, что «для меня лучше смерть, чем такая жизнь» — это на самом деле настолько сильно, потому что исходит со ступени более высокой, сильнее всех наслаждений, — моя ненависть дает мне возможность сделать на себя первое сокращение: я прекращаю получать все наслаждения, я не хочу их!

Когда я прекращаю получать все наслаждения, я могу воспринимать в себе свойства Бины, я начинаю понимать, что быть получающим плохо, понимать, потому что желание получать страдает от этого. Это уже переход к пониманию того, насколько, лучше быть дающим. Настолько, что желание получать само начинает понимать, что быть дающим — стоит, у него уже есть связь с Биной.

С чего начинается связь Бины с Малхут? С того, что Малхут вначале сокращает Бину и говорит: Не хочу тебя! Ты не хочешь меня, я не хочу тебя! Из этого возникает — мы друг другу понадобимся: я тебе, а ты мне. И тогда каждый начинает взаимопроникаться свойствами другого. И в этой взаимосвязи возникли новые мысли, которых не было в творении — что можно наполниться за счет отдачи. И наполнение это абсолютно за счет отдачи. Оно и не наполнение вовсе, вся его суть — это отдача. Уподобление Дающему.

Это начинается с ощущения стыда, которое таким, неприятным, образом помогает желанию получать начать избавляться и отдаляться от себя. Человек начинает видеть — при помощи стыда — отдаление от себя. Он выходит из себя, отталкивает, отвергает свою природу. И стыд помогает начать это.

А затем, разумеется, на смену стыду приходит любовь, стремление в отношении Дающего, без всякого стыда. Потом приходят к состоянию, где все разрешено. Творец дает все! Как в примере из письма Бааль Сулама о царе, который скрылся, и кто-то жестокий нападает на его казну, или вообще на все королевство, а бедный, несчастный раб вынужден сражаться.

То есть все в руках человека. И нет никакой проблемы, полная свобода выбора — быть подобным Дающему или получать совершенно все, как в малхут Бесконечности, и не чувствовать стыда.

Впоследствии у человека есть выбор — в том, чтобы как бы «стереть» стыд. Остаться в намерении ради получения, во всем желании получить и быть в этом свободным, без Творца. И в этом — точка его совершенно свободного выбора, называемая средняя часть Тиферет, средняя треть Тиферет, клипа Нога.

Возникает вопрос: как максимально свободно выбрать — быть ли как Творец, или как творение; что тогда будет нашим мотивом уподобиться именно Ему. Это уже не так просто объяснить.

- **Вопрос: Мы говорим, что только ощущение Дающего позволяет ощутить стыд.**

Стыд может возникнуть, только если мы увидим Творца, почувствуем Дающего. Как здесь, в статье, в притче о богаче и бедняке.

Есть многие, получающие, «хватающие» различные блага. Мы говорим — постыдился бы! Как же тебе не стыдно?! А он не чувствует, что получает! Ребенок чувствует, что получает от своих родителей? «Они обязаны мне давать!» — он «глава» семьи, он ими командует! Потом, когда вырастает, когда получает независимость, он уже не может прийти к родителям с требованиями.

Я — ребенок своих родителей, пусть мне уже тридцать, но я их сын, я живу с ними, прихожу к ним, как домой — я их сын! Потом я женюсь, и теперь я уже прихожу к родителям навестить их. Я теперь — отдельный, самостоятельный элемент, я теперь стыжусь. «Куда идешь? — Иду навестить родителей». А прежде, чем женился? «Я иду домой, к папе и маме».

Ты уже начинаешь стыдиться. Потому что теперь стал независим, отделен. Это ощущение — что человек получает — и дает ему возможность стать самостоятельным.

- **Вопрос: Можно ли сказать, что к стыду от противоположности формы позже добавляется стыд от недостатка стремления?**

Стыд от недостатка стремления может прийти только от общества, а не из самого человека. Это отдельная тема: как при помощи группы мы можем развить стыд. Это очень важно.

- **Вопрос: Если бы Творец сначала зарабатывал, а потом давал мне, тогда понятно, но у Творца все это уже есть, от природы! Почему же я должен стыдиться взять у Него?**

Вопрос звучит так: у Творца есть все что угодно, ни в чем нет недостатка, у Него есть бесконечные наслаждения, есть все! Так какая Ему разница, если я немножко получу от Него? Почему я должен испытывать стыд? Как говорят: «Я разве краду? Так все же крадут! Они все сами украли, а я краду у них. Это вообще заповедь, а не воровство!». «Укравший у вора неповинен», да?

Можно говорить об этом до того, как действительно ощутим Дающего. Более того — все, что есть в человеческой форме, что отличает нас от животного, от ребенка — все это приходит как следствие развития стыда. Посмотрите на ребенка — он подходит к любому, берет у каждого, в обе руки! Видели, как едят дети? Ребенок набивает рот полностью! И не стыдится! Это не соответствует уровню его развития. Потом он начинает оглядываться — брать чуть-чуть, понемножку — это уже стыд.

Мы не можем выбирать, как себя вести — если стыд приходит, как ощущение Высшего, как ощущение Дающего — делать нечего. И, собственно, все воспитание поколения должно быть построено на повышенной чувствительности к стыду. Все достижения в жизни — в профессии, на работе — быть больше, лучше — все это из-за стыда. Стыда перед женой, перед родителями, перед близкими, перед начальством — перед всем миром, перед собой. Это — твоя мотивация, это то, что обязывает во всем. Иначе ты остался бы, как животное, без всякого развития.

Например, мы любим покой и ненавидим движение — настолько, что любое движение мы совершаем только ради достижения покоя. И это потому, что наш корень, Творец, находится в абсолютном покое. По той же причине мы любим мудрость, мужество, богатство и т.д. — ведь все это находится в Нем, ибо Он — наш корень.

И ненавидим все противоположное им: глупость, слабость, нищету, т.к. они совершенно отсутствуют в нашем корне.

10. Поскольку Творец, наш корень, только дающий, а не получающий — мы, Его ветви, ощущаем наслаждение, когда даем, и стыд, когда из милости получаем.

ПОРУЧИТЕЛЬСТВО

«Матан Тора», статья «Поручительство» п. 11
17 октября 2003 года, вечер

Мы продолжаем изучение статьи «Дарование Торы. Поручительство».

11. Что же на самом деле представляет собой Цель творения — «слияние с Творцом»?

«Слияние», достижение которого гарантируется нам занятиями Каббалой, — это подобие ветвей своим корням, в соответствии с чем все приятное и возвышенное, естественно находящееся в Творце, ощущается нами.

Таким образом, наслаждение — это подобие свойств Создателю.

Если мы уподобляемся в наших действиях всему, что присуще нашему корню — мы испытываем наслаждение.

Все, что отсутствует в нашем корне, — вызывает в нас страдание.

Таким образом, все зависит и основывается на степени подобия наших свойств нашему корню.

Что Бааль Сулам хочет сказать нам? Действительность построена из слоев. Мы не знаем, каков наивысший слой, который называется сутью Творца, Ацмуто. Мы не знаем, что он собой представляет и что находится ниже него.

Каббалисты, постигшие действительность и поднявшиеся на Высшую ступень, говорят, что она представляет собой мысль «насладить творения». Это единственная мысль, только она и существует, она и является реальностью. Они называют эту мысль Замыслом творения и Творцом. Они изучают ее и учат нас, что эта мысль, являясь желанием насладить творения, реализовывается, создавая творения, материализовываясь.

Она спускается со своего «чистого» уровня, где она существует как мысль, ступенька за ступенькой, и строит действительность все более и более материальную (мы называем это нисхождением ступеней, парцуфим, миров и сфирот), до тех пор, пока мы не находим себя на самой низшей ступени. Так объясняют нам каббалисты. Они говорят, что нет ступени более низкой.

Эта мысль обязывает нас достичь наивысшей ступени, на которой она находится в своем «чистом виде». И вся методика заключается в том, как из нашего состояния, когда мы абсолютно не ощущаем ее, подняться на уровень этой мысли, став более чувствительными к ней, и ощутить, как она воздействует на нас и приводит нас в движение на всех наших уровнях: и на уровне, на котором мы ничего не знаем о ней, и на уровне, на котором мы можем немного думать о ней и немного почувствовать ее.

И постепенно мы начнем представлять ее себе, предпринимать какие-то усилия, чтобы включиться в нее, начать жить совместной жизнью с этой мыслью — «насладить творения» — ощущать ее как своего рода поле, которое пронизывает нас и действует везде, и в нашем мире, и на более высоких ступенях, так что мы с помощью наших усилий можем войти в эту мысль и объединиться с ней, несмотря на помехи.

Помехи же эти даются только для того, чтобы мы нашли более правильное направление, более короткий путь для соединения. И получается, что наша работа называется достижением слияния с этой мыслью. Сближение же с ней, или достижение слияния происходит посредством равенства свойств, нстолько, насколько мы уподобляем себя этой мысли.

Замысел творения предопределил все наши свойсва и все, что есть в нем, несет нам благо, наслаждение, покой, ощущение безграничности вечности и совершенства (если мы ощущаем, что представляет собой эта мысль, что это за зверь такой, внутри которого находятся все миры).

И наоборот, все, что находится вне этого Замысла творения, что присоединяется к нему как дополнение, серое до тьмы на нашей ступени, приходящее как одеяние на него, называемое скрытием Замысла творения, ощущается нами как страдание, вызывает различные неприятные ощущения.

Эта мысль воздействует на нас ступенчато. Она все время раскрывает нам все большую и большую разницу между ней и нами. Это ощущается нами, как все возрастающие страдания. И, в конце концов, у нас не останется выбора, кроме как начать искать, вначале неосознанно, а затем все более целенаправленно, как избежать страдания. А впоследствии, когда мы познакомимся с этой мыслью, не стремление избежать страдания будет двигать нами, а желание объединиться с ней, поскольку она — благо.

Придет и та ступень, когда мы захотим объединиться с ней не из-за того, что нам при этом хорошо, а поскольку это высшее, совершенное, не из-за того, что это пробуждает в нас хорошие ощущения, а из-за нее самой. Пока нет другого ответа. У нас нет келим, чтобы оценить хорошее иначе, чем «вкусное» и «сладкое», а плохое — иначе, чем «горькое» и страдания.

Когда появится у нас дополнительное ощущение, называемое «истина-ложь», все, что относится к этой Высшей мысли, будет ощущаться нами как «истина», а ее противоположность как «ложь». Эти различаемые особенности не зависят от желания получать в нашем теле, но именно в соответствии с ними мы захотим существовать. И тогда мы на самом деле начнем работать соответственно этому ощущению «истина-ложь», а не «сладко-горько».

Это новое осознание будет называться нашей действительностью в Высших мирах. Тогда мы будем приводиться в действие с помощью иной системы осознания, иной системы контроля — не в соответствии с тем, что находится у нас внутри, чем мы наполняем себя, а в соответствии с тем, насколько мы можем включиться в эту мысль. Это будет нашей жизнью.

То есть, мы меняем источник жизни, мы совершенно меняем само понятие жизни. Она для нас уже не наполнение желания получать, а нахождение внутри этого Замысла творения, быть с ним, быть как он, без всякого осознания собственной независимости.

Так рассказывают нам каббалисты, такова действительность, такова цель, таков процесс, который мы должны пройти. Хотим мы или не хотим, знаем или нет, но мы включены в это. Методика, позволяющая выполнить возложенную на нас работу наиболее быстрым образом, называется методикой Каббалы — принять Замысел творения, как всеохватывающую силу, воздействующую на нас.

Работа же заключается в достижении слияния, а быстрый способ означает, что человек не должен терять ни секунды времени, и даже малейшее усилие прикладывать для того, чтобы кратчайшим путем достичь цели своей жизни, постичь причину своего существования.

Все, что мы изучаем, все действия, которые мы выполняем в соответствии с рекомендациями каббалистов — все это входит в понятие работы. То есть, это усилия, которые должен совершить человек на различных уровнях: чувственном, ментальном и т.д. Все наши усилия делятся на усилия в чувствах и усилия в разуме, усилия ощутить и усилия понять. Понять не означает усвоить сухие данные: это означает понять то, что приходит внутри ощущения. Тогда эти данные называются осознанием зла, когда в сердце ощущаем плохое, а разумом понимаем почему, познаем источник зла.

Если правильно привести в действие наш внутренний механизм, в чувствах и в разуме, определить, что является истинным злом, это даст нам самое правильное направление, укажет наиболее короткий путь продвижения к Цели творения каждую секунду, к слиянию с этим Замыслом творения.

И поскольку человеку в этом мире очень тяжело правильно определить направление на Замысел творения, который скрыт, то свыше установлен механизм, который может дать нам правильную индикацию, правильное, корот-

Поручительство. Урок 2

кое направление на этот Замысел творения в любом нашем состоянии, внутреннем и внешнем, в любом настроении. Так что мы с его помощью с уверенностью можем сказать, правильно мы продвигаемся, или нет, насколько мы отклонились от пути, отдаем мы все свои силы, или нет. И этот анализ верен и правилен, поскольку не только в себе я анализирую — я получаю реакцию и критику извне.

Этот механизм, указывающий направление на цель, называется группой. Человек внутри группы, как лодка в море, которая не знает своего местоположения, не знает куда плыть. Наше состояние еще более отчаянное, запутанное и тяжелое, так как мы не видим цели и не видим пути к ней. Мы не знаем, какие силы у нас хорошие, а какие плохие, каким образом их соединить, как задействовать. Во всех наших свойствах и осознаниях нет механизма, позволяющего в правильной форме воспользоваться всеми силами для того, чтобы они тянули нашу лодку в правильном направлении и оптимальным образом.

А механизм, который мы можем создать вокруг себя, группа — это, я бы сказал, своего рода подпорка, основа, которая крутит моей лодкой, придавая ей нужное направление. Моя лодка опирается на нее, и группа является и компасом, и двигателем. Если я нахожусь внутри группы, то этот компас наверняка укажет мне направление, а двигатель будет продвигать меня к цели наиболее правильным и оптимальным образом.

Этому нас учит статья Бааль Сулама «Свобода выбора». А как я построю эту подпорку, которая послужит мне своеобразным ковром-самолетом, несущим меня в правильном направлении, которое мне неизвестно? Этот механизм, называемый группой, должен привести в действие мои силы правильным образом. Не я сам должен приводить их в действие, а группа. Ведь что мне известно об этом?

Говорят, что сам я должен совершить только одно усилие — передать себя в руки группы. И если я сделаю это, это уже даст мне гарантию того, что я двигаюсь в верном направлении. И если в группе есть еще такие люди как я, то реакция, вернувшаяся к нам, приведет нас в движение, как двигатель, с правильной скоростью и мощностью устремив к Цели.

Это то, что мы сейчас изучаем в этих важнейших из всей науки Каббала статьях. Эти статьи называются «Дарование Торы» и «Поручительство». Статья «Дарование Торы» объясняет, для чего нам дана система исправления, что мы должны исправлять и для чего. А «Поручительство» совместно с «Дарованием Торы» объясняет нам, что если я построю такой внешний механизм, в который буду включен как неотъемлемая часть — так, что не будет «я», а будет «мы», — то именно с его помощью я получу систему исправления, и не раньше.

Эта система исправления называется экран и отраженный свет. Если мы построим механизм поручительства, чтобы каждый был ответственен за остальных членов группы, получим свыше свет, возвращающий к Источнику, называемый Высшим светом, светом АБ-САГ, светом Торы, то мы действительно удостоимся изучить и на себе применить, реализовать знания Каббалы.

А до тех пор, пока мы не построили этот механизм группы, эти рамки, у нас нет никакой возможности даже подступиться к науке Каббала, и начать продвигаться в нужном направлении. Мы пока находимся в процессе построения нашей общей лодки, или ковра-самолета.

И пока каждый из нас не передаст себя в руки общей группы — настолько, чтобы почувствовать, что она способна обеспечить ему полную гарантию того, что у него не будет недостатка ни в чем, что он будет находиться в преданных руках, и сможет думать не о себе, а о том, как включиться в Замысел творения, слиться с ним — пока не построен такой механизм, мы будем продолжать находиться на стадии подготовки.

Все наши силы должны быть направлены только на то, что советует нам Бааль Сулам в этой статье «Дарование Торы».

- **Вопрос: Что означает, передать себя в руки группы?**

Об этом Бааль Сулам пишет в статье «Поручительство». Мы построены из желания получать. Это вычеканено в нас Замыслом творения. И это желание получать обязано получить наполнение в каждом состоянии. Возможность подняться над наполнением желания получать и включиться в Замысел творения так, как будто ты не существуешь, появляется у нас при выполнении этого условия — поручительства.

Если человек будет уверен (а человеком пока называется это желание получать), что у него не будет недостатка ни в чем, что он сможет не думать о себе и так будет всегда, то он сможет отключиться от желания получать. Желание получать тогда позволит ему подняться над ним, не заботиться о себе, и человек действительно сможет сосредоточиться на включении в группу, на любви к товарищам и только на заботе о ближнем.

Только когда желание получать будет наполнено светом, который исправит его, — с этой ступени и далее можно заниматься отдачей ближнему. В Высших мирах это называется силой Бины, светом Хасадим, приходящим к кли и производящим исправление — «хафец хесед» (когда у кли нет никакого желания к какому-то дополнительному наполнению). У нас это называется получением ради отдачи по отношению к Творцу, или по отношению к другим. Это активная отдача от меня наружу.

Условие, при соблюдении которого это можно выполнить, называется поручительством. И можно сказать, что это поручительство — психологическая сила. Бааль Сулам так его и называет. Каждый, кто получает эту гарантию, чувствует себя абсолютно свободным от желания получать. И Бааль Сулам объясняет, что мы, в сущности, всю жизнь ищем это.

Мы хотим гарантий на будущее: на время болезни или слабости, когда придут беды, чтобы в старости мне всего хватало. Я всегда забочусь о следующем мгновении. В настоящем мгновении я уже нахожусь, сейчас мне незачем о нем заботиться, сейчас я произвожу работу ради следующего мгновения, чтобы получить вознаграждение, наполнение, результат.

И если я в настоящее мгновение наполнен, и мое желание получать не ощущает нехватки, то оно не побуждает меня ни к чему, и я могу в таком состоянии включиться в Замысел творения.

Группа должна обеспечить нам такое ощущение. Ты можешь сказать: «А что представляет собой эта группа? Несколько выскочек, вроде меня? Что у них есть? Были бы они хотя бы богатыми, имели бы власть, вес в обществе. Кто они такие? Они — как я». Это неважно. Для человека важно впечатление, которое он получает от своей маленькой группы.

Разумеется, «в многочисленности народа величие царя», но на самом деле впечатление человека зависит от внутренней мощности группы, от тех гарантий, которые он может ощутить от окружения. И тогда он действительно становится готов к иной работе.

Вы можете сказать, что это простой расчет. Ты, в сущности, даешь человеку уверенность, понятно, что в таком случае его ничего не волнует. А если у него уже все есть, так и духовное он может сюда добавить. Нет! Поскольку изначально цель другая, направление другое, то и причина, по которой я хочу гарантии, иная.

Я создан из желания получать. У меня нет выбора, я обязан освободиться от него, и для этого должен наполнить его. Если бы у меня не было потребности наполнения, я бы вообще не обращал на это желание никакого внимания. Я хочу подняться над ним, и потому из-за отсутствия выбора я иду в группу с целью подняться над желанием получать.

Группа должна дать мне какую-то уверенность, «промыть мне мозги» отдачей так, что я начну стесняться своего желания получать, не захочу им пользоваться, почувствую, что оно наполнено чем-то. Это общее впечатление от группы называется поручительством, и благодаря ему я могу передать себя в руки группы.

Что это значит? Я не просто должен упасть им на руки — пусть заботятся обо мне — я должен все свои возможности, все свои силы отдать группе для продвижения к общей цели. Это настолько важно, говорит Бааль Сулам, что ни такой большой каббалист, как Авраам, ни его сыновья не получили Тору. А ведь каждый из них представлял собой целую линию отдачи Творца душам: правую, левую и среднюю.

Хесед, Гвура, Тиферет — это Авраам, Ицхак, Яков. Нецах — это Моше, Ход — Аарон. Они, конечно, получили Тору, но это потому, что за ними уже были Есод и Малхут — Йосеф и Давид. Йосеф был продан в Египет, получил там весь авиют, стал министром, то есть вобрал в себя все желание получать, которое есть в Египте, и потому он — Есод (основа). Йосеф — это праведник, праведник — это основа мира. А царь Давид — это настоящая Малхут.

Они должны были быть действительно большой группой (целым народом, для того, чтобы получить Тору), представителями всех душ Адама Ришон. Но в соответствии с авиютом, который был у них, в соответствии с тем, что духовный корень, достигает материальной ветви в наиболее прозрачной, наиболее светлой точке, в которой человек еще не добавляет свой авиют, это произошло как отпечаток сверху-вниз, все еще без вмешательства низших.

А когда мы достигаем этого, нам не нужна большая и с малой мощностью группа, как та, что была у них. Наш авиют намного больше и глубже, а потому нам достаточно маленькой группы, чтобы получить от нее впечатление и работать внутри нее.

И тем не менее сказано, что «в многочисленности народа величие царя», и статьи «Дарование Торы» и «Поручительство» объясняют нам это. По мере постоянного расширения группы каждый будет ощущать в ней все большую уверенность, все большую ответственность, все большую необходимость и все большее побуждение передать себя в руки группы.

Я надеюсь, что те страдания, которые мы ощутим в ближайшее время, будут иного рода, по сравнению с теми, которые были у нас раньше. В этом заключается вся разница между ступенями — в характере страданий, которые давят на человека. Мы должны вместо этих страданий: «Я хочу это Высшее постижение. Я хочу Высший свет. Я, я, я...» — ощутить, что «я», конечно, хочет все это, но искать нужно через мое отношение внутри группы. В этом должны быть наши страдания.

Тогда мы действительно достигнем взаимопоручительства во всей нашей мировой группе. И она будет большой. Сегодня в нее входят представители двадцати пяти стран. Это очень важно, пусть даже есть страны, в которых Каббалу изучают лишь несколько человек. Со временем количество их вырастет в каждой стране. И это даст нам ощущение уверенности, но не из-за этих людей, а потому, что мы, действуя в различных местах, пробуждаем окружающий свет, большой, всеохватывающий, во всех его проявлениях, каждый — на всех.

И каждый будет стыдиться того, что возможно не смог добавить все, что мог, и присоединить свои усилия к тому, что делают его товарищи во всем мире. Когда нам станет этого не хватать, тогда мы действительно ощутим, как устроено наше кли для достижения Цели творения. И тогда в результате того, что мы сегодня объединились и начали строить это кли, мы ощутим друг друга, (каждый из нас) и получим гарантии.

А если мы ощущаем это взаимопоручительство в самом минимальном виде, которое позволяет нам лишь желать находиться внутри этой группы — без всякого желания в отношении себя самого — этого достаточно для того, чтобы перейти махсом, потому что тем самым мы как бы кричим: «Сделаем и услышим!»

Тогда мы получим настоящую методику исправления, Каббалу, Тору. Тогда мы пойдем в свете Творца, но сначала в пустыню Синай. Желание получать будет расти, постоянно увеличиваться, будет создавать нам помехи, но помехи эти будут уже против единства группы, против желания быть одним народом, что называется, народом Творца.

Мы достигнем земли Циона с помощью выходов, падений *(Цион — от слова «еция» — выход)*, вследствие того, что нам постоянно добавляют желание получать. Так мы переходим с одного уровня Замысла творения на другой. И оно раскрывается нам все больше и больше, поскольку увеличивается желание получать, а мы каждый раз делаем его более светлым, более прозрачным.

И в этой вновь раскрывшейся грубой части желания получать, когда мы делаем ее более тонкой, раскрываются все большие света. Так с помощью этих выходов и входов мы достигаем земли Циона, приходим к горе Цион. И после преодоления всех раздумий, сопровождающих выходы (*гора — на иврите ар — ирурим — раздумья*), мы достигаем Иерусалима, истинного страха (*Ерушалаим — ира шлема — полный, истинный страх*). И страх этот не из-за того, что желанию получать не будет хватать чего-либо, страх из-за сомнения — отдал ли я все на сто процентов остальным душам на их пути к Творцу, находящемуся в них. Это называется Иерусалимом, истинным страхом.

Когда мы достигаем этого, то начинаем, по сути, строить Храм. Тогда вся Малхут и вся Бина включены друг в друга настолько, что достигаем Кетера, и это называется Третьим Храмом. Там, внутри наших келим, исправленных на сто процентов, Замысел творения раскрыт полностью.

- **Вопрос: Какими должны быть точные шаги при построении поручительства?**

Когда мы превозносим какое-то понятие, определяя его в качестве цели, мы должны спросить, что заставит меня принять это? То есть, каков хисарон, что представляет собой кли, которое поможет мне достичь этой цели? Если сейчас моя цель — войти в поручительство, то какой может быть предшествующая ступень — желание поручительства, которая является обратной стороной этой ступени, называемой поручительством?

Что может заставить меня достичь поручительства? Хисароном должно стать единение с Замыслом творения, единение с Творцом, которое раскрывается только там, внутри кли поручительства. Откуда я получу такой хисарон — соединиться с Творцом, ощутить Его, включиться в Него, погрузиться в Него?

Я могу построить очень длинную цепочку назад, к первой мысли о духовном, пришедшей к человеку, когда он еще даже не знал, что он ищет. Но, в конечном счете, для нас, для тех, у кого есть группа, есть окружение, более актуально говорить о том, что есть.

И я бы сказал так: с помощью взаимной рекламы, которую все группы должны делать в отношении всех своих членов, и вся большая группа — в отношении входящих в нее групп, и все группы — между собой, мы можем поднять важность цели настолько, что захотим достичь ее, будем искать это поручительство, лишь бы избавиться от своего «Я», будем прикладывать усилия внутри группы.

Об этом Бааль Сулам говорит во многих местах. Рабаш говорил об этом тоже, он называл это величием Творца. Величие Творца, величие цели, величие Замысла творения — мы обязаны рекламировать это так, чтобы каждый человек настолько впечатлился, что считал бы, что нет ничего более важного и величественного, что это наша жизнь, истинная реальность, в которую мы и должны войти.

Если мы сделаем такую рекламу для всех, то таким образом нам не составит труда пойти вперед и достичь осознания необходимости поручительства, оставить свое Я и жить только внутри других, как объясняет нам Бааль Сулам в статье «Дарование Торы».

Каждый должен заботиться о группе, о том, обеспечивает ли она мне осознание величия Творца, величия цели, величия духовного. И вместе с тем, обеспечивает ли она мне ощущение низменности нашего животного существования.

Если группа в достаточной мере обеспечит каждому из нас это ощущение, то никакой мир вокруг нас не сможет нам помешать совершенствоваться и продвигаться. Ведь в наше время, в конце двадцатого века, общий Замысел творения начал раскрываться всему миру. И одновременно — ощущение и понимание того, что вся наша жизнь, наше состояние, наш Земной шар и вся наша действительность не имеют никакой основы. Исчезает надежда достичь чего-то хорошего, все дезориентированы.

И еще придут такие времена и такие ощущения во всем мире, что помогут человечеству снаружи, со стороны За-

Поручительство. Урок 2

мысла творения начать искать нечто более внутреннее, более глубокое, искать выход из такой жизни, найти иной способ существования.

Из года в год и души, и решимот внутри душ вынуждают человека исследовать свою жизнь, заставляют стремиться узнать, для чего мы живем, в чем смысл нашей жизни. Все это проявляется, и в этом году нам, как группе, легче доказать всем и самим себе, что слияние с Замыслом творения, с Высшей силой, с Творцом — это не просто цель, а единственно возможная форма существования.

- **Вопрос: Мы уже должны думать о величии Творца не в рамках своей, а в рамках общей группы?**

Изменения, которые произошли на нашем семинаре, заключаются в том, что сейчас я могу думать обо всех группах, об огромной мощи всех стран, в которых мы работаем, приближая все большее количество людей. Наши группы укрепляются изо дня в день.

Мы заложили здесь основу. У нас есть единая цель, единая мысль, единый Устав. Наша деятельность станет общей. Мы приведем в соответствие все наши планы. Мы поможем друг другу в распространении, в продвижении, в работе. Мы все зависим друг от друга, и потому мы хотим соединить вместе наши возможности, наши силы, средства, все, что есть в нас для того, чтобы сделать нашу деятельность полезной, насколько это возможно.

Мы работаем в маленьких группах, и это хорошо, что группа маленькая, поскольку в большой группе тяжело думать обо всех. Люди из-за большого количества выпадают из поля зрения. Человек не может получить мгновенной реакции от всей группы и может ошибиться в своем отношении к большой группе. Тогда как в маленькой группе, в которой у него есть товарищи, если он правильно относится к ним, он получает правильную обратную связь. А если его отношение неверное, то немедленно получает такую реакцию от группы, которая выправляет его отношение к группе.

Поэтому мы должны работать и в наших маленьких группах, и по отношению к большой группе, да и в отношении всего человечества, в конечном итоге. Поскольку мы, кроме того, что построили здесь основу, приступили к строительству мировой группы, заложили фундамент будущей страны Каббалы. И вы увидите, что в течение года-двух мы найдем себя в таком состоянии, когда будем работать уже не просто, как группа каббалистов, которые хотят исправления мира, — мы действительно начнем исправлять мир.

Это и сейчас происходит, только мы этого не осознаем. И весь мир узнает об этом и начнет с этим считаться. И тогда все силы, все возможности мира постепенно соберутся, войдут в эту группу, и мы начнем строить основу нового человечества.

- **Вопрос: Что означает понятие «поручительство»?**

Поручительство — это результат построения правильного окружения. Если я построю окружение, которое обеспечит мне величие Творца, величие идеи слияния с Ним, уверенность, что можно достичь этого, осознание необходимости сделать это, понимание, что нет иной формы существования, кроме достижения слияния, уверенность, что товарищи заботятся обо мне больше, чем я сам забочусь о себе, осознание зла, понимание, что невозможно жить таким образом, осознание добра, осознание, что только в слиянии есть у меня жизнь, осознание уверенности, что я могу совершить этот прыжок от зла в своем теперешнем состоянии к добру — если я получу все это от группы, то кто же я? Я, конечно же, включен во все это, и действие совершается надо мной.

Каждый раз в своих действиях мы должны приходить к правильно направленному желанию. И тогда, если желание направлено правильно, мы немедленно попадаем в своего рода поток, который тянет нас, продвигает, перетягивает со ступени на ступень. Машиах — от слова вытягивающий.

И на другой ступени я должен лишь сориентировать себя на правильное направление — на величие цели. А в чем заключается цель? Там цель будет несколько иной. В чем величие цели? В том, что она все больше оторвана от желания получать, более абстрактна. Почему же я должен выйти из желания получать? Не потому, что мне плохо или хорошо, а потому, что иначе я не буду включен в Высшего, не буду подобен ему и т.д.

Каждый раз добру и злу я даю новые определения. Каждый раз они предстают передо мной в различных образах. Но если я выбираю правильное направление, я снова немедленно попадаю в это течение, которое тянет меня на более высокую ступень. То есть, мы не должны сами совершать эти подъемы, мы и не способны это сделать — свет делает это. Мы лишь должны построить кли, МАН, хисарон. В таком случае мы включаемся в поток, и он тянет нас. И кроме этого — ничего!

А этот хисарон создается только общей силой группы, укрепленной силой мировой группы, настолько, что я действительно это вижу. И поверьте мне, что ни один человек, и ни одна группа не сможет достичь успеха, если не будет общего успеха всей нашей мировой группы. В относительной форме, мы конечно же, выйдем в Высшую действительность и начнем там работать, но должна быть определенная общая подготовка, какая-то критическая масса, какой-то уровень общего желания, правильно направленного, чтобы начали выходить тут и там, частично, в одной группе, в другой группе.

И неважно, что есть группы, которые начали учиться лишь полгода назад. Мы видим, как эти новенькие сегодня включаются в нас, как через несколько месяцев или недель они входят в курс дела. Это потому, что не нужно изучение, не нужно знание ТЭС и т.д. Необходимо получить различаемые свойства, внутренние определения, а их получают очень быстро.

И сколько бы не пришло новеньких, они получают такие свойства и определения, что через месяц-два будут с нами рядом. И потому невозможно сказать, кто будет первым, а кто вторым, да это и не будет иметь никакого значения, так как Высшее сияние будет светить всем и продвигать всех.

Это можно сравнить с замешиванием теста, когда в него добавляют новые компоненты, перемешивают, вновь добавляют и вновь перемешивают. Так что все перемешается и не будет разницы между группами. Будет, но очень незначительная. Мы увидим это. Мы не должны производить расчеты — эта страна находится далеко, а эта — близко, там группа маленькая, а там — большая, эта состоит из новых людей, а эта — из давно изучающих. Все это неправильные расчеты.

Те, кто проявляются сейчас, проявляются с желаниями, намного более ясными, с решимот, намного более выверенными. В едином кли нет больших и нет маленьких. Это единое кли, и это не просто красивые слова — так кли работает. Мы знаем, что наибольший авиют внизу, наибольшая прозрачность наверху, а в отраженном свет все наоборот. И тогда авиют и прозрачность дополняются на всех ступенях. Прямой свет и свет отраженный, треугольник высший и треугольник низший соединяются вместе и между всеми нет никакой разницы.

- **Вопрос: За счет чего происходит объединение товарищей в группе?**

Я могу находиться в группе, в которой будет пять человек из Бней Барух Израиля, Москвы, Минессоты или Филадельфии. И это будет группа более внутренняя, более высокая, ближе к правой стороне или к левой... Мы не знаем, в какой форме мы соединены. Речь не идет о физическом соединении. Каждый действует в своей группе в соответствии со своими свойствами, которые и соединяются определенным образом.

У нас есть внутреннее строение АВАЯ, называемое четырьмя стадиями прямого распространения света: Шореш, Алеф, Бет, Гимел, Далет, — которые называются: куцо буквы йуд — йуд — хей — вав — хей, и кроме этого нет ничего. Это внутреннее строение АВАЯ создает свои ветви, которые также делятся на куцо буквы йуд — йуд — хей — вав — хей (Кетер, Хохма, Бина, З"А, Малхут).

И получается, что Кетер находится наверху, а от него исходят все Кетеры во всей действительности. Из Хохмы, находящейся наверху, исходят все Хохмы. Так что во всех группах, на всех уровнях есть йуд-кей-вав-кей, но Кетер в какой-то группе, на каком-то уровне связан со всеми остальными Кетерами, а Хохма в каждой группе связана со всеми Хохмами.

То есть, соединение не в том, что мы — одна группа, мы здесь соединены, мы одно кли. Мы — это совершенно другое кли. Мы соединяемся в соответствии со своими свойствами. Так что в соединении могут оказаться люди из разных групп, разбросанных по всему миру, а в другом соединении — другие люди, так как везде есть люди, представляющие различные свойства. Так что группа — это тесто, в котором перемешаны все группы.

- **Вопрос:** В чем заключается работа человека в такой группе?

Работа человека в группе заключается в том, чтобы не работать с собой. Он должен работать с группой, на пользу группы — это выражение отдачи. Если ты думаешь только о том, как ты учишь, как ты хочешь, как ты думаешь, все время только о себе, то ты как бы вступаешь на путь страданий.

Тебе, конечно, с помощью окружающего света скоро раскроется обратная сторона, раскроется, что ты идешь неправильным путем, но это может раскрыться и через несколько лет. Ты увидишь, что шел не в том направлении, был направлен внутрь, вместо того, чтобы быть направлен наружу, то есть твое направление было прямо противоположно направлению природы света. И ты отдалился от него, вместо того, чтобы слиться.

Это отдаление, в конечном итоге, даст тебе осознание, что ты отдалился, но пока ты отдалишься, пока обнаружишь, что отдалился, и начнешь снова приближаться — сколько времени пройдет? Годы! Поэтому нам нужна группа, чтобы она «промыла» мне мозги, чтобы обязала меня, била меня, не разрешала идти в обратном направлении и постоянно тянула бы меня внутрь, постоянно побуждала бы меня отдавать ей, но не потому, что наносит мне удары, а тем, что показывает важность необходимость того, что путь этот единственный.

Она все время должна указывать мне направление на свет, направление на Творца, а не наоборот. Это называется осознанием зла. Я хочу приблизиться к Творцу? Это то же самое, что продвигаться к центру группы. Там, в центре группы, где мое Я совершенно пропадает и становится ощутимым лишь общее взаимопроникновение, там начинается строительство девяти первых сфирот, там начинает ощущаться духовное, Творец.

- **Вопрос: Если предположить, что человек видит это и понимает...**

Не предполагается, что человек видит и понимает это! Это происходит еще до того, как он видит и понимает. Мы говорим о людях, которые не видят и не понимают. Группа должна это сделать. Я прихожу в группу — что я знаю? Я почувствовал себя плохо в жизни и теперь ищу, для чего я живу и что со мной будет. Кроме этих вопросов у меня ничего нет. Мне просто плохо и все!

Группа должна выстроить меня, она должна придать мне правильную форму. Человек никогда не будет способен построить сам себя. За счет чего? Когда я вхожу в группу, я на свое желание получать как будто накладываю своеобразную матрицу, и тогда из этого получается образ Творца.

- **Вопрос: Но у человека есть свое, личное ощущение...**

Если человек, который находится в группе, в своих желаниях, в своих возможностях совершенно аннулировал свое Я, он находится в духовном. В той мере, в которой он может аннулировать свое Я в группе, он выходит в ощущение духовного мира. Если он совершенно во всех своих желаниях находится внутри группы, это называется окончательным исправлением, миром Бесконечности.

Если я могу быть лишь частично погружен в группу, то это означает, что я нахожусь на одном из уровней миров.

Миры — это мое частичное отношение к группе, когда я еще не всего себя, а лишь на двадцать-тридцать процентов передаю себя группе, обществу, человечеству. Но если я могу на сто процентов передать себя — это означает, что я закончил свое исправление.

И в тот момент, когда я хоть на один грамм могу передать себя товарищам, человечеству, я сразу начинаю ощущать духовное. Это самая маленькая ступень. И в той степени, в которой я все больше могу передавать себя, приобретать эти исправления, в той мере я все выше поднимаюсь по ступеням миров, все больше проникаю внутрь Замысла — дать наслаждение творению — и становлюсь все больше подобен ему.

Миры не начинаются где-то здесь и продолжаются вверх — мы просто так говорим. В нашем мире мы так обозначаем нечто более высокое, но на самом деле это не выше. Когда человек начинает это ощущать, он видит, что это не выше — это от него и внутрь, внутрь той мысли, которая раскрывается перед ним, и находится везде в мире.

- **Вопрос: Значит, пока ты не на сто процентов ощущаешь, ты всегда воспринимаешь неправильно?**

Пока человек не почувствует хоть немного присутствие Замысла творения, частью которого он является, пока он впервые не почувствует, что этот Замысел, эта Мысль — одна, и она пронизывает все и всех наполняет, что все мы погружены в нее и движемся лишь в соответствии с ее указаниями, — пока он все это не почувствует, этот мир более важен для него. Он не представляет себе, что эта реальность — духовное — действительно существует и находится в нем — и это самое важное, это вечное и совершенное. У него все еще нет этого — именно того, к чему мы и должны стремиться.

Когда мы, примерно несколько месяцев назад, начали разговаривать о единой группе, я говорил иначе, в форме более чувственной, чтобы направить на поиск этого ощущения.

- **Вопрос: Я слышал, что Вы говорили о подъемах и падениях. Человек может каким-нибудь образом предвидеть это?**

Когда мы говорим о подъемах и падениях, мы имеем в виду то, как человек себя ощущает. Но, смотря что называть падением и подъемом. Подъемом для меня может быть хорошее ощущение, а падением — плохое. Подъемом может быть состояние, более близкое к Творцу, но вместе с тем я могу не ощущать себя хорошо. Однако я близок к Нему и поэтому мне хорошо. И хотя я могу чувствовать себя плохо, но это более истинно и мне выгодно это (тоже в желании получать), и это то, что я хочу.

Каждый раз человек меняет измерительные инструменты, с помощью которых он измеряет, что такое добро и что такое зло. Что я называю злом и что я называю добром? Меняется качество измерительных инструментов, а не их количественные характеристики. Сегодня добро для меня — это если все более и более хорошо. Так я сегодня измеряю добро по сравнению со вчерашним днем. Но изменилось ли качество?

- **Вопрос: Правильно ли стремиться все время ощущать Высшую силу, стараться не прерывать эту связь и все действия совершать, лишь исходя из этого?**

Разумеется, правильно! Это называется — остерегаться и стараться никогда не выходить из власти духовного. Если я ощущаю Высшую силу, эту мысль, то, что я нахожусь в ней, — это определяет все мои мысли и действия. Что же может быть лучше?! Разумеется, стоит находиться в этом постоянно. Тогда и у моих просто животных действий в этом мире будет причина, и направление, и правильный результат. Снаружи все мои действия могут выглядеть, как обычные действия, но внутри наполнение будет другим.

Пока человек не включился в Замысел творения, пока он не действует внутри него, все его действия неправильны. Поэтому мы, находясь в двойном или одиночном скрытии, называемся законченными или незаконченными грешниками.

После того, как мы включаемся в Замысел творения, понимаем и ощущаем и действуем в соответствии с тем, что раскрывается внутри нас, по той мощности, которая раскрывается в нас, мы называемся праведниками, полными или неполными.

То есть, лишь в мере раскрытия ощущения Замысла творения мы удостаиваемся правильных действий. А до этого все мы грешники. Да и грешником человека нельзя назвать — что он знает, что понимает? Но так называют. Тот, кто по своему желанию, осознанно не может подчиниться этому полю Замысла творения, называется грешником. Даже если он делает это неосознанно, как животное. Так каббалисты называют всех, находящихся ниже махсома.

И наоборот, в той мере, в которой поднимаемся выше махсома, над нами властвует Высшая сила и мы не способны совершить неправильное действие. Наша голова, наши желания работают уже в соответствии с этой мыслью, которая, как мы ощущаем, действует во всей реальности.

Интересно, что ученые в последнее время тоже приходят к такому же выводу. Они говорят, что во всей нашей действительности есть одна мысль, которая приводит в действие всю материю, управляет всеми силами и т.д. Они говорят почти о том же, о чем и мы. Все это должно раскрыться и сверху и снизу, со всех сторон.

Я помню, что двадцать лет назад было очень трудно говорить с кем-нибудь о Каббале. Для чего? Зачем? Что в ней есть? Этого не бывает, и вся наука была против. А сегодня со всех сторон ты получаешь подтверждения, поддержку. Есть общее отчаяние, так что то поручительство, которое, как мы говорим, нужно принять на себя, человек принимает и по причине внутреннего отчаяния, и по причине воздействия внешнего мира, со стороны группы, в которую он включен. И эта тенденция усиливается. Уже не так тяжело.

- **Вопрос: В свете того, что мы строим мировую группу, должна ли отдельная группа оставаться зависимой от какого-то учителя?**

Мировая группа может быть группой только в том случае, если она получает от одного источника, от одного Учителя. И неважно, где она находится. Ты говоришь от имени израильских групп? Если израильские группы не установят с нами связь через виртуальные уроки, они не будут группами. Они не будут группами!

Это будет нечто совершенно иное, даже если они будут изучать тот же самый материал. Возможно, они будут изучать наши статьи: на утреннем уроке мы говорили, а они говорят об этом вечером, но этот материал передан через кого-то — это не будет тем же самым! Ничего не поделаешь. К моему сожалению, пока это так работает. Я надеюсь, что у нас будет много таких учителей, которые будут способны выезжать на места и выполнять ту же самую миссию, и во всем мире тоже.

- **Вопрос: Если группа находится в районе Тель-Авива...**

Какая разница, где находится группа? Если это одна группа, она должна получать от одного учителя. Это должен быть не просто один материал. Один и тот же материал может быть передан тысячью различными способами. У нас нет другого выбора, поэтому мы пошли на этот болезненный шаг — все группы мы должны присоединить к одному уроку. И желательно в реальное время его проведения. Если это невозможно, то ничего не поделаешь, нужно выбрать другое время, но как минимум это должен быть тот же самый урок.

Пока это так. Я надеюсь, что среди нас будут ученики-каббалисты такого уровня, что смогут проводить занятия по одному источнику так, что не запутаются и будут владеть материалом в правильной форме. Я надеюсь, что вскоре это произойдет, но до тех пор у меня нет выбора.

Я не говорю о вспомогательных, дополнительных уроках, о трапезах, пикниках и пр. Разумеется, их следует проводить везде, и это будет правильно. Но вместе с тем мы должны слушать и изучать один материал, в одно и то же время и переданный одним учителем. Это объединит нас.

Я не говорю также о лекциях для начинающих, которым требуется дать несколько первых уроков, пока они смогут влиться в группу. Но после первых десяти-пятнадцати уроков их следует оторвать от преподавателя и перевести на виртуальные уроки.

Я видел, что нет выбора. Я хотел обучать маленькую группу, но увидел, что таким образом не будет единения сил, достаточных для продвижения. А когда объединяемся вместе, немедленно получаем хороший результат. Возможно, этот переход тяжело дается, но мы должны это сделать.

- **Вопрос: Что должен делать человек, чтобы оптимальным образом помочь группе?**

Как маленький человек из какой-нибудь группы может помочь всей большой группе? Я думаю, что это не проблема. У нас есть единая организация, единый механизм, который, я надеюсь, мы вскоре построим, совместные действия, взаимопомощь по обработке и изданию материала. Мы сможем выезжать на места и помогать финансами, кадрами и т.д.

Но это все внешние вещи, основное — это **мысль**. И в моей группе — как я соединен с ней? Что, я обнимаюсь с ними? Вы же знаете, что можно обнять человека и в то же время воткнуть в него нож. Объятия не должны быть физическими. Мы должны сохранить то, что у нас есть.

Наши уроки мы должны сделать более ощутимыми, чтобы у нас появилось ощущение большей близости. Мы должны больше соединяться, переписываться, чаще встречаться. Это придет. Стараясь сделать это, мы поднимаемся на иные уровни связи, более духовные. И тогда у нас не будет проблемы ощутить духовное дыхание группы

Так мы смотрим на человека и видим его настроение, тонус, чем он жив. Мы ощутим это, это не проблема.

- **Вопрос: Как мы можем сделать более точными наши измерительные инструменты?**

Мы все время продвигаемся не в соответствии с количеством, а в соответствии с качеством. И то, что вчера было для нас важным, сегодня становится неважным, и важность приобретает то, что было крайне незначительным. Не случайно сукку строят из отходов.

Сказано, что там, где ты находишь величие Творца, там ты постигаешь и Его скромность. Именно в низменных местах обнаруживаем величие. Ты начинаешь иначе относиться к тому, что совершенно неважно для нашего желания получать, и этот процесс занимает много времени. Сегодня это, может, и не так много, но это может занять годы.

Ты вдруг начинаешь видеть в этом большую важность, большую привлекательность. Невозможно заранее объяснить, как вдруг действие отдачи, любовь, включение во что-то становятся более важными, чем действие приобретения. Но это так. На самом деле это и есть те измерительные инструменты, которые постоянно изменяются.

- **Вопрос: Это и есть кли, которое мы строим?**

Наше кли начинается с авиюта дэ-Шореш. Что такое авиют дэ-Шореш? Мы совершаем Цимцум на все свое желание вследствие осознания важности группы, важности отдачи. Если я могу сделать это, несмотря на то, что я опираюсь на важность самого себя, на свой авиют, если ради отдачи, ради группы, ради духовного я могу сократить это, принудить себя сдаться, но не силой, а исправлением желания, то с этого момента и далее я начинаю входить в духовное. С момента Цимцума и дальше начинает строиться масах.

- **Вопрос: Есть ли у меня возможность контролировать масах?**

Масах — это сила, которая создается во мне. С ее помощью я могу властвовать над своим желанием получать сверх того, что я сократил его. Сначала я сократил его, а теперь с помощью масаха я могу использовать его и для моего включения в Замысел творения, в святость, в группу.

С чем я могу включиться, если не со своим авиютом, не со своими желаниями? Просто находиться там, как капля семени, не имея никакого собственного движения? Получается, что в отношении того же самого желания получать, которое находится во мне, я вдруг начинаю ощущать, что оно может работать в положительной форме, что я могу

Поручительство. Урок 2

передать его, все свое эго, все свои желания, с помощью которых я когда-то все тянул на себя...

Вы видите, что вчера здесь работали люди. Они могли работать на своей работе, заработать деньги и думать о приобретении. А вчера они с не меньшей, а даже большей энергией работали над тем, над чем могли и не работать. И каждый с такой же силой работает там, где может, и все получается.

А мир продолжает жить, как жил. Мир не меняется, и мы не меняемся. Мы так же будем работать, жить в семье, рожать детей. Все будет продолжаться точно так же, изменятся только наши келим. И наряду с этим миром мы ощутим вечность и совершенство. Мы не понимаем, что это не помешает нашему существованию. Останутся и эти стаканы, и салфетки, и столы. Останется все. Люди будут жить и умирать. Мы не перенесемся в какую-то иную реальность. Это будет дополнение, с помощью которого человек сможет подняться.

Можно это увидеть на примере того, как вчера и позавчера отсюда уезжали люди. Раньше обычно в такой ситуации были слезы. Когда в прошедший Песах уезжала московская группа, у меня вся рубашка промокла от слез. «Как мы будем там, а вы — здесь?! Без Вас так плохо». Тогда я ничего не сказал, я не мог объяснить все за один раз. А сегодня, когда мы начали строить новую реальность и обратились в будущее, люди уехали, даже не сказав мне: «До свидания». Просто поднялись в автобус и уехали. И это очень хорошо. Это признак того, что внутри люди не почувствовали, что мы разлучаемся.

Так и человек, включенный в Высший мир, не ощущает, что он отделяется от жизни, когда умирает его тело. Он живет внутри своей души, он отождествляет себя со своей душой. Эта жизнь для него, как для тебя новая прическа, новая рубашка. Он не ощущает ее смену как нечто значительное. Но, получая дополнительный авиют, спускается вниз, в этот мир, вместо одного только духовного существования — для того, чтобы этот дополнительный авиют помог ему еще выше подняться в духовном.

- **Вопрос: Я хотел бы вернуться к построению масаха. В какой-то форме ты все равно знаешь, что происходит. Есть ли в этом хоть какая-то точка, в которой ты можешь что-нибудь сделать?**

Когда ты включен в духовное, ты действуешь через группу. Ты обнаруживаешь эту Высшую силу, и Творец и группа становятся одним целым, между ними нет никакой разницы. Сила отдачи — это отдача. Если группа находится в отдаче, ты находишься в отдаче, Творец находится в отдаче, то какая разница может быть между вами? А Творец не раскрывается нигде, кроме группы, и ты не можешь обнаружить этого больше, чем сам находишься в отдаче. И выходит, что все трое представляют собой единое целое.

Что значит — я включен в группу? Это значит, что я развил в себе силы отдачи. В той мере, в которой я нахожусь в отдаче, в соответствии с мерой подобия свойств, я могу ощутить Замысел творения, Высшую силу, Творца. Где мы встречаемся с Ним? Мы встречаемся с ним в группе, или даже не в группе, это неважно, но в той же возможности отдачи, которую я уже приобрел.

Получается, что и группа, находящаяся в отдаче и Творец, находящийся в отдаче, и я, находящийся в отдаче, — мы раскрываемся в равной степени, на одном уровне. И так происходит каждый раз. Так что, по сути, я не могу продвигаться больше, чем группа, группа не может продвигаться больше, чем каждый из ее членов, а Творец не может раскрыться внутри нас больше, чем мы.

Я только хочу сказать в скобках, что это справедливо в определенных пределах. Один может больше, другой меньше, но это должно находиться на определенном уровне, и каждый должен иметь возможность подняться выше, в соответствии со своим вкладом в общее кли.

Но все же не может быть, чтобы раскрылся один, а все остальные... Даже если не будет группы, должно быть общее стремление к общей цели. Это знание, это послание должно быть понятно, живо, и тогда из этого человек может подпрыгнуть. Должна быть какая-то подготовка, ис-

Поручительство. Урок 2

ходя из которой ты можешь устремиться вперед, подняться ввысь.

- **Вопрос: Как группа может использовать для продвижения подъемы и падения?**

Мы получили подъем и лишь начали входить в падение. Сейчас, через неделю-две мы начнем ощущать свой авиют, темноту, бессилие. Заговорят о том, что нам это не нужно, мы не хотим этого, отстаньте от нас.

Я знаю об этом и ожидаю это без страха. Но если честно, то я опасался падений. Есть такие падения, что становится страшно. Ты не можешь контролировать себя, ты не способен сдвинуться с места, ты просто становишься трупом. Ощущение смерти, лучше бы и не ощущать жизни. Мой Учитель говорил, что если бы существовала таблетка, приняв которую можно было бы проспать все время падения, было бы очень хорошо. Но тогда не было бы падения, и как можно было бы выйти из этого?

Сейчас мы должны быть готовы к этому падению, поэтому я и рассказал о нем, как будто оно уже произошло, но оно еще не произошло, хотя и произойдет. Из-за границы нам звонят и говорят, что они все еще находятся на подъеме — они получают воодушевление от нас. И мы надеемся, что это будет переходить и от нас к ним, и от них к нам, что это будет одной системой.

Рабаш всегда говорил, что разница между одним человеком и группой очень велика. Он сам, чтобы вытащить себя из падения, закрывался в комнате, пританцовывал там и пел. И это делал великий каббалист, настолько глубоки бывают падения. Так рабби Шимон падал до состояния Шимона с базара.

Группа же хороша тем, что она никогда не находится в падении. Это подобно стоящим в круге людям. Все подпрыгивают — и один находится наверху, другой находится внизу, а потом наоборот. Вместе они сохраняют общий уровень, который постоянно может расти. Есть падения, но твое падение я немедленно перекрываю своим подъемом. Ты включен в меня, я — в тебя, и так мы вместе находимся в таком состоянии, когда хорошо, что каждый на секунду получает падение, и немедленно получает помощь от других.

Если мы создадим такую систему не только каждый в своей группе, а в большой, мировой группе, какую мощность мы получим! Мы можем находиться в воодушевлении, в стремлении к цели постоянно. Необходимо лишь чувство ответственности одного за другого. Не обращать внимания на себя. Если у меня будет страх, что кто-то вместо меня, во мне может упасть (это связано и со стыдом), то это может привести к тому, что мы постоянно будем только подниматься.

И наоборот, каждый раз, когда ты будешь вкладывать в то, чтобы вывести его из падения — нужно немедленно поймать возможность подъема. Не нужно находиться в падении дольше одной секунды — в тот момент, когда я чуть-чуть начинаю ощущать отрыв, я немедленно должен соединиться снова, и эта связь уже будет более сильной, чем прежде. Падения должны быть действительно на одну секунду. Как говорил рабби Зуша, у него за десять минут происходило четыреста подъемов и падений.

Если мы сумеем сделать это в мировой группе, я обещаю всем жизнь, как в раю. Вы увидите, что не будет никакого зла, ничего плохого, ни телесного, ни духовного. Ведь все зло оттого, что свет отдаляется и исчезает. Если мы в нашей большой группе будем находиться на подъеме, то ничего плохого не случится. И каббалисты страдали от различных болезней, но это — следствие того, что они были включены во все человечество, разделяли с ним его страдания. У них не было выбора. Когда вы разделяете страдания общества, вы впитываете их ощущения нехватки и становитесь больны.

Бааль Сулам был очень болен, он умер от рака и тяжелой болезни суставов. Это произошло вследствие включения в человечество, у него не было выбора, не с кем было объединиться. Но если мы включаемся каждый во всех и все вместе, то я гарантирую вам и физическое здоровье, не говоря уже о здоровье духовном. С таким человеком ничего не может случиться. У него не будет никаких бытовых или семейных проблем, проблем во взаимоотношениях с государством, с чем бы то ни было.

Все проблемы — от различного рода сокрытий света. А если мы постоянно будем удерживать его так, что он с определенного уровня будет все время воздействовать на нас, то вы увидите, как вся группа взлетит над миром. Как летающая тарелка. И сегодня нам это легко сделать. Нужно просто общее согласие и взаимная поддержка.

- **Вопрос: Как быть, если группа находится в падении?**

Не может быть, чтобы все люди в группе находились в падении. В такой форме это не дают. Группа — она словно одно тело. В ней есть различные части, одни больны — другие здоровы. Что говорят о человеке врачи? Если у тела нет общей силы, оно все повреждено, то даже если отдельные органы еще и функционируют, человек уже труп. Но если больны отдельные органы, их можно вылечить или даже заменить, но при условии, что есть в теле здоровые органы.

Так и у нас, никогда не может быть общего падения. Мы не сами собрались именно в такие группы, это произошло в соответствии с определенными решимот, в соответствии с определенным соединением в Адаме Ришон. У нас все устроено таким образом, что мы неосознанно поддерживаем друг друга. И если мы будем поддерживать друг друга таким образом, то всегда часть из нас будет в падении, часть — в подъеме, часть — в тенденции к подъему и к падению, так что группа всегда сможет находиться в хорошем состоянии, в духовном возвышении.

- **Вопрос: Какой должна быть подготовка к падению?**

Подготовка проста: не спускаться с общего ощущения мировой группы, со связи с ней, с мысли о ней, с заботы о ней. Вот и все. Забота — это то, что создает кли, МАН, так что Свыше дают защиту. Забота — это МАН, это, по сути, обращение к Творцу, чтобы Он защитил нас, крик о том, чтобы Он охранял нас.

ПОРУЧИТЕЛЬСТВО

«Матан Тора», статья «Поручительство» п. 12
17 октября 2003 года

Чтобы уподобиться корню, должен человек уберечься от эгоизма — абсолютной любви к себе, отпечатанной в нем. Все движения человека — ради него самого, без всякой дополнительной отдачи другому. И потому он удален от корня, диаметрально противоположен, противопоставлен ему. Ведь корень, Творец, — абсолютный дающий, без желания получить, а человек всецело пребывает в получении ради себя, безо всякой искры отдачи. Поэтому такое состояние человека считается наинизшим в нашем мире, будучи противоположным Творцу.

Исправление человека — в отключении от эгоизма. Если человек находится в окружении, ценящем отдачу другому, — его начинают воспитывать поощрением занятий каббалой и совершением действий отдачи с намерением получить вознаграждение в этом мире или в мире грядущем, что называется намерением ради себя — поскольку на начальном этапе невозможно научить его отдавать другому иначе.

- **Вопрос: Что такое отдача?**

Я согласен, что ты этого не знаешь. Что такое отдача? Это, во-первых, внутренняя готовность совершенно не думать о собственной выгоде. Знание того, что является моей собственной выгодой, и осознание зла — то есть понимание, что это является самым плохим, что только может быть. Во-вторых, осознание добра — то есть такое понимание, когда я уже определяю для себя добро как выход из всех расчетов относительно самого себя, совершенный от-

Поручительство. Урок 3

рыв от этого. Возможность делать расчет того, что хорошо для ближнего, что на самом деле является добром для него, и готовность приложить все свои способности для того, чтобы наполнить его истинные желания, которые ему действительно во благо.

Это то, что делает Творец. Но из-за того, что мы не понимаем, что поистине нам во благо — мы ощущаем этот мир, как злой, и отношение Творца к нам ощущаем как плохое. А в той мере, в какой мы поймем и определим для себя, что же такое настоящее добро для нас — почувствуем, что видим от Него только добро.

Его отношение не меняется. Все изменение намерения от «ради себя» на «ради отдачи» (от получения до отдачи) — это, в сущности, изменение внутри нас, вследствие которого, вместо того, чтобы ощущать себя в самом худшем из состояний, мы сумеем почувствовать себя пребывающими в наилучшем состоянии, какое только может быть. Отношение к нам снаружи не меняется. Но мы сами начинаем видеть и чувствовать его как доброе.

Так что же такое отдача? Отдачей называется такая наша способность, такое наше свойство, в котором мы совершенно, абсолютно подобны Творцу.

- **Вопрос: Как можно осуществить отдачу в нашем мире, ведь он противоположен ей?**

Нам только кажется, что наш мир противоположен отдаче. Он не противоположен ей, он просто находится в плену, под властью желания получить. Когда я желаю того или нет, я могу думать об этом и не думать, но я обязан выполнять законы, установленные желанием получать, до такой степени, что являюсь в этом совершенным рабом.

Я настолько абсолютно погружен в это, что даже не осознаю, что нахожусь во власти некоей злой силы, которая все время толкает меня на то, чтобы урвать что-то для ее выгоды, еще и еще. И это настолько большое зло, что я даже не знаю, что работаю на кого-то другого, а мне кажется, что я работаю на самого себя.

Это словно ты взял бы какого-то ребенка или неразвитого, наивного человека и так его зомбировал, настроил, чтобы он всю свою жизнь работал только на тебя, каждое мгновение, а думал при этом, что работает для самого себя. Это та самая картина, в которой находимся мы, наша действительность. Мы не отдаем себе отчета, что находимся в абсолютной власти такой жестокой силы, как желание получать, которое не случайно называется «ангелом смерти».

В то мгновение, когда мы начинаем ощущать, что это не так, что на самом деле мы не принадлежим себе, что это чужая власть надо мной, не моя, что это совсем не «я» — тогда мы начинаем ненавидеть желание получить, и это уже называется осознанием зла.

Поэтому наша задача только в том, чтобы правильным образом увидеть и определить свое состояние. Но в то мгновение, когда это раскрывается человеку, то дальше он уже начинает искать все возможные способы выйти из под власти желания получить, в той мере, в какой ощущает, что это поистине чужая для него сила. Это настоящий змей, который сидит у тебя внутри и все время требует, чтобы ты работал на него. Не хватает слов, чтобы описать все это...

- **Вопрос: Если человек работает над тем, чтобы отдавать своим товарищам, то с одной стороны я хочу получить от этого какую-то выгоду для себя. А с другой стороны, я при этом все-таки делаю что-то для ближнего...**

Когда я говорю, что с одной стороны, человек всегда находится под властью желания получить, то ты можешь спросить:

— Но ведь кто создал это желание получить? — Творец.
— Кто движет им? — Творец.

Так получается, что именно Творец делает все это зло? А кто еще, если «нет иного, кроме Него»? Так что, я должен ненавидеть Его? За то, что Он сделал мне такое?

Нет никакой проблемы, не важно, что именно ты ненавидишь. Ты ненавидишь свойство желания получить, которое Он вложил в тебя. Очень хорошо. Теперь посмотрим, что есть кроме этого? — Желание отдавать. Кроме этих двух

Поручительство. Урок 3

противоположностей (получения и отдачи) нет больше ничего — либо свойства творения, либо свойства Творца.

В той мере, в какой ты переходишь от желания получить к желанию отдавать и начинаешь видеть весь мир, самого себя, исходя из своего свойства отдачи, то есть в той мере, в которой ты уже подобен Творцу, и смотришь на весь мир и самого Творца Его глазами, ты видишь, что все осуществляется в самой прекрасной форме, и все люди находятся в состоянии конечного исправления. И все они выполняют желание Творца, только не знают об этом, действуя неосознанно. И это осознание — то, чего им не хватает пока.

И конечно, ты видишь тогда, что все вокруг только марионетки, которых приводит в действие Творец. Себя же ты уже видишь не марионеткой, а понимаешь, что можешь быть либо праведником, либо грешником. И по этому поводу у тебя не может быть претензий ни к кому другому, кроме как к самому себе. А весь мир представится тебе творящим только добро.

Ты увидишь, что люди, которые, казалось бы, делают тебе самые плохие вещи — на самом деле делают тебе все хорошо, все во благо. И это правда. А только относительно тебя это оборачивается так, что видится тебе в самой плохой, злой форме, поскольку направлено против твоих плохих, негодных свойств, которые пока не исправлены.

- **Вопрос: Осознание зла происходит еще до махсома? Если человек желает отдавать и видит, что не в состоянии это сделать?**

Осознание зла происходит перед махсомом. А затем, после прохождения махсома, осознание зла осуществляется как работа в левой линии.

- **Вопрос: Если я вижу, что все находятся в состоянии конечного исправления и все так хорошо, то почему я тогда не называюсь праведником?**

Все находятся в состоянии конечного исправления и все хорошо, все добро — но они находятся в этом исправленном состоянии не потому, что достигли его своими силами. Они находятся в Гмар Тикун, потому что Творец так создал их, с авиютом Шореш дэ-Шореш. Сейчас они должны дойти до этого осознания самостоятельно, пройти весь этот путь — авиюты Шореш, Алеф, Бет, Гимел, Далет, и своей собственной работой достичь состояния конечного исправления. Так чтобы весь их авиют также присоединился к этому.

Они пока ничто, просто капля семени, как было в состоянии Алеф (то, как это изначально было создано Творцом). Все находятся в окончательно исправленном состоянии, но это первоначальное состояние «Алеф», а не состояние Бет или Гимел, как объясняется в «Предисловии к Книге Зоар». Существуют 3 состояния: первое состояние, Алеф, в котором творение было создано наполненным светом, но не осознающим себя. Второе состояние, Бет — постепенного отрыва от Творца и опускания все ниже с одновременным получением самостоятельности. И третье состояние, Гимел — когда творение возвращается обратно к своему корню, к Творцу, как бы к состоянию Алеф — но своими силами.

Сейчас же ты видишь, что они такие, какими были созданы Творцом, и Он движет ими, подвигает их и на плохие поступки, и на хорошие. Но они исправлены. В чем же заключается их исправленность? В том, что они выполняют только то, что Творец указывает им. Они исполняют приказы Творца и выполняют заповеди (исполнение приказов Творца называются заповедями) — но выполняют это по причине непонимания, полной невозможности управлять самими собой. Они словно куклы, и ни у одного нет ни малейшей возможности сделать что-то самостоятельно, сделать что-то исходящее от него самого. И их согласие с действиями Творца — это, в сущности, не согласие, а просто полное отсутствие осознания.

- **Вопрос: То, что я воспринимаю людей вокруг себя, как не прошедших все эти необходимые этапы и ступени — это тоже моя проблема? Это тоже зависит от меня, от моей** исправленности, что я воспринимаю их, как не имеющих осознания?

Если я еще не прошел все эти этапы, и кто-то смотрит на меня со стороны и видит, что я их не прошел, то я ведь не виноват в том, что не прошел все эти ступени, я просто еще не возродился к жизни. До того, как я начинаю задаваться вопросом: «Для чего я живу?», который направляет меня к достижению Цели творения, до того, как во мне возникает такой вопрос — до этого нет во мне ничего. Я прохожу череду перевоплощений, накапливая боль и страдания, набирая опыт, чтобы, в конце концов, спросить — в чем же заключается смысл моей жизни?

- **Вопрос: Как можно вообще прийти к такому требованию?**

Как человек может прийти к истинному требованию? Не спрашивают пока с него ничего. Только в той мере, в какой раскрываются в нем решимот, или другими словами, в той мере, в какой Творец пробуждает его, в мере того, как открывается в нем действительно вопрос: «В чем смысл моей жизни?» — в той мере человек начинает пробуждаться. Он не виноват, если еще не готов к этому.

Запрещено нам просто так обвинять, ты же не будешь обвинять животное или скотину за ее поведение? То же самое по отношению к этим людям. Нам кажется, что у них есть свобода выбора, но это только так видится с нашего уровня.

По мере того, как мы выйдем с того уровня, где мы сейчас находимся, поднимемся на более высокую ступень и оттуда посмотрим на них, то увидим, что они словно животные во всем. «Все будто скотине подобны». Мы увидим тогда, что нет у них большей свободы, чем у обычного животного. Но находятся в таком состоянии внутренней путаницы, что им кажется, будто они действуют свободно, по своему выбору. Так ведь и скотине тоже кажется, что она свободно ходит — туда и сюда, гуляет и сама выбирает, что хорошо для нее.

И человек делает то же самое, в соответствии со своим желанием получить. Стремится то к одному, то к другому, ища, чем можно больше насладиться, где можно захватить побольше для себя и большего достичь. Точно как животное, он проводит таким образом всю свою жизнь, и в этом нет разницы между человеком и скотиной.

И только тогда, когда начинает отделяться, отключаться от своего желания получить, которое управляет им, и становится свободным от этого желания — в той мере, в какой приобретает экран и жертвует своим желанием получить, тогда достигает ступени, называемой «человек», поднимается на уровень человека. Но до этого он называется «животным». До прохождения махсома, мы являемся животными во всем.

Поэтому что бы мы ни взяли, что бы ни свалилось на нас, любая вещь, которую кто-то нам сделал — это все в результате является следствием того воздействия Творца, которое Он осуществляет по отношению к нашему миру, по отношению ко всем нам. Незачем искать тут виноватых. Виноваты только мы — тем, что не исправляем этот мир.

И говорится, что, прежде всего, виноваты евреи, тем, что не выполняют своего предназначения — передать эту необходимость исправления всему миру. И поэтому все это возвращается, прежде всего, к нам, и мы страдаем больше всех остальных.

- **Вопрос: В чем заключается внутренняя работа в период подготовки?**

С того мгновения, когда я начинаю спрашивать «В чем смысл моей жизни» и с того момента, когда Высшее управление приводит меня в такое место, где занимаются постижением цели человеческой жизни, и я убеждаюсь, что действительно там сейчас занимаются именно этим — по мере этого, в соответствии с раскрытием во мне всех этих вещей, я начинаю действовать.

Мне объясняют, что весь мой свободный выбор заключается только в выборе окружения. Что единственная возможность выйти из своего желания получить, из своего эгоизма, и не находиться под его воздействием, под его управлением — может быть мне предоставлена группой,

Поручительство. Урок 3

которая снабдит меня этим недостатком, внушит важность быть независимым от желания получить. И если я воодушевляюсь этой идеей, если получаю от группы ощущение ее важности, то я начинаю действовать так, что поднимаюсь над своим желанием получить, которое властвует надо мной. И моя жизнь становится хорошей, доброй.

От человека не требуют невозможного, не просят прыгнуть выше головы — от него требуется только понять и в осознанной форме захотеть достичь такого состояния, когда мы задумаемся о том, кто мы такие, когда мы узнаем самих себя, когда мы будем думать о Творце и узнаем, кто такой Он, находящийся напротив нас, и пожелаем стать такими, как Он, приобрести Его свойство взамен нашего собственного свойства.

И здесь нет тысячи разных альтернатив — только две, две возможности выбора, из двух свойств. И если человек желает этого, заинтересован в этом, решает, что он действительно хочет пожертвовать своим животным, ради того, чтобы стать человеком, и вместо того, чтобы находиться под властью желания получить перейти под власть желания отдавать — в мере этого он становится человеком и выходит из изгнания.

От нас зависит только принятие этого решения, а все силы мы получаем свыше. В тот момент, когда человек действительно пожелает приобрести Высшую, духовную ступень, поднятую выше желания получить — в то же мгновение он получает это. Мы должны только принять это решение, а не исполнить его. Наше исполнение заключается в приобретении намерения сделать это. В духовном намерение называется действием. Если ты намеревался, если ты желал истинно и на самом деле — то ты тут же восходишь на следующий уровень.

- **Вопрос:** Мы знаем, что все страдания посылаются нам с целью исправления, чтобы пробудить нас. Как нам распознать и сделать правильное исправление в связи со страданиями?

Это не просто... И поэтому советуют нам действовать внутри группы, ободрять своих товарищей, быть им всецело преданными, все время прилагать усилия к осознанию величия Творца, к возвеличиванию значения Творца, значения цели между нами. Страстно желать и стремиться к этому. Каббалисты рекомендуют нам выполнять всевозможные действия в группе вместе, сообща.

Мы сейчас не знаем, что нам делать и как действовать. И даже уже пройдя махсом, человек не знает в точности, что ему нужно делать. Пока не вырастет до определенной меры, что называется — от зародыша к малому состоянию, а от малого состояния — до большого, когда будет у него уже голова. У маленького еще нет головы — его голова находится в высшем парцуфе, и тем, что он отменяет себя перед Высшим парцуфом — этим он приобретает голову высшего.

Мы поставлены в такие рамки, что должны выполнить без осознания, без понимания некоторое количество действий во время подготовки, которые называются заповедями, указаниями каббалистов. И если мы выполняем их, то тогда приходим к тому, что можем действительно узнать, что возможно сделать, что полезнее делать. Это уже духовная ступень, и это высокий уровень.

А до этого работа, в сущности, ведется выше знания. И даже не «выше знания», потому что нет у нас пока знания, чтобы мы могли работать выше него. Это тоже называется «работой выше знания», но пока имеется в виду — выше животного разума. Настоящая вера выше знания реализуется уже на более высоких духовных ступенях, это работа со светами. Но и в нашем состоянии работу можно назвать «выше знания».

У нас есть полная и точная информация о том, что нужно делать. Каббалисты рассказали нам все необходимое, дали все нужные советы, обрисовали весь путь — все, что касается группы, распространения, учебы, что открывает перед нами прямую дорогу к цели. Если мы исполним в точности все, что каббалисты наказали нам, но действительно в точности — мы выходим на короткую дорогу. Если же мы не исполняем их советы в точности, то дорога начинает петлять, и мы удлиняем ее.

Поручительство. Урок 3

- **Вопрос: Что значит «исполнять в точности»?**

Исполнить в точности, это значит насколько это только возможно принять советы каббалистов, вобрать в себя, заменяя ими свой собственный разум. Принять их рекомендации и использовать в качестве своей головы. Поскольку, если я буду выполнять действия, следуя своим собственным рассуждениям, в соответствии со своим разумом — это будет согласно моему желанию получить. Ведь моя голова управляется моим эгоизмом, моим желанием получить, которое властвует надо мной.

- **Вопрос: В чем виноваты все эти люди, испытывающие страдания? Ведь они пока не получили пробуждения от Творца?**

В чем мы виноваты, почему мы получаем страдания, посылаемые нам, если мы не сделали ничего такого осознанного, что бы вызвало их, если мы вообще не знаем и не понимаем, что с нами происходит? Ведь мы словно младенцы, а разве младенец виноват в том, что совершил какое-то глупое действие, а его вдруг наказывают с такой жестокостью и беспощадностью. Это было бы очень плохо, зло, совершенно неправильно. И как бы мы могли уважать такого отца, который так наказывает своего ребенка, даже не объясняя ему, в чем тот провинился, бедный. И оставляет его в том же состоянии, не давая ему никакого знания, позволяя ребенку снова совершать действия, за которые он снова получит удары, еще и еще.

Так это видится нам сейчас. Я могу обвинить в этом Творца. Я бы многое мог высказать Ему по этому поводу. Но дело в том, что те страдания, через которые мы проходим, это страдания, ощущаемые нашим желанием получить, а не нами самими. Если бы мы могли видеть себя со стороны, мы бы увидели, что в нас находится посторонняя, чужая сила, называющаяся «желанием получить». И в той мере, в какой ты любишь эту силу, объединяешься с ней, идешь с ней вместе — настолько ты получаешь страдания.

И эти страдания отделяют тебя от желания получить и медленно, постепенно строят в тебе правильное отношение к нему. А если бы не эти страдания, то мы чувствовали бы себя хорошо и никогда бы не поняли, что эта сила чужая для нас.

Это значит, что сейчас, пока ты думаешь, что получаешь страдания, посылаемые Творцом — «ты» являешься твоим желанием получить, солидарен с ним, олицетворяешь себя с этим желанием, думаешь, что оно — это ты сам.

Но нет выбора. Если бы ты сначала получил разум, а затем уже пришел к ощущению, то никогда бы не вышел из желания получить своими силами, своим пониманием, своей напряженной работой. Все это было бы за счет Творца. А так, как это происходит сейчас — получается, что ты сам делаешь это, ты освобождаешься от эгоизма, ты приобретаешь для себя келим отдачи.

- **Вопрос: Но в чем я все же виноват?**

Никто не виноват! Никто не обвиняет тебя. В тот момент, когда ты начинаешь исследовать желание отдавать и понимать, что это хорошо, это добро — в мере этого ты начинаешь обвинять самого себя. Насколько ты понимаешь, что мог бы идти согласно желанию отдачи, настолько ты обвиняешь себя, и в этой мере наказывают тебя сверху — как бы наказывают.

Творец никогда не посылает страдания тебе — он посылает их желанию получить. И никогда Творец не наказывает тебя. От относится хорошо «и к плохим, и к хорошим», с абсолютной любовью — и это отношение постоянно и неизменно. И в Его мире не существует наказания вообще. Наказание может быть только у нас, на животном уровне, когда мы сами будто обвиняем и наказываем друг друга. Нет вообще такого понятия как наказание.

Даже когда мы говорим о ступени «вознаграждения и наказания» — имеется в виду некоторого рода поведение Творца по отношению к нам, которое мы постигаем как управление вознаграждением и наказанием. Это не то понятие вознаграждения и наказания, которое существует у нас в этом мире. Это уже относится к работе в высшем мире, в духовном мире.

Нет вообще наказания, не волнуйся. Ты все время получаешь в соответствии с тем состоянием, в котором находишься, и если за мгновение до этого ты совершил нечто ужасное и вызвал этим страдания и несчастья для всех остальных и будто даже для Творца — ты вызвал это, ты сделал нехорошее действие, из-за этого ты сейчас больше погружен в свое желание получать. Из-за того, что ты больше погружен в желание получать — ты находишься в большем противоречии и несоответствии с Высшим светом, и поэтому ты ощущаешь это состояние как наказание.

Но ты попал в это состояние из-за того, что сделал плохо самому себе, а не то, что ты послужил причиной того, что это случилось с кем-то другим. Ты не получаешь наказания за то, что сделал кому-то что-то плохое. Ты получаешь наказание, потому что ты сам больше, чем прежде, погрузился в желание получить. Это не наказание. Это ощущение большего отдаления, которое мы воспринимаем как наказание.

- **Вопрос: Кто такой «я», если это и не желание получить, и не желание отдавать.**

Хороший вопрос. Я на самом деле не являюсь ни желанием получить, ни желанием отдавать. «Я» — это тот, кто решает, что не желает быть творением в том виде, в котором Творец создал его, не хочет принадлежать желанию получить. Но я и не Творец, ведь Творец — это чистая сила отдачи, и только.

Я — это средняя часть Тиферет, нечто находящееся посредине между получающими келим и отдающими, которая решает, что желает взять все отдающие и все получающие келим и использовать их с намерением «ради отдачи».

И это «я» — это то, что я сам строю, то, что я рождаю внутри себя, а не то, что создано Творцом. Это на самом деле зависит только от нас, и является следствием разбиения келим. Во время разбиения келим, когда свойства Бины вошли в свойства Малхут, и Бина разделилась на трети: верхнюю, среднюю и нижнюю — здесь возникла «клипат Нога», своего рода самостоятельная «личность», которая не зависит ни от Творца со стороны правой линии, ни от Творца со стороны левой линии, то есть ни от сил отдачи, ни от сил получения. И это действительное мое «я», из которого я хочу начать расти — это называется средней линией, и в ней я расту.

И тогда я становлюсь независимым от желания получить и также независимым от Творца, от желания отдавать, которое также уже не владеет мной. Теперь же я сам, самостоятельно беру от Творца, от желания отдавать столько, сколько нужно, от желания получить столько, сколько нужно, и строю самого себя, свой уровень, свою духовную ступень — совершенно свободно. И чем выше я поднимаюсь по духовным ступеням, тем свободнее я становлюсь, как по отношению к клипе, так и по отношению к кдуша (*желанию отдавать*). До такой степени, что если я достигаю ступени «говорящий», «человек» в духовном, то Творец как бы перестает существовать, и правая и левая линии также перестают существовать — я включил все это внутрь себя.

То есть, чем больше я отдаляюсь от желания получить и выхожу из под его власти, в той же мере я выхожу из под власти Творца, желания отдавать. Я становлюсь свободен и от того, и от другого. А не то что я всегда являюсь рабом либо с одной стороны, либо с другой, и теперь становлюсь рабом Творца. Нет! Я становлюсь сыном.

Что значит быть сыном? Понимающим, постигающим своим желанием получить свойство отдачи. Понимание — это поднятие Малхут в Бину (понимание, «авана» — происходит от слова «Бина»). Свойство, находящееся в точности между желанием получить и желанием отдавать называется Бина. Понимание приходит на контрасте, на ощущении того, что между этими двумя свойствами есть несогласие, а «я» это совершенно нейтральная точка. И в этом заключается огромная высшая мудрость Творца, который так устроил мироздание, что создал творение, которое затем может сотворить нечто внутри себя.

Поэтому когда человек растет в духовном, растет в своем уровне, он не зависит от Творца. Он растет и на самом деле приобретает самостоятельность. И поэтому мы говорим, что ощущение стыда (а ощущение стыда это очень высокое понятие, это не просто получать-отдавать) является мерилом того, насколько я не нахожусь под властью Творца, насколько я ничего не принимаю от Него — ни желание получить, ни желание отдавать, насколько все происходит за счет меня самого. Ощущение стыда измеряет, насколько я независим от всего. От всех тех сил, что властвовали надо мной.

Я беру эти силы, использую их — но это только мое решение, мой совершенно свободный выбор. Как Творец свободен от всего и является единственным, что правит всем, так и творение должно прийти к этому. Мы не можем сейчас уловить, как может такое быть, что вместо Одного, может быть еще и второй. Но это то, что происходит...

Это вещи, о которых нам не стоит много говорить сейчас, в этом есть много философии и вещей, которых мы не ощущаем.

- **Вопрос: Творец единственен для нашего мира или Он единственен для всех миров, какие только существуют?**

Является ли Творец Высшей силой, которая действует только на нас, а выше действует другая сила, есть там Кто-то другой?

На каждой ступени есть Кто-то другой. Подобно тому, как дома есть у меня начальник — моя жена, на работе есть другой начальник, в стране есть еще начальник и т.д. Но на самом деле, нет — есть только Один. Я не знаю, это проще для вас или труднее?

- **Из зала: — Проще.**

Проще? По крайней мере, только с кем-то одним нужно разобраться. Однако, нужно еще узнать Его, узнать, что Он один, потому что Он представляется тебе как тысяча разных проявлений и вещей. И сейчас тебе кажется, что это жена решает для тебя что-то или начальник на работе, или правительство, или кто-то еще. Кажется, что это разные силы, но на самом деле это все одна сила. Потому нет никаких проблем с этим, не связывай то, как идет твоя жизнь, с кем-то другим — свяжи все с Ним.

- **Вопрос: Если настоящий «я» — это тот, кто выше махсома, то кто такой сегодняшний «я», который единственное, что может — это выбрать себе окружение, группу?**

Кто такой «я», идущий к махсому, если до махсома нет «меня»? Это подготовка в соответствии с точкой в сердце, в настоящей точке, когда я уже перехожу махсом в точку Есода, на которой я строю среднюю линию. Подготовка. Но пока я нахожусь под управлением Творца, однако чувствую себя свободным, как кажется любому в этом мире.

Однако после махсома нам открывается, что вся работа не была возложена на нас самих. И, несмотря на то, что я прикладывал всевозможные усилия, но это не исходило от меня самого, а я делал это, потому что так получал это от Творца, от окружения. А после махсома есть уже другое осознание собственной независимости, и тогда я уже иду самостоятельно.

Когда я достигаю конечного исправления, у меня появляется совершенно иное понимание независимости, тогда я совершенно узнаю Творца и получаю независимость еще на более высокой ступени — это относится к ГАР, к тайнам Торы. И в восьмом, девятом и десятом тысячелетиях я получаю независимость против него Самого, Ацмуто.

Но зачем нам говорить о вещах, в которых мы ничего не понимаем?

- **Вопрос: Принципы духовной работы относятся к неженатым тоже?**

Это также в ограниченной форме относится и к неженатым, пока. Мы уже сделали за этот праздник 7-8 помолвок. Так продолжайте это делать и в обычные дни, не нужно для этого ждать праздника. Вперед! Если тут есть какая-то девушка, которая тебе нравится, мы тут же тебя поженим.

И что это такое — «нравится»? Учитель говорил очень просто: «Чтобы мой ученик искал в женщине внешнюю красоту?!» Необходимо только посмотреть, не отталкивает

Поручительство. Урок 3

ли тебя женщина, поскольку мы пока существуем в такой форме, что не видим души, так как это духовная форма. Есть такие типы людей, которые подходят и не подходят друг другу. Подходит — значит, ничего в нем не отталкивает тебя. Но после этого еще смотреть на красоту? Мой Учитель на это говорил: «Пусть сам на себя посмотрит в зеркало». Это просто соглашение, главное, чтобы была совместимость и все.

Но в соответствии с духовными корнями нет никакой возможности продвигаться одинокому мужчине. Женщина может пройти махсом, не будучи замужем. А неженатый мужчина — нет. Поэтому для мужчины существует обязанность жениться, а для женщины — нет. И весь мир построен в такой форме, что женщина зависит от того, кто приглашает ее. Потому что на тебе эта обязанность, а не на ней. Это очень высокая тема, но нам важно покончить с холостяками.

- **Вопрос: А если мужчина разведен?**

Какая разница? Он тоже считается неженатым. Пока не будет у него женщины, которая стоит над ним. Нуква (женское) — это часть, внутри «захар» (мужского), которая определяет, как его направить, что он захочет, о чем он будет волноваться. Нуква, недостаток наполнения, женщина — более важна, чем захар, мужчина. Потому что захар работает в соответствии со своей нуквой, женской частью внутри него.

Сейчас ты вроде как свободен, но хочешь ты того или нет, правильный порядок, это когда женщина поддерживает мужчину, и это стимулирует его к тому, чтобы идти вперед. Это действительно дает много сил. Таким образом, мы построены, мы хотим быть большими в глазах женщин, в мужчине есть такая потребность. И этим женщина все время пользуется. Она хорошо знает, как играть с мужчиной, пробуждать в нем стремление к духовному. Мужчина — это маленький ребенок до конца своей жизни. Женщина прочнее стоит на земле, она может сделать всю работу.

- **Вопрос: Когда человек может точно измерить, в каком состоянии он находится?**

Человек может точно измерить свое состояние, когда у него уже есть духовный парцуф из 10-ти сфирот, тогда он может начать определять на какой ступени авиюта он работает с 9-ю первыми сфирот. И постепенно узнавать, где он находится, в каком мире, на каком уровне. Это так же, как и в нашем мире, приходит по мере роста.

Ступени, которые перед ним — он не может измерить, они для него как бесконечность. Каждая высшая ступень всегда ощущается как бесконечность. Что означает бесконечность? Я не могу ее измерить, я не могу ее узнать, у меня нет на нее кли. Она больше, чем мое сегодняшнее кли и не может войти внутрь меня. Поэтому я воспринимаю ее как бесконечную, безграничную. Но все ступени, находящиеся ниже меня, я могу измерить, узнать и понять.

И конечно, эта оценка очень относительная. Это словно ребенок, который идет в детский сад или в школу, а затем в университет — насколько меняется его понимание жизни и что он знает о жизни, которую еще не прошел? Поэтому только в состоянии конечного исправления мы приобретем истинное понимание.

- **Вопрос: Как можно соединить любовь к товарищу и то, что мы должны выполнять общую работу и конечно, работая, невозможно не спорить и не сердиться друг на друга.**

Я сержусь и сужу своих учеников относительно их работы в группе. И даже не то, что относится именно к групповой работе, а к выпуску материала, работе в нашем центре и т.п. Но это не убавляет моей любви к ним, они из-за этого не перестают быть моими учениками.

Он может быть моим лучшим учеником, а во время работы испортить что-то так, что хуже некуда — в производстве книг или еще в чем-то. Мы должны видеть, на что распространяется наше раздражение и злость, а на что — наша любовь. В групповых состояниях запрещено нам заниматься чем-то кроме любви к товарищам. Я люблю их как своих товарищей по группе, без них я не могу представить себе, что я способен жить, продвигаться, достичь цели. Это не может случиться, и это на самом деле так.

И вместе с этим, когда я сужу человека по его работе, сделал он ее плохо или хорошо, тогда мне разрешено проводить критический анализ — в его пользу или в пользу группы. И разве это значит, что я его ненавижу? Я кричу, вы знаете, как я умею кричать, никто не кричит больше меня. И выхожу из себя и не знаю, что бы я только с ними ни сделал. И в то же время я люблю их. Это как в семье, отношение отца к ребенку. Но нужно отделять одно от другого.

И также товарищи, они могут кричать и раздражаться на то, что кто-то делает что-то неправильно, но на их духовном уровне, когда они соединяются относительно Творца, это вообще не должно никак влиять. Какая тут есть связь? Это вещи, относящиеся к животному уровню, и мы проходим через это все. Как говорится: «Все преступления покроет любовь».

Мы, тем не менее, должны проверить каждого, насколько люди подходят для нашей цели. И если действительно не подходят — то либо исправить их, либо избавиться от них. Мы не должны быть просто так нежными, деликатными и милосердными к тем, кто не находится с нами на одном пути и не готов вкладывать в него свои усилия.

Мы должны принимать во внимание характер каждого: один быстрый и расторопный, другой — медлительный, одни способен сделать тысячу разных вещей, а другой только что-то одно. Но если он старается в соответствии с теми природными способностями, которые Творец дал ему, то все в порядке. Если нет, то либо исправить его, изменить, пробудить, а если это не получается — то избавиться от него. Это то, что мы сделали в последние полгода.

Есть такие типы людей, которых просто нужно отдалить от группы. Потому что община, которая приближает людей, делает им добро — это теплая группа, и любой человек с улицы входит в такую общность людей, и ему в ней хорошо. Но просто хорошо себя чувствовать в группе — этого недостаточно. Он должен узнать для чего мы находимся тут, и нам не нужен человек, который просто так будет готов работать для группы, просто из чувства товарищества.

Нет, он должен принять нашу цель, слияние с Творцом. Если у него нет этого, если он к этому безразличен, даже если готов отдавать группе, вкладывать в нее — он не может быть с нами. Допустим, он принадлежит к такому типу, о которых Бааль Сулам говорит, что есть в нашем мире 10 процентов людей, которые по своей природе являются альтруистами. Что значит альтруисты? Готовы отдавать, они носятся по всем больницам, раздавая еду, создают всевозможные общества защиты природы и животных. Это их природа диктует им поступать таким образом.

Нам не нужны такие. Они могут в нашей организации сделать очень много, выполнить множество работ, думая, как же это здорово, что мы все вместе, получится такая чудесная коммуна, такой замечательный кибуц. Они выйдут на улицы и проделают огромную работу, но это не будет работа Творца. Это будет словно в кибуце, и мы в итоге получим такой удар сверху, что это будет гораздо хуже, чем случилось со всеми колхозами и кибуцами, хуже чем в России, которая ввергла себя во все эти беды.

Если это не привязано к цели, не связано с Творцом — мы должны разглядеть это в человеке, действительно ли его цель слиться с Творцом. А если нет, так он не с нами, хотя сам по себе он может быть очень добрым и прекрасным.

Это не просто. Мы должны на самом деле увидеть истинное состояние и распрощаться с такими людьми. Я не говорю, что нужно совсем выбросить их, но должно существовать разделение на внутреннюю группу и более внешние. И это может быть даже в такой форме, что необходимо усовершенствовать устав группы, и тогда такое разделение произойдет естественным образом. Такие люди не смогут ему соответствовать.

- **Вопрос: В чем заключается помощь женщины?**

Есть у нас группа женщин, и есть общие работы, которыми заняты женщины. Женская сила должна быть направлена на то, чтобы помогать мужчине, побуждать мужчину работать и помогать ему эту работу выполнить. Если вся женская группа будет действовать таким образом по отношению к мужской группе, то это будет совершенное состояние. Каждая должна пробуждать своего мужчину, а когда он уже готов идти, помогать ему в на этом пути.

- **Вопрос: Чем я могу помочь мужу, который совсем не принадлежит к Бней Барух?**

Женщина, чей муж совсем не принадлежит к Бней Барух, может выполнять для Бней Барух любую работу, которую она может делать. Ей запрещено насиловать и заставлять своего мужа, она может попытаться пробудить в нем заинтересованность, но не доводить до споров и раздоров. Ни в коем случае. И не вносить раскол в семью, а если мужчина не согласен и не желает, то есть не готов пока — так он не виноват в том, что нет у него желания. А в духовном нет насилия. Если муж разрешает жене заниматься Каббалой (а это тоже зависит от женщины, мы знаем, как женщина умеет вертеть мужчиной по своему желанию), то она может заниматься.

Это соответствует природе духовного, так как в самом мужчине нет недостатка. Недостаток, ненаполненное желание приходит только со стороны женщины. И если мужчина еще не готов к этому, то женщина может присоединиться к общей группе и выполнять те работы, которые она может делать, помогая мужской группе.

Есть десятки женщин, которые помогают мне в работе, и я на самом деле благодарен им, и знаю и понимаю, что если бы на их месте были мужчины, мы бы так не преуспели, и без их помощи мы действительно не пришли бы к тому состоянию, которого мы все достигли сейчас. Нет у меня никакого сомнения в этом. Так что есть работа для женщин. И тогда мужская группа по отношению к женщине выполняет роль ее мужа и обеспечивает ей раскрытие духовного.

- **Вопрос: Мы всегда хотим видеть группу как нечто независимое, самостоятельное. Но в чем заключается самостоятельность группы?**

Самостоятельность группы только в одном — возвеличить важность Творца и достижение цели, то есть стремиться уподобиться Ему, слиться с Ним. И кроме этого, нет перед нами ничего — вся наша жизнь, все наши действия должны быть только для этого. Если это будет самым важным для меня, относительно всего, что меня окружает, то мне гарантировано, что я буду совершать только правильные поступки, только для продвижения и больше ничего. Нет другого задания, назначения у группы, и у всех групп вместе.

- **Вопрос: Что является нашим правильным усилием и на что нужно обратить внимание после этого праздника?**

Что мы должны делать сейчас, после того как мы выходим из этого праздничного состояния, которое прошло по нам действительно как большое благословение свыше, когда мы действительно удостоились всего — от первой до последней буквы, от Алеф до Тав, выполнили его на все 100 % и даже больше этого. Я даже во сне не мог подумать, что возможно за семь дней, даже при том, что мы прикладывали так много усилий, чтобы подготовить группы из-за границы и из Израиля — даже не думал, что нам удастся приготовить базу, основу.

Я не говорю о материальной основе, которую мы действительно подготовили заслугами наших товарищей, все работали очень серьезно. Но кроме этого мы подготовили себя и с точки зрения наших душ, в духовной форме, чтобы соединиться вместе, связаться друг с другом и ощутить эту единую силу, которая воздействует на нас и движет нами и пожертвовать, передать себя ей. И через это мы почувствовали начало создания духовного кли, и сейчас после праздника (а мы сегодня выходим из этого праздничного состояния, отделяемся от него) мы почувствуем подъемы и падения, и все будем связаны действительно в одно кли.

Не забывать в то мгновение, когда мы падаем — что это необходимо для будущего подъема, и происходит увеличение желания получить, для того, чтобы мы снова поднялись над ним. Невозможно подняться вверх, если прежде не получил падения и не опустился ниже. А если мы опускаемся ниже, то ощущаем это падение как упадок своего настроения, и это всецело под властью желания получить.

Нужно вывести себя из этого упаднического настроения, выйти из таких мыслей, которые путают нас, толкают на разделение — сказать себе, что это не мы сами, и соединиться с группой, с мыслями группы, снова отдать себя, пожертвовать группе. Или отключить свой разум и заняться какой-то работой в группе: по выпуску книг, распространению — чем угодно, есть много работы. Делать это даже как бы бездумно, будто я ничего не чувствую, будто я получил какую-то обезболивающую таблетку, чтобы не чувствовать свой разум. И таким образом можно очень быстро выйти из состояния падения.

Не грызть себя, не углубляться в падение, не допускать в себе никаких критических мыслей по этому поводу, никакого анализа всех этих состояний, которые не относятся к связи с духовным.

Бааль Сулам говорит, что только если человек 23,5 часа в день пребывает в радости, если подготовил так самого себя, то полчаса в день может заниматься критическим анализом. Тогда у него есть правильная подготовка к тому, чтобы анализировать свое состояние — почему я нахожусь в таком состоянии, что это за состояние, и кто такой и что такое я сам. Только при этом условии.

Но если человек не уверен, что в своем анализе будет придерживаться правой линии, и всегда будет оставаться в правой линии и немедленно присоединит к правой линии левую, еще даже до того, как почувствует зло в себе — в таком случае запрещено ему заниматься выяснениями. Мы должны пребывать в приподнятом настроении, в воодушевлении все время. И это воодушевление можно получить только от группы.

Наша работа по осознанию величия Творца должна производиться в группе. А в соединении между различными группами мы раскроем еще большую, дополнительную силу для этого. И не надо начинать думать о том, что какая-то группа находится слишком далеко и оценивать, какая группа насколько продвинута — нельзя делать подобные расчеты. Нельзя нам вовлекать себя в соревнование — кто больше, а кто меньше.

Мы должны быть благодарны друг другу за то, что если кто-то преуспевает — он этим добавляет всем, он добавляет свое вдохновение и воодушевление, тянет нас вперед. Мы должны любить его, а не думать, что мы более продвинутые, а кто-то менее. Это словно в одной семье, когда мать смотрит на своих детей, она рада за всех, за то, что каждый из них добавляет что-то.

Поэтому нельзя, чтобы между нами существовало соревнование. Должно быть другое соревнование — сколько я внес, сколько добавил в общее дело, каждый из нас, чтобы на этом учились все. И на самом деле свыше относятся к нам, как к одной группе. Если мы начнем раскрывать в этом силу разбиения, силу разделения — горе всем нам. Мы получим тогда падение, и это будет падение страшное и разрушительное.

Чем больше мы продвигаемся сейчас, тем отчетливее осуществляется написанное: «Творец ведет расчеты с праведниками с точностью на толщину волоса», и поэтому если сейчас будет какое-то разделение между нашими группами, если потеряется связь, если мы начнем пренебрегать ею, то в соответствии с этим мы получим все вместе, каждый из нас — огромное падение, слабость, потерю значимости, ужасное состояние.

И я могу кричать об этом — меня никто не услышит. Так как это сейчас происходит с каждым в отдельности — так же это произойдет и со всеми группами вместе. Поэтому это должно быть нам известно, и мы должны очень хорошо хранить связь между нами, беречь нашу дружбу, сердечность, просто играть против желания получить. Когда играют так, чтобы желание получить не почувствовало этого — это называется игрой. Играть в любовь, играть в связь, соединение, близость. Иначе нам будет очень плохо.

Помогающая, приносящая пользу сила — соответствует по величине силе вредящей, разрушающей. Мы сейчас задействовали огромную созидательную силу, и горе нам, если мы будем сейчас пренебрегать ею. Будет причинен ог-

Поручительство. Урок 3

ромный вред. Может вдруг случиться такое, как это случилось с учениками Ари, Бааль Сулама, случилось со многими каббалистами — хотя мы еще и не находимся в таких высоких состояниях, как они. С ними это случилось, но с нами может и не случиться. И я уверен, что этого с нами не случится, потому что к нам свыше относятся совершенно по-другому.

Мы находимся на совершенно другом этапе, в совершенно другой тенденции, под совершенно иным воздействием. Мы по сравнению с этими великими каббалистами вообще ничего не стоим. Кто такой я относительно Ари и Бааль Сулама, кто такие вы и все мы вместе?

Но поскольку мы находимся в совсем другом времени — мы нуждаемся в ином исправлении. И мы можем преуспеть в том, в чем они не преуспели. Это то, что называется — время определяет. И поэтому наша задача только в том, чтобы уделять внимание нашему соединению — человек должен всецело отдать себя группе, а группа должна передать себя общей мировой группе. А общая мировая группа пожертвует себя, передаст Творцу.

- **Вопрос: Как мы можем сохранить эту связь?**

Связь нужно сохранять через интернет, через все другие средства связи. Главное это мысль, намерение. Наши мысли и намерения — это то, что создает общее ощущение. Даже не наша переписка и не наша работа, ты можешь много работать — но это все внешние формы связи. А подлинная связь возникнет, если ты представишь себе некое живое существо, называемое группой, которое живет вне тебя, вне его. Это то, что мы вместе построили, некое образование, которое выше нас, и о нем ты переживаешь и заботишься. Так как твоя жизнь заключена в нем, твоя настоящая жизнь

Если мы будем это правильно себе представлять и действительно будем там внутри, то в будущем нам обещано, что с тем кли, что мы получили сейчас, как положительное кли, воодушевление, сейчас присоединив к нему авиют — перейдем махсом. Это уже кли, с которым переходят махсом. Общее кли, которое прошло все предварительные этапы — и подъем, и падение.

Подъем мы вызвали сами, а падение тоже вызвали тем, что прошли «нечистый подъем». Сейчас мы получаем новые отрицательные силы, и если мы преодолеем и их, то это будет достаточный потенциал для того, чтобы пройти махсом. Критическая масса желания получить, соединенная со страстным желанием, используя именно его, подняться над ним самим — этого достаточно. Я думаю, что в ближайшие месяцы мы сможем это сделать.

Это может случиться в то время, когда мы соберемся еще раз, и это может случиться раньше этого. Это даже не относится к нашей встрече на уровне материального, совершенно нет никакой связи. Все может быть, я не могу сейчас сказать точно. Такое еще никогда не случалось в реальности. Поэтому я остерегаюсь говорить, что все будет именно так. Конечно, мне было понятно, что в этот раз это не могло случиться. Мы не могли подпрыгнуть, так как не на что было наступить, не от чего было оттолкнуться. Сейчас, когда раскроется нам все отрицательное, и мы будем стоять на нем, то сможем пройти махсом.

- **Вопрос: Вы говорили, что желания, которые человек исправляет, не относятся к желаниям этого мира. Какие именно желания мы должны исправлять?**

Есть только одно желание, которое мы должны исправить — желание получить. И только одно желание мы должны приобрести — желание к Творцу.

От издателя

Михаэль Лайтман
НАУКА КАББАЛА

Изданы:

Наука Каббала

Эта книга — вводный курс для начинающих изучать каббалу. Великий каббалист 20-го века, практически наш современник, Бааль Сулам «перевел» основные каббалистические источники, создававшиеся в течение тысячелетий, на язык современных поколений, которым предназначено проникнуть в высшие духовные миры. С помощью книг Бааль Сулама древнее учение становится доступно массам (как и предсказывали каббалисты прошлого).

Главная часть книги — «Введение в науку каббала» — приводится с комментариями последователя и наследника Бааль Сулама, современного каббалиста Михаэля Лайтмана. Учебный курс включает альбом графиков и чертежей духовных миров, контрольные вопросы и ответы. Том II содержит каббалистический словарь и словарь каббалистических терминов.

Основы Каббалы

Настоящий сборник является основной книгой для начинающих изучать каббалу. Книга, благодаря своей доступной форме, позволяет проникнуть в тайны науки, на тысячелетия скрытой от глаз непосвященных, всем желающим. Автор разворачивает перед читателем всю панораму строения и системы мироздания, раскрывает структуру высших миров и законы высшего управления.

Желающий познать Высшее найдет в этом сборнике ответы на множество своих вопросов. В первую очередь на главный вопрос человека: «В чем смысл моей жизни?» Книга захватывает и увлекает, позволяет человеку проникнуть в самые глубинные тайны мира и самого себя.

Книга Зоар

Книга Зоар — основополагающая и самая знаменитая книга во всей многовековой каббалистической литературе. Хотя книга написана еще в IV веке н.э., в течение многих столетий она была скрыта. Своим особенным, мистическим языком Книга Зоар описывает устройство мироздания, круговорот душ, тайны букв, будущее человечества. Книга уникальна по силе духовного воздействия на человека, по возможности ее положительного влияния на судьбу читателя.

Величайшие каббалисты прошлого о Книге Зоар:

...Книга Зоар (Книга Сияния) названа так, потому что излучает свет из Высшего источника. Этот свет несет изучающему высшее воздействие, озаряет его высшим знанием, раскрывает будущее, вводит читателя в постижение вечности и совершенства...

...Даже тот, кто не понимает язык Книги Зоар, все равно обязан изучать ее, потому что сам язык Книги Зоар защищает изучающего и очищает его душу...

Учение Десяти Сфирот

Материал книги основан на курсе, прочитанном руководителем Международной академии каббалы ученым-каббалистом Михаэлем Лайтманом по фундаментальному каббалистическому источнику — «Талмуд Десяти Сфирот».

В книгу вошли комментарии на 1, 3 и 9 части уникального научного труда Бааль Сулама, описывающего зарождение души, ее конструкцию и пути постижения вечности и совершенства.

Последнее поколение

Книга «Последнее поколение» включает в себя наиболее актуальные для нашего времени статьи и беседы Михаэля Лайтмана и знаменитого каббалиста 20 века Бааль Сулама, показывающие последние этапы развития человечества, пути выхода из цивилизационного тупика и основы общества будущего.

Готовятся к изданию:

Талмуд Десяти Сфирот

Уникальная книга, написанная величайшим каббалистом 20-го века Бааль Суламом. Автор основывался на тексте Книги Зоар и фундаментальной работе великого Ари «Древо Жизни» (16 томов классической каббалы). Соотнеся их со своими постижениями Высшего управления, он создал гениальный научный труд, раскрыв глубинные пласты каббалы современным поколениям.

Книга является наиболее мощным учебным пособием для самых серьезных каббалистов. Она совершенно логично, мотивированно, подробно и доказуемо разъясняет все причинно-следственные связи высшего замысла творения и его воплощения. Ни один момент в процессе создания мироздания не остался за пределами настоящей научной работы. Нет во всемирном архиве книги, сравнимой с Талмудом Десяти Сфирот по глубине познания, широте изложения и величию объекта изучения.

Эта книга принадлежит к числу самых важных книг человечества.

Уроки Каббалы

(Виртуальный курс)

В древней Книге Зоар (Книга Сияния) сказано о времени, когда пробудится в людях стремление вырваться в высший мир, овладеть высшими силами. Сегодня десятки тысяч учеников во всем мире получили возможность изучать скрытую до недавних пор методику постижения высшего, благодаря трансляциям в интернете виртуального курса Международной академии каббалы. Его ведет крупнейший ученый-каббалист современности Михаэль Лайтман, снимая завесы тайны с этой науки, уникальной по точности и глубине познания.

Изложенный в книге материал виртуального курса явится вдохновляющим пособием для учащихся первых лет обучения и послужит всем, кто стремится постичь законы мироздания.

Международный каббалистический центр «Бней Барух»

BNEI BARUCH P.O.B. 1552 RAMAT GAN 52115 ISRAEL
Адрес электронной почты: russian@kabbalah.info

Международная академия каббалы
заочное отделение

Виртуальный курс для начинающих

- Международная академия каббалы транслирует по всемирной системе Интернет курс заочного обучения «Введение в науку каббала».
- Участие в этих занятиях обеспечит освоение основ науки каббала, постижение высшего мира, знание о своем предназначении, причинах происходящего с вами, возможность управления судьбой.
- Курс рассчитан на начинающих и предназначен для дистанционного обучения на языках английском, русском, иврите.
- Занятия транслируются в видео- и аудиоформатах, с демонстрацией чертежей, возможностью задавать вопросы и получать ответы в режиме реального времени.
- Во время прямой трансляции, действует служба технической поддержки.
- Курс бесплатный, включая рассылку учащимся учебных пособий.
- Успешные занятия поощряются поездкой на семинары, происходящие 2 раза в год в разных странах мира.

Адрес подключения
http://www.kab.tv

Архив курса
http://www.kabbalahmedia.info

Русское отделение
http://www.kabbalah.info/ru

Международный каббалистический центр **«Бней Барух»**

Издательская группа **kabbalah.info**

Для книготорговых организаций
(заказ учебных пособий)

Америка и Канада............ info@kabbalah.info, +1-866 LAITMAN

Израиль........................ zakaz@kabbalah.info, •••••••••••••

Россия.......................... +7 (095) 721-7154, 109-0131
109341, Москва, а/я 42

Запись в группы изучения Каббалы
(обучение бесплатное)

США (Восточное побережье)............ +1 (718) 288-2222, 645-3887
США (Западное побережье)............. +1 (650) 533-1629
Канада.. +1-866 LAITMAN
Израиль...................................... •••••••••••••
Россия.. +7 (095) 721-7154, 109-0131

Заказ книг и учебных материалов на английском языке
+1-866 LAITMAN

Международный каббалистический центр
«Бней Барух»
http://www.kabbalah.info

Учитывая растущий интерес к знаниям каббалы во всем мире, Академия Каббалы под руководством каббалиста М. Лайтмана издает серию книг «Наука каббала», транслирует виртуальные уроки, совершенствует интернет-сайт, открывает по всему миру группы изучения каббалы. В рамках нашего заочного университета занимаются более 700 000 учащихся из 68 стран мира (на 01.01.2003).

Вся деятельность Академии Каббалы осуществляется на добровольные взносы и пожертвования ее членов. Каббалистические знания вносят в мир совершенство, безопасность, высшую цель.

Мы с благодарностью примем Вашу помощь.

Наш счет:
wire transfer
Bnei Baruch
TD Canada Trust
7967 Yonge Street
Thornhill, Ontario
Canada L3T 2C4
Tel: 905 881 3252
Branch/Transit#: 03162
Account#: 7599802
Intuition Code: 004
Swift Code: TDOMCATTTOR

Михаэль Лайтман
серия
НАУКА КАББАЛА

СОЗДАНИЕ МИРОВОЙ ДУШИ

Издательская группа
kabbalah.info

ISBN 5-9622-0020-9

Подписано в печать 10.02.2005. Формат 60х90/16
Печать офсетная. Усл. печ. л. 32.
Тираж 3000 экз. Заказ №   .
Отпечатано в полном соответствии с качеством предоставленных диапозитивов
ОАО «Можайский полиграфический комбинат».
143200, г. Можайск, у. Мира, 93

www.ingramcontent.com/pod-product-compliance
Lightning Source LLC
Chambersburg PA
CBHW051703160426
43209CB00004B/1007